"十二五"职业教育国家规划教材
全国高职高专医药院校规划教材
北京高等教育精品教材

供中药学和药学类专业用

应用中药学

第3版

主　编　张　冰　吴庆光　钱三旗
副主编　郑虎占　徐　刚
主　审　常章富
编　者（按姓氏笔画排列）

李　敏（陕西中医学院）	吴庆光（广州中医药大学）
吴嘉瑞（北京中医药大学）	宋捷民（浙江中医药大学）
张　冰（北京中医药大学）	张金莲（江西中医药大学）
张晓东（南京中医药大学）	郑虎占（北京中医药大学）
赵兴连（山东中医药大学）	钱三旗（暨南大学）
徐　刚（顺德职业技术学院）	高慧琴（甘肃中医学院）
解　玲（山东药品食品职业学院）	薛春苗（山西中医学院）

学术秘书　　林志健

科学出版社
北　京

·版权所有 侵权必究·

举报电话:010-64030229;010-64034315;13501151303(打假办)

内 容 简 介

本书是"十二五"职业教育国家规划教材及北京高等教育精品教材,是第3版全国高职高专医药院校规划教材(供中药学和药学类专业用)之一。全书内容分总论和各论两部分:总论介绍了中药的起源和中药学的发展、产地与采集、炮制、性能和应用;各论按照分类系统地介绍了中药的性味、归经、功效、主治病证等基本知识;书后附有应用中药学教学基本要求。本书的编写突出高等职业技术教育的特点,坚持体现三基(基本理论、基本知识和基本技能)教学,注重教学内容的科学性、系统性和实用性。

本书可供中医药院校高职高专、成人教育、函授、自考中药学及药学类专业学生使用,也可作为临床医药师及自学中医药者的学习参考书。

图书在版编目(CIP)数据

应用中药学/张冰,吴庆光,钱三旗主编. —3版. —北京:科学出版社,2015.4

"十二五"职业教育国家规划教材·全国高职高专医药院校规划教材·北京高等教育精品教材

ISBN 978-7-03-044091-4

Ⅰ.应… Ⅱ.①张… ②吴… ③钱… Ⅲ.中药学-高等职业教育-教材 Ⅳ.R28

中国版本图书馆 CIP 数据核字(2015)第 077011 号

责任编辑:刘 亚 郭海燕 曹丽英/责任校对:包志虹
责任印制:吴兆东/封面设计:陈 敬
版权所有,违者必究。未经本社许可,数字图书馆不得使用

科学出版社 出版
北京东黄城根北街16号
邮政编码:100717
http://www.sciencep.com

北京中科印刷有限公司印刷
科学出版社发行 各地新华书店经销
*
2005年8月第 一 版 开本:787×1092 1/16
2011年2月第 二 版 印张:17 1/2
2015年4月第 三 版 字数:410 000
2025年1月第十八次印刷

定价:46.00元
(如有印装质量问题,我社负责调换)

第 3 版前言

《应用中药学》第 2 版出版发行至今已近 5 年之久。本教材 2006 年获北京市教委精品立项教材,2008 年获北京市教委精品教材,2009 年获教育部国家级"十一五"规划教材,2010 年再版,2014 年入选"十二五"职业教育国家级规划教材,期间已经历 15 次印刷。作为全国高职高专医药院校规划教材(供中药学和药学类专业用)之一,得到了各大院校师生的建设性建议和热忱的好评。随着高职高专中药教育的迅速发展,高等医药院校教学内容的不断丰富,我们决定进行《应用中药学》的第 3 次修订。

本次修订基于前期调研和总结教材使用情况,在编写过程中进一步突出了以下编写特点和原则:①吸纳了近年来教师的建议以及学生学习中的新需要、新要求,虚心汲取了众多中药同行及中药教育专家的建设性意见,在本教材增加了中药应用的临床实际问题,引入了药学服务的思想。②突出本教材的实用性、先进性,不但根据新版《中华人民共和国药典》中饮片的用法用量进行了相应修改,而且增补了广泛应用于临床、炮制、经营等领域的处方用名,以及中药用药实践过程中积累的新功效、新用法。③进一步明确教材编写目标,注重培养能够适应中医药行业生产、药品流通、药学服务第一线的应用型技术人才。④教材编写体现高职教材的要求,注重理论知识适度、技术应用能力强、知识面宽、综合素质高的编写特点。此外,仔细查阅修订了本教材中一些文字表述并规范标点符号用法。我们的宗旨是通过教学实践和教材修订,给学生提供与时俱进的实用的教材。

由于认识水平有限与中医药行业的快速发展,本次修订仍可能会有错漏之处,竭诚欢迎广大教师、学生对这套教材提出宝贵意见。在此向所有给予本书修订建议和帮助的同仁和学生致以衷心感谢。

《应用中药学》编委会
2015 年 1 月

目 录

第3版前言

总 论

第1章 中药的起源和中药学的发展 …… (1)
　第1节 中药的起源 ……………… (1)
　第2节 中药学的发展 …………… (2)
第2章 中药的产地与采集 …………… (6)
　第1节 产地 ……………………… (6)
　第2节 采集 ……………………… (6)
第3章 中药的炮制 …………………… (9)
　第1节 炮制的目的 ……………… (9)
　第2节 炮制的方法 ……………… (10)
第4章 中药的性能 …………………… (12)

　第1节 四气五味 ………………… (12)
　第2节 升降浮沉 ………………… (15)
　第3节 归经 ……………………… (16)
　第4节 毒性 ……………………… (18)
第5章 中药的应用 …………………… (22)
　第1节 配伍 ……………………… (22)
　第2节 禁忌 ……………………… (24)
　第3节 剂量 ……………………… (26)
　第4节 用法 ……………………… (28)

各 论

第6章 解表药 ………………………… (32)
　第1节 辛温解表药 ……………… (32)
　　麻黄 …………………………… (32)
　　桂枝 …………………………… (33)
　　香薷 …………………………… (34)
　　紫苏 …………………………… (34)
　　生姜 …………………………… (35)
　　荆芥 …………………………… (36)
　　防风 …………………………… (36)
　　细辛 …………………………… (37)
　　羌活 …………………………… (38)
　　藁本 …………………………… (38)
　　白芷 …………………………… (39)
　　苍耳子 ………………………… (39)
　　辛夷 …………………………… (40)
　　葱白 …………………………… (40)
　　胡荽 …………………………… (41)
　第2节 辛凉解表药 ……………… (41)
　　薄荷 …………………………… (41)
　　牛蒡子 ………………………… (42)
　　蝉蜕 …………………………… (42)

　　蔓荆子 ………………………… (43)
　　桑叶 …………………………… (43)
　　菊花 …………………………… (44)
　　柴胡 …………………………… (44)
　　葛根 …………………………… (45)
　　升麻 …………………………… (46)
　　淡豆豉 ………………………… (46)
　　木贼 …………………………… (47)
第7章 清热药 ………………………… (49)
　第1节 清热泻火药 ……………… (50)
　　石膏 …………………………… (50)
　　知母 …………………………… (50)
　　天花粉 ………………………… (51)
　　栀子 …………………………… (51)
　　芦根 …………………………… (52)
　　竹叶 …………………………… (53)
　　淡竹叶 ………………………… (53)
　　夏枯草 ………………………… (53)
　　决明子 ………………………… (54)
　　密蒙花 ………………………… (54)
　　青葙子 ………………………… (54)

第 2 节　清热燥湿药 ………………… (55)
　　黄芩 ………………………………… (55)
　　黄连 ………………………………… (55)
　　黄柏 ………………………………… (56)
　　龙胆 ………………………………… (57)
　　苦参 ………………………………… (57)
　　十大功劳叶 ………………………… (58)
第 3 节　清热凉血药 ………………… (58)
　　生地黄 ……………………………… (58)
　　玄参 ………………………………… (59)
　　牡丹皮 ……………………………… (59)
　　赤芍 ………………………………… (60)
第 4 节　清热解毒药 ………………… (61)
　　金银花 ……………………………… (61)
　　连翘 ………………………………… (61)
　　蒲公英 ……………………………… (62)
　　紫花地丁 …………………………… (62)
　　大青叶 ……………………………… (62)
　　青黛 ………………………………… (63)
　　重楼 ………………………………… (63)
　　拳参 ………………………………… (64)
　　半边莲 ……………………………… (64)
　　土茯苓 ……………………………… (65)
　　穿心莲 ……………………………… (65)
　　鱼腥草 ……………………………… (65)
　　射干 ………………………………… (66)
　　山豆根 ……………………………… (66)
　　金果榄 ……………………………… (67)
　　山慈菇 ……………………………… (67)
　　白头翁 ……………………………… (67)
　　秦皮 ………………………………… (68)
　　马齿苋 ……………………………… (68)
　　鸦胆子 ……………………………… (68)
　　败酱草 ……………………………… (69)
　　大血藤 ……………………………… (70)
　　白花蛇舌草 ………………………… (70)
　　白鲜皮 ……………………………… (70)
　　白蔹 ………………………………… (70)
　　熊胆粉 ……………………………… (71)
第 5 节　清虚热药 …………………… (71)
　　青蒿 ………………………………… (71)
　　地骨皮 ……………………………… (72)
　　白薇 ………………………………… (73)
　　银柴胡 ……………………………… (73)
　　胡黄连 ……………………………… (74)
第 8 章　泻下药 ……………………… (77)
第 1 节　攻下药 ……………………… (78)
　　大黄 ………………………………… (78)
　　芒硝 ………………………………… (78)
　　番泻叶 ……………………………… (79)
　　芦荟 ………………………………… (80)
第 2 节　润下药 ……………………… (80)
　　火麻仁 ……………………………… (80)
　　郁李仁 ……………………………… (80)
　　松子仁 ……………………………… (81)
第 3 节　峻下逐水药 ………………… (81)
　　甘遂 ………………………………… (81)
　　京大戟 ……………………………… (82)
　　芫花 ………………………………… (82)
　　商陆 ………………………………… (83)
　　牵牛子 ……………………………… (83)
　　巴豆 ………………………………… (84)
　　千金子 ……………………………… (84)
第 9 章　祛风湿药 …………………… (87)
第 1 节　祛风除湿通络药 …………… (87)
　　独活 ………………………………… (87)
　　威灵仙 ……………………………… (88)
　　木瓜 ………………………………… (88)
　　白花蛇 ……………………………… (89)
　　蚕砂 ………………………………… (89)
　　臭梧桐 ……………………………… (90)
　　豨莶草 ……………………………… (90)
　　徐长卿 ……………………………… (90)
　　桑枝 ………………………………… (91)
　　马钱子 ……………………………… (91)
　　乌梢蛇 ……………………………… (91)
　　海风藤 ……………………………… (92)
　　路路通 ……………………………… (92)
　　雷公藤 ……………………………… (92)
第 2 节　祛风除湿壮骨药 …………… (93)
　　五加皮 ……………………………… (93)
　　桑寄生 ……………………………… (94)
　　续断 ………………………………… (94)
　　狗脊 ………………………………… (94)

千年健 …………………………… (95)
第3节　清热祛风除湿药 ………… (95)
　　秦艽 ……………………………… (95)
　　防己 ……………………………… (96)
　　络石藤 …………………………… (96)

第10章　芳香化湿药 ………………… (99)
　　苍术 ……………………………… (99)
　　厚朴 ……………………………… (100)
　　广藿香 …………………………… (100)
　　砂仁 ……………………………… (101)
　　豆蔻 ……………………………… (101)
　　佩兰 ……………………………… (102)
　　草豆蔻 …………………………… (102)
　　草果 ……………………………… (102)

第11章　利水渗湿药 ………………… (104)
　第1节　利水消肿药 ……………… (104)
　　茯苓 ……………………………… (104)
　　薏苡仁 …………………………… (105)
　　泽泻 ……………………………… (105)
　　猪苓 ……………………………… (106)
　　冬瓜皮 …………………………… (106)
　第2节　利尿通淋药 ……………… (107)
　　车前子 …………………………… (107)
　　木通 ……………………………… (107)
　　滑石 ……………………………… (108)
　　通草 ……………………………… (109)
　　萹蓄 ……………………………… (109)
　　瞿麦 ……………………………… (109)
　　海金沙 …………………………… (110)
　　石韦 ……………………………… (110)
　　冬葵子 …………………………… (110)
　　地肤子 …………………………… (110)
　第3节　利湿退黄药 ……………… (111)
　　茵陈蒿 …………………………… (111)
　　金钱草 …………………………… (111)
　　虎杖 ……………………………… (112)
　　垂盆草 …………………………… (112)

第12章　温里药 ……………………… (115)
　　附子 ……………………………… (115)
　　肉桂 ……………………………… (116)
　　干姜 ……………………………… (116)
　　吴茱萸 …………………………… (117)

　　高良姜 …………………………… (118)
　　花椒 ……………………………… (118)
　　胡椒 ……………………………… (118)

第13章　理气药 ……………………… (120)
　　橘皮 ……………………………… (120)
　　枳实 ……………………………… (120)
　　薤白 ……………………………… (121)
　　木香 ……………………………… (121)
　　沉香 ……………………………… (122)
　　香附 ……………………………… (122)
　　青皮 ……………………………… (123)
　　檀香 ……………………………… (123)
　　柿蒂 ……………………………… (124)
　　荔枝核 …………………………… (124)
　　川楝子 …………………………… (124)
　　乌药 ……………………………… (125)
　　甘松 ……………………………… (125)
　　佛手 ……………………………… (125)
　　香橼 ……………………………… (126)
　　娑罗子 …………………………… (126)
　　绿萼梅 …………………………… (126)

第14章　消食药 ……………………… (129)
　　山楂 ……………………………… (129)
　　六神曲 …………………………… (130)
　　麦芽 ……………………………… (130)
　　谷芽 ……………………………… (131)
　　莱菔子 …………………………… (131)
　　鸡内金 …………………………… (131)

第15章　驱虫药 ……………………… (134)
　　使君子 …………………………… (134)
　　苦楝皮 …………………………… (135)
　　槟榔 ……………………………… (135)
　　南瓜子 …………………………… (136)
　　鹤草芽 …………………………… (136)
　　雷丸 ……………………………… (136)
　　贯众 ……………………………… (136)
　　大蒜 ……………………………… (137)

第16章　止血药 ……………………… (139)
　第1节　凉血止血药 ……………… (139)
　　大蓟 ……………………………… (139)
　　小蓟 ……………………………… (140)
　　地榆 ……………………………… (140)

槐花 …………………………… (141)
白茅根 ………………………… (141)
侧柏叶 ………………………… (142)
苎麻根 ………………………… (142)
第2节　收敛止血药 …………… (143)
仙鹤草 ………………………… (143)
白及 …………………………… (143)
棕榈炭 ………………………… (144)
血余炭 ………………………… (144)
藕节 …………………………… (144)
第3节　化瘀止血药 …………… (145)
三七 …………………………… (145)
茜草 …………………………… (146)
蒲黄 …………………………… (146)
花蕊石 ………………………… (146)
第4节　温经止血药 …………… (147)
艾叶 …………………………… (147)
炮姜 …………………………… (147)
灶心土 ………………………… (148)

第17章　活血祛瘀药 ……………… (151)
第1节　活血止痛药 …………… (152)
川芎 …………………………… (152)
延胡索 ………………………… (152)
郁金 …………………………… (153)
姜黄 …………………………… (153)
五灵脂 ………………………… (153)
降香 …………………………… (154)
第2节　活血调经药 …………… (154)
丹参 …………………………… (154)
红花 …………………………… (155)
桃仁 …………………………… (156)
益母草 ………………………… (156)
泽兰 …………………………… (157)
牛膝 …………………………… (157)
鸡血藤 ………………………… (158)
穿山甲 ………………………… (158)
王不留行 ……………………… (159)
第3节　活血疗伤药 …………… (159)
乳香 …………………………… (159)
没药 …………………………… (160)
土鳖虫 ………………………… (160)
自然铜 ………………………… (161)

苏木 …………………………… (161)
第4节　破血消癥药 …………… (162)
莪术 …………………………… (162)
三棱 …………………………… (162)
水蛭 …………………………… (163)
虻虫 …………………………… (163)
斑蝥 …………………………… (163)

第18章　化痰止咳平喘药 ………… (167)
第1节　温化寒痰湿痰药 ……… (167)
半夏 …………………………… (167)
天南星 ………………………… (168)
白附子 ………………………… (169)
芥子 …………………………… (169)
旋覆花 ………………………… (170)
白前 …………………………… (170)
皂荚 …………………………… (171)
第2节　清化热痰燥痰药 ……… (171)
瓜蒌 …………………………… (171)
川贝母 ………………………… (172)
浙贝母 ………………………… (173)
前胡 …………………………… (173)
竹茹 …………………………… (174)
竹沥 …………………………… (174)
天竺黄 ………………………… (175)
礞石 …………………………… (175)
蛤壳 …………………………… (176)
桔梗 …………………………… (176)
海藻 …………………………… (177)
昆布 …………………………… (177)
瓦楞子 ………………………… (178)
猫爪草 ………………………… (178)
第3节　止咳平喘药 …………… (178)
苦杏仁 ………………………… (178)
紫苏子 ………………………… (179)
葶苈子 ………………………… (180)
百部 …………………………… (180)
紫菀 …………………………… (181)
桑白皮 ………………………… (181)
款冬花 ………………………… (182)
枇杷叶 ………………………… (182)
白果 …………………………… (183)
洋金花 ………………………… (183)

第19章 安神药 (186)

第1节 重镇安神药 (186)
朱砂 (186)
龙骨 (187)
磁石 (188)
琥珀 (188)

第2节 养心安神药 (189)
酸枣仁 (189)
合欢皮 (189)
远志 (190)
柏子仁 (190)
灵芝 (191)
首乌藤 (191)

第20章 平肝息风药 (193)

第1节 平肝潜阳药 (193)
石决明 (193)
牡蛎 (194)
赭石 (195)
蒺藜 (196)
珍珠母 (196)
罗布麻叶 (197)

第2节 息风止痉药 (198)
羚羊角 (198)
牛黄 (198)
天麻 (199)
钩藤 (199)
地龙 (200)
全蝎 (201)
僵蚕 (201)
蜈蚣 (202)

第21章 开窍药 (205)
麝香 (205)
冰片 (206)
苏合香 (207)
石菖蒲 (207)
蟾酥 (208)

第22章 补虚药 (210)

第1节 补气药 (211)
人参 (211)
西洋参 (212)
党参 (213)
太子参 (213)
黄芪 (214)
白术 (215)
山药 (215)
甘草 (216)
白扁豆 (217)
大枣 (217)
刺五加 (217)
绞股蓝 (218)

第2节 补阳药 (218)
鹿茸 (218)
巴戟天 (219)
淫羊藿 (220)
仙茅 (220)
补骨脂 (221)
益智仁 (221)
肉苁蓉 (222)
菟丝子 (222)
沙苑子 (223)
杜仲 (223)
蛤蚧 (223)
冬虫夏草 (224)
紫河车 (224)
骨碎补 (225)
核桃仁 (225)
锁阳 (226)
黄狗肾 (226)
韭菜子 (226)

第3节 补血药 (227)
当归 (227)
熟地黄 (227)
白芍 (228)
何首乌 (229)
阿胶 (229)
龙眼肉 (230)

第4节 补阴药 (230)
北沙参 (230)
南沙参 (231)
百合 (231)
麦冬 (231)
天冬 (232)
石斛 (232)
玉竹 (233)

黄精 …………………… (233)	桑螵蛸 …………………… (248)
枸杞子 ………………… (234)	覆盆子 …………………… (248)
墨旱莲 ………………… (234)	第5节 固崩止带药 ……… (249)
女贞子 ………………… (235)	海螵蛸 …………………… (249)
龟甲 …………………… (235)	椿皮 ……………………… (249)
鳖甲 …………………… (235)	第6节 收湿生肌敛疮药 … (250)
桑椹 …………………… (236)	炉甘石 …………………… (250)

第23章 收涩药 ……………… (240)

第1节 固表止汗药 ………… (240)	血竭 ……………………… (250)
麻黄根 ………………… (240)	铅丹 ……………………… (251)
浮小麦 ………………… (241)	儿茶 ……………………… (251)
糯稻根须 ……………… (241)	

第24章 涌吐药 ……………… (253)

第2节 敛肺止咳药 ………… (242)	常山 ……………………… (253)
五味子 ………………… (242)	瓜蒂 ……………………… (253)
乌梅 …………………… (242)	藜芦 ……………………… (254)

第25章 燥湿杀虫止痒拔毒去腐药 … (256)

五倍子 ………………… (243)	第1节 燥湿杀虫止痒药 …… (256)
罂粟壳 ………………… (244)	蛇床子 …………………… (256)
诃子 …………………… (244)	白矾 ……………………… (257)
第3节 涩肠止泻药 ………… (244)	蜂房 ……………………… (257)
赤石脂 ………………… (244)	木槿皮 …………………… (258)
莲子 …………………… (245)	木芙蓉叶 ………………… (258)
禹余粮 ………………… (245)	第2节 拔毒去腐药 ………… (258)
肉豆蔻 ………………… (246)	硼砂 ……………………… (258)
芡实 …………………… (246)	砒石 ……………………… (259)
第4节 涩精止遗药 ………… (247)	轻粉 ……………………… (259)
山茱萸 ………………… (247)	雄黄 ……………………… (260)
金樱子 ………………… (247)	红粉 ……………………… (260)

应用中药学教学基本要求 …………………………………………………………………… (262)

总　　论

中药是指在中医药理论指导下用于预防、治疗疾病的药物。对中药的认识和应用,是以中医学理论为基础,具有独特的理论体系和应用形式,充分反映了我国自然资源及历史、文化等方面的若干特点。其品种繁多,仅古籍记载就有3000种以上,发展至今已达12 800余种。中药是我国人民防病治病和强身健体的主要武器,数千年来它对保障国人的健康和中华民族的繁衍昌盛发挥了巨大的作用。

中药学是研究中药基本理论和各种中药的来源、采制、性能、功效及临床应用等知识的一门学科,既是祖国医学的重要组成部分,也是中药各类从业人员必备的专业知识。由于中药中以植物类药材居多,使用也最普遍,故古人将中药或中药学称为本草。

第1章　中药的起源和中药学的发展

1.明确中药、中药学的概念,了解中药的起源和中药学的发展概况

2.熟悉代表不同历史时期的六部重要本草学代表著作的主要内容、学术价值

第1节　中药的起源

人类对药物的认识,最初是与觅食活动紧密相连的。在原始时代,我们的祖先通过采食植物和狩猎,逐渐了解这些植物和动物,有的可以充饥果腹,有的可以减缓病痛,有的则引起中毒甚至造成死亡。因而使人们懂得,在觅食时有所辨别和选择,逐渐对某些自然产物的药效和毒性有所认识。我国古籍中记述的"神农尝百草之滋味……一日而遇七十毒"的传说,生动地反映了人们认识药物的艰难过程。古人经过无数次有意识的试验、观察,逐步形成了最初的药学知识。

据医史学家的研究,原始社会时期人类用以充饥的食物,大多是植物类,因此,最先发现的也是植物药。随着生产力的发展,农耕、动物驯养、渔猎生产的进步,人们对药物和食物的认识不断提高,随之对植物药和动物药的认识也逐渐深化。原始社会晚期,随着采石、开矿和冶炼的兴起,又相继发现了矿物药。在这一时期,人们从野果与谷物自然发酵的启示中,逐步掌握了酒的酿造技术。至殷商时期,酿酒业已十分兴盛。酒不仅是一种饮料,更重要的是具有温通血脉、行药势和作为溶媒等多方面的作用,故古人将酒誉为"百药之长"。

随着文字的创造和使用,药物知识也由口耳相传发展为文字记载。商代金文中已有"药"字出现。《说文解字》将其训释为:"治病草,从草,乐声。"明确指出了"药"即治病之物,并以"草"(植物)类居多的客观事实。西周时期宫廷已设有"医师"一职,"掌医之政令,聚毒药以供医事"。《诗经》中记载的植物和动物共300多种,其中不少是后世本草著作中收载的药物。《山海经》是一部包含古代地理学、方物志等内容的著作,其中载有120余种药物,并记述了它们的医疗用途。《万物》是1977年安徽阜阳出土的汉简的一部分,原书之名已不可考,书名《万物》为考古学者所题。据考证,《万物》虽在西汉初年抄成,但其编撰年代则在春秋战国时期。所载药物70余种,各药所治疾病的记载较《山海经》更为进步,并有复方治疗的记载。有的学者认为,这是迄今发现的最早药物专编或本草古籍。20世纪70年代初出土的帛书《五十二病方》载方约300个,涉及药物240余种,对炮制、制剂、用法、禁忌等均有记述,说明中药的复方应用具有十分悠久的历史。

第2节 中药学的发展

一、秦汉时期

秦汉之际,中药学已初具规模。西汉时期已有中药学专著出现,如《史记·扁鹊仓公列传》记载,名医公孙阳庆曾将《药论》一书传予弟子淳于意。从《汉书》中的有关记载可知,西汉晚期不仅已用"本草"一词来指称药学专著,而且拥有一批通晓本草的学者。现存最早的药学专著是《神农本草经》(简称《本经》)。该书虽托"神农"之名,实非出于一时一人之手,最后成书是在东汉末期(公元2世纪)。《本经》原书早佚,目前的各种版本均系明清以来学者考订、整理、辑复而成。其"序例"部分,言简意赅地总结了药物的四气五味、有毒无毒、配伍法度、服药方法、剂型选择等基本原则,初步奠定了药学理论的基础。各论载药365种,按药物有毒无毒、养生延年与祛邪治病的不同,分为上、中、下三品,即后世所称的"三品分类法"。每药之下,依次介绍正名、性味、主治功用、生长环境,部分药物之后还有别名、产地等内容。所记各药功用大多朴实有验,历用不衰,如黄连治痢、阿胶止血、人参补虚、乌头止痛、半夏止呕、茵陈退黄等。《本经》系统地总结了汉以前的药学成就,对后世本草学的发展具有十分深远的影响,故被尊为药学经典之著。

二、魏晋南北朝时期

汉末以来医家应用的药物种类日渐增多,本草著作的数量和种类也大大增加。重要的本草著作,首推梁代陶弘景所辑《本草经集注》。该书约完成于公元500年。"序列"部分首先回顾本草学发展概况,接着对《本经》序列条文逐一加以注释、发挥,具有较高学术水平。针对当时药材伪劣品较多的状况,补充了大量采收、鉴别、炮制、制剂及合药取量方面的理论和操作原则,还增列了"诸病通用药"、"解百药及金石等毒例"、"服药食忌例"(原书无标题,以上题目为后人所称用)等,大大丰富了药学总论的内容。各论部分,首创按药物自然属性分类的方法,将所载730种药物分为玉石、草木、虫兽、果、菜、米食及有名未用七类,各类中又结合三品分类排列药物顺序。该书系统、全面地整理、补充了《本经》的内容,反映了魏晋南北朝时期的主要药学成就。

南朝刘宋时期雷敩著《炮炙论》,叙述药物通过适宜的炮制,可以提高药效,减轻毒性或烈性,收录了300种药物的炮制方法,并提出在炮制药品前,应注意区别混淆品。该书是我国第一部炮制专著,也标志着本草学新分支学科的产生。

三、隋唐时期

据《隋书·经籍志》载,出自隋人的本草著作近20种,并包括采集、种植、制药等专著。隋唐时期,医学教育开始兴盛,太医署内设有主药、药园师等药学类专职。

唐显庆四年(公元659年)我国历史上第一部药典性官修本草《新修本草》(又称《唐本草》)问世。该书由李勣、苏敬等主持,依靠了国家的行政力量和充足的人力、物力。全书卷帙浩博,收载药物共844种。书中还增加了药物图谱,并附以文字说明,这种图文对照的方法,开创了世界药学著作的先例,不仅反映了唐代药学的高度成就,对后世药学的发展也有深远影响。

唐至五代时期对某些食物药和外来药都有专门的研究。孙思邈《千金方》中已专设食治篇。由孟诜原著,经张鼎改编增补而成的《食疗本草》,全面总结了唐以前的营养学和食治经验,是这一时期最有代表性的食疗专书。李珣的《海药本草》,则主要介绍海外输入药物,扩充了本草学的内容。

四、宋金元时期

宋代多次组织大型官修本草的编纂,如《开宝本草》、《嘉祐补注本草》、《本草图经》等。私人撰述的书籍,如唐慎微的《经史证类备急本草》内容丰富,载药总数已达到1500余种,并于各药之后附列方剂以相印证。另外,宋以前许多本草资料后来虽已亡佚,亦赖此书的引用得以保存下来,所以,它不但具有很高的学术价值和实用价值,而且还具有很大的文献价值。

国家药局的设立是北宋的一大创举,也是我国乃至世界药学史上的重大事件。1076年,在京城开封开设由国家经营的熟药所,其后又发展为修合药所(后改名为"医药和剂局")及卖药所(后改名为"惠民局")。药局的产生促进了药材检验、成药生产的发展,带动了炮制、制剂技术的提高,并制定了制剂规范,《太平惠民和剂局方》即是这方面的重要文献。

元代忽思慧所著《饮膳正要》是饮食疗法的专门著作,记录了不少回、蒙民族的食疗方药和有关膳食的烹饪方法,至今仍有较高的参考价值。

五、明清时期

明代,刘文泰奉敕修订的《本草品汇精要》,是明代唯一一部大型官修本草。全书载药1815种,绘有1385幅精美的彩色药图和制药图。所载药物内容分24项记述,反映了对药物认识的进步,但分项过于繁杂,反而招致一些混乱。书成之后,藏于内府而未刊行,1936年始由商务印书馆据故宫旧抄本铅印出版。

伟大的医药学家李时珍(1518~1593年)历时27年编成了《本草纲目》。全书52卷,约200万言,收药1892种(新增374种),附图1100多幅,附方11 000余首。序例部分对本草史和中药基本理论进行了全面、系统的总结和发挥。各论分水、火、土、金石、草、谷、菜、果、木、服器、虫、鳞、介、禽、兽、人等16部,以下再分为60类。各药之下,分正名、释名、集解、正误、修治、气味、主治、发明、附方诸项,逐一介绍。书中不仅汇集了大量前人资料,而且也记述了作者丰富的研究成果和新发现、新经验,对过去本草中的一些谬误也进行了指正。它全面总结了中国16世纪以前本草学的成就,在植物、动物、矿物、农学、气象等自然科学的许多方面均有重要贡献。

清代的本草著作数量众多,达400种左右。赵学敏的《本草纲目拾遗》纠正或补充《本草纲目》内容34条。全书载药921种,其中《本草纲目》未收载者有716种,主要是疗效确切的民间药物和外来药。这部书还收录了大量已散失的方药书籍的部分内容,具有重要的文献价值。吴其浚《植物名实图考》,收录植物1714种,新增者519种,记述了植物的文献出处、产地、生境、形态及性味、功用等,是清代水平很高的药用植物学巨著,对后世本草学、植物学的发展有很大影响。清代专题类本草甚多,如张叡《修事指南》,为炮制类专著;郑肖岩《伪药条辨》为辨药专书;章穆的《调疾饮食辨》、王士雄的《随息居饮食谱》等是食疗类专著。

六、近现代本草学成就

药学辞典类大型工具书的出现,是近代本草学中的一件大事。其中成就和影响最大者,当推陈存仁的《中国药学大辞典》,本书收录词目约4300条,汇集古今有关论述与研究成果,为一部具有重要影响的大型中药学辞书。

新中国成立以来,制定了一系列的政策和有力措施,发展中医药事业。随着现代自然科学技术的进步和国家经济的发展,本草学也取得了前所未有的成就。

其中最能反映当代本草学术成就的,有各版《中华人民共和国药典》、《中华人民共和国药典·临床用药须知》(中药饮片卷)、《中药志》、《全国中草药汇编》、《中药大辞典》、《原色中国本草图鉴》、《中国民族药志》、《中华本草》等。《中华本草》是由国家中医药管理局主持、南京中医药大学总编审、全国60多个单位协作编写、全国500余名专家历时10年完成的划时代本草巨著。全书共34卷,其中前30卷为中药,后4卷为民族药。中药部分包括总论1卷,概述本草学各分支学科的主要学术内容和研究进展;药物26卷,按自然分类系统排列药物,分列正名、异名、释名、品种考证、来源、原植(动、矿)物、栽培(养殖)要点、采收加工(或制法)、药材及产销、药材鉴别、化学成分、药理、炮制、功能与主治、应用与配伍、用法用量、使用注意、附方、制剂、现代临床研究、药论、集解23个项目依次著述。另有附编1卷,索引2卷。全书收载药物8980味,插图8534幅,篇幅约2200万字。本书是一部全面总结中华民族两千多年来传统药学成就,集中反映20世纪中药学科发展的综合性本草著作。《中华本草》卷帙浩繁,故又从中选择了535味临床常用药物,连同部分总论内容,汇辑成《中华本草》精选本出版。

目 标 检 测

一、单项选择题

1. 我国现存最早的中药学专著是 （ ）
A.《神农本草经》　　B.《新修本草》　　C.《本草经集注》　　D.《证类本草》　　E.《本草纲目》

2. 首次整理补充《本经》的本草著作是 （ ）
A.《本草经集注》　　B.《唐本草》　　C.《本草拾遗》　　D.《证类本草》　　E.《本草纲目》

3. 首创药物自然属性分类法的本草著作是 （ ）
A.《唐本草》　　B.《证类本草》　　C.《神农本草经》　　D.《本草经集注》　　E.《开宝本草》

4. 我国第一部炮制专著是 （ ）
A.《雷公炮炙论》　　B.《炮炙大法》　　C.《珍珠囊》　　D.《修事指南》　　E. 以上皆非

5. 我国第一部药典性本草著作是 （ ）
A.《神农本草经》　　B.《本草纲目》　　C.《开宝本草》　　D.《新修本草》　　E.《本草品汇精要》

6.《新修本草》的载药数是 （ ）
A. 1892种　　B. 1746种　　C. 1558种　　D. 844种　　E. 730种

7. 宋代的本草代表作是 ( )
A.《证类本草》　　B.《政和本草》　　C.《开宝本草》　　D.《本草别说》　　E.《本草图经》
8. 明代的本草代表作是 ( )
A.《本草原始》　　B.《本草纲目》　　C.《本草蒙筌》　　D.《本草汇言》　　E.《本草品汇精要》
9.《本草纲目拾遗》新增的药物种数是 ( )
A. 921 种　　　　B. 844 种　　　　C. 716 种　　　　D. 183 种　　　　E. 124 种
10.《中华本草》的载药数为 ( )
A. 5767 种　　　B. 6534 种　　　C. 8980 种　　　D. 9800 种　　　E. 12 800 种

二、问答题

1. 简述中药的起源。
2. 简述中药学在各个发展时期的学术特点。
3. 简述历代中药学代表作及其作者、成书年代、载药数及主要成就。

（张　冰　常章富）

第 2 章　中药的产地与采集

1. 了解中药的产地与疗效的关系,明确道地药材的概念
2. 了解植物药采集季节与疗效的关系,明确适时采集的意义与不同药用部位的一般采收方法

中药的产地、采集直接影响药物性能、质量和疗效。药物生长条件良好,采收适时与储存适时,则药材质量优、药性强、疗效好;反之则药材质量次、药性弱、疗效差。历代医药学家在长期的中药生产实践中,积累了许多关于中药产地与采集的宝贵知识和经验,值得我们很好地借鉴。

第 1 节　产　　地

动、植物的生长各有特定的自然条件要求,天然药材的自然分布与生长环境具有一定的地域性。植物类和动物类中药材的产地分布与其产量、质量有密切关系。即使是生长分布较广的药材,也由于自然条件的不同,各地所产质量不一。因此,自古以来医家非常重视"道地药材"。

所谓"道地药材"是指某一特定产区出产的历史悠久、质量优等、疗效显著的药材。中药的处方名称中有许多冠以产地之名,如潞党参、怀地黄、怀山药、杭菊花、杭白芷、川黄连、广陈皮、广藿香、辽细辛等,即是强调产地对于药材质量的重要性。

对于"道地药材",以往多是从强调药材原产地的角度来认识的。随着中药材需求量的不断增加,各地野生的道地药材已无法满足药源供求,这就要求在发展药材生产中,不仅要注意保护野生药材资源,还应开拓新的药源,进行药材的引种栽培以及药用动物的驯养,以解决药材短缺。实际上,在不影响药效的前提下,可以不必拘泥于"道地"的地域限制,而且许多道地药材自古就有野生和人工栽培的情况。在现代的技术条件下,我国已能从事不少名贵或短缺药材的原产地人工栽培或异地引种,以及药用动物的驯养,并不断取得成效。

第 2 节　采　　集

中药的采收季节、时间和方法,与药材的品质优劣亦有着密切的关系。除了矿物类药材受季节影响不大,多可随时采集之外,动植物药材都有各自的采收季节。动植物在生长过程的不同阶段,其药用部位所含有效成分的质和量有所不同,因而药性的强弱、疗效的好坏也往往会有很大的差异。尤其是植物药材的根、茎、叶、花、实各种器官的生长成熟期具有明显的季节性,故适宜的采收时间和采集方法依据植物的种类和入药部位而有所不同。一般的原则是:药材的采收应在有效成分含量最多的时候进行,传统多以入药部位的成熟程度作为依据;目前已逐步使用植物化学的方法测定不同时期入药部位主要药效成分含量高低,以确定中药采收时间。

1. 全草类药材

全草类药材通常在植株充分成长,地上部分生长最茂盛的花前期或花期,果实尚未成熟时采收。有的药用地上部分,从根以上割取,如益母草、豨莶草、青蒿、薄荷、紫苏、仙鹤草、穿心莲等。以带根全草入药的,则连根拔起全株,如细辛、蒲公英、车前草、大蓟、小蓟、紫花地丁等。个别需用嫩苗入药的全草类药材,如茵陈、鹤草芽等,亦应适时采收。

此外,藻蕨类药材大多药用全植株,亦应在其生长旺盛时采收。菌类药材以药用部位成熟时采收为宜。

2. 叶类药材

药用部位为叶类的药材以花蕾将开或正当花盛期采收最好,此时植物叶片生长茂盛,性味充足,药力雄厚,最适宜采收。如大青叶、荷叶、艾叶、枇杷叶等。某些品种需特殊对待,如霜桑叶必须在霜后采收,银杏叶在深秋落叶后采收,而番泻叶则必须采嫩叶。

3. 花类药材

大多数花类药材宜在花含苞待放时采收,不宜在花完全盛开或花衰欲落时采收。药效成分的含量往往会随着花朵的开放、凋谢而显著减少。如金银花、槐花、辛夷、丁香、款冬花等。有的药材需要在花盛开时采收,如菊花、旋覆花等,由于同株花朵次第开放,所以要分次采摘。红花、洋金花等宜在花刚开放时采收。红花在花冠由黄变红时采收最佳,色泽鲜艳,微有香气,质量最好。至于蒲黄之类以花粉入药的药材,亦需在花盛开时采收。

4. 果实、种子类药材

果实类药材多在果实接近成熟或成熟时采摘,如瓜蒌、栀子、山楂、杏仁、五味子等。少数药材要在幼果未成熟时采摘,如枳实、青皮、乌梅、覆盆子、藏青果等。有的果实需待成熟后经霜变色时采,如川楝子、山茱萸。容易变质的浆果,如枸杞子、女贞子,在略熟时于清晨或傍晚采收为好。假如果实成熟期不一致,应该随熟随采。否则,过早采收则肉薄,过迟则可能已经果肉松泡,均会影响药材质量与产量。种子类药材应在果实尚未完全成熟时采集,以免成熟后果实开裂,种子散失,如茴香、豆蔻、牵牛子、青葙子、白芥子、决明子等。

5. 根、根茎类药材

根及根茎类药材多在其休眠期采收,即早春、秋末或冬季采收。早春、秋末或冬季,根或根茎中储藏的各种营养物质最丰富,有效成分含量亦较高,如天麻、苍术、葛根、桔梗、大黄、玉竹、丹参、天南星等。少数根类药材例外,如明党参应在春天采收;半夏、延胡索、太子参等则以夏季采挖为宜。采收根类药材要注意挖大留小,以利来年生长。

6. 树皮、根皮类药材

树皮药材通常在春末夏初采收。此时形成层细胞分裂较快,皮部与木质部容易剥离,且伤口较易愈合,如黄柏、厚朴、杜仲、秦皮等。少数树皮类药材应于秋、冬两季采收。如肉桂、川楝皮等,此时皮中有效成分较高。木本植物生长周期长,应避免伐树取皮或环剥树皮,以保护药源。根皮药材则多在秋后采剥,如牡丹皮、苦楝根皮、五加皮、桑白皮,或春、秋两季采剥,如白鲜皮、地骨皮、香加皮。

7. 藤茎、木质类药材

藤茎类药材,大多宜在秋、冬两季采收,如忍冬藤、首乌藤、大血藤、钩藤等。木质类药材大多全年可采,如苏木、沉香、降香。

8. 动物类药材

动物类药材的采收,主要根据其动物的种类、药用部位、生活习性和活动规律而定。一般动物及虫类药材大多在春、夏、秋三季,动物活动期中捕捉,如蟾酥、斑蝥、全蝎等。地鳖虫、地龙、蛇宜在夏、秋季采收。鹿茸一般在春、夏之季5月中旬至7月下旬锯取,过时则骨化为角。桑螵蛸为卵鞘,应在春初时节采收,过时则孵化为虫。牛黄、马宝等结石类药材应在屠宰时注意收取。

9. 矿物类药物

矿物药材可以随时采集。

目 标 检 测

一、单项选择题

1. 产于某一地区质量最佳、疗效最好,而被普遍重视的中药材,可视为 （ ）
   A. 特产药材　　B. 多产药材　　C. 道地药材　　D. 贵重药材　　E. 稀有药材
2. 产于河南的道地药材是 （ ）
   A. 砂仁　　　　B. 薄荷　　　　C. 地黄　　　　D. 黄连　　　　E. 阿胶
3. 产于山东的道地药材是 （ ）
   A. 砂仁　　　　B. 黄连　　　　C. 茯苓　　　　D. 阿胶　　　　E. 细辛
4. 需深秋和初冬经霜后采集的药是 （ ）
   A. 桑叶　　　　B. 艾叶　　　　C. 枇杷叶　　　D. 大青叶　　　E. 荷叶
5. 需花朵开放时采集其花粉入药的药是 （ ）
   A. 蒲黄　　　　B. 菊花　　　　C. 海金沙　　　D. 辛夷　　　　E. 天花粉

二、问答题

1. 何谓道地药材?怎样正确认识?
2. 为什么必须适时采收植物、动物中药材?

（张　冰　徐　刚）

第3章 中药的炮制

明确中药炮制的概念,了解中药的主要炮制方法和临床应用的关系,掌握中药炮制的目的

炮制是中药在应用前或制成各种剂型以前必要的加工过程,大多数中药都要经过炮制后才能应用。炮制,古称"炮炙"。中药炮制是指根据中医中药理论,按照中医临床需要和药物自身性质特点等要求,将原生药材加工成中药饮片的过程。

第1节 炮制的目的

1. 纯净药物

药材采收、保存过程中,常混有泥土、杂质,或保留有非药用部分,必须经过纯净处理,去除杂质和非药用部分,以保证药物的净度,并使用药剂量准确。如根类药材应洗去泥沙、除去芦头(残茎),皮类药材应剥去粗皮(栓皮),枇杷叶要刷去毛,蝉蜕要去头足。

2. 增强药物疗效

大多数的炮制方法都可以提高药效成分的溶出率,从而增强临床疗效:①切制能增加药材与溶剂的接触面积,使药效成分易于溶出。②煅制煅烧后矿物药质地松脆,药效成分易于溶出。③许多中药经炮制后由于与某种特定的辅料有协同作用,可以增强药性,提高疗效。如蜜炙款冬花,由于蜂蜜的协同作用,可增强其润肺止咳的作用;羊脂炙淫羊藿可增强其补肾壮阳的效能;酒炙黄芩可增强其清上焦热邪的效能;柴胡、香附等经醋制后有助于引药入肝经,更有效地治疗肝经疾病。

3. 消除或降低药物的毒性、烈性或副作用

如川乌、草乌毒性较大,生品内服易于中毒,经用甘草、黑豆煮后则毒性大为降低;巴豆、续随子去油取霜则缓解其泻下烈性;半夏、天南星、附子、马钱子等的炮制目的,也都是为了减少其毒烈之性。

4. 改变药物性能

药物经炮制后可改变药物性能,使之更能适合病情需要。如地黄生用凉血,若制成熟地黄则性转微温而以补血见长;大黄本为沉降之性,酒制后则能使其上行而清上焦之热。

5. 便于储藏及保存药效

有些药物在储藏前要进行干燥处理,使其降低含水量,避免在储存中霉变、腐烂、变质。植

物种子类药材要经过蒸、炒、弹等加热处理,以终止种子发芽,保存药物效果,如苏子、莱菔子。一些含苷类成分的药材,其苷在储藏过程中可能被药材自身所含的酶所分解,需在储藏前加热处理破坏酶,以利久储,如黄芩、杏仁。一些昆虫、动物类药材要经过蒸、炒等加热处理,杀死虫卵,防止孵化,便于储藏,如桑螵蛸等。

6. 便于调剂和制剂

矿物、动物甲壳及某些种子类药材,要进行粉碎处理或其他炮制方法,便于处方调配或进一步加工制成各种剂型,如自然铜、磁石、穿山甲、虎骨、珍珠母等;许多植物类药材必须经过加工切成段、丝、片、块等饮片,才便于分剂调配。

7. 矫味矫臭

动物类药材或其他有特殊臭味的药物,应采用漂洗、酒炙、醋炙、炒黄等处理,以矫味矫臭,利于服用,如海藻、肉苁蓉当漂去咸味腥味。

第2节 炮制的方法

根据中医临床辨证论治的需要,调剂、制剂或药物自身性质特点的不同要求,对于不同的药材需采用不同的炮制方法。炮制方法是历代逐渐发展和充实起来的,根据现代实际炮制经验,炮制方法大致可分为五类,即:修制、水制、火制、水火共制、其他制法。

1. 修制

1)纯净处理:采用挑、拣、簸、筛、刮、刷等方法,去掉灰屑、杂质及非药用部分,使药物清洁纯净。如刷除枇杷叶、石韦叶背面的绒毛,刮去厚朴、肉桂的粗皮等。

2)粉碎处理:采用捣、碾、镑、锉等方法,使药物粉碎,以符合制剂和其他炮制法的要求。如牡蛎、龙骨捣碎便于煎煮,水牛角镑成薄片,或锉成粉末,便于制剂和服用。

3)切制处理:采用切、铡的方法,把药物切制成一定的规格,便于进行其他炮制,也利于干燥、储藏和调剂时称量,并使药物有效成分易于溶出。

2. 水制

用水或其他液体辅料处理药材的方法称为水制法。水制的目的主要是清洁药物、软化药物、调整药性。常用的有淋、洗、泡、漂、浸、润、水飞等。

1)润:又称闷。根据药材质地的软硬,加工时的气温、工具,用淋润、洗润、泡润、浸润、晾润、盖润、伏润、露润、包润、复润、双润等多种方法,使清水或其他辅料润透药物,在不损失或少损失药效的前提下,使药材软化,便于切制饮片。如淋润荆芥,泡润槟榔,酒洗润当归,姜汁浸润厚朴,伏润天麻,盖润大黄等。

2)漂:将药物置宽水或长流水中浸渍一段时间,并反复换水,以去掉药物腥味、盐分及毒性成分的方法称为漂。如将昆布、海藻、盐附子漂去盐分,紫河车漂去腥味等。

3)水飞:系借药物在水中的沉降性质分取药材极细粉末的方法。将不溶于水的药材粉碎后置乳钵或碾槽内加水共研,细粉混悬于水中,倾出沉淀后,干燥即成极细粉末。常用于矿物类、贝甲类药物的制粉,如飞朱砂、飞炉甘石、飞雄黄等。

3. 火制

1)炒:有炒黄、炒焦、炒炭等程度不同的清沙法。还有拌固体辅料如土、米、砂炒的方法。

2）炙：用液体辅料拌炒药物,使辅料渗入药物组织内部,以改变药性,增强疗效或减少副作用的炮制方法称为炙。通常使用的液体辅料有蜜、酒、醋、姜汁、盐水、童便等。

3）煅：将药物用猛火直接或间接煅烧,使质地松脆,易于粉碎,充分发挥药效。坚硬的矿物药或贝壳类药多直接用火煅烧,以煅至红透为度,如紫石英、海蛤壳等。间接煅是置药物于耐火容器中密闭煅烧,至容器底部红透为度,如制血余炭等。

4）煨：利用湿面粉或湿纸包裹药物,置热火灰中加热至面或纸焦黑为度,可减轻药物的烈性或副作用,如煨生姜、煨甘遂、煨肉豆蔻等。

5）炮：将药物置于火上或埋于热灰中,以焦黄暴裂但不炭化为度,以降低药物的毒性或烈性。如炮附子、炮干姜。

4. 水火共制

1）煮：是用清水或液体辅料与药物共同加热的方法。如醋煮芫花可降低毒性,酒煮黄芩可增强清肺热的功效。

2）蒸：是利用水蒸气或隔水加热药物的方法。如酒蒸大黄可缓和泻下作用。

3）淬：是将药物煅烧红后,迅速投入冷水或液体辅料中,使其酥脆的方法。如醋淬自然铜、鳖甲,黄连煮汁淬炉甘石等。

4）焯：是将药物快速放入沸水中短暂潦过,立即取出的方法。如焯杏仁、桃仁以去皮,焯马齿苋、天门冬以便于晒干储存。

5. 其他制法

常用的有发芽、发酵、制霜、精制及药拌等。如稻、麦的发芽,发酵法制取神曲、淡豆豉,巴豆的去油取霜,西瓜与芒硝的加工制霜,朴硝精制成芒硝、玄明粉,朱砂拌茯神等。

目 标 检 测

一、单项选择题

1. 草乌制用的目的是 （   ）
A. 降低毒性　　B. 改变性能　　C. 增强药效　　D. 便于储存　　E. 矫正味道

2. 巴豆去油用霜的目的是 （   ）
A. 改变性能　　B. 降低毒性　　C. 增强药效　　D. 便于储存　　E. 矫正味道

3. 蜜炙麻黄的目的是 （   ）
A. 增强发汗之力　　　B. 增强平喘之力　　　C. 增强活血之力
D. 增强散寒之力　　　E. 增强利尿动

4. 酒制能增强当归何种效能 （   ）
A. 补气　　B. 活血　　C. 滋肾　　D. 补血　　E. 润肠

5. 焯法属 （   ）
A. 修治　　B. 水制　　C. 火制　　D. 水火共制　　E. 其他制法

二、问答题

1. 简述常用的修制法(举例说明)。
2. 简述水火共制法。

（张　冰　徐　刚）

第4章 中药的性能

1. 明确药性、药性理论的概念,掌握药性理论的主要内容及其对临床用药的指导意义,理解中药治病的基本原理
2. 了解升降浮沉的概念及影响药物升降浮沉的因素
3. 明确归经的概念及确定药物归经的依据
4. 掌握中药毒性的概念、中药中毒的原因,能用毒性理论指导临床合理应用中药

中药与其疗效有关的性质与功能称为中药的性能,它包括性与能两个方面,即药效的物质基础和治疗作用。中药性能的研究内容涉及中药的性质、作用和临床应用等基本理论,主要包括四气、五味、升降浮沉、归经、毒性等内容。

人们对药物性能的认识,是通过长期的医疗实践总结积累起来的,在经验的基础上逐步升华为理论,并用以指导临床实践。由于中医与中药是一个完整的理论体系,中药是中医防治疾病的主要工具,所以中医基本理论又是中药药性理论的基础,对中药药性理论具有指导作用。

第1节 四气五味

四气五味是中药药性理论的核心内容,《神农本草经》即指出"药有酸、苦、甘、辛、咸五味,又有寒、热、温、凉四气"。四气五味不仅是药物性能的重要标志,而且也是指导中医临床用药的重要理论。

一、四　气

四气就是指药物寒、热、温、凉四种不同的药性,又称"四性",这是前人在长期的医疗实践中,通过观察药物作用于人体后所发生的反应和治疗效果而总结出来的。

按阴阳属性划分,药性的寒凉与温热,可以划分为两类,寒凉为阴,温热属阳,二者作用相反。而温与热、寒与凉之间,则只有程度的差别,温次于热,凉次于寒。有些本草著作对于某些药物,还标以大热、大寒、微温、微寒等,以示在程度上的差别。此外,还有"平性"药物。所谓"平"是指药性平和,作用和缓,寒热之性不甚显著,或微温、微凉,故虽然药物实际上有寒、热、温、凉、平五种不同的药性,但仍称"四性"而不称"五性"。

药性的寒、热、温、凉是从药物作用于机体后所发生的反应总结出来的,是与所治疾病的寒热性质相对而言的,凡能减轻或消除热证的药物,即属于寒性或凉性,凡能减轻或消除寒证的药物,即属于温性或热性。温热性质的药物具有温里、散寒、补火、助阳等作用,如干姜、桂枝、鹿茸等;寒凉性质的药物具有清热、泻火、凉血、解毒等功效,如黄连、大黄、板蓝根等。

> **药物的寒热温凉与兴奋、抑制作用**
>
> 温热药多有兴奋作用,能提高机体的兴奋性,改善、纠正器官、组织低下的功能,其兴奋作用表现在以下几个方面:①兴奋交感神经-肾上腺系统,如附子、干姜、肉桂、鹿茸。②促进能量代谢:促进甲状腺激素的分泌,使 Na^+、K^+-ATP 酶的活性恢复,产热增多。③促进糖原分解,升高血糖,如人参、鹿茸、何首乌、肉桂、麻黄。④兴奋心血管系统:强心,收缩外周血管,升高血压,改善循环。如附子、乌头、干姜。⑤促进内分泌:增强下丘脑-垂体-性腺轴、肾上腺皮质轴等内分泌系统功能,促性激素的释放,如淫羊藿、鹿茸、肉苁蓉、紫河车。
>
> 寒凉药物大多具有抑制作用,其抑制作用具体表现在以下几方面:①抑制交感神经-肾上腺系统,如石膏、黄芩、黄连、黄柏、牛黄。②抑制内分泌系统:抑制肾上腺皮质功能和性腺功能,抑制甲状腺激素的分泌。减少耗氧。降低血糖。抑制 Na^+、K^+-ATP 酶的活性,产热减少,如知母、石膏、栀子、大黄。③抑制心血管系统:抑制心脏,扩张血管,降低血压,如葛根、黄芩、黄连。④抑制中枢神经系统:降低中枢神经系统兴奋性,如牛黄、丹皮、地龙、钩藤。⑤抑制细菌、病毒、真菌等病原微生物,抑制炎症反应,如金银花、连翘、黄连。⑥抑制肿瘤细胞的分裂增殖,如山慈菇、山豆根、青黛、苦参、大黄、白花蛇舌草等。

临床用药首先要分清疾病性质的寒热,在此基础上针对疾病的寒热性质而选择药性相反的药物,"疗寒以热药,疗热以寒药"(《神农本草经·序例》),亦所谓"寒者热之,热者寒之"(《素问·至真要大论》),也只有这样才能补其不足,泻其有余,达到阴阳平衡的目的。相反,如果热证用热药、寒证用寒药,则不仅不能祛邪扶正,而且还会助邪伤正。临床还应该针对温与热、寒与凉的程度选择药物,若当用热药而用温药,当用寒药而用凉药,则病重药轻难以达到预期疗效,若当用温药而用热药,当用凉药而用寒药,则病轻药重多至正气损伤。

此外,有些复杂疾病,表现为"真寒假热"、"真热假寒"证,当避开"假寒"、"假热"之假象,而针对其"真热"、"真寒"的本质相应地采用寒药或热药治疗,即所谓"寒因寒用"、"热因热用"之反治法,实际上也是"热者寒之,寒者热之"治疗原则的具体体现和灵活应用。对其假象,必要时也可以加用药性相反的药物,起反佐作用,以利受纳。

二、五　　味

五味是指中药所具有的辛、甘、酸、苦、咸五种不同的药味,此外还有淡味和涩味,一般认为"淡附于甘"、"涩附于酸",所以仍称作"五味"。而且辛、甘、酸、苦、咸五味是与五行、五脏相配属对应的。

药味的含义有二,一是反映了部分药物的真实滋味,是通过口尝而得来的感性认识,与药物的实际味道相符,如甘草味甘,黄连味苦;二是在大量临床实践的基础上推导总结出来的关于药物作用的理性认识,代表着药物的作用特点,是对中药作用规律的概括,并非味觉器官所能感知的真实味道,如知母的甘味,玄参的咸味。也是由于古人首先发现了药物的味与疗效有一定关系,因此就以味来阐释药物的作用。但随着中药知识的积累,发现药物的功效并不能全部用口尝之味来解释,为了便于学习与掌握,即将实际功效与"味"抽象地联系起来,因此依照药物实际功效确定的味,就与口尝味不尽相符。

关于五味的作用,经过历代医家在《黄帝内经》辛散、酸收、甘缓、苦坚、咸软、淡渗泄等理论的基础上不断补充发挥而形成了较为系统的理论。

辛:能散能行,其作用具体体现在以下几个方面:①辛散:辛味有发散表邪作用,辛味药大多能借其辛香宣散透发之力,祛除在表的六淫之邪。所以治疗表证常选辛味的麻黄、连翘、荆芥、薄荷等。②辛行:辛味药物能促进气血流通,行气消滞,活血化瘀。如辛味的木香、陈皮、香附等,具有行气功效,能消除气机郁滞。辛味药当归、川芎、红花等,能活血化瘀,治气滞血瘀。③由于芳香气味亦属于辛,历来"辛香"并称,因此辛味药还具有化湿醒脾、开窍醒脑、辟秽化浊等作用。如藿香、佩兰化湿醒脾,治疗湿浊困脾;麝香、冰片开窍醒脑,用于神志昏迷。辛味药多辛散燥烈,易耗气伤阴(津),故气虚、阴(津)亏,表虚多汗等应慎用。

甘:能补能和能缓,其具体作用包括以下几个方面:①甘补:甘味药具有补益作用,能补益人体的气血阴阳,或扶助人体正气,振奋脏腑功能,或滋补阴血不足,改善虚弱状况。如人参、黄芪等甘温补气,当归、熟地甘温补血。②甘和:即"和中、调和诸药"。甘味药具有调和中焦、保护和增强脾胃消化功能的作用,还能调和药味,使药物之间功能协调,有改善味道等作用。甘草、大枣常用于复方中起调和诸药的作用。③甘缓:甘味具有缓解痉挛、疼痛,缓解毒性、烈性等作用。如甘草有缓急止痛、缓和药性、解毒之功,可治脘腹或四肢痉挛性疼痛;甘草、大枣、蜂蜜亦常用在复方中起缓和药性作用。④此外,尚有"甘润"之说,即有些甘味药物具有滋润作用,如瓜蒌、川贝润肺化痰,火麻仁、蜂蜜等润肠通便。因甘味药性多腻滞,易助湿困脾,所以脾虚湿滞者勿用甘味滋阴之品。

酸:能收能涩,其作用具体表现在以下几个方面:①收敛固涩:具有止泻、敛汗、涩精、缩尿、止带、止血等制止人体阴液滑脱的作用,如五倍子、五味子收敛止汗,五味子、山茱萸收敛止血,乌梅、石榴皮涩肠止泻,金樱子、覆盆子涩精缩尿。②某些酸味药还具有生津作用,可用于胃阴不足,口干欲饮,不思饮食,舌红少苔,或舌苔剥脱等证,如乌梅、五味子等。

苦:能泄能燥能坚,其作用具体体现在以下几个方面:①苦泄:泄的含义有三,即通泄、降泄和清泄。通泄腑气,如大黄、番泻叶,有泻下通便的作用,用于热结便秘之证;降泄肺气,如杏仁、厚朴,有止咳平喘作用,用于气逆喘咳之证;清泄火热,如栀子、知母,有清火除烦作用,用于热盛心烦之证。②苦燥:即燥湿,治疗水湿之证。由于湿证有寒湿、湿热的不同,故苦味药也相应地分为苦寒燥湿和苦温燥湿两类,前者如黄连用于湿热证,后者如苍术用于寒湿证。③苦坚:苦能坚阴,用于肾阴亏虚而致相火亢盛之证。此处的"坚阴"并不是苦味的直接效应,而是通过苦味的清泻火热作用而达到保存阴液的目的。代表药如黄柏、知母。④某些苦味药还有开胃进食、增进食欲的作用。于饭前服用少量苦味药(如黄连、龙胆草)可增加胃液分泌,提高食欲。因苦易燥伤阴津,阴津不足者不宜用。而且苦寒之药易伤伐脾胃阳气,素体脾虚者亦当慎用。

咸:能下能软,其具体作用包括以下几个方面:①咸下:咸味具有泻下作用,用于热结大肠,大便秘结不通,或大肠津亏,大便干涩难下,如芒硝。②咸软:咸味药能软坚散结,用于消除瘿瘤、瘰疬、痰核、疮痈、痞块等,如牡蛎、玄参、昆布、海藻、水蛭、血竭、穿山甲、土鳖虫等。③咸味还能入肾补肾,如紫河车、鹿茸、蛤蚧、黄狗肾、海马等均能补肾益精。

淡:能渗能利,淡味药能渗泄利湿,具有利尿渗湿作用,用以治疗痰饮、湿浊、水肿、小便不利等证,如茯苓、猪苓、泽泻、薏苡仁。前人云:"淡附于甘",每甘淡并称。

涩:涩味药具有与酸味药相同的收敛固涩作用,由于两者功用基本相同,故常酸涩并称,如赤石脂、禹余粮涩肠止泻,仙鹤草、白及收敛止血,龙骨、牡蛎敛汗、涩精、缩尿、止带。

药味与其药理作用之间的关系

辛：辛味药能刺激汗腺分泌，扩张皮肤毛细血管，抗菌、抗病毒、抗感染（解表），如麻黄、桂枝、银花、连翘、柴胡；某些辛味药还能调节胃肠运动（行气），如陈皮、木香、枳实、厚朴；部分辛味药有镇痛、扩张血管、改善循环、抗血栓形成作用（活血化瘀、行气活血），如苦川芎、赤芍、红花。

苦：苦味药具有抗菌、抗病毒、抗感染作用（清泄火热），如黄连、黄芩、黄柏；具有抑制呼吸中枢，缓解咳嗽哮喘作用（降泄肺气），如苦杏仁、桃仁。

甘：甘味药能促进或调节免疫，参与物质合成代谢（补气、补血、补阴），如黄芪、当归、党参、人参、淫羊藿、紫河车；促进性功能（补阳），如鹿茸、淫羊藿、紫河车。甘草所含甘草甜素、甘草次酸具有解毒作用（缓和药性）。甘草所含的异黄酮类成分具有解痉、镇痛、镇静作用（缓急止痛）。甘草、大枣能保护和增强脾胃功能（和中）。

酸：酸味药物能促进组织蛋白凝固，如五味子、五倍子、乌梅、金樱子、覆盆子；能抑制细菌生长（止泻、止白带、收湿敛疮），如五味子、五倍子、乌梅；具有镇咳（敛肺气止咳）作用，如五味子、乌梅、诃子、罂粟壳；具有镇静安神（敛心安神）作用，如五味子、酸枣仁；还具有抑制蛔虫和肠壁局部麻醉作用（安蛔止痛），如乌梅。

咸：咸味药具有促进肠蠕动、引起泻下的作用，如芒硝；咸味药还能抗血栓、抗癌、抗结缔组织增生（软坚散结），如水蛭、虻虫、穿山甲；有些咸味药具有镇静、抗惊厥作用（息风止痉），如牛黄、全蝎、地龙、琥珀、僵蚕、羚羊角等。

淡：淡味药的主要药理作用为利尿，增加小便排出量，如茯苓、猪苓、泽泻、萹蓄、金钱草。

关于五味的阴阳属性，《素问·至真要大论》认为："辛甘发散为阳，酸苦涌泄为阴，咸味涌泄为阴，淡味渗泄为阳"，即辛、甘、淡为阳，酸、苦、咸属阴。五味的五行属性，《素问·宣明五气》曰："酸属肝（木），苦属心（火），甘属脾（土），辛属肺（金），咸属肾（水）。"即是把五味与五行、五脏相联属，为药物作用的定位，提出了初步依据，也是中药归经的基础。

第2节　升降浮沉

一、升降浮沉的概念

升降浮沉是指药物作用趋向，即药物作用的定向。临床上不同的疾病可表现出不同的病理趋向，如表现为向上的呕吐、喘咳，表现为向下的泻痢、崩漏、脱肛，表现为向外的自汗、盗汗，表现为向内的表证不解、麻疹内陷，而能针对病情，转变、改善或消除这些病理趋向的，相对而言也就分别具有升降浮沉的作用趋向。药物向上、向外的作用趋向称为升浮，向下、向内的作用趋向称为沉降。药物的作用趋向与所治疾患的病势趋向相反。

药物的升降浮沉理论起源于《黄帝内经》，《素问·阴阳应象大论》"清阳出上窍，浊阴出下窍；清阳发腠理，浊阴走五脏；清阳实四肢，浊阴归六腑"的论述阐明人体正常的生理活动，《素问·阴阳应象大论》"清气在下，则生飧泄"的论述则阐明了人体升降出入功能紊乱的病理变化，这些都奠定了药物升降浮沉的理论基础。金元时期，药物升降浮沉学说也渐趋成熟，张元素在《医学启源》中，即对升降浮沉理论，进行了系统的论述。至明清，升降浮沉学说又有了进一步的发展，总结出了药物作用趋向的一般规律，《本草纲目·序例卷一·升降浮沉》则进一步将药物的升降浮沉与其性味联系起来："酸咸无升，甘辛无降；寒无浮，热无沉，其性然也。"

二、确定药物升降浮沉的依据

能够针对病情,改善或消除向下、向上、向内、向外等病势趋向的药物,就分别确定为具有升降浮沉的作用。确定药物升降浮沉的依据和影响因素主要有六个。

一是药物的性:药物的寒热温凉影响着药物的作用趋向。温热性质的药物,其作用趋向多升浮;寒凉性质的药物,其作用趋向多沉降。

二是药物的味:药物的五味及其阴阳属性也是影响药物作用趋向的重要因素。辛甘淡的药物,其属性为阳,作用趋向多升浮;酸苦咸的药物,其属性为阴,作用趋向多沉降。

三是药物气味的厚薄:气味厚薄是指药物气质的醇厚浓烈与轻清淡薄。如薄荷、桑叶等气味淡薄则升浮,大黄、熟地等气味醇厚浓烈则沉降。

四是药物质地的轻重:药物的升降浮沉与其质地的轻重也有一定的关系,一般而言,花叶及质轻的药物大多能升浮,如辛夷、荷叶、升麻。子实及质重的药物大都能沉降,如苏子、枳实、牡蛎、磁石。但也不尽然,如旋覆花不升浮反而沉降,蔓荆子不降沉反而升浮。

五是药物的炮制方法:药物的升降浮沉,可以随炮制而改变。有些药物"生升熟降",如生麻黄发汗解表,炙麻黄则止咳平喘。酒制可增强药物升散作用,如大黄、黄连酒制后上行头面,清上部之热的力量增强。盐制则下行肝肾,如杜仲、巴戟天、补骨脂等经盐制后可增强补肝肾作用,姜汁炒则散,醋炒则收敛。

六是药物的配伍:药性的升降浮沉,与其在方剂中的配伍也密切相关。如黄芪,性味甘温,益气升阳,本性升浮,配党参、柴胡、升麻则升浮升提中气;配白术、防风则收敛固表止汗;配白术、防己则沉降利水渗湿。一般而言,个别升浮药在大队沉降药中,其升浮之性受到制约,个别沉降药在大队升浮药中,其沉降之性也受到制约。某些药物则有引导药物趋向的作用,如桔梗能"载药上行",引导有关药物升浮;牛膝可"引药下行",引导有关药物下行。

三、升降浮沉的作用和意义

升是指向上升提,浮是指向外发散,降是指下行降逆,沉是指泄利或收敛。由于升与浮、沉与降的趋向类似,不易严格区别,故通常"升浮"、"沉降"合称。一般而言,具有升举阳气、发汗解表、祛风、燥湿、散寒、开窍醒脑、涌吐等功效的药物,都能上行向外,药性是升浮的;具有清热、泻下、利水、平肝潜阳、息风止痉、镇心安神、降逆止呕、止咳平喘、消积导滞、收敛固涩等功效的药物,则下行向内,药性是沉降的。但也有少数药物,升降浮沉的性能不明显,或存在着既升浮又沉降的"双向性",如川芎既能"上行头目"(升浮)以祛风止痛,又能"下行血海"(沉降)而活血调经。

升浮药宜用于病位在上在表的疾病,如麻黄、薄荷、防风用于表证、头痛;或者用于病势下陷的疾病,如黄芪、升麻、柴胡治疗中气下陷久泻、脱肛。沉降药适用于病位在下在里的疾病,如便秘、小便不利,或者用于治疗病势上逆的疾病,如呕吐、喘咳。升降浮沉对临床用药的普遍指导意义主要表现在两个方面,一是依据病势选药,选择与疾病上、下、内、外病理趋向相反的药物,即逆病势;二是依据病位选药,选择与疾病的高、低、深、浅病变部位相同的药物,即顺病位。

第3节 归 经

一、归经的概念

所谓归经,"归"是指药物作用趋向、作用部位的归属,"经"是指人体的脏腑、经络。所以归经就是中药作用的定位,就是把药物的作用与人体的脏腑、经络联系起来,说明药物作用的方向、部位、范围。归某经的药物主要对该脏腑及其经络起治疗作用,对其他脏腑、经络作用较弱或者没有作用。归经理论对临床合理、准确地选用药物具有重要的指导意义。

归经理论起源于《黄帝内经》中有关"五味入五脏"、"五走"等论述,《伤寒论》的六经辨证也为归经理论奠定了基础。至宋代,药物的归经理论逐渐形成,《苏沈良方》中已有"某物入肝"、"某物入肾"的记载。金元时期,归经理论又有了进一步的发展,张元素提倡分经分部用药,《珍珠囊》中30余味药载有"某经药"、"某行经药"的内容,如:川芎少阳本经药,入手足厥阴气分。李杲、王好古等又加以补充。《汤液本草》就对很多药物采用"入"、"走"、"引"经等术语加以论述,使归经理论逐步充实。明代《本草品汇精要》将前人的"入"、"走"、"引"等术语统称为"行",作为药性的一项内容,但"经"仍沿用六经名称。至清代沈金鳌正式提出"归经"一词,并将前人关于归经的理论加以总结,在《要药分剂》一书中,每味药下均列"归经"一项,说明药物作用部位。至此,归经理论得以完备,再经过后世医家的继承和发展,成为中药药性理论的重要组成部分。

二、确定药物归经的依据

确定药物归经主要有四方面的依据:一是经络学说,经络内属于脏腑,外络于肢节,是沟通机体内外的通道,经络既是疾病病变部位的所在,也是药物作用的所在。凡能治疗某经疾病的药物,就归入某经。二是脏腑学说,脏腑学说是中医学阐明人体生理功能、病理变化的核心理论。中药的治疗作用是通过对脏腑生理功能与病理变化的调整、改善而实现的。药物的作用,往往标以脏腑名称,如清心、润肺、平肝、滋肾。药物的归经,也逐渐由用经络归纳转为用脏腑归纳,即直接归于某脏某腑,或者在脏腑之后再加上经字,如归肝经、归脾经、归膀胱经等。三是药物疗效,药物的临床疗效是药物归经的主要依据。药物归于某脏某腑某经,最终是由其在临床应用中所表现的实际作用来确定的。某药对某脏腑或经络的病变疗效显著,即将其归入某脏腑或某经络,如龙胆草苦寒,能清泻肝火,即云其归肝经。四是药物特性,药物的归经也与药物的形、色、气、味等特性有关,如五味与归经关系密切。《素问·至真要大论》即有"酸先入肝,苦先入心,甘先入脾,辛先入肺,咸先入肾"之论。此说对早期的归经学说影响颇大。但这种五味各入一脏的说法,存在一定的局限性,有不少药物的归经难以用此解释。此外,尚有以药物的质地、形态及颜色作为归经的依据,其片面性则更大。

三、归经理论的作用和意义

归经理论是中药药性理论的重要组成部分,对阐明药物的作用部位,指导临床合理、科学、有效、准确地选用药物以及中药的研究开发都具有十分重要的意义。

1) 阐明药物作用部位:归经学说解决了药物作用用定位问题。它与四气五味的定性,升降浮沉的定向,共同构成了中药药性理论体系,对于完整地阐明、解释药物的作用及其作用原理有着重要意义。归经理论认为即使是同类药物甚至功效相同的药物,由于归经的不同,其治疗效果也就有所不同。如同是苦寒清热燥湿药物,黄连就善清心火,黄芩则善清肺火,龙胆草却善清肝火。

2) 指导临床合理用药:归经理论阐明了药物的作用部位,根据药物的作用部位选择药物是临床合理用药的基本原则之一,只有按照药物归经选择药物,才能做到有的放矢。如治疗喘证,除了分辨其寒热虚实之外,还需要辨别病变部位是在肺还是在肾,在肺属肺气不宣者,宜用归肺经之麻黄、杏仁等以宣降肺气而平喘;在肾属肾不纳气者,则当用蛤蚧、补骨脂等补肾纳气而定喘。再如治疗头痛,太阳经头痛当用羌活,阳明经头痛应选白芷,少阳经头痛则用柴胡,厥阴经头痛当用吴茱萸,少阴经头痛当用细辛。值得注意的是,由于在病变过程中脏腑、经络之间相互联系、相互影响,所以用药时,也不能仅使用归某一经的药物,而不考虑其他相关脏腑、经络。

3) 指导中药的加工炮制:炮制的主要目的之一就在于增强或改变药物的某些功能,从而提高临床疗效。归经学说对中药的加工炮制也具有十分重要的指导价值,如盐味咸,能入肾,所以盐炒黄柏、知母可增强其入肾泻火的作用;酸能入肝,醋制柴胡,既可缓和其升散之性,又可增强其疏肝止痛的作用。

> 1. 归经与药物有效成分在体内分布的关系
> 　　现代研究表明药物的归经与其有效成分在体内的分布基本一致,有人对23种药物的有效成分在体内分布做了统计分析,结果表明:有14种药物归经所属脏腑与有效成分分布最多的脏腑基本一致,占61%;有6种药物归经所属脏腑与有效成分分布大致相符,占26%;其和为87%。另有3种药物的归经所属脏腑与有效成分分布无直接关系,占13%。因此认为,有效成分的选择性分布是中药归经的基础。
> 2. 归经与药物特异性受体在体内分布的关系
> 　　药物的作用是通过作用于体内特异性受体而实现的,药物与其相应的受体具有特异性亲和力,这种亲和力的存在,就是中药归经的基础。如细辛归心经、肺经、肾经,功能温阳散寒,用于阳虚畏寒、寒饮伏肺、腹中冷痛等。研究显示,细辛的主要有效成分消旋去甲乌药碱具有β受体激动作用。$β_1$受体分布于心脏,支气管平滑肌分布有$β_2$受体。β受体兴奋则心脏兴奋,表现为强心作用,支气管平滑肌松弛,缓解咳嗽哮喘。

第4节 毒　　性

一、药物毒性的概念

药物毒性的概念有狭义和广义之分。

狭义之毒是指药物的毒性,有毒性的药物一般都具有毒性作用或作用强烈,《诸病源候论·卷二十六·解诸药毒候》云:"凡药物云有毒及大毒者,皆能变乱,于人为害,亦能杀人。"如砒石、芫花、千金子、乌头等。标明有毒的药物,药物的治疗量与中毒量接近,安全范围窄,用之不当,即可对人体产生毒害,轻者损伤人体,重者引起死亡。这种认识与近代对药物毒性的认识比较接近。相反,凡无毒的药物,性质比较平和,安全范围大,用量稍大于治疗量,也不会对机体造成损害,如车前子、茯苓等;有些药物大量应用甚至食用,也是安全的,如山药、麦芽、薏苡仁。

广义之毒是指药物的偏性,古人将毒作为一切药物的总称,药物皆称为毒药或毒。这是由于古人认为药物之所以能祛除病邪、纠正偏盛偏衰,就是由于其具有某种偏性,这种偏性就是它的"毒性"。凡药均有偏性,"毒"即药,药即"毒","毒药"即为药物的总称。如《类经·卷十四·疾病类·五脏病气法时》云:"药以治病,因毒为能,所谓毒者,以气味之有偏也。盖气味之正者,谷食之属是也,所以养人之正气。气味之偏者,药饵之属是也,所以去人之邪气。其为故也,正以人之为病,病在阴阳偏胜耳。欲救其偏,则唯气味之偏者能之,正者不及也。……是凡可辟邪安正者,均可称为毒药。"

二、中药毒性的影响因素

中药的毒性较化学药物、生物制剂的毒性更为复杂,中药中所含的有毒成分以及单味药或复方药对机体的总体毒性作用,受到许多因素的影响。

1) 毒性成分:一般有毒的药物都含有毒性成分,若使用不当即可引起中毒,如附子含有多种生物碱,其中以乌头碱、中乌头碱、次乌头碱为主,附子的毒性主要取决于乌头碱类生物碱,乌头碱的致死量3~4mg,人口服乌头碱2mg即可中毒,表现为消化系统、心血管系统、神经系统、呼吸系统的毒性反应。

2) 品种来源:中药有毒或无毒,与品种来源有较大关系。由于历史原因,不少中药品种混乱,一种中药可以有多种品种来源,其中有的有毒,有的无毒,有的有大毒,有的有小毒。如五加皮,有南北之分,南五加(包括刺五加)属五加科植物而无毒,北五加皮(又名香加皮)属萝摩科植物而有毒。

3) 炮制方法:中药通过规范的炮制,可减轻或消除毒性、烈性,使"有毒"之品变为无毒之品。如生半夏有毒,对咽喉有刺激作用,但通过115~121℃加热或白矾水浸泡,可消除这种"毒性"作用。相反,药物若炮制不当,反能增毒,如雄黄有毒,火煅则生成砒霜,使毒性剧增。

4) 配伍方法:《本经·序例》云:"若有毒宜制,当用相畏、相杀者。"说明药物通过合理的配伍,可抑制其毒性,使"有毒"变"无毒",使"大毒"变"小毒"。如槟榔与常山同用,可使常山的致吐作用减轻;有些药物也可因为配伍不当而产生毒性或增强毒性,如十八反、十九畏等。

5) 用药剂量、用药时间:用药剂量适当与否,是影响中药毒性作用的重要因素。临床上不少中药的毒性反应与大剂量用药或长期用药有关,《诸病源候论·卷二十六·服药失度候》即云:"凡合和汤药,自有限制,至于圭铢分两,不可乖违,若增加失宜,变生他疾,……亦能致死。"如苦杏仁有小毒,是因其在体内能分解出氢氰酸等有毒物质,剂量10g以内,不会出现明显的不良反应,若超过20g,即可能导致氢氰酸中毒。另外,长期应用某种药物,特别是代谢、排泄较慢的药物,就可能引起药物在体内蓄积中毒,所以前人强调"中病即止"。

6) 药物剂型:剂型对药物的毒性作用有重要影响,一般认为,丸剂作用缓慢,且便于控制用药剂量,作用峻猛或有毒药物入丸剂可减缓其峻烈有毒之性,而汤剂作用迅速。临床用药应根据药物的性质、疾病的需要、患者的具体情况全面衡量,选择恰当的剂型。

7) 煎煮方法:煎煮的方法和时间对中药的毒性有很大影响。如含乌头碱的乌头类药物,先下久煎,则能使其毒性减轻或消除。如果所含乌头碱未被分解为毒性较小或接近无毒的乌头次碱或乌头原碱,即可引起中毒甚至死亡。临床应根据药物的性质选择恰当的煎煮方法和时间。

8) 服药方法:服药方法也直接影响到药物的毒性反应。合理的服药方法能有效地控制药物的剂量。对于有毒或作用峻烈的药物,按照合理的方法服用,可以消除或减少对人体的毒性作用。反之,若服药方法不当,也可引起或增强药物的毒性作用。

9) 体质差异:体质因素对中药的毒性作用也具有一定的影响。体质的强弱不同,对药物毒性作用的敏感度和耐受能力也不同。《类经·卷四·藏象类·耐痛耐毒强弱不同》即云:"人有能耐毒者,有能不胜毒者。"一般而言,高大、强壮的人耐毒能力较强,矮小、瘦弱的人耐毒能力较弱。故《灵枢·论痛》云:"胃厚色黑、大骨及肥者,皆胜毒。""瘦而薄胃者,皆不胜毒。"

三、防止中药中毒的方法

中药采集、加工、流通、应用等过程不仅影响药物质量和临床疗效,同时也直接影响到药物的毒性和不良反应。严格把握这些环节是避免中药中毒、减轻毒性反应的关键。

1）严格采购：药材收购部门应严格把握药材质量、品种，禁购伪劣药品。中华人民共和国国家药品监督管理局正在推行《中药材种植质量管理规范（GAP）》，其推广有利于从源头控制中药的品种来源、药材生长自然环境并规范药材种植。

2）规范炮制：严格按照国家制定的《中药炮制规范》科学加工炮制。规范炮制加工工艺流程，逐步推行中药材饮片生产批准文号，实现全面使用具有生产批文的标准饮片。

3）安全性试验：除了经长期临床应用证明安全无毒的药物外，无论是单味中药还是中成药临床应用之前，都必须进行安全性试验，使药品的安全性得到保障。

4）合理应用：中药的毒性及其所引起的不良反应多与非合理用药有关，因此必须根据疾病的性质、药物的性质、患者的整体状况，辨证论治，因时制宜、因地制宜、因人制宜，合理地选择药物、配伍、剂量、剂型、疗程、煎煮方法、服药方法，减轻或消除药物的毒性、烈性，减轻或消除药物的毒性反应。

> 1988年12月27日中华人民共和国国务院令第23号发布《医疗用毒性药品管理办法》，将毒性中药的使用纳入法制管理的轨道。
> 一类毒性中药2种，砒石（红砒、白砒）、水银。
> 二类毒性中药25种，砒霜、雄黄、轻粉、红粉、白降丹、红升丹、生川乌、生草乌、生附子、生半夏、生南星、生狼毒、生甘遂、生藤黄、洋金花、闹羊花、雪上一枝蒿、斑蝥、青娘子、红娘子、蟾酥、生马钱子、生巴豆、生千金子、生天仙子。

链接

小结

四性、五味、升降浮沉、归经、毒性构成了中药学药性理论。四性论述了药物的寒热性质，对治疗热证、寒证疾病药物的选择具有指导作用；五味进一步阐明了药物的治疗作用和临床效果，与四性相得益彰；升降浮沉说明了药物的总体作用趋向，与四性、五味之间关系密切。归经指出了药物的作用部位，将药物的作用与脏腑、经络联系起来，便于根据病变部位的不同合理选择药物；毒性理论揭示了药物的安全性，介绍了临床安全用药的基本原则和方法。四性、五味、升降浮沉、归经、毒性理论五者之间既各成体系，又密不可分，分别反映了药物的性质、疗效、作用趋向、作用部位、毒性作用、安全性等基本特征，临床用药必须从药物的四性、五味、升降浮沉、归经、毒性五个方面综合考虑、全面把握，才能达到安全、有效、合理的目的。

目标检测

一、单项选择题

1. 下列哪项不是温热性药的作用　　　　　　　　　　　　　　　　　　　　　　　　（　　）
   A. 温里　　　B. 散寒　　　C. 回阳　　　D. 补火　　　E. 养阴
2. 寒凉药对人体的不良反应是　　　　　　　　　　　　　　　　　　　　　　　　　（　　）
   A. 伤阳　　　B. 耗气　　　C. 伤阴　　　D. 敛邪　　　E. 助湿

3. 辛味的作用是 （　）
   A. 活血、行气　　B. 补虚、和中　　C. 收敛、固涩　　D. 燥湿、降逆　　E. 软坚、泻下
4. 甘味药物的作用是 （　）
   A. 收敛、固涩　　B. 发表、活血　　C. 燥湿、通泻　　D. 补虚、缓急　　E. 软坚、润肠
5. 苦味药物的作用是 （　）
   A. 补虚、缓急　　B. 燥湿、降泄　　C. 补虚、解毒　　D. 发表、行气　　E. 缓急、生津
6. 下列哪项不是甘味药物的作用 （　）
   A. 和中　　　　　B. 利湿　　　　　C. 解毒　　　　　D. 缓急　　　　　E. 调和药性
7. 属阳的药味组是 （　）
   A. 酸、淡、辛　　B. 甘、苦、咸　　C. 辛、甘、淡　　D. 苦、咸、酸　　E. 苦、甘、淡
8. 下列哪类药物多主升浮 （　）
   A. 种子　　　　　B. 果实　　　　　C. 花叶　　　　　D. 金石　　　　　E. 贝壳
9. 性味皆属升浮的是 （　）
   A. 辛、苦、热　　B. 辛、甘、寒　　C. 淡、甘、寒　　D. 辛、甘、温　　E. 酸、甘、凉
10. 归经是药物作用的 （　）
    A. 定性　　　　　B. 定位　　　　　C. 定向　　　　　D. 定能　　　　　E. 定量

二、填空题
1. 四气是指药物具有＿＿＿＿、＿＿＿＿、＿＿＿＿、＿＿＿＿四种药性。
2. 寒凉性药物具有清热＿＿＿＿、＿＿＿＿、＿＿＿＿等功效。
3. 温热性药物具有温里散寒＿＿＿＿、＿＿＿＿等功效。
4. 辛味药物具有发散＿＿＿＿、＿＿＿＿作用。
5. 甘味药物主要具有＿＿＿＿、＿＿＿＿、＿＿＿＿、＿＿＿＿等作用。
6. 具有收敛作用的药味是＿＿＿＿味和＿＿＿＿味。
7. 清热燥湿药物性味多＿＿＿＿，燥湿散寒药物性味多＿＿＿＿。
8. 淡味药物有＿＿＿＿作用，常将其附于＿＿＿＿味。
9. 升降浮沉是指药物在人体内的作用＿＿＿＿。
10. 归经是药物作用的＿＿＿＿。

三、问答题
1. 简述药性寒热与药物功效的关系。
2. 简述四气对临床用药的指导意义。
3. 试述气味配合的原则、规律及其与疗效的关系。
4. 何谓归经？其对临床用药有何指导意义？
5. 引起中药中毒的原因有哪些？临床如何预防中毒？
6. 何谓升降浮沉？举例说明确定药物升降浮沉的依据。

（张　冰　徐　刚）

第5章 中药的应用

1. 掌握中药配伍的基本概念、内容、规律及其对临床用药的指导意义，学会运用配伍方法增强疗效、扩大治疗范围、降低药物毒性
2. 掌握禁忌的概念，掌握配伍禁忌、妊娠禁忌、饮食禁忌、证候禁忌等内容
3. 掌握剂量的概念，了解剂量与药物疗效及其不良反应之间的关系，能合理选择药物的剂量
4. 掌握汤剂的一般煎煮方法及药物的特殊煎法，能根据疾病的性质、药物的功效、药物的剂型选择正确的用药方法

临床上应用中药要真正做到有效、安全、合理，仅掌握中药的性能是不够的，还必须了解中药应用的原则和方法。这些原则和方法包括配伍、用药禁忌、剂量和用法等几项主要内容。

第1节 配 伍

一、配伍的概念

配伍是指在中医药理论指导下根据患者病情、治则、治法和药物性能选择性地将两种或两种以上药物配合应用。广义的配伍指全方的多药组合，狭义的配伍特指药性"七情"配伍规律。配伍的目的在于增强药物疗效、扩大治疗范围、减轻或消除药物的毒性、烈性。

配伍用药的方法和理论，是前人在长期的医疗实践中逐步形成的。《黄帝内经》与《五十二病方》均载有两药或多药同用的方例，说明当时已经有了配伍用药的经验。《神农本草经》与《伤寒杂病论》将配伍用药理论推向成熟，总结出药物在配伍应用时所产生复杂变化的规律。《神农本草经》将药物配伍后的复杂变化总结为七个方面，称为"七情"："药有阴阳配合，子母兄弟，根茎花实，草石骨肉。有单行者，有相须者，有相使者，有相畏者，有相恶者，有相反者，有相杀者。凡此七情，合和视之，当用相须相使者良，勿用相恶相反者；若有毒宜制，可用相畏相杀者。不尔，勿合用也。"这些论述为中药配伍奠定了基本理论基础。《重修政和经史证类备用本草·序例》引《蜀本草》语曰：《本经》"凡三百六十五种，有单行者七十一种，相须者十二种，相使者九十种，相畏者七十八种，相恶者六十种，相反者十八种，相杀者三十六种。"说明汉代的医药学家已经比较系统地掌握了常用中药的配伍规律，有的原则至今仍被临床配伍用药所遵循。至南北朝时期《雷公药对》等配伍专著的问世，配伍用药已经在实践和理论上逐步形成了独立体系。此后历代医药学家在配伍理论的指导下，通过临床实践，发现了许多特定的配伍药对、药组及具体法则，使中药配伍理论得到了进一步发展。

二、配伍的内容

《神农本草经》总结出的"七情"，是古代医家对单味药的应用及两药配合使用后可能产生的各类反应的概括。

单行：单用一种药物治疗疾病，不用其他药物辅助。此种用药法针对性强、简便易行，主要适用于病情单纯轻浅者。如清金散单用黄芩一味，治轻度肺热咳血。亦有大剂量单方用于危重病症者，如独参汤以一味人参补气固脱，治疗气虚欲脱或阳虚欲脱者。

相须：性能功效相近的两种药合用，增强其原有功效。如石膏配知母，能使清热泻火生津的作用增强；大黄配芒硝，能使攻下泻热通便作用增强；金银花配连翘能增强清热解毒之力。

相使：两药同用，一药为主，一药为辅，辅药能增强主药的疗效。如补气利水的黄芪与利水消肿的防己同用，能增强黄芪的利水效果；大黄攻积泻下配伍枳实行气导滞，枳实可以增强大黄泻热通便的效果。

相畏：两种药物同用，一种药物的毒性、烈性，能被另一种药物减轻或消除。如生半夏、生南星的毒性，能被生姜减轻或消除，即云半夏、南星畏生姜。

相杀：两种药物同用，一种药物能减轻或消除另一种药物的毒性、烈性。如生姜能减轻或消除生半夏的毒性，即云生姜杀半夏。

相恶：两种药物合用，一种药物的功效能被另一种药降低或消除。如人参恶莱菔子，是指莱菔子能降低人参的补益作用。

相反：两种药物合用，能增强或产生毒性、烈性，包括"十八反"、"十九畏"中药物（详见用药禁忌）。

三、配伍对临床用药的指导意义

"七情"之中，除单行之外其余六组配伍可以归纳为三类。相须、相使为一类，此两种配伍均可使药物间产生协同效果，增强疗效，临床应该充分利用。而且在长期的临床实践中，相须、相使药物大多形成了固定的药对。相畏、相杀为一类，是对同一配伍关系的两种提法，说明某些药物合用后，能减轻或消除药物的毒性、烈性。当临床应用毒性或烈性药物时，必须考虑选用这类配伍方法。而且相畏、相杀配伍还常常被用于药物炮制之时的解毒。相恶、相反为一类，两种配伍均为临床应尽量避免的配伍方法。相恶，说明合用后药物因相互拮抗而使其原有功效降低。而相反则使药物增强或产生毒性烈性，属配伍禁忌，原则上应禁止使用。

中西药联合应用治疗疾病在临床上非常常见，两者合用对于提高疗效，尤其是提高治疗某些复杂疾病的疗效具有重要意义，但同时也给中药配伍的研究提出了新的课题，中西药合用可概括为以下几种情况。

产生协同作用：如延胡索与阿托品制成复方注射液，其止痛效果明显比单用好；天麻注射液与戊巴比妥钠、硫喷妥钠同用，可增强中枢抑制作用；香连丸与呋喃唑酮合用，可提高治痢效果。

减轻不良反应：如甘草、黄精、苍术分别与链霉素同用，能降低链霉素对第Ⅷ对脑神经的毒害；珍珠母粉与氯丙嗪合用，能减轻氯丙嗪对肝脏的损害，临床可酌情选用。

产生拮抗作用：降低原有功效，如含鞣质的中药及中成药与四环素类、红霉素及庆大霉素等抗生素同用，可降低其抗菌作用；含鞣质中药及制剂与含金属离子的钙剂、铁剂等同服，可使中西药药效同时降低。

增加毒性反应：如朱砂及含朱砂的中成药与溴化物合用，可使毒性增加。含钙较多的中药或中成药与洋地黄类药物合用，可增强洋地黄类药物的作用和毒性。

第2节 禁　　忌

一、禁忌的概念

中药的用药禁忌是指在用药、服药过程中为了提高治疗效果、避免不良反应所要注意避忌的问题。用药禁忌包括中药配伍禁忌、妊娠用药禁忌、服药时的饮食禁忌、证候禁忌四方面的内容。

二、配伍禁忌

所谓配伍禁忌，即指在一般情况下不宜相互配合使用的药物，配伍禁忌包括十八反、十九畏。

1. 配伍禁忌的内容

（1）十八反

十八反的药物是：甘草反甘遂、大戟、芫花、海藻；乌头（附子）反半夏、栝楼、贝母、白及、白蔹；藜芦反人参、沙参、丹参、苦参、玄参、细辛、芍药。

十八反歌：本草明言十八反，半蒌贝蔹及攻乌，藻戟芫遂俱战草，诸参辛芍叛藜芦。

（2）十九畏

十九畏的药物是：硫黄畏朴硝，水银畏砒霜，狼毒畏密陀僧，巴豆畏牵牛，丁香畏郁金，牙硝畏荆三棱，川乌、草乌畏犀角，人参畏五灵脂，官桂畏赤石脂。十九畏配伍禁忌的"畏"与七情中相畏的"畏"概念不同。

十九畏歌：硫黄原是火中精，朴硝一见便相争。水银莫与砒霜见，狼毒最怕密陀僧。巴豆性烈最为上，偏与牵牛不顺情。丁香莫与郁金见，牙硝难合京三棱。川乌草乌不顺犀，人参最怕五灵脂。官桂善能调冷气，若逢石脂便相欺。大凡修合看顺逆，炮槛炙煿莫相依。

2. 配伍禁忌的临床意义

十八反、十九畏的研究取得了一些成绩，但实验结果存在一定的差异，概括起来有以下三种：一为相反相畏药同用，可增强毒副作用。二为相反相畏药同用，不会产生或增强毒副作用。三为相反相畏药同用，能增强疗效。由于对十八反、十九畏的研究有待进一步深入，目前决定是部分或全部取舍仍为时过早，故对其仍应采取科学、慎重态度。从保证药物安全、有效的原则出发，凡十八反、十九畏包含的相反、相畏药组，若无充分实验根据和应用经验，不宜盲目配伍使用。

另一方面，值得注意的是：十八反、十九畏各组药对在传统方剂或者现代中成药处方中出现过的也不少，而且都是用来治疗疑难重症，这些资料提示我们，十八反、十九畏药的巧妙运用也许能给疑难重症的治疗带来希望。

三、妊娠用药禁忌

妊娠用药禁忌，是指对凡能损害胎元、影响胎儿的正常生长发育、导致胎儿畸形、死亡或堕胎的药物，应该禁用或慎用。又名孕妇药忌、产前药忌。

1. 妊娠禁忌药的内容

妊娠禁忌药因毒性大小、作用强弱的不同,因而对母体和胎儿的损害程度也有所差别。根据其影响和损害的程度可将其分为禁用与慎用两类。

妊娠禁用药,一是毒性中药,如水银、砒霜、雄黄、轻粉、斑蝥、蟾酥、马钱子、川乌、草乌;二是药性峻猛的药物,如催吐药胆矾、藜芦、瓜蒂,峻下逐水药甘遂、大戟、芫花、巴豆、牵牛、商陆;破血逐瘀药麝香、干漆、水蛭、虻虫、三棱、莪术等。此外,经现代研究有确切的终止妊娠、引产、抗早孕等作用的药物,如天花粉、槐角等,也应当属于妊娠禁用药。

妊娠慎用药,包括祛瘀通经药(如牛膝、川芎、红花、桃仁、姜黄、牡丹皮)、行气导滞泻下药(如枳实、大黄、芒硝、番泻叶、芦荟)、辛热之品(如肉桂、附子)。此外,一些常用而有毒的中药,也应当属于妊娠慎用药,如朱砂、黄药子、半夏、天南星、白附子、苦杏仁、远志、木通等。

2. 妊娠禁忌的临床意义

对妊娠禁忌药必须给予足够的重视,列入妊娠禁忌的药物,大多是历代医家从临床实践中不断总结出来的,具有科学性、实践性,对指导妇产科临床安全用药意义重大。凡属禁用的药物,特别是剧毒药如砒霜、水银、斑蝥、马钱子等,绝对不能使用。属慎用的药物,如大黄、木通等,一般情况下应尽量避免使用,以免发生事故。

对历代医药书籍中所载列的妊娠禁忌药,也应该认真分析,区别对待。妊娠禁忌药,特别是慎用药,是否危害孕妇,损伤胎元,与药物的品种、配伍、炮制、用量、用法,以及孕妇的体质强弱、个体差异等因素有密切关系。有些慎用药,若辨证准确、剂量恰当、中病即可能也不至于对胎儿造成危害,所以若治疗作用需要,必须应用妊娠慎用药物时,仍可酌情适量使用。此即《素问·六元正纪大论》"有故无殒,亦无殒也"的道理。但必须谨慎用药,斟酌剂量,中病即止,切勿过剂。

> 现代研究表明妊娠禁忌药主要应包括以下几类:①水银、砒霜、钩吻、轻粉、斑蝥、瓜蒂等剧毒药,对人体(包括孕妇及胎儿)损伤极大。②大黄、巴豆霜、芫花、大戟、牵牛、木通等峻下泻利药,能造成盆腔充血,甚至堕胎。③麝香、红花、牛膝、莪术、姜黄、蝉蜕等对子宫,尤其妊娠子宫有兴奋收缩作用的药物。而川芎对子宫的作用小量则兴奋,大量则麻痹。④天花粉、芫花、甘遂、莪术、姜黄、水蛭、槐角、川芎等分别具有终止妊娠、引产、抗早孕作用的药物。⑤桃仁、郁李仁、苦参、酒等所含的某些活性成分有致胎儿畸形作用。

四、服药禁忌

服药禁忌是指患者服药期间的饮食禁忌,即服用某药期间应忌食某种食物,又称服药食忌,简称食忌,俗称忌口。

1. 服药禁忌的内容

一般而言,服药期间应忌食生冷、油腻、辛辣、不易消化及有刺激性气味的食物。疾病的性质不同对进食也有一定的要求,如热性病应忌食辛辣、油腻食物;皮肤病、疮疡应忌食鱼虾蟹及辛辣刺激性食物;经常头目眩晕、烦躁易怒应忌食辣椒、胡椒、酒、葱、蒜等。

前人对服药忌食十分重视,《金匮要略·禽兽鱼虫禁忌并治第二十四》云:"所食之味,有与病相宜,有与身为害,若得宜则益体,害则成疾,以此致危例皆难疗。"并提出:"肝病禁辛,心病禁咸,脾病禁酸,肺病禁苦,肾病禁甘。"《伤寒论》在桂枝汤方后提出"禁生冷、黏滑、肉面、五辛、酒酪、臭恶等物"。葛洪在《肘后备急方·卷七》杂果菜诸忌项,又列"甘草忌菘菜,牡丹忌胡荽,常山忌葱,黄连、桔梗忌猪肉,茯苓忌大醋,天门冬忌鲤鱼"。

2. 服药禁忌的临床意义

服药食忌,对于指导临床用药、提高疗效具有重要意义。通常在服药期间,应酌情避忌生冷、黏腻、腥臭、有特殊刺激性、不易消化的食物,以免引起消化不良、胃肠刺激、助热、助升散、敛邪等。如寒性病不宜食生冷;热性病不应食辛辣油腻;肝阳上亢不宜食辛热助阳之品;疮疡及皮肤病患者,忌鱼、虾、蟹等食物;消化不良患者忌食油炸、黏腻不易消化食物;外感表证患者,忌食油腻类食品等。

但服药期间也不宜过分强调忌口,以免造成营养不良。尤其是某些慢性消耗性病患者,应加强营养,可选择一些有辅助治疗作用的食物,以促进疾病的痊愈。

五、证候禁忌

辨证论治是中医临床用药的基本原则,用药前应辨清疾病的阴阳表里寒热虚实,再针对疾病的不同性质选用相对应的药物以"寒者热之"、"热者寒之"、"实者泻之"、"虚者补之",以达到阴平阳秘的目的。临床用药因疾病证候的性质不同而决定的禁忌就称为证候禁忌。总的原则是热证禁用温热药、寒证忌用寒凉药、虚证勿用泻下药、实证避用补益药(反佐法除外),如麻黄辛温,功能发汗解表,但并非所有的表证都可以用,而是只适用于风寒表实无汗证,风热表证、风温初起邪在肺卫证、表虚自汗证以及风寒表虚有汗证都不可用,属于证候禁忌。临床用药除药性极为平和的药物可不考虑其证候禁忌外,一般药物都有证候用药禁忌,应该注意辨别证候的寒热虚实而避忌证候禁忌。

第3节 剂 量

一、剂量的概念

剂量是指用药的分量。由于中药大多是配伍应用,或制成一定剂型来应用的,因此,药物剂量的概念就包括了三方面的含义:一是指汤剂处方中每一单味药成人一日用量;二是指方剂中各药物的相对剂量比例;三是指制剂类药物的一次用药剂量。但一般而言,中药学书籍中的药物剂量,是指每味药物干燥或经炮制后的饮片在汤剂中成人一日用量。因中药绝大部分是天然药(生药),所含成分复杂,安全范围较大,用量也就不及化学药物严格。普通药3~10g,部分质地沉重的药15~30g或更大剂量。药物剂量的大小,对其临床效果影响甚大。药量过小,病重药轻,则起不到治疗效果;药量太大,病轻药重,则可能引起不良反应。

二、确定剂量的依据

正确的剂量是药物安全、有效的重要保证。临床上主要依据患者的年龄、体质、病情、药物的性质、功效以及环境条件等因素来确定用药剂量。

1. 患者因素

年龄：老年人精血亏虚，脾胃虚弱，对药物的耐受力较差，药量应适当低于青壮年。而青壮年患者，脾胃不弱者，用量可稍重。儿童的用药剂量通常按年龄折算，新生儿可用成人量的1/6，5岁以下用成人剂量的1/4，6~10岁用成人剂量的1/2，10~13岁按成人剂量略减，13岁以上用成人剂量。

性别：妇女用剂量宜略小于男性。还应考虑女性的生理特点，如月经期、妊娠期等。

体质：不同体质的患者，对药物的耐受力不同，脾胃健运者，用量可稍重；体虚脾胃虚弱者，用量宜稍轻。而且患者的生活习惯及职业等也是确定用量应当考虑的因素。如患者平素喜食辛辣热物，在应用辛热药时，用量宜大，反之则宜小。

病程：药物的剂量还要考虑病程的长短、病情的缓急。一般来说，新病正气不虚者，用量宜大；久病正气已虚者，用量宜小。病急、病重者，用量宜重；病缓、病轻者，用量宜轻。

虚实：病属大实大虚之证，当药专量大，以免药力不及而贻误病机；但是久病虚甚不耐大补，初进补剂，用量宜轻，以免药力过猛而腻膈碍胃。对于病程绵延需守方治疗的患者，药物的剂量应随病证发展、邪正盛衰的变化，相应地调整。

2. 药物因素

毒性：药物有毒无毒，以及毒性大小，是确定用量时需要密切注意和认真考虑的首要因素。应用毒性中药，特别是剧毒药的剂量，必须按照《中国药典》规定的剂量严格控制，并且应从小剂量开始，逐渐增加，中病即止。无毒之品，如山药、麦冬、茯苓等，用量可稍重。

气味：药物的气味有浓烈与淡薄之别，其作用即有强弱之分。通常气味淡薄、作用缓和之药，如茯苓、薏苡仁、山药、浮小麦等，用量宜大；气味浓厚、作用峻猛之药，如麻黄、细辛、肉桂、麝香、冰片、沉香、檀香、大黄、甘遂、虻虫等药，用量宜轻。

质地：药物的用量还视药材的质地轻重而定。一般说，质地沉重的矿石、贝壳类药，用量宜大；质地轻松的花、叶类药，用量宜轻；结构疏松类的药，如灯芯草、马勃、橘络等，用量当更轻。而新鲜的植物类药，因含有水分，用量宜重。

3. 应用因素

用药目的：由于不同的剂量影响药物的作用，因此随用药目的的不同，药物剂量也有所不同。如黄连，《伤寒论》黄连解毒汤、葛根芩连汤、白头翁汤等均用黄连清热泻火，用量均为3两；而半夏泻心汤、生姜泻心汤、甘草泻心汤、附子泻心汤等均用黄连苦燥健胃，用量皆仅有1两。

病情需要：疾病的性质、病程的长短、病变的部位等也都是决定用药剂量的重要因素，病重药轻，则难以奏效，病轻药重，则损伤正气。一些药性峻猛或有毒的药物，倘若病证需要，在不发生中毒的前提下，亦可加大剂量。如《金匮要略》治沉寒痼冷、寒疝绕脐痛之乌头煎，用乌头大者5枚。

方药配伍：临床用药，若一味药单用，用量宜重；复方配伍，用量宜轻。如单用一味蒲公英治疮痈，可用至50g，若与其他药配伍，只需10~15g。处方之中药有君、臣、佐、使，一般君药剂量大于臣药，有时甚至相差悬殊。如《医林改错》补阳还五汤，主药黄芪用4两，而其他药物的用量则均不及黄芪的1/10。

药物剂型：剂型不同，其崩解度、溶解度、生物利用度均有所差异，进而影响到药物作用的快慢、强弱、久暂。药物入煎剂用量宜大，入丸散膏丹或直接研末冲服用量宜小。而注射剂、滴丸剂、缓释剂等现代中药制剂，剂量应严格遵守药品说明书。

4. 环境因素

地理条件:确定药物剂量应考虑地理因素对药物作用的影响,以"因地制宜"。南方温暖,其人腠理疏松,应用解表药剂量宜小;北方寒冷,其人肌肤强厚,应用解表药剂量宜大。《医学衷中参西录·麻黄解》引陆九芝语谓:"南方气暖,其人肌肤薄弱,汗最易出,故南方有麻黄不过钱之语;北方若至塞外,气候寒冷,其人之肌肤强厚,若更为出外劳碌,不避风霜之人,又当严寒之候,恒用至七、八钱始得汗者。"

气候条件:确定药物剂量还要考虑气候因素对药物作用的影响,以"因时制宜"。夏季炎热多湿,用芳香化湿药可略重,用解表药、温阳散寒药宜轻;冬季寒冷,用温补、发表之品可稍重。有实验表明,附子在不同气温条件下,对动物的作用也不同,室温在18℃以上时,附子冷浸液的毒性作用较18℃以下时明显增加。

> 全国中药处方的生药计量一律采用公制,即1kg(公斤)=1000g(克),1g(克)=1000mg(毫克)。其与十六进位制计量值的换算率为:
> 1斤(16两)=0.5kg=500g
> 1市两=31.25g   1市钱=3.125g
> 1市分=0.3125g   1市厘=0.03125g
> (注:换算时可酌情将尾数舍去)

第4节 用 法

用法,是指中药的应用方法,内容十分广泛。本节主要论述汤剂的煎煮条件,以及服用方法和服药时间。

一、煎煮方法

1) 煎煮器具:煎药的器具很多,但以陶瓷器皿为好,陶瓷具有导热均匀、化学性质稳定、不易与药物成分发生化学反应、保暖等特点。若无陶器,可选用白色的搪瓷器皿,工业化生产宜用不锈钢锅代替。但切忌用铜、铁、锡、铝等器具,因这些金属元素可能与药液中的化学成分发生反应。

2) 煎前浸泡:中药饮片在煎煮前加水浸泡一段时间,以利于有效成分的煎出。这是因为中药材大多是植物根、茎、花、叶及果实的干燥品,细胞壁及导管皱缩,细胞液干涸。如在煎煮前将饮片加水浸泡,将大大促进细胞的膨胀破裂和有效成分的溶解释放,能使更多的有效成分被煎出。浸泡的时间,一般以30~60分钟为宜。夏天气温高,浸泡时间可适当缩短;冬天气温低,浸泡时间宜适当延长。

3) 煎煮用水:煎药用水,古代医家十分重视,历代方药书中记载了许多种煎药用水,如东流水、井花水、甘澜水、潦水、泉水等。现在一般认为新鲜清洁的自来水、河水、湖水、井水、泉水及池塘水都可以作为煎药用水。煎药用水量取决于药物剂量,水量适当与否,与药液浓度以及治疗效果关系颇大。水量过少,不利于有效成分溶出。水量过多,则药液过多,难以服完和保证服用量,如果加热浓缩,则难免某些成分被破坏。按理论推算,加水量应为饮片吸水量、浸煎过程中蒸发量及煎煮后所得药液量的总和。实际应用时,还要根据汤药的功用,患者的年龄大小、体质强弱,以及饮片质地的疏密、轻重和剂量的大小等适当增减。一般用水量为将饮片适当加压后,液面没过饮片约 2~3cm 为宜。

4) 煎煮火候及时间:火候,即指火力的强弱与火势的急慢。火候的控制,主要取决于不同药物的性质和质地。煎一般药宜先武火后文火,即未沸前用大火,沸后用小火,以免药汁溢出或过快熬干。气味芳香挥发油含量丰富的药物应避免久煎,当用"武火"迅速煮沸数分钟后改用"文火"略煮即可,以免损失。而补益滋腻药物则大多应适当延长煎煮时间,使有效成分充分溶出。其他如贝壳、甲壳、化石及多数矿物药入汤更宜先煎久煎。

5) 煎煮次数:一剂药应煎煮 2~3 次,这样既能充分发挥药物的作用,也不至浪费药材。这是因为煎药时,药物有效成分先溶解于进入药物组织内的水液中,再通过分子运动扩散到药物外部水中。当药物内部和外部溶液的浓度达到平衡时(渗透压平衡),有效成分的溶解就变慢。这时只有将药液滤出,重新煎煮,有效成分才能继续溶解,尽可能充分地将有效成分煎煮出来。所以除特殊需要外,一剂药一般要煎两次,而质地厚重或滋润的补益药等可煎三次或更多。

6) 绞渣取汁:药液滤出后,应将吸附有药液的药渣放入双层纱布或透水性能较好的原色棉布中包好,待稍凉后,加压绞取药渣中所吸含的药液。一般药物加水煮后,都会吸附一定的药液,造成有效成分的损失,若方剂中药物品种多,剂量大,则药渣中所含的有效成分会更多。

7) 特殊煎法:除一般药物煎煮方法外,针对某些药物的质地、性能、应用等情况的不同,还有先煎、后下、包煎、另煎、冲服、烊化、兑服等特殊方法。如磁石、珍珠母、牡蛎等矿物贝壳类药物应先煎,煎煮半小时后,再加其他药同煎;薄荷、砂仁等气味芳香的药物宜后下,待其他药物煎好后再加后下药物;川乌、天南星、附子等有毒之物,也要先煎半小时以上,以降低其毒性;车前子、蒲黄、海金砂等药宜包煎,因这类药物入锅加热易变成糊状或漂浮,不便于煎煮和服用;人参、西洋参、天麻等贵重药品宜另煎,若与其他药物同煎则恐被其他药物吸附而损失药效;芒硝、饴糖、蜂蜜、竹沥等易溶或流汁性药物,以及三七粉、羚羊角粉等粉末状药物,不入煎剂,用煎好的药液或开水冲服;胶质类药物如鹿角胶、阿胶、龟板胶等,应烊化后,用其他药液兑服。

二、服药方法

目前临床服药一般是采用每日一剂,每剂分二次服或三次服。病情急重者,可每隔 4 小时服药一次,昼夜不停,以增强药效、顿挫病势。而解表药、泻下药,则注意中病即止,不必尽剂,以免汗下太过损伤正气。

汤药一般宜温服,治寒证用热药宜热服,特别是治风寒表证的辛温发汗解表之剂,不仅温服,药后还需加衣被增强药物的发汗作用,以取微汗。而治热证服寒药,则宜冷服。呕吐患者,宜小量频服。片、丸、胶囊、散等固体药剂,一般用温开水送服。

三、服药次数、时间

服药次数应根据疾病的需要确定,一般疾病,早晚各服一次,或早中晚各服一次。危急重证则视具体情况,或日服四五次或夜间给药。某些疾病需煎汤代茶,不拘时服。

服药时间有饭前服、饭后服、空腹服、睡前服及发作前服。饭前服,饭前胃中空虚,药物吸收较快,能及时发挥药物的作用,大多数药均可采用饭前服,增进食欲的药物也应饭前服;饭后服,饭后服药可减轻药物的刺激,因此对消化道黏膜有刺激的药物宜饭后服,消食药也宜饭后服;空腹服,驱虫药、泻下药宜空腹服;睡前服,安神镇静催眠药宜于睡前30分钟至1小时服;发作前服,治疗疟疾的截疟药,应在疟疾发作前2小时服。

目标检测

一、单项选择题

1. 将性能类似的两种药物合用,可增强原有疗效的配伍关系是 （ ）
   A. 相须   B. 相使   C. 相恶   D. 相反   E. 相杀
2. 一种药物的毒烈之性能被另一种药物消除的配伍关系是 （ ）
   A. 相使   B. 相畏   C. 相杀   D. 相反   E. 相须
3. 二药合用能产生或增强毒性的配伍关系是 （ ）
   A. 相须   B. 相恶   C. 相反   D. 相杀   E. 相畏
4. 与甘草相反的药物是 （ ）
   A. 京大戟   B. 半夏   C. 贝母   D. 附子   E. 细辛
5. 甘草不反的药物是 （ ）
   A. 甘遂   B. 大戟   C. 芫花   D. 海藻   E. 草乌
6. 乌头不反的药物是 （ ）
   A. 半夏   B. 天花粉   C. 白及   D. 川贝   E. 北沙参
7. 藜芦不反的药物是 （ ）
   A. 细辛   B. 赤芍   C. 白芍   D. 白及   E. 苦参
8. 硫黄畏 （ ）
   A. 朴硝   B. 白及   C. 白矾   D. 轻粉   E. 川乌
9. 水银畏 （ ）
   A. 轻粉   B. 雄黄   C. 硫黄   D. 砒霜   E. 朴硝
10. 巴豆畏 （ ）
    A. 甘遂   B. 芫花   C. 丁香   D. 商陆   E. 牵牛子
11. 十九畏属七情中的 （ ）
    A. 相杀   B. 相使   C. 相反   D. 相须   E. 相畏
12. 下列配伍属七情中相畏的是 （ ）
    A. 丁香配郁金   B. 乌头配半夏   C. 人参配藜芦   D. 半夏配生姜   E. 巴豆配牵牛
13. 宜先煎的药物是 （ ）
    A. 贝壳类药物   B. 茎叶类药物   C. 花粉类药物   D. 胶质类药物   E. 根茎类药物
14. 宜后下的药物是 （ ）
    A. 矿石类药物   B. 芳香类药物   C. 花粉类药物   D. 根茎类药物   E. 贝壳类药物
15. 补益药物一般应何时服用 （ ）
    A. 饭后   B. 饭前   C. 空腹   D. 睡前   E. 不拘时

二、填空题

1. 七情中表示增效的配伍关系是_____、_____。
2. 七情中表示减毒的配伍关系是_____、_____。
3. 七情中_____与_____是同一种配伍关系的两种说法。
4. 七情中表示增加毒性的配伍关系是_____。
5. 十八反、十九畏中都有的药有三种,分别是草乌、_____和_____。
6. 妊娠用药禁忌包括_____和_____两大类。

7.饮食禁忌是指_____,简称食忌,俗称_____。
8.多数药物煎煮前宜用常温水浸泡,一般浸泡时间为_____分钟。
9.煎药一般应先_____火,后_____火。
10._____药和_____药宜饭后服用。

三、问答题

1.何谓七情?其内容有哪些?并举例说明。
2.简要说明七情对临床用药的指导意义。
3.十八反、十九畏的内容有哪些?如何正确认识?
4.何谓剂量?临床用药时应从哪些方面来把握用药剂量?
5.何谓先煎、后下、包煎、另煎、烊化、冲服、煎汤代水?举例说明。

(张　冰　徐　刚)

各 论

第6章 解 表 药

1. 了解解表药的含义、分类及使用注意
2. 掌握麻黄、桂枝、紫苏、荆芥、防风、葱白、胡荽、淡豆豉、木贼、羌活、薄荷、牛蒡子、桑叶、菊花、柴胡、葛根的性味、功效、应用、配伍、用法用量及使用注意
3. 熟悉香薷、细辛、生姜、苍耳子、辛夷、藁本、蝉蜕、蔓荆子、升麻的功效、应用、用法用量及使用注意

【含义】 凡以发散表邪、解除表证为主要作用的药物，称为解表药，又称发表药。

【分类及适应证】

1) 辛温解表药。又称发散风寒药，性味多辛温，发汗作用较强，适应于：①风寒表证，见恶寒重发热轻，头痛身痛，无汗鼻塞，流清涕，口不渴，舌苔薄白，脉浮紧等；②咳嗽气喘、风湿痹痛、水肿等兼有风寒表证者。

2) 辛凉解表药。又称发散风热药，性味多辛凉，发汗作用和缓，适应于：①风热表证，见发热重恶寒轻，头痛，有汗，鼻塞，流浊涕，咽部红肿疼痛，口渴，舌尖红，脉浮数等；②温病初起属风热表证者；③咳嗽、麻疹透发不畅兼有风热表证者。

【使用注意】

1) 注意用法。解表药多为辛香发散之品，入汤剂不宜久煎，以免有效成分挥发过多而降低药效。
2) 注意体质。久病体虚者慎用。
3) 注意禁忌病证。气虚自汗、阴虚盗汗、久患疮疡、大失血等患者应慎用。
4) 注意季节。夏季腠理疏松，易于出汗，用量宜轻；冬季腠理闭塞，不易发汗，用量宜重。
5) 注意不良反应。使用解表药，发汗太多，耗伤阳气，进而损及阴液，导致虚损。
6) 注意疗程。解表药为祛邪之品，中病即止，不宜久服。

第1节 辛温解表药

【来源】 本品为麻黄科植物麻黄 *Ephedra sinica* Stapf.、木贼麻黄 *Ephedra equisetina* Bge. 及中

麻黄 *Ephedra intermedia* Schrenk et C.A.Mey.的干燥草质茎。

【处方用名】 麻黄　生麻黄　炙麻黄　麻黄绒

【性味归经】 辛、微苦,温。归肺、膀胱经。

【功效应用】

发汗解表——｛特点:发汗力量峻猛。
　　　　　　　应用:①风寒表实无汗证;②风寒湿痹,阴疽等。

宣肺平喘——｛特点:善宣散肺气。
　　　　　　　应用:①风寒袭肺之喘咳;②痰饮犯肺之咳喘;③热邪壅肺之咳喘。

利水消肿——用于水肿兼有表证者。

【配伍应用】

麻黄配桂枝:发散风寒,用于风寒表实无汗证。

麻黄配杏仁、甘草:宣肺散寒,止咳平喘,用于风寒袭肺之咳喘。

麻黄配石膏、杏仁、甘草:清宣肺热,止咳平喘,用于肺热咳喘。

麻黄配干姜、细辛:宣肺化痰,止咳平喘,用于寒饮郁肺之咳喘。

【用法用量】 水煎服,2~10g。

【使用注意】

1）注意生品与炮制品的区别。生麻黄长于发汗解表,炙麻黄长于宣肺止咳平喘,麻黄绒发汗力弱,宜于老人、小儿及体弱者。

2）注意禁忌病证。表虚自汗、阴虚盗汗、久咳虚喘以及原发性高血压、心脏病患者慎用。

3）注意不良反应。服用不当,可致心悸、烦躁等。

麻黄与麻黄碱

麻黄为宣肺平喘要药,通过配伍,可应用于多种喘咳,然其长于治风寒犯肺之咳喘。20世纪20年代开始,中药科学工作者根据几千年来中医临床应用麻黄平喘的经验,对麻黄的化学成分进行分离、提取,找到了麻黄平喘的主要化学物质基础——麻黄碱(ephedrine),又称麻黄素。麻黄碱作用似肾上腺素而较温和,对α受体和β受体均有兴奋作用,能缓解支气管平滑肌痉挛,用于预防和治疗中轻度支气管哮喘,效果确切。麻黄碱的大批量生产与临床广泛应用,为哮喘患者带来了福音。这是传统中药麻黄对人类健康事业的重要贡献。

桂　枝

【来源】 本品为樟科植物肉桂 *Cinnamomum cassia* Presl.的干燥嫩枝。

【处方用名】 桂枝　嫩桂枝　桂枝尖　蜜桂枝

【性味归经】 辛、甘,温。归肺、心、膀胱经。

【功效应用】

发汗解肌——｛特点:发汗力量和缓。
　　　　　　　应用:①风寒表实无汗证;②风寒表虚有汗证。

温通经脉——应用:①寒凝经脉之痛经、闭经;②寒湿痹痛。

助阳化气——｛特点:助阳兼通阳。
　　　　　　　应用:①心阳不足之心悸;②胸阳不通之胸痹;③脾胃虚寒证;④气化不利之蓄水证。

平冲降逆——{特点:平降上逆的寒水之气。
应用:①水气攻冲之脐下悸;②寒气上逆之奔豚病。

【配伍应用】
桂枝配芍药:发表解肌,调和营卫,用于风寒表虚自汗证等。
桂枝配甘草:辛甘化阳,用于心阳不足之心悸等。
桂枝配茯苓:通阳化气利水,用于蓄水证及水气上逆之脐下悸等。

【鉴别应用】
麻黄与桂枝:两药都能发汗解表,治疗风寒表实无汗证,常相须为用,其中麻黄发汗力强,桂枝发汗力弱,然桂枝味甘兼补,又宜于风寒表虚有汗证。此外,麻黄又能宣肺平喘,利水消肿,治风寒犯肺之咳喘以及风水水肿等,为桂枝所不具;桂枝又能温通经脉,助阳化气,平冲降逆,治寒凝血脉证、胸阳痹阻证、蓄水证和奔豚病等,为麻黄所不备。

【用法用量】　水煎服,3~10g。

【使用注意】
1)注意体质。阴虚之体质、阳旺之体质慎用。
2)注意禁忌病证。外感温热病者慎服。
3)注意不良反应。易伤阴助火。
4)孕妇慎用。

【来源】　本品为唇形科植物石香薷 *Mosla chinensis* Maxim.的干燥地上部分。

【处方用名】　香薷　香茹　陈香薷

【性味归经】　辛,微温。归肺、胃经。

【功效应用】
发汗解表——{特点:外能发汗,内能化湿,且发汗力强。
应用:①夏月外感风寒;②夏月内伤冷饮。症见发热、恶寒、头痛、无汗、腹痛、腹泻等。

化湿和中——用于暑湿证。

利水消肿——用于水肿、小便不利等。

【配伍应用】
香薷配金银花、连翘:清热解暑化湿,用于暑温无汗证。

【鉴别应用】
香薷与麻黄相同点:两药均能发汗解表、利水消肿,用于外感风寒证及水肿、小便不利等。同中之异:麻黄发汗之力大于香薷,为治疗风寒表实无汗之主药,香薷有"夏月麻黄"之称,系治疗暑期外感寒凉的要药。在利水消肿方面,麻黄长于治疗水肿兼有表邪者,香薷功兼化湿健脾,长于治疗脾虚水肿。不同点:麻黄又能宣肺平喘,治疗风寒犯肺、肺气不宣之咳喘;发散寒邪,治疗风寒湿痹痛以及阴疽、痰核等。香薷气味芳香,又能化湿和中,治疗暑湿证及湿浊中阻证等。

【用法用量】　水煎服,3~10g。利水消肿需浓煎冷服。

【使用注意】　本品发汗力强,表虚有汗者慎服。

【来源】　本品为唇形科植物紫苏 *Perilla frutescens* (L.) Britt.的干燥叶(或带嫩枝)或干

燥茎。

【处方用名】 紫苏 紫苏叶 苏叶 苏梗
【性味归经】 辛,温。归肺、脾经。
【功效应用】

解表散寒——{特点:解表力弱。
应用:外感风寒轻证。

行气宽中——用于胸腹气滞证。

安胎——用于气滞胎动不安,妊娠恶阻。

解鱼蟹毒——用于食鱼蟹中毒之腹痛、吐泻等。

【配伍应用】
紫苏叶配杏仁:解表宣肺止咳,用于风寒咳嗽。
紫苏梗配香附、陈皮:理气宽中止痛,用于脘腹气滞胀痛。

【用法用量】 水煎服,5～10g。

【使用注意】

1) 注意入药部位。紫苏叶长于发散风寒,紫苏梗长于理气宽中、安胎、解毒。

2) 注意不良反应。本品辛散耗气,气虚或表虚者不宜用。

附药

苏梗,辛、甘,微温。归肺、脾、胃经。功能宽胸利膈、顺气安胎。应用于胸腹气滞、痞闷作胀及胎动不安等。因其理气解郁之性和平,故体虚气滞者适宜。用量5～10g,不宜久煎。

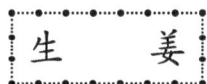

【来源】 本品为姜科植物姜 Zingiber officinale Rosc. 的新鲜根茎。
【处方用名】 生姜 生姜汁 生姜皮 煨生姜
【性味归经】 辛,微温。归肺、脾、胃经。
【功效应用】

解表散寒——用于外感风寒轻证。

温中止呕——应用:①胃寒呕吐;②寒饮呕吐等。

化痰止咳——用于寒痰咳嗽。

解毒——用于解鱼蟹毒和解药物毒(天南星、半夏中毒)。

【配伍应用】
生姜配半夏:温胃化饮止呕,用于寒饮呕吐、胃寒呕吐。
生姜配大枣:调和营卫、调和脾胃,用于营卫不和证、脾胃不和证。
生姜配陈茶叶:平调寒热,用于赤白痢疾、寒热疟疾。

【用法用量】 水煎服,3～10g;捣汁服适量;外用适量。

【使用注意】

1) 注意入药部位。生姜性微温,生姜皮味辛、性凉,功能和脾行水,用于水肿。

2) 注意炮制品。生姜长于散寒、温中;生姜汁长于解毒、止呕,兼能开窍;煨姜长于和中止泻。

3) 注意禁忌病证。阴虚内热、阳热亢盛者慎服。

4) 注意不良反应。多食生姜,可产生内热而致目疾。

生姜小用途

防止晕车:将5分硬币大小之鲜生姜片在乘车前贴于内关穴(男左女右),用胶布、绷带或手帕固定。观察39例,38例未发生晕车现象。

治疗斑秃:将生姜切片,外擦患处,每日3~5次,10日为一个疗程,疗程间隔3天,治疗斑秃(片状脱发),有效率90%。

治疗水火烫伤:将生姜捣烂取汁,用药棉蘸生姜汁敷于患处,能立即止痛。烧伤轻者,敷药一次即可,重者可时时注入生姜汁,保持湿润36小时,即可停药。

荆 芥

【来源】 本品为唇形科植物荆芥 Schizonepeta tenuifolia Briq. 的干燥地上部分。
【处方用名】 荆芥　荆芥穗　炒荆芥　荆芥炭
【性味归经】 辛,微温。归肺、肝经。
【功效应用】

解表散风——{特点:辛而不烈,微温不燥,既散风寒,又散风热。
　　　　　　应用:风寒表证、风热表证。

宣散透疹——用于麻疹透发不畅。

祛风止痒——应用:①风疹;②皮肤瘙痒等。

消疮——用于疮疡初起。

炒炭止血——用于便血、崩漏、产后血晕。

【配伍应用】
荆芥配防风:解表散风、祛风止痒,用于风寒表证、风疹瘙痒等。
【用法用量】 水煎服,5~10g;入丸散剂,适量。
【使用注意】
1) 注意用法。不宜久煎。
2) 注意入药部位。荆芥(地上茎)解表宣散力弱,荆芥穗解表宣散力强。
3) 注意炮制品。生品长于解表、透疹、止痒、疗疮,炒炭品长于止血。
4) 注意禁忌病证。无风邪或表虚多汗者慎服。

防 风

【来源】 本品为伞形科植物防风 Saposhnikovia divaricata (Turcz.) Schischk. 的干燥根。
【处方用名】 防风　关防风　豫防风　青防风
【性味归经】 辛、甘,温。归膀胱、肝、脾经。
【功效应用】

解表祛风——{特点:味甘质润,为风药中润剂。
　　　　　　应用:风寒表证。

胜湿止痛——{特点:配伍引经药,无所不达,治一身之痛。
　　　　　　应用:一身之风寒湿痹痛。

祛风止痉——{特点:治风通用药,外风能祛,内风能息。
　　　　　　应用:①风疹瘙痒;②破伤风等。

止泻——用于肠风泄泻。

【配伍应用】

防风配连翘、大黄:解表通里、清热解毒,用于外寒内热之恶寒壮热、咽痛便干,以及瘰疬初起、风疹湿疮等。

防风配黄芪:补气固表祛风,用于气虚感冒或用于预防虚人感冒。

【鉴别应用】

荆芥与防风相同点:两药均能解表散风、祛风止痒,用于风寒感冒、风疹瘙痒等。同中之异:荆芥发汗解表之力大于防风,风寒与风热之邪俱可发散,可用于风寒感冒与风热感冒。不同点:荆芥质轻,善透善散,又可疏散血分风热,透邪外出,具有透疹与疗疮之功,治疗麻疹透发不畅、疮疡初期等;炒炭能止血,治疗产后血晕等,是防风所不备。防风为治风通用药,外风可祛,内风可息,又能止痉、胜湿止痛、止泻,治疗破伤风、风寒湿痹痛及肠风泄泻等,为荆芥所不具。

【用法用量】 水煎服,5~10g;入丸散剂、酒剂,适量。

【使用注意】

注意禁忌病证。阴虚火旺、无风寒湿邪者慎服。

【来源】 本品为马兜铃科植物北细辛 Asarum heterotrpoides Fr. var. mandshuricum (Madim) Kitag.、汉城细辛 Asarum siebocdii var. seoulense Nakai 或华细辛 Asarum sieboldii Miq. 的干燥全草。前两种习称"辽细辛"。

【处方用名】 细辛 辽细辛 北细辛 华细辛 小辛

【性味归经】 辛,温。有小毒。归心、肺、肾经。

【功效应用】

祛风散寒——特点:外散风寒,内扶阳气。
应用:风寒感冒,头痛鼻塞,以及阳虚感冒(风寒直中少阴之全身疼痛、恶寒、脉沉等)。

通窍止痛——特点:①通窍力强;②长于治寒凝疼痛;③善治头痛。
应用:①鼻渊头痛;②寒闭神昏(研末吹鼻);③寒痹疼痛;④少阴头痛;⑤牙痛。

温肺化饮——用于寒饮咳喘。

【配伍应用】

细辛配麻黄、附子:扶阳散寒,用于阳虚感冒。

细辛配大黄、附子:攻下寒积,用于寒积便秘,畏寒肢冷。

细辛配干姜、五味子:温肺化饮止咳,用于寒饮咳喘。

细辛配川芎:祛风止痛,用于头风头痛。

细辛配石膏:清热止痛,用于胃火上攻之牙龈肿痛、口臭等。

【用法用量】 水煎服,1~3g;外用适量。

【使用注意】

1) 注意用量。古来有"细辛不过钱"之说,故每日用量应在3g以下。

2) 注意用法。细辛有毒,细辛研末服用毒性大,用量应在1.0g以下。古有"辛不过五"之说,"五"即五分,约折合今1.5g。

3) 注意配伍。不宜与藜芦同用。

细辛的毒性与用量

传统有"辛不过钱"、"辛不过五"之戒(不超过一钱或五分),"多则气闷塞而死"。动物实验表明,过量细辛可使动物呼吸麻痹而死,与传统之说吻合,应予注意。然现今有学者主张不必受"辛不过钱"的限制,临床应用较大剂量的不乏其例。有研究表明,细辛中的主要有毒成分是其挥发油中的黄樟醚,在相同剂量下,细辛粉末中的挥发油含量相当于细辛全草煎煮 10 分钟、20 分钟、30 分钟的 4 倍、12 倍和 50 倍。可见,应用散剂入药,不可任意加大用量,入汤剂可以酌情加量,但也不要妄用大剂量。

羌 活

【来源】 本品为伞形科植物羌活 Notoperygium incisum Ting. H. T. Chang.或宽叶羌活 Notoperygium forbesii Boiss.的干燥根茎及根。

【处方用名】 羌活　川羌活　西羌活

【性味归经】 辛、苦,温。归膀胱、肾经。

【功效应用】

解表祛风——{特点:①解表散寒力强;②散寒祛风兼除湿。
　　　　　　 应用:①风寒感冒头项强痛;②风寒感冒夹湿证。

除湿止痛——{特点:上行以散风寒湿邪。
　　　　　　 应用:上半身风湿痹痛。

【配伍应用】

羌活配白芷:解表散寒、除湿止痛,用于风寒感冒夹湿之头身重痛等。

【用法用量】 水煎服,3~10g。

【使用注意】

1) 注意禁忌病证。非风寒湿邪外客及气血不足者慎服。
2) 注意不良反应。本品发汗力强,用量太大易致耗散正气。

藁 本

【来源】 本品为伞形科植物藁本 Ligusticum sinense Oliv.或辽藁本 Ligusticum jeholense Nakai et Kitag.的干燥根茎及根。

【处方用名】 藁本　川藁本　辽藁本

【性味归经】 辛,温。归膀胱经。

【功效应用】

祛风散寒——{特点:辛散燥升,达于颠顶。
　　　　　　 应用:①风寒感冒颠顶头痛;②风寒夹湿证。

除湿止痛——用于风湿肢节痹。

【配伍应用】

藁本配羌活:散寒祛风、除湿止痛,用于风寒感冒、头身疼痛,风寒夹湿证,风寒湿痹痛。

【鉴别应用】

藁本与羌活。相同点:两药同能散寒祛风、除湿止痛,主治风寒感冒、头痛身痛、风寒夹湿证等。同中之异:发散表邪方面,羌活之力大于藁本;治疗头痛方面,羌活长于治疗风寒客于太阳经之头项强痛,藁本长于治疗风寒客于太阳经之颠顶头痛;除湿止痛方面,羌活优于藁本且善治上半身风湿痹痛。

【用法用量】 水煎服,3~10g;外用煎汤洗或研末敷,适量。
【使用注意】 注意禁忌病证。热证及血虚头痛患者慎服。

【来源】 本品为伞形科植物白芷 *Angelica dahurica* (Fisch ex Hoffm.) Benth. et Hook.f 或杭白芷 *Angelica dahurica* (Fisch. ex Hoffm.) Benth.et Hook.f.*var.formosana* (Boiss.) Shan et Yuan 的干燥根。

【处方用名】 白芷　香白芷　川白芷　杭白芷
【性味归经】 辛,温。归胃、大肠、肺经。
【功效应用】

解表 ┐
散风 ├── ┌特点:辛可散风,温燥除湿,芳香上达通窍。
除湿 ┘   └应用:①风寒感冒;②湿浊中阻证;③湿盛带下证;④胃肠型感冒;⑤风湿痹痛等。

通窍止痛——应用:①风寒客于阳明经之前额头痛;②鼻渊头痛;③牙痛等。
消肿排脓——用于疮疡痈疽。

【配伍应用】
白芷配细辛:祛风散寒止痛,用于风寒头痛等。
白芷配藿香:芳香化湿,用于湿浊中阻证、胃肠型感冒等。

【用法用量】 水煎服,3~10g;入丸散剂,适量。
【使用注意】
1) 注意禁忌病证。阴虚火旺及痈疽已溃者慎服。
2) 注意不良反应。本品辛燥,多服易伤阴液。

白芷治疗白癜风

白芷治疗白癜风,不论内服或外用,用药后均需于日光下照射皮肤,这是因为白芷中含有光敏活性物质。当光敏活性物质进入机体后,一旦受到日光照射或紫外线照射,则受照射白癜风病灶发生日光性皮炎、红肿、色素加深等反应,从而发挥治疗白癜风的作用。其中光敏活性物质以白芷中所含香豆素类物质花椒毒素最强,香柑内酯次之,异欧前胡素又次之。据临床报道,用杭白芷总香豆素制成0.5%或1%的酊剂和软膏外用,每日中午在患处涂药后立即或停10~20分钟进行日光照射,时间5~30分钟。

【来源】 本品为菊科植物苍耳 *Xanthium sibiricum* Patr.的干燥成熟带花苞的果实。
【处方用名】 苍耳子　炒苍耳子
【性味归经】 辛、苦,温;有毒。归肺经。

【功效应用】

散风寒——用于风寒感冒。

通鼻窍——用于鼻渊、鼻塞、流涕、头痛。

祛风湿——{ 特点：上通脑顶，下行足膝，外达皮肤。
应用：①一身上下湿痹拘挛；②风疹瘙痒。

【配伍应用】

苍耳子配辛夷：通鼻窍、散风寒，用于鼻渊、风寒感冒。

【用法用量】 水煎服，3~10g；外用，适量。

【使用注意】

1）注意入药部位。苍耳子重在通鼻窍，苍耳叶功能祛风清热解毒，苍耳虫外用有解毒消肿之效。

2）注意用量。苍耳子有毒，不宜大量使用，以防中毒。

3）注意禁忌病证。阴虚患者慎服。

苍耳子治疗慢性鼻炎

苍耳子宣通鼻窍，为治疗鼻渊的要药，现今临床将其用于治疗慢性鼻炎有效。据报道，苍耳子30~40个，轻轻捣破，加入芝麻油30g，用文火煎炸，至苍耳子成焦黑色状为止，去苍耳子，待油冷后，装入干净容器中，备用。使用时，用消毒棉签蘸苍耳油少许，涂于鼻腔内，1天2~3次，2周为一个疗程。

链接

【来源】 本品为木兰科植物望春花 *Magnolia biondii* Pamp.、玉兰 *Magnonlia denudata* Desr. 或武当玉兰 *Magnnolia sprengeri* Pamp.的干燥花蕾。

【处方用名】 辛夷　辛夷花　木笔花　毛辛夷

【性味归经】 辛，温。归肺、胃经。

【功效应用】

散风寒——用于风寒头痛。

通鼻窍——{ 特点：通鼻窍力强。
应用：鼻渊头痛，鼻塞流浊涕。

【用法用量】 水煎剂，3~10g，宜布包煎；外用适量。

【使用注意】 阴虚火旺者慎服。

【来源】 本品为百合科植物葱 *Allium fistulousm* L.近根部的鳞茎。

【处方用名】 葱白　大葱　葱茎白　葱白头

【性味归经】 辛，温。归肺、胃经。

【功效应用】

发汗解表——{ 特点：发汗力弱。
应用：风寒轻证。

散寒通阳——用于阴盛格阳证。
解毒散结——用于疮痈疔毒。
【配伍应用】
葱白配淡豆豉:发表散寒,用于风寒感冒、发热恶寒的轻证。
葱白配附子、干姜:散寒通阳,用于阴寒内盛、格阳于上的戴阳证。
【用法用量】 水煎服,3~10g;外用适量。
【使用注意】
1) 注意禁忌病证。表虚易汗者勿服。
2) 注意配伍。不宜与蜂蜜同服。

【来源】 本品为一年生草本植物胡荽 Coriandrum sativum L.的干燥全草。
【处方用名】 胡荽 芫荽 香菜 园菜
【性味归经】 辛,温。归肺、胃经。
【功效应用】
发汗透疹——用于治疗麻疹透发不畅。
消食下气——用于开胃、调味。
【用法用量】 水煎服,3~6g;局部熏洗,适量。
【使用注意】
1) 麻疹已透,或虽未透而热毒壅滞者慎服。
2) 多食、久食、昏目、耗气。

第2节 辛凉解表药

【来源】 本品为唇形科植物薄荷 Mentha haplocalyx Briq.的干燥地上部分。
【处方用名】 薄荷 薄荷叶 薄荷梗 苏薄荷
【性味归经】 辛,凉。归肺、肝经。
【功效应用】
疏散风热——用于风热表证、风温初起。
清利头目——用于风热上攻或肝火内盛之头痛、目赤、口疮等。
利咽——用于风火喉痹等。
透疹——应用:①风疹;②麻疹透发不畅等。
疏肝——用于肝郁胸胁胀闷。
【用法用量】 入煎剂,应后下,3~6g。
【使用注意】
1) 注意入药部位。薄荷叶长于发汗,薄荷梗长于疏肝。
2) 注意炮制品。生薄荷用于发热无汗者,炒薄荷辛散力弱,适宜于发热有汗者。
3) 注意禁忌病证。体弱多汗者慎服。
4) 注意不良反应。本品有发散耗气之弊。

薄荷油与薄荷脑

薄荷油系薄荷的新鲜茎和叶经过水蒸气蒸馏,再冷冻,部分脱脑加工得到的挥发油,性状为无色或淡黄色的澄清液体,有特殊清凉香气,味初辛、后凉,存放日久,色渐变深。薄荷脑为薄荷油中得到的一种饱和的环状醇,性状为无色针状或棱状结晶或白色结晶性粉末,有薄荷的特殊香气,味初灼热,后清凉。两者均为芳香药、调味药、祛风药,食品中每用作添加剂以矫味,外用药品或化妆品也往往使用,使用后皮肤或黏膜产生清凉感以减轻不适及疼痛。薄荷油一日内服量0.06~0.6g,薄荷脑难溶于水,易溶于乙醇,用量为0.02~0.1g。

牛 蒡 子

【来源】 本品为菊科植物牛蒡 *Arctiumlappa* L.的干燥成熟果实。

【处方用名】 牛蒡子 牛子 大力子 大力实 炒牛蒡子 鼠黏子 恶实

【性味归经】 辛、苦,寒。归肺、胃经。

【功效应用】

疏散风热——用于风热表证、温病初起。

宣肺透疹——应用:①肺热咳嗽痰多;②麻疹透出不畅;③风疹瘙痒。

解毒利咽——应用:①热毒上攻之咽喉肿痛、痄腮;②丹毒;③痈肿疮毒。

【配伍应用】

牛蒡子配薄荷:宣毒透疹,用于麻疹透发不畅。

牛蒡子配杏仁、桔梗:止咳平喘,用于肺热咳喘。

【用法用量】 入煎剂,打碎入药,6~12g。

【使用注意】

1) 注意炮制品。生牛蒡子宣散之力强,兼有通便之功;炒牛蒡子寒性略减,通便力弱。

2) 注意禁忌病证。脾虚便溏者慎服。

3) 注意不良反应。本品性寒滑利,易致腹泻。

蝉 蜕

【来源】 本品为蝉科昆虫黑蚱 *Cryptoympana pustulata* Fabricius 的若虫羽化时脱落的皮壳。

【处方用名】 蝉蜕 蝉衣 蝉退 蝉壳 虫退

【性味归经】 甘,寒。归肺、肝经。

【功效应用】

疏散风热——用于风热感冒。

利咽——用于风热上攻之咽痛、失音、音哑等。

透疹——应用:①麻疹不透;②风疹皮肤瘙痒等。

明目退翳——用于肝热目赤翳障。

息风止痉——应用:①惊风抽搐;②破伤风;③小儿夜啼等。

【配伍应用】

蝉蜕配蛇蜕:透疹止痒、息风止痉,用于风疹、皮肤瘙痒、疥癞等皮肤病,以及惊风抽搐、破伤风等肝风内动证。

【鉴别应用】

薄荷与牛蒡子、蝉蜕相同点:疏散风热、透疹、利咽,主治风热表证、温病初起、麻疹透发不畅、风疹、皮肤瘙痒、咽喉疼痛等。同中之异:疏散风热之力,薄荷>牛蒡子>蝉蜕;透疹之功,蝉蜕>薄荷>牛蒡子;利咽之效,牛蒡子>薄荷>蝉蜕。不同点:薄荷清利头目、疏肝解郁,治疗肝热目疾及肝气郁结证;牛蒡子宣肺祛痰、解毒通便,治疗肺热咳喘痰多及痈肿疮毒、便秘等;蝉蜕退翳、止痉,治疗翳膜遮睛及惊风抽搐等。

【用法用量】 水煎服,3~6g;研末服,1~2g。

【使用注意】 注意不良反应。《名医别录》有"主妇人生子不出"的记载,故孕妇慎服。

【来源】 本品为马鞭草科植物单叶蔓荆 Vitex trifolia L. var. simplicifolia Cham.或蔓荆 Vitex trifolia L.的干燥成熟果实。

【处方用名】 蔓荆子 蔓荆实 蔓京子 荆子 炒蔓荆子

【性味归经】 辛、苦,微寒。归膀胱、肝、胃经。

【功效应用】

疏散风热——用于风热感冒头痛。

清利头目——{特点:质轻升浮,主散头面之邪。
应用:风火上攻之偏正头痛、头晕目眩、齿龈肿痛、目赤多泪、目暗不明等。

祛风止痛——用于风湿热痹痛。

【配伍应用】

蔓荆子配菊花、川芎:疏散风热止痛,用于风热头痛、头风头痛。

蔓荆子配黄芪:补气祛风止痛,用于气虚头痛。

【用法用量】 水煎服,5~10g;浸酒或入丸散剂,适量。

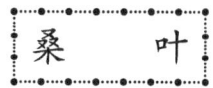

【来源】 本品为桑科植物桑 Morus alba L.的干燥叶。

【处方用名】 桑叶 冬桑叶 霜桑叶 炙桑叶

【性味归经】 甘、苦,寒。归肺、肝经。

【功效应用】

疏散风热——应用:①风热感冒;②温病初期。

清肺润燥——{特点:清润中兼以通络。
应用:①肺热咳嗽;②肺燥久咳。

清肝明目——{特点:清肝兼以平肝。
应用:肝火亢盛或肝阳上亢之头晕头痛、目赤昏花等。

凉血止血——用于血热妄行证。

【配伍应用】

桑叶配杏仁:清肺润燥止咳,用于肺燥咳嗽,右脉数大。

桑叶配菊花、夏枯草:疏散风热、清肝明目,用于风火上攻证、肝火亢盛证。

【用法用量】 水煎服,5~10g;入丸散剂,1~3g。

【使用注意】

1）注意采收季节。传统认为,秋季采收,经霜者良。

2）注意炮制品。一般用生桑叶,肺燥咳嗽用蜜炙桑叶。

菊　花

【来源】　本品为菊科植物菊 *Cheysanthemum morifolium* Rammat.的干燥头状花序。

【处方用名】　菊花　白菊花　黄菊花　杭菊花　滁菊花　亳菊花　贡菊花　甘菊花

【性味归经】　甘、苦,微寒。归肺、肝经。

【功效应用】

疏散风热——｛特点:散风热之力和缓。
　　　　　　　应用:①风热感冒;②温病初期。

平肝明目——｛特点:既平肝又清肝。
　　　　　　　应用:肝阳上亢之头痛眩晕,肝经风热之目赤肿痛、眼目昏花。

清热解毒——用于疮疡肿毒。

【配伍应用】

菊花配桑叶:疏散风热、清肝明目,用于风热感冒、温病初期、肝热目疾、肝阳上亢证等。

【鉴别应用】

菊花与桑叶相同点:疏散风热、清肝明目、平肝潜阳,用于风热表证,温病初期,肝热目赤、视物昏花,肝阳上亢之头晕头痛、目眩等。同中之异:疏散风热方面,桑叶优于菊花;清肝明目、平肝潜阳方面,菊花优于桑叶。不同点:桑叶又能清肺润燥、凉血止血、止汗,治疗肺热咳嗽、肺燥咳嗽、血热证、自汗盗汗等;菊花又能清热解毒,治疗疮疡肿毒,是为两者之异。

【用法用量】　水煎服,5~10g;入丸散剂,1~3g。

【使用注意】　注意品种。黄菊花长于疏散风热,白菊花长于平肝明目,野菊花长于清热解毒。

李时珍论菊花

菊之品凡百种,宿根自生,茎叶花色,品品不同。宋人刘蒙泉、范至能、史正志皆有菊谱,亦不能尽受也。……菊春生夏茂,秋华冬实,备受四气,饱经霜露;叶枯不落,花槁不零,味兼甘苦,性禀平和。昔人谓其能除风热,益肝补阴,益不知其得金水之精英尤多,能益金水二脏也。补水所以制火,益金所以平木,木平则风息,火降则热除,用治诸风头目,其旨深微。黄者入金水阴分,白者入金水阳分,红者行妇人血分,皆可入药,神而明之,存乎其人。其苗可蔬,叶可啜,花可饵,根实可药,囊之可枕,酿之可饮。自本至末,罔不有功。……费长房言九日饮菊酒,可以辟不祥。神仙传言康风子、朱儒子皆以服菊花成仙。荆州记言胡广久病风赢,饮菊潭水多寿。菊之贵重如此,是岂群芳可伍哉!

附药

野菊花,为菊科植物野菊 *Chr. santhemum indicum* L.等头状花序。又名苦薏。性味苦、辛,微寒。归肺、肝经。功能清热解毒。应用于热毒炽盛之疔毒、痈肿、咽喉肿痛、风火赤眼等。水煎服,10~15g,外用适量。

柴　胡

【来源】　本品为伞形科植物 *Bupleurum chinense* DC. 或狭叶柴胡 *Bupleurum scorzonerifolium*

Willd.的干燥根。按性状不同,分别习称"北柴胡"及"南柴胡"。

【处方用名】 柴胡 北柴胡 南柴胡 春柴胡 软柴胡 醋柴胡 鳖血炒柴胡

【性味归经】 苦、辛,微寒。归肝、胆、肺经。

【功效应用】

疏散退热——{ 特点:解热效优,肌表之热、半表半里之热皆可清退。
应用:①感冒发热;②少阳病之寒热往来;③疟疾发热。}

疏肝解郁——用于肝气郁结之胸胁胀痛、月经不调。

升举阳气——用于阳气下陷之子宫下垂、脱肛等。

【配伍应用】

柴胡配黄芩:和解少阳,用于邪在半表半里之少阳病。

柴胡配枳实、芍药:疏肝解郁,用于肝气郁结证。

【用法用量】 水煎服,3~10g。生柴胡长于疏散退热,醋柴胡长于疏肝解郁,鳖血炒柴胡长于退虚热。

【使用注意】

1) 注意禁忌病证。阴虚火旺、肝阳上亢者慎服。

2) 注意不良反应。本品有升阳、劫阴之弊,用之宜慎。

柴胡注射液的退热作用

柴胡注射液是由柴胡的芳香蒸馏水制备而成的,主含柴胡挥发性成分。临床使用本品退热有显著疗效。据报道,用柴胡注射液(每毫升含生药2g)治疗107例发热患者,包括感冒、扁桃体炎、大叶肺炎、急性支气管炎、急性咽炎等引起的发热,肌内注射2ml后30~60分钟,总有效率31.47%,4ml者68.54%,6ml者89.91%,剂量大者,注射后出汗,体温无回升现象。另又报道,用柴胡注射液2ml肌内注射治疗24例癌症发热患者,结果注射后30、60分钟无显效,120分钟体温下降显著。表明柴胡注射液有良好的退热作用。

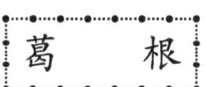

葛 根

【来源】 本品为豆科植物野葛 *Pueraria lobata*(Willd.) Ohwi 或甘葛 *Pueraria thomsonii* Benth. 的干燥根。

【处方用名】 葛根 干葛 甘葛根 粉葛根 柴葛根 煨葛根

【性味归经】 甘、辛,凉。归脾、胃经。

【功效应用】

解肌退热——{ 特点:解肌效优,长于缓解颈部肌肉紧张。
应用:①颈项强痛(外感病、原发性高血压、颈椎病等所致者);②风热感冒发热;
③前额头痛等。}

生津止渴——用于消渴病及热病伤津口渴。

透疹——用于麻疹不透。

升阳止泻——{ 特点:止泻痢,虚实皆宜。
应用:热证泻痢,久泻久痢。}

【配伍应用】

葛根配黄连、黄芩:解肌清热,止泻止痢,用于泄泻痢疾,身热烦渴,下利臭秽。

葛根配麻黄、桂枝:祛风解肌止痛,用于外感风邪之项背强痛等。

【用法用量】 水煎服,10~15g。生葛根长于解肌、透疹、止渴,煨葛根长于止泻。

解酒药物——葛花

葛花为葛的未开放花蕾。性味甘、平,功能解酒醒脾。主要用于饮酒过度引起的头痛、头昏、烦渴、胸膈饱胀、呕吐酸水等,可与人参、白蔻仁、橘皮等同用,如葛花解酲汤。用量3~12g。

葛根也有解酒作用。

升 麻

【来源】 本品为毛茛科植物大三叶升麻 Cimicifuga heracleifolia Kom.、兴安升麻 Cimicifuga dahurica (Turcz.) Maxim. 或升麻 Cimicifuga foetida L.的干燥根茎。

【处方用名】 升麻 绿升麻 炙升麻 蜜升麻 鬼脸升麻

【性味归经】 辛、微甘,微寒。归肺、脾、胃、大肠经。

【功效应用】

发表透疹——{特点:发表力弱。
应用:风热头痛,麻疹不透。

清热解毒——{特点:善解阳明热毒。
应用:①阳明热毒之齿痛、口疮、咽喉肿痛;②阳毒发斑等。

升举阳气——{特点:升阳力强。
应用:阳气下陷之脱肛、子宫脱垂等。

【配伍应用】

升麻配黄芪:补气升阳,用于气虚下陷之头晕乏力、久泻久痢、脏器下垂等。

【鉴别应用】

柴胡、葛根与升麻相同点:三药均能发表解热、升举阳气,用于外感发热、头痛以及气虚脏器下陷之脱肛、子宫下垂等。同中之异:发表清热柴胡为优,葛根次之,升麻又次之;升阳举陷升麻最优,葛根次之,柴胡再次之;葛根与升麻还同能透疹,用于麻疹不透,其中,升麻优于葛根。不同点:柴胡又能和解少阳、疏肝解郁,治疗少阳病、疟疾、肝气郁结证等;葛根又能生津,治疗消渴病,且善解肌以治疗项背强痛,兼能治泻痢;升麻又能清解阳明热毒,治疗阳毒发斑、胃火牙痛等,是三药之异。

【用法用量】 水煎服,3~10g。发表透疹、清热解毒用生升麻,升举阳气用炙升麻。

【使用注意】 注意禁忌病证。阴虚火旺、麻疹已透、肝阳上亢、气逆喘息等患者慎服。

淡 豆 豉

【来源】 本品为豆科植物大豆 Glycine max (L.) Merr.的成熟种子的发酵加工品。

【处方用名】 淡豆豉 香豆豉 香豉 豆豉

【性味归经】 苦、辛,凉。归肺、胃经。

【功效应用】

解表——用于外感风寒表证或风热表证。

除烦——用于热扰胸膈证之心烦懊憹、虚烦不眠等。

【配伍应用】 淡豆豉配栀子:清热除烦,用于伤寒热入胸膈之心烦懊憹、不得眠、胸中窒塞等。

【用法用量】 水煎服,6~12g。

传统的生物发酵药品——淡豆豉

淡豆豉始载于《名医别录》,为传统的发酵中药。其制法、配方有二:①夏季将黑大豆洗净,蒸熟摊席上,用桑叶、鲜青蒿盖面,使发酵成黄色后取出,去桑叶、青蒿,拌以清水,放瓮内,封置露天晒三星期,取出,晒干,供药用。此法应用较普遍。②苏叶、麻黄各2kg,水浸,用此水煮黑大豆50kg,煮透,药汗煮干,将黑豆倒于竹匾内,晒至八成干后,装入大坛内,封口,夏季三天,待其充分发酵,取出晒至将干,再行蒸透,然后晒干收存。

配方①适宜于风热表证,配方②适宜于风寒表证。

木　　贼

【来源】 本品为木贼科植物木贼 *Eguisetum hiemale* L.的干燥地上部分。

【处方用名】 木贼　木贼草　节节草

【性味归经】 甘、苦,平。归肺、肝经。

【功效应用】

疏散风热——用于风热表证。

明目退翳——用于风热上扰引起的目赤、多泪、翳障等。

止血——用于便血、痔疮下血等。

【用法用量】 水煎服,3~10g。

【使用注意】

1)注意禁忌病症。①气虚者慎服;②《本草经疏》:"目疾由于怒气及暴热伤血、暴赤肿痛者,非其所任。"

2)注意用量。《本草汇言》:"多服损肝,不宜久服。"《本经逢原》:"多用令人目肿,若久翳及血虚者非所宜。"

解表药主要应用于表证患者,临床应用将其分为两类,即辛温解表药和辛凉解表药。辛温解表药中的麻黄发汗力量峻猛,宜于风寒表实无汗证。桂枝发汗力量和缓,既宜于风寒表实无汗证,又宜于风寒表虚有汗证。香薷有夏月麻黄之称。紫苏、防风、生姜每用于风寒轻证。荆芥微温,风寒、风热表证皆宜。细辛祛风散寒止痛,温肺化饮,为治疗阳虚感冒、寒饮咳喘之要药。羌活、藁本常用于风寒夹湿证。苍耳子、辛夷善治鼻渊头痛。白芷为治疗阳明经头痛(前额痛)的要药。葱白发汗力弱,胡荽透疹力强,且可开胃调味。

> **小结**
>
> 辛凉解表药中的薄荷、桑叶、菊花、蝉蜕皆为轻清疏利之品,用于风热感冒、温病初起。牛蒡子辛苦寒,治温病咽痛效佳。蔓荆子乃治疗风热头痛及慢性头痛常用品。柴胡、葛根、升麻皆能升阳,然柴胡又善退热,葛根又疗项背强痛。升麻又解阳明热毒。淡豆豉乃治疗热扰胸膈之心烦懊侬、虚烦不眠之品,木贼疏散风热力弱,然能明目退翳,是治疗风热目疾的常用品。
>
> 使用解表药,不宜久煎,中病即止。

目 标 检 测

一、单项选择题

1. 既善发汗解表,又善平喘利尿的药是　　　　　　　　　　　　　　　　　　　　(　)
   A. 麻黄　　　　B. 桂枝　　　　C. 防风　　　　D. 香薷　　　　E. 杏仁
2. 既发表散风,又胜湿止痛的药是　　　　　　　　　　　　　　　　　　　　　　　(　)
   A. 荆芥　　　　B. 紫苏　　　　C. 防风　　　　D. 辛夷　　　　E. 胡荽
3. 性温有小毒,善治鼻渊头疼的药是　　　　　　　　　　　　　　　　　　　　　　(　)
   A. 白芷　　　　B. 苍耳子　　　C. 辛夷　　　　D. 防风　　　　E. 藁本
4. 既疏散风热,又升阳止泻的药是　　　　　　　　　　　　　　　　　　　　　　　(　)
   A. 葛根　　　　B. 麻黄　　　　C. 薄荷　　　　D. 菊花　　　　E. 牛蒡子
5. 下列何项不是薄荷的主治病证　　　　　　　　　　　　　　　　　　　　　　　　(　)
   A. 风热目赤　　B. 肺燥咳嗽　　C. 风疹瘙痒　　D. 风热头痛　　E. 肝气郁结

二、填空题

1. 解表药可分为_____和_____两类。
2. 苏梗有_____、_____作用。
3. 桑叶除疏散风热、清肝明目外,又具有_____、_____作用。
4. 葛根解肌生津宜_____用,升阳止泻宜_____用。
5. 薄荷入煎剂宜_____用,辛夷入煎剂宜_____用。

三、问答题

1. 分述白芷、薄荷的性能、主治及使用注意。
2. 分述薄荷、牛蒡子、蝉蜕的性能、主治及使用注意。
3. 试比较麻黄与桂枝、荆芥与防风的功效、主治的异同。
4. 试比较桑叶与菊花,柴胡、葛根与升麻功效、主治的异同。
5. 羌活、藁本、白芷、柴胡均治头疼,其作用机制与临床应用有何不同?

(郑虎占　张　冰)

第7章 清 热 药

1. 了解清热药的概念、分类、使用注意
2. 了解密蒙花、青葙子、熊胆、紫草、拳参、金果榄、白蔹、穿心莲、半边莲、山慈菇、白薇的功效、主治及使用注意
3. 熟悉芦根、天花粉、淡竹叶、决明子、秦皮、白鲜皮、十大功劳叶、赤芍、蒲公英、蚤休、紫花地丁、红藤、马齿苋、鸦胆子、土茯苓、白花蛇舌草、银柴胡、胡黄连的性味、归经、功效、主治、用法用量及使用注意
4. 掌握石膏、知母、栀子、夏枯草、黄芩、黄连、黄柏、龙胆、苦参、金银花、连翘、败酱草、大青叶、白头翁、射干、青蒿、地骨皮的性味、归经、功效、主治、配伍应用、鉴别应用、用法用量及使用注意

【含义】 凡以清泄里热为主要作用的药物,称为清热药。

【分类及适应证】 清热药根据其主要性能,大体分为下列五类。

1) 清热泻火药。性味多苦寒,具有清热泻火作用,主治气分实热证(急性热病)之高热、汗出、烦渴、谵语、发狂、小便短赤、舌苔黄燥、脉象洪实等,以及肺热、胃热、心热、暑热等引起的多种实热证。

2) 清热燥湿药。均为苦寒之品,药性偏燥,具有清热燥湿作用,主治湿热证,如肝胆湿热之胁肋胀痛、黄疸、口苦、阴囊湿疹、舌苔黄腻等,脾胃湿热之胃脘胀闷、纳呆、呕恶、口腻、尿少等,大肠湿热之泄泻、痢疾、痔漏等,膀胱湿热之尿急、尿频、尿痛、尿浊、尿少等,肌肤湿热之湿疹、关节肿痛,以及湿温病身热不扬、汗出热不解等。

3) 清热凉血药。多为甘寒、咸寒或苦寒之品,具有清热凉血作用,主治血热证,包括温病热入营血证和内伤血热证。温病热入营血可见身热夜甚,心烦躁扰,甚则神昏谵语,斑疹隐隐或见多种出血现象,舌质红绛。内伤血热证可见心烦,少寐,手足蜕皮,毛发脱落,月经先期、量少,舌红少苔,脉象细数等。

4) 清热解毒药。多为苦寒之品,具有清热解毒作用,主治各种热毒证,内科热毒如咽喉肿痛、痢疾、肺痈、肠痈等,外科热毒如疮痈、丹毒、痄腮等,其他如毒蛇咬伤、癌症等。

5) 清虚热药。药性多甘寒或咸寒,具有清退虚热作用,主治阴虚内热之午后潮热、骨蒸发热、五心烦热、口燥咽干、虚烦不寐、盗汗,舌红少苔,脉象细数等,以及温病后期,热伤真阴之夜热早凉、手足抽搐、神疲倦怠等。也可用于小儿疳热等。

【使用注意】

1) 注意不良反应。清热药多寒凉,易伤脾胃,对脾胃虚弱患者,宜适当辅以健胃药物;清热燥湿药性多燥,易于伤津,对阴虚患者,要注意辅以养阴药。

2) 注意禁忌病证。脾胃虚寒、胃纳不佳、肠滑易泻者要慎用,阴盛格阳、真寒假热者要忌用。

3) 注意疗程。清热药中病即止,避免克伐太过,损伤阳气。

第1节　清热泻火药

石膏

【来源】　本品为硫酸盐类矿物硬石膏族石膏,主含含水硫酸钙($CaSO_4 \cdot H_2O$)。

【处方用名】　石膏　生石膏　煅石膏　熟石膏

【性味归经】　甘、辛,大寒。归肺、胃经。

【功效应用】

生用清热泻火、除烦止渴——
- 特点:大寒清热,味辛能透,故清热力强。
- 应用:①外感热病之高热烦渴大汗;②肺热喘咳;③胃火亢盛证之牙痛;④头痛等。

煅用收湿、生肌、敛疮、止血——外治用于:①溃疡不敛;②湿疹瘙痒;③水火烫伤;④外伤出血等。

【配伍应用】

石膏配知母:清热泻火、除烦止渴,用于肺胃气分高热证。

石膏配细辛:清热止痛,用于胃火牙痛。

【用法用量】　生石膏入煎剂,先煎,15～60g;煅石膏外用,适量。

【使用注意】

1）注意禁忌病证。脾胃虚寒、阴虚内热者慎服。

2）注意不良反应。本品大寒,易于损伤阳气。

知母

【来源】　本品为百合科植物知母 Anemarrhena asphodeloides Bge.的干燥根茎。

【处方用名】　知母　光知母　净知母　毛知母　肥知母　盐知母

【性味归经】　苦、甘,寒。归肺、胃、肾经。

【功效应用】

清热泻火——应用:①外感热病之高热烦渴;②肺热咳嗽;③内热消渴。

滋阴润燥——应用:①肺燥咳嗽;②肠燥便秘;③骨蒸潮热。

【配伍应用】

知母配贝母:润肺化痰止咳,用于肺燥咳嗽、燥痰咳嗽。

知母配天花粉:清热生津,用于津伤口渴。

【鉴别应用】

知母与石膏相同点:两药同能清热泻火、生津止渴,用于外感热病之高热烦渴,内伤病中的胃热消渴、肺热咳喘等。同中之异:石膏大寒,清热泻火优于知母,知母质润,生津止渴优于石膏。不同点:石膏煅用能收湿、生肌、敛疮、止血,外治用于溃疡不敛、湿疹瘙痒、水火烫伤、外伤出血等;知母能润肠通便、滋肾阴清相火,治疗肠燥便秘、肾阴虚证为石膏所不具备。

【用法用量】　水煎服,6～12g。

【使用注意】

1）注意炮制品。生知母清热泻火力强,宜用于肺胃实热证,盐知母味咸入肾,长于滋阴,宜用于肾阴不足、阴虚火旺证。

2）注意不良反应。本品性质寒润,能滑肠,故脾虚便溏者慎服。

知母药性解

《医学衷中参西录》关于知母的药性分析云:"知母原不甚寒,亦不甚苦,尝以之与黄芪等份并用,即分毫不觉凉热,其性非大寒可知;又以知母一两加甘草二钱煮饮之,即甘胜于苦,其味非大苦可知。寒苦皆非甚大,而又多液,是以能滋阴也。有谓知母但能清热,不能滋阴者,犹浅之乎视知母也。是以愚治热实脉数之证,必用知母。若用黄芪补气之方,恐其有热不受者,亦恒辅以知母。唯由液滑,能通大便,其人大便不实者忌之。

天 花 粉

【来源】 本品为葫芦科植物栝楼 Trichosanthes kirilowii Maxim.或双边栝楼 Trichosanthes rosthornii Harms.的干燥根。

【处方用名】 天花粉 花粉 栝楼根

【性味归经】 甘、微苦,微寒。归肺、胃经。

【功效应用】

清热生津——应用:①热病烦渴;②内热消渴;③肺热燥咳。

消肿排脓——用于疮疡肿毒。

【配伍应用】

天花粉配知母:清热生津止渴,用于内热消渴。

【用法用量】 水煎服,10~15g;外用,适量。

【使用注意】

1）注意配伍。不宜与乌头类药物同用。

2）注意禁忌病证。脾虚便溏者忌服,孕妇忌服。

天花粉的药理作用

天花粉有降血糖作用,对四氧嘧啶所致的高血糖小鼠有显著的降血糖作用。天花粉蛋白有抗早孕、引产作用,临床将结晶天花粉蛋白 2.4mg 加生理盐水 3~5ml 稀释,沿塑料管缓缓注入宫腔内,再在宫颈 3 点或 9 点处注射丙酸睾酮 150~200mg。结果 438 例大月引产,随访 364 例,成功 362 例,失败 2 例。此外,天花粉还有抗艾滋病病毒、免疫抑制、抗癌、抑制蛋白合成等作用。

栀 子

【来源】 本品为茜草科植物栀子 Gardenia jasminoides Ellis.的干燥成熟果实。

【处方用名】 栀子 山栀子 炒栀子 焦栀子 栀子炭 黑山栀 栀子仁 栀子皮

【性味归经】 苦,寒。归心、肺、三焦经。

【功效应用】

泻火除烦——用于热病心烦、不眠等。

清热利湿——{特点:导热邪通过三焦由小便排出体外。
　　　　　　应用:①湿热黄疸;②血淋涩痛;③目赤肿痛等。
凉血解毒——应用:①血热吐衄;②火毒疮疡等。
消肿止痛——外治扭挫伤痛。

【配伍应用】

栀子配淡豆豉:清心除烦,用于热扰胸膈之心烦懊恼、不眠。

栀子配黄连、黄芩、黄柏:清热解毒,用于三焦热盛之高热不退、烦躁发狂、错语不眠、大便秘结等。

【用法用量】 水煎服,6~10g;外用研末调敷,适量。

【使用注意】

1）注意炮制品。生栀子长于泻火除烦、清热利尿,炒栀子寒凉之性减缓,焦栀子长于凉血止血,栀子炭功专止血。

2）注意禁忌病证。脾虚便溏、食少者慎服。

3）注意不良反应。本品苦寒伤阳,不宜大量使用。

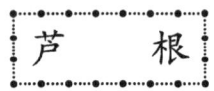

【来源】 本品为禾本科植物芦苇 *Phragmites communis* Trin.的新鲜或干燥根茎。

【处方用名】 芦根　苇根　苇茎

【性味归经】 甘,寒。归肺、胃经。

【功效应用】

清热生津——{特点:①清里热兼透表热;②清热兼生津。
　　　　　　应用:①外感风热、温病初起之表里俱热、烦热口渴等;②肺痈咳吐脓血;③肺热咳嗽,痰稠色黄等。

止呕除烦——{特点:清胃热以止呕。
　　　　　　应用:胃热呕哕。

清热利尿——用于热淋尿少。

【鉴别应用】

芦根与天花粉相同点:两药均能清热生津、除烦止渴,用于热病伤津烦渴、肺热咳嗽以及热毒痈肿。不同点:①清热与生津方面,天花粉生津止渴略优,中医有"渴而不止,知母花粉"之说,芦根清中兼透,清热为胜;②治疗热毒痈肿方面,芦根主治内痈,是治疗肺痈的常用药,天花粉主治外痈,具有消肿排脓之功,是治疗外科疮疡肿毒的常用药;③芦根尚有清热利水之功,治疗麻疹外发不畅、热淋尿涩等,为天花粉之未备。

【用法用量】 水煎服,15~30g,鲜品用量加倍,或捣汁用。

【使用注意】

1）注意鲜品之功效。鲜品清热生津力强。

2）注意禁忌病症。脾胃虚寒者慎服。

附药

苇茎,即芦根的地上部分,又名芦茎。性味甘,寒,归肺、心经。以清热排脓见长,为治疗肺痈的要药。水煎服,15~30g。

【来源】 本品为禾本科植物淡竹 *Phyllostachys nigra* （Lodd.） Munro var. *henoonis* （Mitf） Stapf. Ex Rendle.的叶。

【处方用名】 竹叶　鲜竹叶　苦竹叶　竹叶卷心(初出的卷状嫩叶)

【性味归经】 甘、淡,寒。归心、肺、胃经。

【功效应用】

清热除烦——用于热病烦热口渴,心火上炎之口舌生疮等。

利尿通淋——用于热淋、小便不利等。

【配伍应用】

竹叶配木通:清热利水,用于心火下移小肠之口舌生疮、小便赤涩疼痛等。

【用法用量】 水煎服,6~15g。

【使用注意】 竹叶卷心主入心经,长于清心定惊,用于热病神昏谵语等。

【来源】 本品为禾本科植物淡竹叶 *Lophatherum gracile* Brongn.的干燥茎叶。

【处方用名】 淡竹叶　竹叶麦冬

【性味归经】 甘、淡,寒。归心、胃、小肠经。

【功效应用】

清热除烦——用于热病烦热口渴,心火上炎之口舌生疮等。

利尿通淋——用于热淋、小便不利等。

【鉴别应用】

竹叶与淡竹叶相同点:两药同能清热除烦、利尿通淋,用于热病烦渴、热淋尿痛等。不同点:①清热除烦以竹叶为优,为治疗心火上炎之口糜的常用药,且竹叶兼入肺经,可用于肺经风热咳嗽等;②淡竹叶以利尿通淋为优,长于治疗心火下移小肠之热淋尿痛、尿赤、尿涩等。

【用法用量】 水煎服,6~10g。

【来源】 本品为唇形科植物夏枯草 *Prunelle vulgaris* L.的干燥果穗。

【处方用名】 夏枯草

【性味归经】 辛、苦,寒。归肝、胆经。

【功效应用】

清肝明目——应用:①肝火亢盛、肝阴不足之目珠疼痛,用苦寒药反甚或入夜尤甚者;②头痛目眩等。

散结消肿——应用:①瘰疬;②瘿瘤;③乳痈肿痛;④甲状腺肿大;⑤淋巴结结核;⑥乳腺增生症等。

降血压——用于肝火亢盛之高血压病。

【配伍应用】

夏枯草配半夏:清热化痰,用于痰热扰心之失眠。

【用法用量】 水煎服或熬膏服,9~15g。

决明子

【来源】 本品为豆科植物决明 *Cassia obtusefolia* L.或小决明 *Cassia tora* L.的干燥成熟种子。
【处方用名】 决明子　草决明　马蹄决明　土咖啡　炒决明子
【性味归经】 甘、苦、咸,微寒。归肝、大肠经。
【功效应用】
清肝明目——用于肝热或风热上攻之目赤肿痛,青盲内障,雀目等。
润肠通便——用于热结肠燥便秘。
【用法用量】 水煎服,9~15g,打碎先煎;研末每服 3~6g。降血脂可用至 30g。
【使用注意】 注意禁忌证。脾虚便溏者慎用。

决明子的药理作用

现代药理研究表明,决明子具有较好的降血脂(胆固醇、三酰甘油)、抗动脉粥样硬化、软化血管、减肥、降血压、缓泻、利尿等作用,1∶4 的水浸液对皮肤真菌有抑制作用。据临床报道,决明子 50g 水煎,日分两次服,治疗高胆固醇血症患者,四周内有 96%的患者降至正常水平。

密蒙花

【来源】 本品为马钱科植物密蒙花树 *Buddleia officeinalis* Maxsm.的干燥花蕾及其花序。
【处方用名】 密蒙花　蒙花
【性味归经】 甘,微寒。归肝经。
【功效应用】
清肝明目退翳——{特点:清肝兼养肝。
应用:用于肝热目赤、羞明流泪、青盲生翳以及肝虚目暗、视物昏花等。
【用法用量】 水煎服,3~10g。
【使用注意】 注意品种。湖北、广西、四川等地尚有以瑞香科植物结香 *Edgeworthis chrysantha* Lindl.的花蕾作密蒙花入药者,商品习称"新蒙花"、"蒙花珠",四川草药名"梦花",性淡平,亦主青盲、翳障、羞明、多泪等,但较少使用。

青葙子

【来源】 本品为苋科植物青葙 *Celosia argentea* L.的成熟种子。
【处方用名】 青葙子　草决明　鸡冠苋
【性味归经】 苦,微寒。归肝经。
【功效应用】
清肝泻火、明目退翳——应用:①肝火亢盛证之头痛、面赤、目眩等;②肝火上攻之目赤肿痛、目生翳膜、羞明流泪等。

【鉴别应用】
青葙子与密蒙花相同点:两药同能清肝明目退翳,用于肝热目赤肿痛、目生翳膜、羞明流泪等。不同点:青葙子味苦性寒,重在治疗肝热目疾;密蒙花味甘兼补,治疗目疾虚实皆宜。
【用法用量】 水煎服,9~15g。
【使用注意】
1) 注意禁忌证。肝肾不足慎服。
2) 注意禁忌病。本品有升高眼压和散瞳作用,故眼压高、青光眼、瞳孔散大者慎服。

第2节　清热燥湿药

【来源】　本品为唇形科植物黄芩 *Scutellarsis baicalenia* Georgi 的干燥根。
【处方用名】　黄芩　枯黄芩　片黄芩　子黄芩　条黄芩　炒黄芩　酒黄芩　黄芩炭
【性味归经】　苦,寒。归肺、胆、脾、大肠、小肠经。
【功效应用】

清热燥湿——应用:①湿温;②暑温胸闷呕恶;③湿热痞满;④湿热泻痢;⑤湿热黄疸等。

泻火解毒——{特点:长于清肺经热邪。
应用:①肺热咳嗽;②高热烦渴;③痈肿疮毒。

止血——用于血热吐衄。
安胎——用于热扰胎元之胎动不安。

【配伍应用】
黄芩配桑白皮:清泄肺热,用于肺热咳喘。
黄芩配芍药:清热燥湿,缓急止痛,用于湿热泻痢腹痛。
【用法用量】　水煎服,3~10g;外用,适量。
【使用注意】
1) 注意炮制品。枯黄芩(片黄芩)长于清肺经热,子黄芩(条黄芩)长于清大肠经热,酒黄芩寒凉而不损脾胃,炒黄芩长于安胎,黄芩炭长于止血。
2) 注意禁忌病证。脾胃虚寒及阴虚者慎服。
3) 注意不良反应。本品苦燥伤阴,寒凉伤阳,不宜大量服用。

黄　连

【来源】　本品为毛茛科植物黄连 *Coptis chinensis* Franch.、三角叶黄连 *Coptis deltoidea* C. Y. Cheng et Hsiao 或云连 *Coptis teeta* Wall.的干燥根茎。以上三种分别习称"味连"、"雅连"、"云连"。
【处方用名】　黄连　川连　味连　雅连　云连　鸡爪连　酒黄连　姜黄连　萸黄连
【性味归经】　苦,寒。归心、脾、胃、肝、胆、大肠经。
【功效应用】

清热燥湿——应用:①脾胃湿热之痞满、呕吐;②大肠湿热之泻痢;③肝胆湿热之黄疸;④皮肤湿热之湿疹、湿疮等。

泻火解毒——{特点:长于清泄心经热和中焦热。
应用:①心火亢盛之心烦不寐、口舌生疮;②胃火炽盛之牙痛、消渴;③肝火亢盛之吞酸、耳道流脓;④高热神昏;⑤血热吐衄;⑥痈肿疔疮等。

【配伍应用】
黄连配木香:清热燥湿、行气止痛,用于湿热泻痢腹痛、腹胀。
黄连配吴茱萸:辛开苦降,调和肝胃,用于肝胃不和之吞酸嘈杂、脘胁不适等。
黄连配大黄、黄芩:泻热除痞,用于热结心下之心下痞、脉浮滑。
【用法用量】 水煎服,2~5g;外用,适量。
【使用注意】
1)注意炮制品。生黄连长于清热燥湿,酒黄连长于清上焦火热,用于目赤、口疮,姜黄连长于清胃和胃止呕,用于寒热互结证、湿热中阻证、痞满呕吐等,萸黄连长于舒肝和胃止呕,用于肝胃不和之呕吐吞酸。
2) 注意禁忌病证。胃寒呕吐、脾虚泄泻者忌服。
3) 注意不良反应。本品大苦大寒,过量服用或久服,易致败胃。

黄连的药理作用

黄连有广谱抗菌作用,对痢疾杆菌、伤寒杆菌、副伤寒杆菌、霍乱弧菌、大肠埃希菌、产气杆菌、铜绿假单胞菌、金黄色葡萄球菌、链球菌、肺炎链球菌、幽门螺旋菌、许兰真菌、白色念珠菌、堇色毛癣菌等均有抑制作用,对流感病毒、乙型肝炎病毒、禽流感病毒等也有抑制作用。在心血管系统,具有正性肌力作用,抗心律失常、抗心肌缺血、降低血压、抗脑梗死等作用。在消化系统,具有利胆、抗腹泻、保护胃黏膜、抗溃疡等作用。此外,黄连还具有抗感染、解热、抗过敏、抗癌、降低血糖等作用。

【来源】 本品为芸香科植物黄皮树 Phellodendron chneise Schneid.或黄檗 Pheliodendron amurense Rupr.的干燥树皮。
【处方用名】 黄柏 川黄柏 关黄柏 盐黄柏 黄檗 檗皮
【性味归经】 苦,寒。归肾、膀胱经。
【功效应用】
清热燥湿——应用:①下焦湿热之泻痢、白带过多、淋证、脚气、痿躄;②肝胆湿热之黄疸;③肌肤湿热之湿疹瘙痒等。
泻火解毒——{特点:长于清下焦热。
应用:①肾阴虚、命门火旺之骨蒸劳热、盗汗、遗精等;②疮疡肿毒。
【配伍应用】
黄柏配知母:益肾阴、清相火,用于肾阴不足、相火亢盛之腰酸、遗精等。
黄柏配苍术:清热燥湿,用于下焦湿热之淋浊、痔疮、白带过多等。
黄柏配苍术、牛膝:清热燥湿、强筋骨,用于湿热下注之下肢痿弱、脚气等。
【鉴别应用】
黄柏、黄连与黄芩相同点:清热燥湿、泻火解毒,用于湿热引起的黄疸、泻痢、淋证、湿疹湿疮,三焦热盛引起的高热、烦躁、痈肿疮毒等。同中之异:黄芩善清上焦热,黄连善清心经热和中焦热,黄柏善清下焦热。不同点:黄连与黄芩又同能凉血,治疗血热妄行证,其中黄芩尚可安胎,治疗热扰胎元之胎动不安;黄柏又能泻火除蒸,治疗肾阴虚、相火妄动之遗精、骨蒸发热、盗汗等。

【用法用量】 水煎服,3~12g;外用,适量。
【使用注意】

1) 注意炮制品。生黄柏长于清热燥湿、解毒疗疮,盐黄柏长于滋阴降火,用于阴虚火旺、盗汗骨蒸。

2) 注意禁忌病证。虚寒患者慎服。

3) 注意不良反应。本品大苦大寒,易损胃气,应予注意。

【来源】 本品为龙胆科植物条叶龙胆 Gentiana manshurica Kitag.、龙胆 Gentiana scabra Bge.、三花龙胆 Gentiana triflora Pall.或坚龙胆 Gentiana rigescens Franch.的干燥根及根茎。

【处方用名】 龙胆 龙胆草 坚龙胆 关龙胆 川龙胆 苏龙胆 滇龙胆
【性味归经】 苦,寒。归肝、胆经。
【功效应用】

清热燥湿——{特点:长于清泄肝胆湿热。
           {应用:①肝胆湿热之黄疸、阴肿阴痒、带下;②湿疹瘙痒。
泻肝胆火——用于肝胆火盛之目赤、耳聋、胁痛、口苦、强中、惊风抽搐等。

【配伍应用】
龙胆配夏枯草:清泻肝胆,用于肝胆火盛之目赤肿痛、胁痛口苦、噩梦纷纭、急躁易怒等。

【用法用量】 水煎服,3~6g;外用,适量。
【使用注意】

1) 注意禁忌病证。脾胃虚寒者慎服。

2) 注意不良反应。本品大苦大寒,易于败胃,用时应谨慎。

【来源】 本品为豆科植物苦参 Sophora flavescens Ait.的干燥根。
【处方用名】 苦参 苦参片
【性味归经】 苦,寒。归心、肝、胃、大肠、膀胱经。
【功效应用】

清热燥湿——应用:①肝胆湿热之黄疸、阴肿阴痒;②大肠湿热之痢疾、便血;③下焦湿热之赤白带下;④肌肤湿热之湿疹、湿疮。

杀虫——应用:①皮肤瘙痒;②疥癣麻风;③外用治疗滴虫性阴道炎。

利尿——用于尿少、尿涩、尿赤、尿痛。

【配伍应用】
苦参配当归、贝母:养血利尿,用于妊娠小便不利。

【用法用量】 水煎服,4.5~9g;外用,适量。

【使用注意】

1）注意配伍。本品不宜与藜芦同用。

2）注意禁忌病证。虚寒患者慎服。

3）注意不良反应。本品不宜久服，久服则苦燥伤阴，反从火化，出现燥象；亦损伤肾气，引致腰痛。

苦参有效成分治疗白细胞减少症

苦参有效成分苦参总碱和氧化苦参碱治疗不同原因引起的白细胞减少症疗效显著。用法：10%苦参总碱注射液肌内注射，每日200~400mg，个别达到800mg，分1~2次注射，治疗68例，总有效率70.5%，用药后次日白细胞开始上升。氧化苦参碱注射液每日肌内注射200~400mg，治疗25例，有效21例，无效4例。

此外，药理研究表明，苦参碱、氧化苦参碱还具有抗菌、抗病毒、抗感染、抗过敏、平喘、抗肿瘤、纠正心律失常等作用。

十大功劳叶

【来源】 本品为小檗科植物阔叶十大功劳 Mahonia bealei（Fort.）Carr.、狭叶十大功劳（细叶十大功劳）Mahonia fortumei（Lindl.）Fedde.或华南十大功劳 Mahonia japonica（Thunb.）DC.的全株，而以叶入药为主。

【处方用名】 十大功劳 十大功劳叶 十大功劳木 功劳叶 功劳木

【性味归经】 苦，寒。归肝、胃、大肠经。

【功效应用】

清热燥湿——用于热毒泻痢，湿热黄疸，湿疹，肝火目赤肿痛，胃火牙痛等。

泻火解毒——用于热毒疮疖痈肿。

凉血退蒸──{ 特点：清热兼滋养强壮。
　　　　　　　应用：肺痨咳嗽，咳血吐血，骨蒸潮热等。

【用法用量】 水煎服，10~15g；外用适量。

【使用注意】 阳虚患者慎服。

第3节　清热凉血药

生 地 黄

【来源】 本品为玄参科植物地黄 Rehmannia glutinosa Libosch.的新鲜或干燥块根。

【处方用名】 地黄 生地黄 生地 干地黄 大生地 细生地 鲜生地 鲜地黄

【性味归经】 甘，寒。归心、肝、肾经。

【功效应用】

清热凉血——应用：①温病热入营血之舌绛烦渴、身热夜甚；②内伤血热之吐血、衄血、发斑发疹等。

养阴生津——应用:①阴虚内热之骨蒸劳热;②内热津亏之消渴、便秘等。

【配伍应用】

生地配知母:清热养阴生津,用于阴虚内热津亏之口渴、便秘、骨蒸发热等。

生地配麦冬、玄参:养阴通便,用于阴伤津亏、肠燥便秘。

【用法用量】 水煎服,鲜地黄15~30g,生地黄(干地黄)10~15g。鲜地黄甘、苦,寒,长于清热生津,并能止血;生地黄甘、寒,长于凉血养阴。

【使用注意】

1)注意禁忌病证。脾虚便溏、素体虚寒者慎服。

2)注意不良反应。本品腻滞胃气,大量服用易致便溏,用时宜慎。

【来源】 本品为玄参科植物玄参 Scrophularia ningpoensis Hemsl.的干燥根。

【处方用名】 玄参 元参 乌玄参 黑玄参

【性味归经】 甘、苦、咸,微寒。归肺、胃、肾经。

【功效应用】

清热凉血,滋阴降火——应用:①温病热入营血之舌绛烦渴、身热夜甚;②内伤血热之吐血、衄血;③热病伤阴或内伤阴虚之便秘、骨蒸劳嗽。

解毒散结——应用:①外感病之温毒发斑、白喉;②内伤热炽之目赤、咽痛;③痰火结滞之瘰疬;④热毒外发之痈肿疮毒等。

【配伍应用】

玄参配生地:清热凉血、养阴生津,用于血热证、阴虚证、津亏证。

玄参配浙贝母、牡蛎:清热化痰、软坚散结,用于痰火凝结之瘰疬、痰核等。

【鉴别应用】

生地与玄参相同点:清热凉血、养阴生津,用于温病热入营血证、内伤血热证、热病伤阴证、阴虚内热证等所引起的舌绛烦渴、发斑发疹、骨蒸劳热、便秘口渴等。同中之异:生地养阴优于玄参,玄参清热优于生地。不同点:鲜生地又能止血,玄参又能泻火解毒,治疗痰火结聚之瘰疬以及白喉、咽痛等,是两者之异。

【用法用量】 水煎服,10~15g。

【使用注意】

1)注意配伍。本品不宜与藜芦同用。

2)注意禁忌病证。脾虚便溏、素体虚寒者慎服。

3)注意不良反应。本品腻滞胃气,大量服用易致便溏,用时宜慎。

【来源】 本品为毛茛科植物牡丹 Paeonia suffruticosa Andr.的干燥根皮。

【处方用名】 牡丹皮 丹皮 粉丹皮 凤丹皮 刮丹皮 炒丹皮 丹皮炭

【性味归经】 苦、辛,微寒。归心、肝、肾经。

【功效应用】

清热凉血——特点:凉血不留瘀。
应用:①温毒发斑;②血热吐血衄血;③阴虚夜热早凉、无汗骨蒸。

活血化瘀——应用：①闭经痛经；②痈肿疮毒；③跌打损伤。
【配伍应用】
牡丹皮配大黄：清热解毒、凉血消痈，用于肠痈。
【用法用量】 水煎服，6～12g。
【使用注意】
1）注意炮制品。生牡丹皮长于清热凉血、活血化瘀，牡丹皮炭长于止血。
2）注意禁忌病证。寒凝血瘀、月经过多者及孕妇慎服。
3）注意不良反应。大量服用损伤阳气。

牡丹皮采收时间研究

有学者测定了不同采收时间的牡丹皮中的丹皮酚、丹皮酚苷、丹皮酚原苷、丹皮酚新苷、芍药苷、苯甲酰芍药苷、羟基芍药苷等7种成分的含量，结果表明，5～6月和9～10月含量高，4月中旬和7～8月的含量低。这与传统文献记载的牡丹皮的采收以春、秋季为宜基本一致，结合本研究结果，认为牡丹皮以种植后3～5年初春、晚春、秋季采收为佳。

【来源】 本品为毛茛科植物芍药 Paeonia lactiflora Pall.或川赤芍 Paeonia veichii Lynch.的干燥根。
【处方用名】 赤芍　赤芍药　川赤芍　芍药　炒赤芍
【性味归经】 苦，微寒。归肝经。
【功效应用】
清热凉血——应用：①温毒发斑；②血热吐血衄血。
散瘀止痛——应用：①闭经腹痛；②癥瘕腹痛；③跌打损伤；④痈肿疮疡。
清泄肝火——应用：①肝热目赤肿痛；②肝郁胁痛。
【配伍应用】
赤芍配牡丹皮：清热凉血、活血化瘀，用于血热妄行之吐血衄血、温毒发斑以及血瘀闭经、痛经、跌仆损伤、痈肿疮疡等。
赤芍配川芎：活血化瘀，用于瘀血阻滞之痛经、闭经、胸痹绞痛、肢体痹痛、跌打损伤、痈肿疮毒等。
【鉴别应用】
赤芍与牡丹皮相同点：清热凉血、活血化瘀，用于温病热入营血之吐血衄血、发斑发疹，血行瘀阻之痛经、闭经、胸痹绞痛、肢体麻木、关节痹痛、跌打损伤等。同中之异：清热凉血方面，牡丹皮优于赤芍；活血化瘀方面，赤芍优于牡丹皮。不同点：牡丹皮清热凉血而不留瘀，且能透发阴分伏热，治疗阴虚无汗之骨蒸发热；赤芍又能清泄肝火，治疗肝火目赤肿痛、胁痛等，是二者之别。
【用法用量】 水煎服，6～12g。
【使用注意】
1）注意配伍。不宜与藜芦同用。

2)注意禁忌病证。无瘀血者和孕妇慎服。
3)注意不良反应。大量服用,可能导致出血。

第4节 清热解毒药

【来源】 本品为忍冬科植物忍冬 Lonicera japonica Thunb.的干燥花蕾或带初开的花。
【处方用名】 金银花 银花 忍冬花 二花 双花 银花炭
【性味归经】 甘,寒。归肺、心、胃经。
【功效应用】
清热解毒——应用:①痈肿疔疮;②喉痹;③丹毒;④热毒血痢。
凉散风热——应用:①风热感冒;②温病初期。
【配伍应用】
金银花配连翘:清热解毒、疏散风热,用于热毒疮痈、风热感冒、温病初期。
【用法用量】 水煎服,6~15g。生金银花长于清热解毒、凉散风热,金银花炭长于凉血止痢,金银花露(主含金银花的挥发性成分)长于清解暑热、清利头目。

附药

忍冬藤,为忍冬的茎叶,又名银花藤、金银藤。性味及功效与金银花相似,尤多用于痈肿疮毒,又能祛风湿、通经络,可用于风湿热痹以及皮肤瘙痒等,但疏散风热作风较弱。常用量10~30g。

【来源】 本品为木樨科植物连翘 Forsythia suspensa(Thunb.) Vahl 的干燥果实。
【处方用名】 连翘 青翘 老翘 连翘心 带心连翘 去心连翘
【性味归经】 苦,微寒。归肺、心、小肠经。
【功效应用】
清热解毒——应用:①热毒疮疡;②乳痈;③丹毒;④温病热入心包之高热神昏、谵语。
消肿散结——应用:①瘰疬;②痰核等。
凉散风热——应用:①风热感冒;②温病初期。
【配伍应用】
连翘配栀子:清热解毒,用于上焦热盛之胸中烦热、少寐、口舌生疮、牙龈肿痛、目赤目痛,以及疮疡肿毒等。
【鉴别应用】
金银花与连翘相同点:清热解毒、凉散风热,用于热毒疮痈、风热感冒、温病初期等。同中之异:金银花凉散风热优于连翘,连翘解毒消痈优于金银花,素有"疮家圣药"之称。不同点:金银花又入血分,能凉血止痢,治疗热毒血痢;连翘又入心经,能清心开窍,治疗温病热陷心包之高热神昏,尚可散结、利尿,治疗瘰疬、痰核以及热淋尿少等。
【用法用量】 水煎服,6~15g。去心连翘长于凉散风热、消痈散结,带心连翘长于清心开窍。

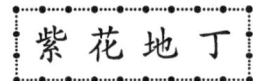

【来源】 本品为菊科植物蒲公英 *Taraxacum mongolicum* Hand.-Mazz.、碱地蒲公英 *Taraxacum sinicum* Kittag.或同属数种植物的干燥全草。

【处方用名】 蒲公英　公英　黄花地丁

【性味归经】 苦、甘,寒。归肝、胃经。

【功效应用】

清热解毒、消肿散结——应用:①疔疮肿毒;②乳痈;③肺痈;④肠痈;⑤咽痛;⑥目赤肿痛。

利尿通淋——应用:①热淋涩痛;②湿热黄疸。

【用法用量】 水煎服,10~15g;外用,鲜品捣敷或煎汤熏洗患处,适量。

【使用注意】 注意不良反应。本品大剂量服用,能引致便溏。

【来源】 本品为堇菜科植物紫花地丁 *Viola yedoensis* Makino.的干燥全草。

【处方用名】 紫花地丁　地丁　地丁草

【性味归经】 苦、辛,寒。归心、肝经。

【功效应用】

清热解毒,凉血消肿——用于疔疮肿毒,痈疽发背,丹毒,毒蛇咬伤等。

【配伍应用】

蒲公英配紫花地丁:清热解毒,用于热毒痈肿、疔疮肿毒等。

【用法用量】 水煎服,15~30g;外用鲜品适量,捣烂敷患处。

【使用注意】 脾胃虚寒者慎服。

大 青 叶

【来源】 本品为十字花科植物菘蓝 *Isatis indigotica* Fort.的干燥叶。

【处方用名】 大青叶　大青

【性味归经】 苦,寒。归心、胃经。

【功效应用】

清热解毒——应用:①温病初期;②黄疸;③热痢;④痄腮;⑤喉痹;⑥痈肿。

凉血消斑——应用:①温邪入于营血之高热神昏、发斑发疹;②丹毒。

【用法用量】 水煎服,9~15g;外用,适量。

【使用注意】

1) 注意禁忌病证。虚汗患者慎服。

2) 注意不良反应。大量服用,易损伤脾阳。

附药

板蓝根,为十字花科植物菘蓝 *Isatis indigotica* Fort.的干燥根。性味苦寒,归心、胃经。功能清热解毒,凉血利咽。用于温病气血两燔之壮热、烦渴、咽喉肿痛、斑疹隐隐、神昏谵语、大头瘟、痈肿疮毒等。常用量10~15g。现今临床将板蓝根制剂用于治疗流行性脑炎、乙型脑炎、肝炎、水痘、流行性腮腺炎、带状疱疹、扁平疣等有效。

【来源】 本品为十字花科植物菘蓝 Isatis indigotica Fort.、爵床科植物马蓝 Baphicacanthus cusia (Nees) Bremek.或蓼科植物蓼蓝 Polygonumtinctorium Ait.的叶或茎叶经加工制取的干燥粉末或团块。

【处方用名】 青黛 靛花 靛沫花 靛蓝 蓝靛

【性味归经】 咸,寒。归肝、肺经。

【功效应用】

清热解毒——①小儿肝热惊风;②肺热咳嗽气急痰稠,或肝火犯肺之咳嗽阵作,痰中带血,胁痛等;③外用治疗湿疹、湿疮等。

凉血散肿——①血热发斑、吐衄(今用于治白血病);②痄腮、疮痈等。

【配伍应用】

青黛配海蛤壳:清肝泻火、清肺化痰止咳,用于肝火犯肺之咳嗽气急、阵阵发作、胸胁灼痛、痰中带血等。

【鉴别应用】

大青叶、板蓝根与青黛相同点:三药均能清热解毒、凉血利咽,用于温病热入营血之高热神昏、发斑发疹,以及火毒诸证如痈肿疮毒、丹毒等。不同点:大青叶长于凉血消斑,多治斑疹吐衄;板蓝根为大青叶之根,长于利咽,善治大头瘟、痄腮、咽喉肿痛;大青叶与板蓝根不仅清营血分热邪,又能清解卫分、气分之热,故二药可清退内外表里之热,风热表证、温病初期用之有效;青黛为大青叶的加工品,兼能清泄肝火,治疗肝热生风、小儿惊痫以及肝火犯肺之咳痰咯血,外用治疗湿疹湿疮。

【用法用量】 本品难溶于水,一般不作汤剂。入丸散,1~3g;外用适量,干撒或调敷。

【使用注意】

1) 注意禁忌病症。胃寒者慎服。

2) 注意不良反应。部分患者服后出现恶心、呕吐、腹痛、腹泻、便血等不良反应,也有影响肝功能的,严重者可抑制骨髓造血功能。

青黛的制法及药话

制法:将大青叶、大青的茎叶置水缸或水池内,用清水浸2~3天,至叶烂时,捞出其残渣,每5kg加石灰500g,连续充分搅拌,捞取液面泡沫,晒干,即为青黛。

药话:《本草衍义》:"一妇人患脐下腹上,下连二阴,遍满生湿疮,状如马瓜疮,他处并无,热痒而痛,大小便涩,食亦减,身面微肿。医作恶疮治,用鳗鲡鱼、松脂、黄丹之类。药涂上,疮愈热,痛愈甚。治不对,故如此。问之,此人嗜酒、贪腥,喜鱼蟹发风等物。急令用温水洗,拭去药膏。寻以马齿苋四两,烂研细,入青黛一两,再研匀,涂疮上,即时热减,痛痒皆去。仍服八正散,日三服,分败客热。每涂药,得一时久,药已干燥,又再涂新湿药。凡如此二日,减三分之一,五日减三分之二,自此二十日愈。"

【来源】 本品为百合科植物云南重楼 Parispolyphlla Smith var. yunnanensis (Franch.) Hand.

Mazz.或七叶一枝花 *Paris polyphylla* Simth var.*chinensis*（Franch.）Hara.的干燥根茎。

【处方用名】 重楼　重台　蚤休　七叶一枝花　草河车

【性味归经】 苦,微寒;有小毒。归肝经。

【功效应用】

清热解毒——{ 特点:长于解疮毒及虫蛇之毒。
应用:①痈肿疔疮;②毒蛇咬伤;③咽喉肿痛。}

消肿止痛——用于跌打伤痛。

凉肝定惊——用于肝热惊风抽搐。

【用法用量】 水煎服,3~9g;外用研末调敷,适量。

【使用注意】

1) 注意禁忌病证。脾胃虚寒者慎服。

2) 注意毒副作用。本品有小毒,不宜长期、大量内服。

【来源】 本品为蓼科植物 *Polygonum bistorta* L.的干燥根茎。

【处方用名】 拳参　草河车　重楼　紫参

【性味归经】 苦、涩,微寒。归肺、肝、大肠经。

【功效应用】

清热解毒,消肿止血——用于湿热,泻痢,肺热咳嗽,痈肿,瘰疬,口舌生疮,吐血衄血,痔疮下血,毒蛇咬伤等。

【用法用量】 水煎服,5~10g;外用适量。

【使用注意】 拳参又名草河车、重楼、紫参,与蚤休（七叶一枝花）及唇形科植物紫参 *Salvia chinensis* Benth 同名异物,易相混淆,应予注意。

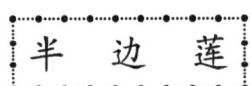

【来源】 本品为桔梗科植物半边莲 *Lobelia chinensis* Lour.的干燥全草。

【处方用名】 半边莲　急解索

【性味归经】 辛,平。归心、小肠、肺经。

【功效应用】

清热解毒——{ 特点:长于解蛇毒。
应用:①毒蛇咬伤;②痈肿疔疮。}

利尿消肿——应用:①大腹水肿;②晚期血吸虫病腹水。

【用法用量】 水煎服,9~15g;外用鲜品捣敷治蛇伤,适量。

【使用注意】 注意禁忌病证。阴虚患者慎服。

蛇伤要药——半边莲

谚曰:家有半边莲,可以伴蛇眠。半边莲别名急解索,表明该药为治疗蛇伤的要药。临床报道,鲜半边莲30~120g,水煎分3次服,同时以鲜半边莲捣敷伤处,日2次,治疗14例蛇伤患者,全部治愈。

土 茯 苓

【来源】 本品为百合科植物光叶菝葜 *Smilax glabra* Roxb.的干燥根茎。

【处方用名】 土茯苓 土苓 土萆薢

【性味归经】 甘、淡,平。归肝、胃经。

【功效应用】

解毒——┫特点:长于解梅毒。
　　　　┃应用:①梅毒;②痈肿;③瘰疬等。

除湿——应用:①湿热淋浊、带下;②疥癣。

利关节——用于骨节疼痛,汞中毒引起的肢体拘挛。

【用法用量】 水煎服,15~60g。

【使用注意】 注意食忌。服用本品不宜饮茶叶水。

土茯苓药话

《本草纲目》:"近有好淫之人,多病杨梅毒疮,药用轻粉,愈而复发,久则肢体拘挛,变为痈漏,延绵岁月,竟至废笃。唯锉土萆薢(土茯苓)三两,或加皂荚、牵牛各一钱,水六碗,煎三碗,分三服,不数剂,多瘥。……土萆薢甘淡而平,能去脾湿,湿去则营卫从而筋脉柔,肌肉实而拘挛、痈漏愈矣。初病服之不效者,火盛而湿未郁也。此药长于去湿,不能去热,病久则热衰气耗而湿郁为多也。"可见,土茯苓治疗性病杨梅毒疮日久不愈者效佳。

穿 心 莲

【来源】 本品为爵床科植物穿心莲 *Andrographis paniculata* (Burm.f.) Nees.的干燥地上部分。

【处方用名】 穿心莲 一见喜 榄核莲 苦胆草

【性味归经】 苦,寒。归心、肺、大肠、膀胱经。

【功效应用】

清热解毒、凉血消肿——┫特点:长于清肺经热和大肠经热。
　　　　　　　　　　┃应用:感冒发热,咽喉肿痛,肺热咳嗽,泄泻痢疾,口舌生疮,热淋涩痛,
　　　　　　　　　　┃　　　痈肿疮疡,毒蛇咬伤等。

【用法用量】 水煎服,5~10g;外用适量。

【使用注意】 脾胃虚寒者慎服。

鱼 腥 草

【来源】 本品为三白草科植物蕺菜 *Houttuynia cordata* Thunb.的干燥地上部分。

【处方用名】 鱼腥草 鱼星草 蕺菜

【性味归经】 辛,微寒。归肺经。

【功效应用】

清热解毒——应用:①痈肿疮毒;②热痢。

消痈 ┐ 特点:长于消肺脏痈脓。
排脓 ┘ 应用:①肺痈;②痰热咳喘。

利尿通淋——用于热淋。

【用法用量】 水煎服,15~25g;鲜品用量加倍,水煎或捣汁服。外用适量,捣敷或煎汤熏洗患处。

【使用注意】 注意煎法。不宜久煎。

鱼腥草药话

很早以前,有一对夫妻对双目失明的母亲不孝顺。一次,母亲高热、咳嗽,并逐渐加重至咳吐脓血,他们不仅不给母亲治病,反而认为母亲是无病呻吟。母亲口淡乏味,想喝点儿鱼汤,儿媳一听,火冒三丈:"快死的人了,还喝什么鱼汤!"邻居实在看不惯了,就送给老人两条鱼,谁知不孝的夫妻俩竟将鱼煮后自己吃了,连鱼汤也喝光了。他们怕传出去影响面子,就到山上采来一种带鱼腥味的草,煎汤给母亲喝。老母亲看不见,只觉得有点鱼味,喝了一碗又一碗,哪知时间不久,病竟奇迹般的好了。

【来源】 本品为鸢尾科植物射干 Belamcanda chinensis (L.) DC.的干燥根茎。

【处方用名】 射干　嫩射干　扁竹　寸干

【性味归经】 苦,寒。归肺经。

【功效应用】

清热解毒、消痰利咽——应用:①热毒痰火郁结之咽喉肿痛;②痰涎壅盛之咳嗽痰多、喉中痰鸣。

【配伍应用】

射干配麻黄:宣肺祛痰,止咳平喘,用于痰饮壅肺、外感风寒之咳喘痰多、喉间痰鸣等。

【用法用量】 水煎服,3~10g。

【使用注意】 注意禁忌病证。孕妇慎服。

【来源】 本品为豆科植物越南槐 Sophora tonkinensis Gagnep.的干燥根及根茎。

【处方用名】 山豆根　广豆根　南豆根

【性味归经】 苦,寒;有毒。归肺、胃经。

【功效应用】

清热解毒、消肿利咽——用于火毒蕴结之咽喉肿痛、齿龈肿痛。

【配伍应用】

山豆根配射干:清热解毒利咽,用于热毒上攻之咽喉肿痛、喉痹等。

【用法用量】 水煎服,3~6g;含服,适量。

【使用注意】

1) 注意毒性。本品有毒,不宜大量、长期服用。

2) 注意禁忌病证。脾胃虚寒者慎服。

附药

北豆根,为防己科植物蝙蝠葛 *Menispermum dauricum* DC. 的干燥根茎。北方地区习用。味苦,性寒,有小毒。归肺、胃、大肠经。功能清热解毒,祛风止痛。用于咽喉肿痛、热毒泄痢、风湿痹痛等病证的治疗。用量3~9g。

【来源】 本品为防己科植物金果榄 *Tinospora capillipes* Gagn.及青牛胆 *Tinospora sagittata* Gagna.的块根。

【处方用名】 金果榄 地苦胆 九牛胆 金牛胆

【性味归经】 苦,寒。归肺经。

【功效应用】

清热解毒、利咽消痈——{特点:长于清解咽部热毒。
　　　　　　　　　　　应用:热毒上攻之咽喉肿痛、白喉,以及肺热咳嗽、痈肿疔毒、蛇蝎咬伤等。

【用法用量】 水煎服,3~10g;外用适量。

【来源】 本品为兰科植物杜鹃兰 *Cremastra appendiculata*（D.Don）Makino.、独蒜兰 *Pleione bulbocodioides*（Franch.）Rolfe.或云南独蒜兰 *Pleione yunnanensis* Rolfe 的干燥假鳞茎,前者习称"毛慈菇",后者习称"冰球子"。

【处方用名】 山慈菇 毛慈菇

【性味归经】 甘、微辛,凉。归肝、脾经。

【功效应用】

清热解毒、化痰散结——{特点:长于治痰火结聚之病证。
　　　　　　　　　　　应用:痈肿疔毒,瘰疬痰核,淋巴结结核,梅核气,虫蛇咬伤等。现今有用于治疗肿瘤的。

【用法用量】 水煎服,3~10g;外用适量。

【使用注意】 本品有小毒,不宜大量、长期服用。

【来源】 本品为毛茛科植物白头翁 *Pulsatilla chinensis*（Bge.）Regel.的干燥根。

【处方用名】 白头翁 白头公

【性味归经】 苦,寒。归胃、大肠经。

【功效应用】

清热解毒,凉血止痢——{特点:长于清大肠经热毒。
　　　　　　　　　　　应用:①热毒血痢;②阴痒带下;③阿米巴痢疾。

【配伍应用】

白头翁配黄连、黄柏、秦皮:清热解毒、凉血止痢,用于热毒蕴结大肠之下痢脓血、里急后重等。

白头翁配黄连、黄柏、秦皮、阿胶:清热解毒、养血止痢,用于产后痢疾及下痢脓血日久不愈者。

【用法用量】 水煎服,9~15g;入丸散剂,适量。

【使用注意】

1) 注意禁忌病证。虚寒泻痢患者慎服。

2) 注意不良反应。白头翁鲜品,外用对皮肤黏膜有一定刺激性,应予注意。

白头翁药话

唐朝诗人杜甫身居寒舍,生活艰辛。一天早晨,他吃了剩饭剩菜,到中午即出现腹痛、腹泻、呕吐,躺在床上呻吟。此时,恰逢一位白发老人路过,遂询问了杜甫的病情,然后出去拔来了近根部长着许多白色茸毛的野草,这些茸毛很像白发老人的须发,将此药煎汤,让杜甫喝下。杜甫吃药后,诸证渐渐消失。他"自怜白头无人问,怜人乃为白头翁"的名句,感慨白头翁这种药草与他的感情。

秦 皮

【来源】 本品为木樨科植物苦枥白蜡树 *Fraxinus rhynchophylla* Hance.、白蜡树 *Fraxinus chinensis* Roxb.、尖叶白蜡树 *Fraxinus chinensis* Roxb.var.acuminata Lingelsh.或宿柱白蜡树 *Fraxinus stylosa* Lingelsh.的干燥枝皮或干皮。

【处方用名】 秦皮　北秦皮

【性味归经】 苦、涩,寒。归肝、胆、大肠经。

【功效应用】

清热燥，——{特点:①长于清大肠湿热;②清中兼涩。
湿止痢　　 应用:①湿热痢疾;②湿热泄泻;③赤白带下。

清肝明目——用于肝热目赤肿痛,目生翳膜。

【用法用量】 水煎服,6~12g;外用煎水洗患处,适量。

【使用注意】 注意禁忌病证。脾胃虚寒者慎服。

秦皮鉴别小经验

《中华人民共和国药典》:"取秦皮,加热水浸泡,浸出液在日光下可见碧蓝色荧光。"
《本草纲目》:"皮有白点而不粗错,取皮渍水便碧色,书纸看之皆青色者,是真。"

马 齿 苋

【来源】 本品为马齿苋科植物马齿苋 *Portulaca oleracea* L.的干燥地上部分。

【处方用名】 马齿苋　马齿菜

【性味归经】 酸,寒。归肝、大肠经。

【功效应用】

清热解毒——{特点:性寒味酸,清中兼收。
　　　　　 应用:①热毒血痢;②痈肿疔疮,丹毒,湿疹;③虫蛇咬伤。

凉血止血——用于便血、痔疮下血、崩漏下血等。

【用法用量】 水煎服,9~15g,鲜品30~60g;外用适量,捣敷患处。

【来源】 本品为苦木科植物鸦胆子 *Brucea javanica* (L.) Merr.的干燥成熟种子。

【处方用名】 鸦胆子

【性味归经】 苦,寒。归大肠、肝经。

【功效应用】

清热解毒止痢——用于热毒痢疾之里急后重、痢下脓血。

截疟——用于间日疟、三日疟。

腐蚀赘疣——外用治疗鸡眼、寻常疣等。

【用法用量】 内服,0.5~2g;本品味极苦,不宜入汤剂,可装入胶囊或用龙眼肉包裹吞服;外用,适量。

【使用注意】

1）注意毒副作用。本品对胃肠道和肝、肾功能有损害,不宜多服、久服。

2）注意禁忌病证。脾胃虚寒者慎服。

鸦胆子治疗寻常疣、扁平疣

鸦赤散由鸦胆子、赤石脂各300g组成。共研细末,混匀,瓶装备用。临用时取食醋适量,与鸦赤散调成糊状,涂搽患处,早晚各一次,局部为单个疣者,在疣表面涂一层药后,可用胶布固定,3天换药一次,1周为一个疗程,连续2~3个疗程。

鸦胆子的不良反应

鸦胆子局部应用时,对皮肤、黏膜有强烈刺激性。口服时可引起腹部不适、恶心、呕吐、腹痛、腹泻、坠胀和头昏乏力,其发生率可达78.3%。也有鸦胆子外敷引起过敏反应的报道。

败 酱 草

【来源】 本品为败酱科植物黄花败酱 Patrinias cabiosaefolia Fisch.ex Linnk.、白花败酱 Pvillosa Juss.的干燥带根全草。

【处方用名】 败酱草　败酱

【性味归经】 辛、苦,微寒。归胃、大肠、肝经。

【功效应用】

清热解毒——用于热毒疮痈。

消痈排脓——特点:长于消大肠痈脓。
应用:①肠痈;②肺痈。

祛瘀止痛——用于血滞之胸腹疼痛。

【配伍应用】

败酱草配薏苡仁、附子:消痈排脓,用于肠痈脉数。

【鉴别应用】

败酱草与鱼腥草相同点:清热解毒,消痈排脓,用于热毒疮痈、肺痈等。同中之异:两药虽同能消痈,但鱼腥草主治肺痈,败酱草主治肠痈。不同点:鱼腥草又能利尿通淋,治疗热淋尿痛;败酱草又能祛瘀止痛,治疗血滞之胸腹疼痛。

【用法用量】 水煎服,6~15g;外用,适量。

【使用注意】 注意不良反应。鲜品有败酱味,可致呕恶,应注意。

大血藤

【来源】 本品为木通科植物大血藤 Sargentodoxa cuneata et Wils. 的干燥藤茎。
【处方用名】 红藤 大血藤 血藤 活血藤
【性味归经】 苦,平。归大肠经。
【功效应用】

清热解毒——{特点:本品善消大肠痈脓。
　　　　　　应用:①肠痈;②痈肿。
祛瘀止痛——用于风湿痹痛,跌打伤痛,妇女痛经等。

【配伍应用】
红藤配败酱草:清热解毒、消痈排脓,主治肠痈(阑尾炎)。
【用法用量】 水煎服,9~15g;也可浸酒服,适量。

白花蛇舌草

【来源】 本品为茜草科植物白花蛇舌草 Oldenlandia diffdia(Willd.)Roxb. 的干燥全草。
【处方用名】 白花蛇舌草 蛇舌草 舌管草
【性味归经】 微苦、甘,寒。归胃、大肠、小肠经。
【功效应用】
解毒消痈——应用:①痈肿疮毒;②热毒咽喉肿痛;③毒蛇咬伤等。
清热利湿——应用:①水肿、小便不利;②热淋尿痛等。
抗癌——用于胃癌、食管癌、直肠癌等。
【用法用量】 水煎服,15~60g;外用,适量。

白鲜皮

【来源】 本品为芸香科植物白鲜 Dictamnus dasycar pus Turcz. 的根皮。
【处方用名】 白鲜皮 白膻
【性味归经】 苦,寒。归脾、胃、膀胱经。
【功效应用】

清热解毒,祛风解毒——{特点:长于除肌肤湿热及下焦热毒。
　　　　　　　　　　　应用:①湿热蕴结肌肤之湿热疮毒、黄水湿疹、皮肤瘙痒等;②下焦热
　　　　　　　　　　　毒之阴部肿痛;③湿热黄疸、湿痹疼痛等。

【配伍应用】
白鲜皮配苦参:清热燥湿、祛风止痒,用于湿热疮毒、湿疹、风疹瘙痒等。
【用法用量】 水煎服,5~10g;外用适量,煎汤洗或研末外敷。
【使用注意】 虚寒患者慎服。

白蔹

【来源】 本品为葡萄科植物白蔹 Ampelosis japonica (Thunb.) Makino 的干燥块根。

【处方用名】 白蔹

【性味归经】 苦、辛,微寒。归心、胃经。

【功效应用】

清热解毒、消痈散结——特点:味辛能散,性敛能收,微寒清解。
应用:①用于痈疽发背,疔疮,瘰疬,未溃能散,已溃能敛;②用于水火烫伤等。

【用法用量】 水煎服,5~10g;外用适量,煎汤洗或研成极细粉敷患处。

【使用注意】
1) 注意禁忌病症。脾胃虚寒者慎服。
2) 注意配伍。不宜与乌头类药同用。

【来源】 本品为脊椎动物熊科棕熊 *Ursus arctos* Linnaeus 或黑熊 *Selenarcton thibeanus* Cuvier 的干燥胆汁。

【处方用名】 熊胆粉　熊胆　胆仁

【性味归经】 苦,寒。归肝、胆、心经。

【功效应用】

清热解毒——用于热毒疮痈,痔疮肿痛,咽喉肿痛等。

清肝明目——用于肝热目赤肿痛,目生翳膜,羞明流泪等。

息风止痉——用于肝火炽盛、热极生风之惊厥抽搐、小儿惊风,癫痫、子痫等。

【配伍应用】

熊胆配冰片:清热解毒止痛,外用治疗痔疮肿痛、咽喉肿痛等。

【用法用量】 内服入丸散,0.25~0.5g。不入汤剂。外用适量。

【使用注意】 《本草从新》:"实热则宜,虚家当戒。"

熊胆的化学成分与药理作用

熊胆主含熊去氧胆酸,次为鹅去氧胆酸、去氧胆酸、胆酸等,它们多与牛磺酸或甘氨酸等形成结合胆汁酸而存在。另含胆固醇、胆红素及无机盐等。用氨基酸分析器研究,证明熊胆所含胆汁酸的类型与猪胆、牛胆及野猪胆等所含者迥异。药理研究表明,熊胆胆汁酸盐有利胆作用,可促进胆汁分泌,显著增加胆汁分泌量,并对胆总管与括约肌有松弛作用。熊胆还将降低血压,对乙酰胆碱所致小鼠离体小肠痉挛有解痉作用,解痉原理与罂粟碱相似。鹅去氧胆酸及熊去氧胆酸还有溶石作用,用于治疗胆石症有效。

第5节　清虚热药

【来源】 本品为菊科植物黄花蒿 *Artemisia annual* L. 的干燥地上部分。

【处方用名】 青蒿　香青蒿　青蒿梗　黄花蒿　草蒿

【性味归经】 苦、辛,寒。归肝、胆经。
【功效应用】

清虚热、除骨蒸——{特点:长于清透阴分伏热。
应用:阴虚发热之夜热早凉、骨蒸劳热、五心烦热。

截疟——用于疟疾寒热。

解暑——用于暑邪发热。

凉血止血——用于血热出血如鼻衄等。

【配伍应用】

青蒿配鳖甲:滋阴清热除蒸,用于阴虚所致的夜热早凉、骨蒸劳热、脉左弦,或阴虚欲痉。

青蒿配地骨皮:清退虚热,用于阴虚五心烦热、小儿疳热等。

【用法用量】 水煎服,6~12g;鲜品绞汁服,适量;外用,适量。

【使用注意】 注意禁忌病证。脾虚便溏者慎服。

中华抗疟药——青蒿素

青蒿治疗疟疾在祖国医学中具有悠久的历史,南北朝时期的《肘后方》载:"疟疾寒热,用青蒿一握,水二升,捣汁服之。"青蒿素则是我国中药工作者在20世纪70年代从青蒿中提取的抗疟有效成分,这是一种有过氧基团的倍半萜内酯类物质,临床治疗疟疾具有高效、速效、低毒、用法简便等优点。其抗疟强度为西药氯喹的1.13~1.16倍,效价显著高于氯喹,且对具有耐药性的恶性疟原虫有显著杀灭作用,青蒿素抗疟疾的作用机制是对疟原虫红细胞内期的无性体具有杀灭作用,因而能控制疟疾的发作。但由于青蒿素在体内半衰期短,容易造成复发,这是需要进一步研究解决的问题。青蒿素及其衍生物现已有多种制剂,如片剂、栓剂等,行销世界疟疾高发地区,为人类的健康事业做出了巨大贡献。

链接

【来源】 本品为茄科植物枸杞 *Lycium chinense* Mill.或宁夏枸杞 *Lycium barbarum* L.的干燥根皮。

【处方用名】 地骨皮 枸杞根皮

【性味归经】 甘,寒。归肺、肝、肾经。

【功效应用】

凉血除蒸——应用:①阴虚潮热,骨蒸盗汗;②小儿疳热。

清肺降火——应用:①肺热咳喘、咳血、衄血;②内热消渴。

【配伍应用】

地骨皮配桑白皮:清泄肺热,用于肺热咳喘。

【鉴别应用】

地骨皮与牡丹皮相同点:清热凉血,退骨蒸,用于血热吐衄、骨蒸发热等。同中之异:清热凉血方面,牡丹皮优于地骨皮,且凉血不留瘀,清退骨蒸方面,牡丹皮味辛能透,善治无汗之骨蒸,地骨皮甘寒益阴,善治有汗之骨蒸,又用于内热消渴。不同点:牡丹皮又能活血散瘀,用于血瘀证、痈肿疮毒等;地骨皮又能清泄肺热,用于肺热咳喘。

【用法用量】 水煎服,9~15g。

【使用注意】

1)注意禁忌病证。虚寒患者慎服。

2)注意不良反应。该药引邪入里,咳喘有表邪者慎服。

地骨皮药话

清代名医吴瑭(鞠通)著《温病条辨》,系中医经典著作之一。吴瑭在评价泻白散时说道,他的族妹幼年患外感咳嗽,时医用泻白散治疗,泻白散主要成分地骨皮、桑白皮,遂致外邪入里,咳嗽永无愈期,至年近50岁时仍咳嗽不已。他阐述地骨皮不可用于外感咳嗽的机制云,地骨皮所以名地骨者,言其根深,"土地爷挂枸杞,唯我知根",可知地骨皮之根深为常人所难知。凡药有独异之名、独异之形者,必有独异之功。地骨皮根深,于人体可以直达阴分、血分,以清虚热、凉血热,若用于外感之人,引邪深入,恐难避免。吴瑭族妹之久咳,连名医吴瑭也望病兴叹,无可奈何。所以,地骨皮应慎用于外感之人。

【来源】 本品为萝藦科植物白薇 Cynanchum atratum Bge.或蔓生白薇 Cynanchum versicolor Bge.的干燥根及根茎。

【处方用名】 白薇　香白薇　嫩白薇

【性味归经】 苦、咸,寒。归胃、肝、肾经。

【功效应用】

清热凉血——应用:①阴虚发热,骨蒸劳热;②产后血虚发热;③温邪伤营发热。

利尿通淋——应用:①热淋;②血淋。

解毒疗疮——用于痈疽肿毒。

【配伍应用】

白薇配青蒿:清虚热,凉血热,用于阴虚内热,骨蒸劳热,以及血热证。

【用法用量】 水煎服,5~10g;外用,适量。

【使用注意】 注意禁忌病证。脾胃虚寒、食少便溏者慎服。

银柴胡

【来源】 本品为石竹科植物银柴胡 Stellaria dichotomya L.lanceolata Bge.的干燥根。

【处方用名】 银柴胡　银胡

【性味归经】 甘,微寒。归肝、胃经。

【功效应用】

清虚热、除疳热—— { 特点:清退阴虚发热,理阴不升腾,退热不苦泄。
应用:阴虚发热,骨蒸劳热,小儿疳热等。

【配伍应用】

银柴胡配秦艽:清退虚热,用于阴虚骨蒸发热、午后潮热等。

银柴胡配地骨皮:清虚热、退疳热,用于阴虚发热、小儿疳热等。

【鉴别应用】

银柴胡与柴胡相同点:两药同能清热,治疗发热。不同点:①银柴胡为石竹科植物,功能清退虚热,治疗阴虚发热擅长;柴胡为伞形科植物,功能和解退热,治疗外感发热、伤寒少阳病之寒热往来。柴胡清实热于肌表、于半表半里,银柴退虚热于阴分于里。②银柴胡又能清疳热,治疗小儿疳热,为柴胡所未备;柴胡又能疏肝解郁、升举阳气,治疗肝气郁结证、气虚下陷证,为银柴胡所不具。

【用法用量】 水煎服,3~10g。

胡 黄 连

【来源】 本品为玄参科植物胡黄连 *Picrohiza scrophlariiflora* Pennell. 的干燥块根。

【处方用名】 胡黄连　胡连

【性味归经】 苦,寒。归肝、胃、大肠经。

【功效应用】

清虚热、退疳热——用于阴虚骨蒸发热、小儿疳热等。

除湿热——用于湿热泻痢、湿热黄疸、痔疮等。

【配伍应用】

胡黄连配银柴胡:清退虚热,用于阴虚发热、骨蒸潮热、盗汗等。

【鉴别应用】

胡黄连与黄连相同点:两药均苦寒,能清湿热,治疗湿热泻痢、湿热黄疸等。不同点:①黄连清湿热作用优于胡黄连,是治疗湿热泻痢的要药;②胡黄连长于入血分、阴分,清退虚热,治疗阴虚骨蒸发热,以及小儿疳热,为黄连所不具备;③黄连又善清心经火及中焦热邪,治疗心火亢盛证、胃热呕哕、消渴以及热毒痈肿等,为胡黄连所不具有。

【用法用量】 水煎服,3~10g。

【使用注意】 脾胃虚寒者慎服。

小结

　　清热药是以清泄里热为主要作用的一类药物,主治里热证。按其性能不同,分为清热泻火药、清热燥湿药、清热凉血药、清热解毒药、清虚热药五类。清热泻火药中的石膏,清热泻火、除烦止渴,为治疗阳明气分高热证、肺胃实热证的主药。知母甘苦润,功擅清热滋阴。天花粉清热生津之中,兼能消肿排脓,为治疗消渴病之常用药。芦根味甘性寒、清中兼透,清里热又透表热,且可利尿通淋。竹叶与淡竹叶俱能清热除烦,利尿通淋,然竹叶长于清心除烦,淡竹叶长于利尿通淋。栀子能导热邪屈曲下行,自小便而出。夏枯草苦中带辛,清肝火又可散郁结。决明子、青葙子、密蒙花、熊胆粉皆清肝明目之品,其中决明子又可平肝潜阳、润肠通便,青葙子适宜于肝热目疾,瞳孔散大及眼压高者慎服,密蒙花性兼滋养,肝病目疾,虚实咸宜,熊胆粉为清胆要药,治疗肝热目赤肿痛、热极生风、痔疮肿痛等俱有良效。清热燥湿药中的黄芩善清上焦热,黄连善清中焦热及心经热,黄柏善清下焦热,龙胆草善清肝胆经湿热与实热,苦参、白鲜皮均能清热燥湿,走肌表与下焦,为治疗皮肤病、下焦病之常用药,白鲜皮又可退黄疸,为治疗皮肤病、下焦病之常用药。清热凉血药中的生地、玄参,凉血兼以养阴,牡丹皮、赤芍药凉血兼以活血,各有所长。清热解毒药中的金银花、连翘、大青叶清里热又透表热,俱是治疗风热感冒、温病初起及疮痈肿毒的圣品。蒲公英、紫花地丁、鱼腥草、大血藤、败酱草等均为治疗痈肿之味,其中蒲公英善消乳痈,紫花地丁善治疔疮,鱼腥草善治肺痈,大血藤和败酱草则善治肠痈。山豆根、射干、金果榄为利咽之物,白头翁、秦皮为治热痢之药,半边莲尤善解蛇毒,土茯苓最善治梅毒,白花蛇舌草抗癌有殊效,鸦胆子腐蚀赘疣治疗寻常疣、扁平疣有佳绩。清虚热药中的青蒿既退虚热,更善截疟,地骨皮凉血退蒸,长于治有汗之骨蒸,白薇清虚热又可解毒通淋。银柴胡理阴而不升腾、清虚热而不苦泄,为性质平和之退虚热药,胡黄连不独清虚热,且可除湿热,治疗湿热泻痢。举凡清热药,药性寒凉,易伤阳气,虚寒患者、脾胃素弱者慎用,中病即止,不可过剂。

第7章 清热药

目标检测

一、填空题

1. 清热药可分为_____、_____、清热解毒药、清热凉血药和清虚热药五类。
2. 生石膏功能_____、_____。
3. 知母清热泻火宜_____用,滋阴降火宜_____用。
4. 天花粉具有_____、_____作用。
5. 栀子除清热泻火外,又具有_____、_____、_____及消肿止痛作用。
6. 黄芩清热多用_____,安胎多用_____。
7. 黄连配木香具有_____作用,用于_____。
8. 苦参反_____,天花粉反_____。
9. 金银花功能_____、_____。
10. 白头翁治疗热毒痢疾,常配伍黄连、_____、_____。
11. 鸦胆子内服不宜入_____剂,应_____服。
12. 土茯苓性平,功能除湿_____。
13. 半边莲功能_____、_____。
14. 青蒿功能_____、_____、清虚热、除蒸、解暑。
15. 地骨皮长于治疗_____骨蒸,牡丹皮长于治疗_____骨蒸。

二、选择题

1. 石膏治疗湿疹、烫伤、疮疡不敛宜用 （ ）
   A. 生石膏 B. 煅石膏 C. 酒石膏 D. 煨石膏 E. 炙石膏
2. 功善清热生津、消肿排脓的药物是 （ ）
   A. 天花粉 B. 黄连 C. 黄芩 D. 知母 E. 重楼
3. 栀子的功能特点是 （ ）
   A. 泻火凉血活血 B. 泻火生津通便 C. 泻火利湿活血 D. 泻火解表生津 E. 泻火利湿凉血
4. 夏枯草的功能是 （ ）
   A. 清心火,利小便 B. 清肝火,散郁结 C. 清肺火,止咳喘 D. 清肾火,坚肾阴 E. 清胃火,止牙痛
5. 功能清热安胎的药物是 （ ）
   A. 紫苏 B. 黄连 C. 黄柏 D. 黄芩 E. 菟丝子
6. 善清下焦热的药物是 （ ）
   A. 黄连 B. 黄芩 C. 黄柏 D. 石膏 E. 栀子
7. 既善清热燥湿,又善清肝胆火的药物是 （ ）
   A. 夏枯草 B. 苦参 C. 黄芩 D. 龙胆草 E. 黄连
8. 既能清热解毒,又能疏散风热的药物是 （ ）
   A. 白头翁 B. 金银花 C. 栀子 D. 重楼 E. 白花蛇舌草
9. 善治肺痈和肺热咳喘的药物是 （ ）
   A. 金银花 B. 连翘 C. 板蓝根 D. 射干 E. 鱼腥草
10. 善治肠痈的药物是 （ ）
    A. 鱼腥草 B. 蒲公英 C. 白花蛇舌草 D. 败酱草 E. 连翘
11. 既善治热毒毒痢,又能明目的药物是 （ ）
    A. 白头翁 B. 秦皮 C. 蝉蜕 D. 黄柏 E. 决明子
12. 既能凉血活血,又能清泄肝火的药物是 （ ）
    A. 龙胆草 B. 夏枯草 C. 益母草 D. 丹参 E. 赤芍药

13. 既能清虚热,又能截疟的药物是 （   ）
    A. 青蒿   B. 地骨皮   C. 鳖甲   D. 鸦胆子   E. 何首乌
14. 黄柏清下焦湿热,常配伍的药物是 （   ）
    A. 知母   B. 苍术   C. 茯苓   D. 黄连   E. 柴胡
15. 清热解毒、消痰利咽的药物是 （   ）
    A. 射干   B. 山豆根   C. 板蓝根   D. 蝉蜕   E. 桔梗

三、问答题

1. 清热药分几类？各自的性能特点和适用病证有哪些？
2. 试述石膏、知母、栀子的功能、临床应用及使用注意。
3. 试述金银花、鱼腥草、射干的功能、临床应用及使用注意。
4. 试述生地、青蒿、赤芍药的功能、临床应用及使用注意。
5. 试述黄连、黄芩、黄柏的功能、临床应用及使用注意。
6. 试述青蒿、地骨皮、白头翁的功能、临床应用及使用注意。
7. 试比较石膏与知母、生地与玄参功效、应用的异同点。
8. 试比较牡丹皮与赤芍药、金银花与连翘功效、应用的异同点。
9. 试比较牡丹皮与地骨皮、玄参与夏枯草功效、应用的异同点。
10. 试比较山豆根与射干、白头翁与秦皮功效、应用的异同点。

（郑虎占　张　冰）

第8章 泻下药

1. 掌握泻下药的概念、作用、适应证、禁忌及用药注意事项
2. 明确泻下热积、泻下寒积、润肠通便、泻下逐饮的概念
3. 掌握大黄、芒硝、甘遂、巴豆的功效、主治、应用,并能区别应用;熟悉番泻叶、芦荟、火麻仁、郁李仁、京大戟、芫花、牵牛子的功效、主治、应用,并能区别应用
4. 掌握攻下药、逐水药的用法(包括炮制)、用量及用药注意事项

【含义】 以引起腹泻或滑润大肠、促进排便为主要作用的药物,称为泻下药。

【分类及适应证】
1) 攻下药。攻下药多为苦寒,其性沉降,具有泻下通便、清热泻火作用。其适应证有二,一是实热内结阳明的里热实证,表现为潮热、腹痛、大便燥结不通或热结旁流、舌质干红少津、舌苔灰黄而干燥;二是其他里实热证,如胃火牙痛、咽喉肿痛、口舌生疮,肝火上炎之面红目赤、头晕头痛而见有便秘者。

2) 润下药。润下药多为植物种子或种仁,富含油脂,味甘质润,具有润滑肠壁、软化大便、促进排便的作用,适用于年老、体弱、久病、产后所致津枯、阴虚、血虚肠燥便秘。应用时应该根据病情不同,与其他药物配伍应用,以增加疗效,如热盛津伤便秘者,需与养阴药配伍;血虚便秘者,需与补血药同用;兼气滞者,需与理气药合用。

3) 峻下逐水药。峻下逐水药大多苦寒有毒,药力峻猛,有强烈的泻下作用,可使体内潴留的水液从肠道排出,部分药物还兼有利尿作用,从而消除肿胀,适用于全身水肿、胸腹积水及痰饮积聚、喘满壅实等正气未衰之证。

【使用注意】
1) 大便不通有寒热虚实之分,治疗大便不通应先辨别病证的寒热虚实,实热内结者应用苦寒泻下药泻热通便;津亏肠燥者应用甘味润下药润肠通便;冷积便秘者则应于泻下药中加入温通里积药物。

2) 攻下药性味苦寒,易伤脾胃,脾胃虚弱者慎用,药性沉降且多兼活血化瘀作用,所以妊娠期、月经期妇女应禁用。

3) 峻下逐水药药性峻猛有毒,副作用多,易伤正气,使用时应中病即止,不可久服,体虚者慎用,孕妇忌用。对水肿、臌胀邪实正虚者,应注意固护正气,或先攻后补,或先补后攻,或攻补兼施。还要注意药物炮制、剂量、用法及禁忌等,以确保用药安全有效。

4) 习惯性便秘的患者应从养成良好的饮食习惯、良好的排便习惯着手,不应依赖于通便药物。

5) 使用泻下药要注意配伍,若里实兼有表邪,当先解表后攻里,必要时可表里同治,以表里双解,以免表邪内陷;如兼正气不足则可与补虚药同用,攻补兼施,使攻下而不伤正。

6) 应根据病情需要选用适当剂型,重症、急症,必须急下者,宜用汤剂,必要时可加大剂量;病情较缓,宜缓下者,用量则不可过大,或制成丸剂内服。对毒性较强的泻下药,一定要进行规范炮制,控制剂量,避免中毒,保证用药安全。

第1节 攻 下 药

【来源】 本品为蓼科多年生草本掌叶大黄 Rheum palmatum L.、唐古特大黄 Rheum tanguticum Maxim. ex Balf. 或药用大黄 Rheum officinale Baill. 的干燥根及根茎。

【处方用名】 大黄　生大黄　熟大黄　酒大黄　大黄炭　川军　酒军　将军　锦纹

【性味归经】 苦,寒。归脾、胃、大肠、肝、心经。

【功效应用】

泻下攻积——特点：泻下通便、荡涤胃肠的作用较强。
　　　　　　应用：胃肠实热积滞,大便燥结不通。

泻火止血——特点：能使上炎之火下降,具有清热、泻火、止血之功。
　　　　　　应用：①血热妄行之吐血、咯血；②火邪上炎所致目赤、咽喉肿痛。

清热解毒——特点：清热解毒、使毒下泄,既可内服又可外用。
　　　　　　应用：热毒痈肿疔疮。

活血祛瘀——用于瘀血阻滞所致经闭、痛经、产后瘀阻、跌打损伤、瘀血肿痛。

清泄湿热——用于湿热黄疸、湿热淋证。

【配伍应用】

大黄配芒硝、枳实、厚朴：泻热通便,用于热结便秘。

大黄配附子、干姜：温里通便,用于脾阳不足、冷积便秘。

大黄配黄连、木香：清除肠道湿热积滞,用于湿热痢疾初起。

大黄配黄连、黄芩：清热泻火止血,用于血热妄行。

【用法用量】 水煎服,3～10g。外用适量。生大黄泻下力较强,泻下通便宜生用,且宜后下,或用开水泡服,久煎则泻下力减弱。酒大黄泻下力较弱,活血作用较强,用于瘀血证及不宜峻下者。大黄炭则多用于出血证。

【使用注意】 脾胃虚弱者慎用；妇女妊娠、月经期、哺乳期忌服。

　　大黄能促进肠蠕动,抑制肠内水分吸收,促进排便。大黄泻下的有效成分是蒽醌类,但又含具有收敛作用的成分鞣质,故泻后又会出现便秘现象。大黄泻下作用受煎煮温度和时间的影响,泻下作用随加热时间延长而减弱。大黄有抗感染作用,对多种革兰阳性菌和阴性菌有抑制作用,其中最敏感的为葡萄球菌、肺炎链球菌、痢疾杆菌等,对流感病毒也有抑制作用。此外,大黄还有抗血栓形成、抗实验性胃溃疡、利胆、保肝、降压、止血和降低血清胆固醇等作用。

链接

【来源】 本品为硫酸盐类矿物芒硝族芒硝经加工精制而成的结晶体。

【处方用名】 芒硝　朴硝　皮硝　玄明粉　元明粉　风化硝

【性味归经】 咸、苦,寒。归胃、大肠经。

【功效应用】

泻下软坚——{特点:其性降泄,有泻热通便,润燥软坚作用。
应用:实热积滞,大便燥结之证。}

清热解毒消肿——外用治疗口疮、咽痛、目赤及疮痈肿痛。

【配伍应用】

芒硝配大黄:泻热通便,用于胃肠实热积滞。

芒硝配硼砂、冰片、朱砂:清热解毒消肿,用于咽喉肿痛、口舌生疮。

【鉴别应用】

芒硝因加工不同可分为朴硝、芒硝、玄明粉(元明粉),三者功效基本相同。朴硝杂质较多,泻下作用最强;芒硝质地较纯,泻下作用较缓;玄明粉质地最纯,泻下作用最弱,可根据病情不同选择应用。

大黄苦寒、芒硝咸寒,泻热通便,治疗热结便秘常相须为用,又均有清热解毒消肿作用,可治疗痈肿疮毒。所不同的是,大黄不仅能泻胃肠气分实热,而且能入血分,既清热凉血止血,又活血化瘀破积,治疗目赤肿痛、血热出血、经闭痛经、跌打损伤。

【用法用量】 内服,6~12g,冲入药汁内或开水溶化服。外用适量。

【使用注意】 孕妇及哺乳期妇女忌服。

芒硝主要含结晶硫酸钠($Na_2SO_4 \cdot 10H_2O$),尚含少量氯化钠、硫酸镁、硫酸钙等,可致泻下。并能抗感染、利尿、抑制大肠癌的发生。此外,本品外敷尚可回乳。

番 泻 叶

【来源】 本品为豆科矮小灌木狭叶番泻 *Cassia angustifolia* Vahl 或尖叶番泻 *Cassi acutifolia* Delile 的干燥小叶。

【处方用名】 番泻叶 泻叶

【性味归经】 甘、苦,寒。归大肠经。

【功效应用】

泻下导滞——{特点:苦寒降泄,既能泻下导滞,又能清导实热。
应用:①热结便秘;②习惯性便秘。}

行水消胀——用于水肿、腹水肿胀。

【用法用量】 煎服,2~6g。后下,或开水泡服。

【使用注意】 妇女哺乳期、月经期及孕妇忌用。剂量过大,偶有恶心、呕吐、腹痛等不良反应。

1) 本品所含主要有效成分番泻苷 A、B 经胃、小肠吸收后,在肝中分解,分解产物经血行而兴奋骨盆神经节以收缩大肠,引起腹泻,其泻下作用及刺激性比其他含蒽醌类泻药更强。

2) 近年来广泛应用于 X 线腹部摄片及腹部、肛门疾病手术前,以清洁肠道。此外,对腹水肿胀之证,用本品泡服,或与牵牛子、大腹皮等同用,可泻下行水消胀。现代临床报道有用于急性胰腺炎、细菌性痢疾、产褥期便秘、肠梗阻、慢性肾衰竭、流行性出血热等疾患。

【来源】 本品为百合科多年生肉质草本库拉索芦荟 *Aloe barbadensis* Miller.、好望角芦荟 *Aloe ferox* Miller. 或其他同属近缘植物叶的汁液的浓缩干燥物。

【处方用名】 芦荟 真芦荟 象胆

【性味归经】 苦,寒。归肝、大肠经。

【功效应用】

泻下,清肝,杀虫——{特点:苦寒降泄,既通大便、又清肝火。
应用:①热结便秘;②肝经实火;③小儿疳积。

【配伍应用】

芦荟配朱砂:泻下通便、清肝火、除烦热,用于热结便秘兼见烦躁失眠。

芦荟配龙胆草、青黛、栀子:清泄肝火,用于肝经火盛。

【用法用量】 入丸散服,每次 2~5g。外用适量。

【使用注意】 脾胃虚弱,食少便溏及孕妇忌服。

芦荟主要含蒽醌,其主要成分为芦荟大黄素苷、芦荟大黄素等。尚含荚非醇、芦丁等黄酮类、多糖等糖类、甾醇类、氨基酸、脂肪酸及多种维生素等。芦荟蒽醌衍生物具有刺激性泻下作用,芦荟大黄素在肠中产生芦荟大黄素-9-蒽醌,不仅可引起大肠内水分增加,而且促进肠黏膜分泌黏液,刺激性很强,伴有明显腹痛和盆腔充血,严重者可引起肾炎。

链接

第2节 润 下 药

【来源】 本品为桑科一年生草本大麻 *Cannabis sativa* L. 的干燥成熟种实。

【处方用名】 火麻仁 大麻仁 麻子仁 大麻子

【性味归经】 甘,平。归脾、大肠经。

【功效应用】

润肠通便——{特点:甘平质润多脂,能润肠通便,略兼滋养之力。
应用:①津血不足肠燥便秘;②肠胃燥热、脾约便秘。

【配伍应用】

火麻仁配当归、熟地、杏仁:润肠通便,用于老人、产妇及体弱津血不足之肠燥便秘。

【用法用量】 水煎服,10~15g。打碎入煎。

【来源】 本品为蔷薇科落叶灌木欧李 *Prunus humilis* Bge.、郁李 *Prunus iaponica* Thunb.或长柄扁桃 *Prunus pedunculata* Maxim. 的干燥成熟种子。

【处方用名】 郁李仁 郁李肉 李仁肉

【性味归经】 辛、苦、甘,平。归脾、大肠、小肠经。
【功效应用】

润肠通便——{特点:润肠作用稍强于火麻仁,兼行肠中气滞。
　　　　　　 应用:大肠气滞,肠燥便秘之证。

利水消肿——{特点:有下气利水消肿作用。
　　　　　　 应用:水肿腹满,脚气浮肿。

【配伍应用】
郁李仁配杏仁、柏子仁、松子仁:润肠通便,用于肠燥便秘。
郁李仁配桑白皮、赤小豆:利尿消肿,用于水肿胀满、脚气水肿。
【鉴别应用】
郁李仁、火麻仁均为润下通便药,但火麻仁甘平油润,润燥滑肠兼有补虚作用,适用于病后体虚及胎前产后津血不足肠燥便秘;郁李仁质润而降,既可润燥,又可行气,通便作用较强,且可下气利尿、利水消肿,治疗气滞肠燥便秘及二便不利的水肿最为适宜。
【用法用量】 水煎服,6~10g。打碎入煎。
【使用注意】 孕妇慎用。

【来源】 本品为松科常绿乔木红松 *Pinus koraiensis* Sieb. et Zucc 等的干燥成熟种仁。
【处方用名】 松子仁
【性味归经】 甘,温。归肺、肝、大肠经。
【功效应用】

润燥滑肠——{特点:质润气香,润肠通便。
　　　　　　 应用:津枯肠燥便秘。

润肺止咳——用于肺燥干咳痰少之证。
【用法用量】 水煎服,5~10g。
【使用注意】 脾虚便溏、有湿痰者慎用。

第3节　峻下逐水药

【来源】 本品为大戟科多年生草本植物甘遂 *Euphorbia kansui* T.N. Liou ex T. P. Wang 的干燥块根。
【处方用名】 甘遂　生甘遂　制甘遂　醋甘遂
【性味归经】 苦,寒,有毒。归肺、肾、大肠经。
【功效应用】

泻下逐饮——{特点:泻水逐饮力峻,连续泻下使体内潴留水饮排出。
　　　　　　 应用:①水肿,臌胀,胸胁停饮等证;②风痰癫痫。

消肿散结——用于痈肿疮毒。
【配伍应用】
甘遂配大戟、芫花:逐水退肿,用于水肿、臌胀、悬饮。

甘遂配大黄、芒硝：泻热逐饮散结，用于水饮与热邪结聚所致的结胸证。
【用法用量】 内服宜醋制以减低毒性。入丸散服，每次0.5~1.5g。外用适量，生用。
【使用注意】 有效成分不溶于水，多入丸散剂。体虚及孕妇忌服。反甘草。

【来源】 本品为大戟科多年生草本植物大戟 Euphorbia pekinensis Rupr. 的干燥根。
【处方用名】 京大戟　大戟　醋大戟
【性味归经】 苦、辛，寒；有毒。归肺、肾、大肠经。
【功效应用】

泻下逐饮——{特点：泻水逐饮作用似甘遂而力稍逊。
　　　　　　应用：水肿，臌胀，胸胁停饮。

消肿散结——用于痈疮肿毒，瘰疬痰核。

【配伍应用】
大戟配甘遂、芫花：泻下逐水，用于水肿、臌胀正气未衰者。
大戟配甘遂、白芥子：祛痰逐饮，用于胸胁停饮、胁痛、痰稠。
【用法用量】 水煎服，1.5~3g。入丸散剂服，每次1g。外用适量，生用，研末调敷。内服宜醋制，以减低毒性。
【使用注意】 体弱及孕妇忌用。反甘草。

附药

红大戟，为茜草科多年生草本植物红芽大戟 Knoxia valerianoides Thorel et Pitard 的根。性味苦寒，可泻水逐饮，功用与京大戟相似，然而京大戟源于大戟科，毒性强，泻水逐饮力峻。红大戟源于茜草科，毒性弱，以散结消肿力佳。水煎服，1.5~5g。研末服，1g。外用适量。体虚及孕妇忌服。反甘草。

【来源】 为瑞香科落叶灌木植物芫花 Daphne genkwa Sieb. et Zucc. 的干燥花蕾。
【处方用名】 芫花　陈芫花　醋芫花
【性味归经】 辛、苦，温。有毒。归肺、肾、大肠经。
【功效应用】

泻水逐饮——{特点：泻水逐饮，作用似甘遂、京大戟而力稍逊。
　　　　　　应用：胸胁停饮，水肿，臌胀。

祛痰止咳——用于咳嗽痰喘。
杀虫疗疮——用于虫积腹痛，痈疽肿毒，顽癣。
【配伍应用】
芫花配甘遂、京大戟：泻水逐饮，用于泻胸胁之水饮。
芫花配桑白皮、葶苈子：泻肺祛痰止咳，用于肺气壅实，寒饮内停之咳嗽，有痰，气喘息粗。
【鉴别应用】
甘遂、京大戟与芫花，三药皆苦寒有毒，为泻下逐水、通利二便之峻下逐水药，均可用于治疗水肿胀满、痰饮积聚、形气俱实之证。然而药力以甘遂最强，京大戟次之，芫花再次之，前人之"甘遂泻经遂之水湿，大戟泻脏腑之水湿，芫花泻窠囊之水饮"即说明三种药物作用的强弱不同。

三药的毒性以芫花最强,甘遂、大戟则相对较缓。又三药皆可攻毒散结消肿,治疗痈肿疮毒,其中以大戟作用最好。

【用法用量】 煎服,1.5~3g。入散剂,每次0.6~0.9g。外用适量。内服宜醋制以减低毒性。

【使用注意】 体虚者及孕妇忌服。反甘草。

> 1)《本草纲目》:治水饮痰澼,胁下痛。芫花、甘遂、大戟之性,逐水泄湿,能直达水饮窠囊隐僻之处,但可徐徐用之,取效甚捷,不可过剂,泄人真元也。
>
> 2) 芫花水浸剂、煎剂及醇浸剂能使肠蠕动增加,张力提高,引起腹痛和水泻,加大剂量则呈抑制作用。大鼠服芫花煎剂,尿量明显增加。芫花有止咳、祛痰作用,可改善心血管系统的功能。芫花素可引起子宫收缩,终止妊娠。此外,醋芫花的醇水提取物、水浸液对多种细菌、病毒和真菌有抑制作用。

链接

商　　陆

【来源】 本品为商陆科多年生草本植物商陆 Phytolacca acinosa Roxb.或垂序商陆 Phytolacca americana L.的干燥根。

【处方用名】 商陆　商陆根　花商陆　酸商陆

【性味归经】 苦,寒,有毒。归肺、肾、大肠经。

【功效应用】

泻下利水——{特点:苦寒沉降,通利二便,泻下利水。
　　　　　　 应用:用于水肿,臌胀,大便秘结,小便不利。

消肿散结——用于痈肿疮毒。

【用法用量】 水煎服,3~9g。醋制可减低毒性。外用适量。

【使用注意】 脾虚水肿及孕妇忌服。

牵　牛　子

【来源】 本品为旋花科一年生缠绕性草质藤本裂叶牵牛 Pharbitis nil(L.) Choisy 或圆叶牵牛 Pharbitis purpurea(L.) Voigt 的干燥成熟种子。

【处方用名】 牵牛　牵牛子　黑丑　白丑　二丑　黑白丑　炒牵牛子

【性味归经】 苦,寒,有毒。归肺、肾、大肠经。

【功效应用】

泻下逐水——{特点:泻下利尿,逐水之力较甘遂、京大戟、芫花稍缓。
　　　　　　 应用:臌胀、二便不利之正气未衰者。

泻肺逐饮——{特点:下气行水,消痰涤饮,气顺则痰逐饮消。
　　　　　　 应用:肺气壅滞,痰饮咳喘,面目浮肿。

去积——用于肠胃湿热积滞,大便秘结,食滞等。

杀虫——用于虫积腹痛。

【用法用量】 水煎服,3~6g。入丸散,1.5~3g。炒用药性减缓。

【使用注意】

1) 体虚慎用,孕妇忌服。

2) 不宜与巴豆同用。

巴 豆

【来源】 本品为大戟科乔木巴豆 Croton tiglium L. 的干燥成熟果实。

【处方用名】 巴豆 巴豆霜 巴霜 江子 刚子 焦巴豆

【性味归经】 辛,热,有大毒。归胃、大肠、肺经。

【功效应用】

峻下冷积——{特点:辛热有毒,峻下冷积,开通肠道闭塞。
　　　　　　应用:寒滞食积阻结肠胃,卒然腹满胀痛,大便不通,气急口噤。}

逐水退肿——{特点:通便利水,作用刚猛。
　　　　　　应用:水肿、腹水、臌胀。}

祛痰利咽——用于喉痹痰阻及寒实结胸。

温通去积——用于小儿痰壅、乳食停滞。

蚀疮去腐——用于痈疽,疥癣,恶疮。

【配伍应用】

巴豆配大黄、干姜:峻下冷积,用于寒邪食积,阻结肠道,腹满胀痛。

巴豆配杏仁:逐水退肿,用于腹水臌胀。

巴豆配降矾、神曲为丸:利水消肿,用于晚期血吸虫病及肝硬化腹水。

【用法用量】 入丸散,每次 0.1~0.3g。内服宜用巴豆霜,以减低毒性。外用适量,研末或捣膏或炸油外上患处。

【使用注意】

1) 孕妇及体弱者忌服。

2) 畏牵牛。

千 金 子

【来源】 本品为大戟科二年生草本续随子 Euphorbia lathyris L. 的干燥成熟种子。

【处方用名】 千金 续随子 千金子霜 续随子霜

【性味归经】 辛,温,有毒。归肝、肾、大肠经。

【功效应用】

泻水逐饮——{特点:峻下逐水,既能泻下,又能利尿。
　　　　　　应用:水肿,臌胀,二便不利。}

破血消癥——用于癥瘕、经闭。

攻毒杀虫——用于恶疮肿毒、药食中毒。

【用法用量】 内服,制霜入丸散服,0.5~1g。外用适量。

【使用注意】 体虚及孕妇忌用。

小结 泻下药具有导泻通便、促进肠内容物排出的功效,根据其作用特点分为攻下药、润下药和峻下逐水药三类。

攻下药苦寒沉降,具有较强的泻下通便作用,主要用于大便秘结、胃肠积滞、实热内结及水肿停饮等里实热证。大黄、芒硝均具苦寒泻热通便之功,能峻下热结,泻火消肿,

小结

治实热积滞、大便燥结之阳明腑实证多相须为用。然大黄苦寒清降较甚,善泻胃肠实热积滞,且入血分,既能泻血分实热,又可活血化瘀;还可内服外用治疗痈肿疮毒,水火烫伤。芒硝则咸寒,泻下软坚,宜于燥屎坚结难下或热结旁流者,外用可治痈肿、疮毒、目赤肿痛、喉痹口疮及回乳。番泻叶、芦荟均性寒而善泻下通便,治热结便秘。番泻叶泻下力强而效速,主治热结便秘;又能行水消胀以治腹水臌胀。芦荟则善清泻肝火,杀虫疗疳,为治疗热结便秘、肝火眩晕、惊痫抽搐及小儿疳积常用之品。

润下药富含油脂,具有润肠通便之功,多用于肠燥便秘证。火麻仁、郁李仁、松子仁均为植物种仁,甘平质润,润肠通便,凡年老、体弱、久病及妇女经期、胎前产后血虚津枯肠燥便秘均可应用。然火麻仁甘润兼能补虚,津血不足肠燥便秘用之颇宜。郁李仁质润苦降,又可下气利尿,长于治气滞津少肠燥便秘,治水肿、脚气兼便秘者尤佳。松子仁质润气香,除治津枯肠燥便秘外,又能润肺止咳。

峻下逐水药大多苦寒有毒,峻下逐水,药力峻猛,能引起剧烈腹泻,适用于水肿、臌胀、胸胁停饮等证。其中,甘遂、京大戟、芫花均能泻水逐饮,治水肿、臌胀及胸胁停饮常相须为用。药力以甘遂最雄,毒性以芫花最烈。甘遂、京大戟还能消肿散结;芫花还能祛痰止咳,外用则可杀虫疗癣,治头疮、顽癣。巴豆、千金子均性温热有毒,可峻下逐水,治水肿、臌胀。然巴豆性热而力强,善泻下冷积,又祛痰利咽,外用可蚀疮去腐。而千金子药力、毒性较巴豆缓和,内服能治癥瘕、经闭;外用可治疮毒顽癣,毒蛇咬伤。又牵牛子、商陆均苦寒有毒,善泻下逐水,使水湿之邪从二便而出,治水肿、臌胀、二便不利,其泻下逐水之力虽不及甘遂、京大戟、芫花峻猛,但仍属峻下之剂。

目标检测

一、单项选择题

1. 既能泻下攻积,又能活血祛瘀的药物是 ( )
   A. 芒硝　　　B. 芦荟　　　C. 大黄　　　D. 番泻叶　　　E. 商陆
2. 下列哪项不是大黄的主治证 ( )
   A. 热结便秘　B. 寒积便秘　C. 食积停滞　D. 湿热泻痢初起　E. 阴虚肠燥便秘
3. 下列哪项不是大黄的功能 ( )
   A. 泻下攻积　B. 软坚润燥　C. 活血祛瘀　D. 止血解毒　E. 清热泻火
4. 既泻热通便又软坚润燥的药物是 ( )
   A. 大黄　　　B. 芒硝　　　C. 酒大黄　　　D. 番泻叶　　　E. 郁李仁
5. 入汤剂宜冲服的药物是 ( )
   A. 大黄　　　B. 甘遂　　　C. 芒硝　　　D. 巴豆霜　　　E. 番泻叶
6. 既可泻下,又能清肝的药物是 ( )
   A. 夏枯草　　B. 芒硝　　　C. 龙胆草　　　D. 番泻叶　　　E. 芦荟
7. 既润肠通便,又兼补虚的药物是 ( )
   A. 火麻仁　　B. 郁李仁　　C. 杏仁　　　D. 桃仁　　　E. 冬瓜仁
8. 既能润肠通便,又能利水的药物是 ( )
   A. 火麻仁　　B. 山栀子　　C. 苦杏仁　　　D. 郁李仁　　　E. 干地黄

9. 内服应入丸散的药物是 （　　）
   A. 大黄　　B. 甘遂　　C. 芒硝　　D. 大戟　　E. 芫花
10. 既泄水逐饮,又消肿散结的药物是 （　　）
    A. 牵牛子　B. 巴豆　　C. 芒硝　　D. 芦荟　　E. 京大戟
11. 下列哪项不是牵牛子的功能 （　　）
    A. 泻下　　B. 逐水　　C. 消积　　D. 活血　　E. 杀虫
12. 下列哪项不是巴豆的功能 （　　）
    A. 峻下冷积　B. 蚀疮去腐　C. 祛痰利咽　D. 润燥软坚　E. 逐水退肿
13. 辛热有大毒的药物是 （　　）
    A. 巴豆　　B. 千金子　C. 牵牛子　D. 芫花　　E. 番泻叶
14. 既泻下逐水,又破血逐瘀的药物是 （　　）
    A. 芒硝　　B. 巴豆　　C. 牵牛子　D. 千金子　E. 芫花
15. 攻下药性味多为 （　　）
    A. 甘寒　　B. 苦寒　　C. 辛寒　　D. 咸寒　　E. 酸寒
16. 能增强大黄活血作用的炮制方法是 （　　）
    A. 醋制　　B. 炒炭　　C. 酒制　　D. 蜜制　　E. 姜制
17. 能泻热通便、清热解毒、泻火止血的药物是 （　　）
    A. 大黄　　B. 芒硝　　C. 芦荟　　D. 巴豆　　E. 番泻叶
18. 主要成分为硫酸钠的药物是 （　　）
    A. 芒硝　　B. 石膏　　C. 火硝　　D. 白矾　　E. 皂矾

二、填空题

1. 泻下药分为_____、_____、_____三类。
2. 大黄生用_____力较强,久煎则减缓其_____作用。
3. 大黄善活血祛瘀,妇女在妊娠期、_____、_____应忌用或慎用。
4. 番泻叶主治_____、_____之证。
5. 芦荟除泻下作用外,还有_____、_____作用。
6. 峻下逐水药中醋制能减毒的药物有_____、_____、_____、_____四药。
7. 反干草的峻下逐水药有_____、_____及芫花。
8. 辛热有毒,能峻下冷积、逐水退肿、祛痰利咽的药物是_____。

三、问答题

1. 何谓泻下药? 分哪几类? 其主要适应证有哪些?
2. 用泻下药应注意些什么?
3. 比较大黄与芒硝,火麻仁与郁李仁,甘遂、京大戟与芫花功效及适应证之异同,临床应如何区别应用?
4. 简述大黄、甘遂、巴豆的功效与适应证。
5. 峻下逐水药毒性较强,使用时如何保证用药安全?

（徐　刚　张　冰）

第9章　祛风湿药

1. 掌握祛风湿药的含义、分类及使用注意
2. 掌握独活、威灵仙、木瓜、白花蛇、五加皮、桑寄生、续断、秦艽的性味、功效、应用、配伍、用法用量及使用注意
3. 熟悉蚕砂、臭梧桐、豨莶草、徐长卿、桑枝、马钱子、乌梢蛇、狗脊、防己、络石藤的功效、应用、用法用量及使用注意

【含义】　凡以祛除风湿、解除痹痛为主要作用的药物,称祛风湿药。

【分类及适应证】
1) 祛风除湿通络药。味多辛苦,具有祛风湿止痛、舒筋通络等作用,适应于风湿痹痛证。
2) 祛风除湿壮骨药。性味多苦甘温,具有祛风湿、补肝肾、强筋骨等作用,适用于:①风湿日久累及肝肾所致的腰膝酸软无力、疼痛等风湿痹证;②肾虚腰痛、骨痿及中风后遗半身不遂等证。
3) 清热祛风除湿药。性味多辛苦寒,具有祛风胜湿、清热消肿等作用,适用于风湿热痹、关节红肿热痛等证。

【使用注意】
1) 注意体质。性多温燥,易耗伤阴血,阴虚血亏者应慎用。
2) 注意疗程。痹证迁延日久,应作酒剂或丸剂常服。

第1节　祛风除湿通络药

【来源】　本品为伞形科多年生草本重齿毛当归 Angelica pubescens Maxim.f. biserrata Shan et Yuan 的干燥根。

【处方用名】　独活　香独活　川独活　大活
【性味归经】　辛、苦,温。归肾、膀胱经。
【功效应用】

祛风湿,止痹痛——{特点:善祛风湿、散寒止痛。
　　　　　　　　　应用:风寒湿痹痛。

发汗解表——{特点:辛温发散风寒。
　　　　　　应用:①风寒表证或风寒夹湿证;②头风头痛。

【配伍应用】
独活配羌活、防风:发散风寒,除湿止痛,用于风寒表证或风寒表证夹湿。

【鉴别应用】

独活与羌活：两药性味辛苦温。均能祛风湿，止痹痛，祛风解表：用于风寒湿痹痛，风寒表证夹湿者。其中独活性善下行，尤以腰膝、腿足关节疼痛属下部寒湿重者为宜；而羌活气雄而散，发表力强，主散太阳经风邪及寒湿之邪，且作用部位偏上，故善治腰以上风寒湿痹，尤以肩背肢节疼痛者佳。

【用法用量】 水煎服，3~10g。

【使用注意】

1）注意体质。气血亏虚者慎用。
2）注意禁忌病证。内风证忌用。

独活与羌活

独活、羌活，古时不分。《神农本草经》只有独活，并谓独活一名羌活。陶弘景虽言"羌活形细而多节……气息极猛烈……独活色微白而形虚……"，但临床应用却仍合为一种。自宋元以后，本草记载及临床应用才将羌活从独活中分出，别列一条。

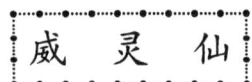

【来源】 本品为毛茛科草质藤本威灵仙 Clematis chinensis Osbeck、棉团铁线莲 Clematis hexapetala Pall.或东北铁线莲 Clematis manshurica Rupr.的干燥根及根茎。

【处方用名】 威灵仙　灵仙　铁脚威灵仙

【性味归经】 辛、咸，温。归膀胱经。

【功效应用】

祛风湿，通经络——{特点：善祛风湿、通经络而止痛。
　　　　　　　　　应用：风湿痹痛，拘挛麻木，瘫痪。

消痰水——用于痰饮积聚。

治骨鲠——用于诸骨鲠喉。

【用法用量】 水煎服，6~10g。

【使用注意】 注意体质。体弱及气血亏虚者慎用。

【来源】 本品为蔷薇科落叶灌木贴梗海棠 Chaenomeles speciosa（Sweet）Nakai 和木瓜（榠楂）Cnaenomeles sinensis（Thouin）Koehne 的干燥近成熟果实。前者习称"皱皮木瓜"，后者习称"光皮木瓜"。

【处方用名】 木瓜　宣木瓜　川木瓜　皱皮木瓜　光皮木瓜

【性味归经】 酸，温。归肝、肾经。

【功效应用】

祛风除湿　　{特点：善舒筋活络、祛湿除痹。
舒筋活络　　 应用：①风湿痹痛，筋脉拘挛；②脚气肿痛。

化湿和胃——{特点：能除湿和中，舒筋活络。
　　　　　　 应用：湿浊内阻之吐泻转筋、腹痛。

消食生津——用于津伤口渴、消化不良。
【配伍应用】
木瓜配乳香、没药:舒筋活络,活血止痛,用于筋急项强,不可转侧等。
木瓜配吴茱萸、小茴香:化湿和中,缓急止痛,用于吐泻转筋。
【用法用量】 水煎服,6~10g。
【使用注意】 注意禁忌病证。胃酸过多者忌用。

【来源】 本品为蝰蛇科动物五步蛇 *Agkistrodon acutus*(Güenther)除去内脏的干燥全体。
【处方用名】 白花蛇 五步蛇 蕲蛇 大白花蛇 蕲蛇肉
【性味归经】 甘、咸,温。有毒。归肝经。
【功效应用】

祛风通络——⎰特点:善走窜,搜风力强。
　　　　　　⎱应用:①风湿顽痹;②中风之口眼㖞斜,半身不遂。

祛风止痒——⎰特点:善祛风止痒,并兼以毒攻毒。
　　　　　　⎱应用:麻风,疥癣,皮肤瘙痒等。

祛风定惊止痉——用于小儿急慢惊风,破伤风。
【配伍应用】
白花蛇配全蝎、天麻:祛风通络,止痛止痒,用于风湿顽痹,口眼㖞斜,半身不遂等。
【鉴别应用】
白花蛇与金钱白花蛇。金钱白花蛇系眼镜蛇科银环蛇 *Bungarus multicinctus* Blyth 的干燥幼蛇。性味、归经、功效、应用与蕲蛇相似而力较强,但用量稍轻。多研末服,每次 0.5g。亦可浸酒服。
【用法用量】 水煎服,3~9g;研末服,每次 1~1.5g。
【使用注意】
1)注意禁忌病证。阴虚血热者忌用。
2)注意不良反应。有毒。

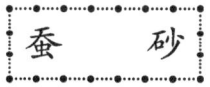

【来源】 本品为蚕蛾科昆虫家蚕 *Bombyx mori* Linnaeus 幼虫的干燥粪便。
【处方用名】 蚕砂 蚕矢 原蚕砂 晚蚕砂
【性味归经】 甘、辛,温。归肝、脾、胃经。
【功效应用】

祛风除湿,舒筋活络——⎰特点:善祛风湿,舒筋而缓急,作用温和。
　　　　　　　　　　　⎱应用:风湿痹证,筋骨疼痛,关节拘挛者。

化湿和中——⎰特点:能除湿和中,舒筋活络。
　　　　　　⎱应用:湿浊内阻之吐泻转筋。

祛风止痒——用于风疹、湿疹瘙痒。
【配伍应用】
蚕砂配木瓜、吴茱萸:除湿和中,舒筋活络,用于湿浊内阻之吐泻转筋。

【用法用量】 入汤剂,5~15g,包煎。外用适量。

臭 梧 桐

【来源】 本品为马鞭草科落叶灌木或小乔木海州常山 Clerodendron trichotomum Thumb. 的干燥叶。

【处方用名】 臭梧桐　八角梧桐　矮梧桐

【性味归经】 辛、苦,凉。归肝经。

【功效应用】

祛风除湿,通络止痛——用于风湿痹痛,肢体麻木,半身不遂。

降压——用于高血压肢体麻木。

【用法用量】 水煎服,5~15g。用于降压不宜高温久煎。外用适量。

> 臭梧桐水煎剂和水浸剂有镇静、镇痛和明显降血压作用。

豨 莶 草

【来源】 本品为菊科一年生草本豨莶 *Siegesbeckia orientalis* L.、腺梗豨莶 *Siegesbeckia pubescens* Makino 或毛梗豨莶 *Siegesbeckia glabrescens* Makino 的干燥地上部分。

【处方用名】 豨莶草　豨莶

【性味归经】 苦、辛,寒。归肝、肾经。

【功效应用】

祛风除湿,通经活络——特点:善祛筋骨间风湿而通痹止痛。
　　　　　　　　　　应用:①风湿痹痛;②中风半身不遂或脚弱无力。

清热解毒——特点:能清热解毒、祛风湿而止痒。
　　　　　　应用:①疮疡肿毒;②湿疹瘙痒。

【配伍应用】

豨莶草配臭梧桐:祛风除湿,清热通络,用于湿热痹痛。

【用法用量】 水煎服,9~12g。

徐 长 卿

【来源】 本品为萝藦科多年生草本徐长卿 *Cynanchum paniculatum* (Bge.) Kitag. 的干燥根及根茎。

【处方用名】 徐长卿　寮刁竹

【性味归经】 辛,温。归肝、胃经。

【功效应用】

祛风通络,活血止痛——特点:辛香行散温通,止痛为长。
　　　　　　　　　　应用:①风湿痹痛;②跌打损伤;③其他各种痛证。

祛风止痒——用于风疹,湿疹,顽癣。
解蛇毒——用于毒蛇咬伤。
【用法用量】 水煎服,或浸酒服,3~12g,后下。
【使用注意】 本品辛香发散,入汤剂不宜久煎。

【来源】 本品为桑科落叶乔木桑 Morus alba L.的干燥嫩枝。
【处方用名】 桑枝 嫩桑枝 双枝 炒桑枝
【性味归经】 苦,平。归肝经。
【功效应用】

祛风通络——{特点:善祛风通络而利关节。
              应用:风湿痹痛,四肢拘挛。
行水消肿——用于水肿,脚气浮肿。
【用法用量】 水煎服,9~15g。

【来源】 本品为马钱科常绿乔木马钱 Strychnos nux-vomica L.的干燥成熟种子。
【处方用名】 马钱子 番木鳖 马前 生马钱 制马钱
【性味归经】 苦,寒。有大毒。归肝、脾经。
【功效应用】

通络止痛,散结消肿——{特点:通络止痛力强。
                      应用:①风湿痹痛;②跌打肿痛;③痈疮肿毒。
【用法用量】 入丸散服,0.3~0.6g。外用适量,研末调涂。
【使用注意】
1) 注意炮制品。内服一般用制马钱;生马钱多外用于痈疽肿痛。
2) 注意用量。内服必须严格控制用量。
3) 注意不良反应。毒性大,服用不当,可致肢体颤动、惊厥、呼吸困难,甚至昏迷等。
4) 孕妇禁用。

现代临床报道有马钱子用于癫痫、精神分裂症、再生障碍性贫血、重症肌无力、糖尿病并发末梢神经性疼痛、肌肉萎缩等疾患,并试治各种癌肿,取得一定疗效。

【来源】 本品为游蛇科动物乌梢蛇 Zaocys dhumnades(Cantor)除去内脏的干燥全体。
【处方用名】 乌梢蛇 乌蛇
【性味归经】 甘,平。归肝经。

【功效应用】

祛风通络——{ 特点:善搜风邪、通经络。
应用:风湿痹痛。 }

祛风止痒——用于麻风,疥癣,皮肤瘙痒。

定惊止痉——用于小儿急慢惊风,破伤风。

【配伍应用】

乌梢蛇配蕲蛇、蜈蚣:祛风定惊止痉力强,用于破伤风。

【用法用量】
水煎服,6~12g。研末服,2~3g。

> 《本经逢原》:"白蛇主肺脏之风,为白癜风之专药。乌蛇主肾脏之风,为紫云风之专药。两者主治悬殊,而乌蛇则性善无毒耳。"

海风藤

【来源】 本品为胡椒科常绿攀援藤本风藤 *Piper kadsura* (Choisy) Ohwi 的干燥藤茎。

【处方用名】 海风藤　风藤

【性味归经】 辛、苦,微温。归肝经。

【功效应用】

祛风湿,通经络——用于风湿痹痛,筋脉拘挛。

【用法用量】 水煎服,6~12g。

路路通

【来源】 本品为金缕梅科落叶乔木枫香树 *Liquidambar formosana* Hance 的干燥成熟果序。

【处方用名】 路路通　六通　陆通　枫果

【性味归经】 辛、苦,平。归肝、胃、膀胱经。

【功效应用】

祛风通络——用:①风湿痹痛,肢麻拘挛;②跌打损伤。

利水消肿——用于水肿,小便不利。

通经下乳——用:①经闭;②乳房胀痛,乳汁不下。

【用法用量】 水煎服,5~10g。

雷公藤

【来源】 本品为卫矛科落叶灌木雷公藤 *Tripterygium wilfordii* Hook.f.干燥根的木质部。

【处方用名】 雷公藤　黄藤根　断肠草

【性味归经】 苦、辛,寒。有大毒。归心、肝经。

【功效应用】

祛风除湿,通络止痛——{ 特点:有毒,抗风湿力强。
应用:风湿顽痹。 }

活血消肿,杀虫解毒——用于疔疮肿毒,腰带疮,麻风,顽癣。

【用法用量】 水煎服,1~3g。外用适量,捣烂或研末外敷、调擦。
【使用注意】
1) 注意用法。宜久煎(文火沸煎2小时以上)。外敷不可超过半小时,否则起泡。
2) 注意用量与使用时间。内服必须控制用量,控制用药时间。疗程中定期检查肝肾功能等。
3) 注意不良反应。毒性大,服用不当,可致恶心呕吐、心悸等。
4) 注意体质。体虚者忌用。
5) 孕妇禁用。

> 现代临床报道雷公藤有用于慢性肾炎、红斑狼疮、过敏性紫癜、重型支气管哮喘、眼口干燥综合征、多发性硬化、类风湿关节炎、白塞病等疾患。
> 临床可见雷公藤的副作用有消化道反应、皮黏膜反应、月经紊乱、肝功能异常、血液白细胞减少、心慌、心电图异常等。

第2节 祛风除湿壮骨药

五 加 皮

【来源】 本品为五加科落叶小灌木细柱五加 Acanthopanax gracilistylus W. W. Smith 的干燥根皮。

【处方用名】 五加皮　南五加皮　南五加

【性味归经】 辛、苦,温。归肝、肾经。

【功效应用】

祛风湿,强筋骨——{特点:善祛风除湿,兼温补肝肾。
　　　　　　　　{应用:①风湿痹痛;②腰膝软弱,小儿行迟。

利尿——用于水肿,脚气浮肿。

【配伍应用】
五加皮配茯苓皮、陈皮、大腹皮:行气化湿,利水消肿,用于水肿。

【鉴别应用】
鉴别五加皮、刺五加与香加皮,考古代本草所载的五加皮,均源于五加科植物。除上述的细柱五加 Acanthopanax gracilistylus W. W. Smit 外,同属的无梗五加 Acanthopanax sessiliflorus (Rupr.et Maxim.) Seem.、刺五加 Acanthopanax senticosus (Rupr.et Maxim.) Harms.、糙叶五加 Acanthopanax henryi (Oliv.) Harms.等的根皮,亦作五加皮用,习称"南五加"。《中国药典》除将五加皮定种为细柱五加外,又将刺五加从中分出,并定名为刺五加。另有"北五加",在近代被北方地区习用,其为萝摩科植物杠柳 Periploca sepium Bge.的根皮,《中国药典》将其定为香加皮。

【用法用量】 水煎服,5~10g。
【使用注意】 注意体质。阴虚火旺、舌干口苦者忌服。

【来源】 本品为桑寄生科常绿小灌木桑寄生 Taxillus chinensis（DC.）Danser 的干燥带叶茎枝。

【处方用名】 桑寄生　桑上寄生　广寄生

【性味归经】 苦、甘,平。归肝、肾经。

【功效应用】

祛风湿,益肝肾,强筋骨——{特点:祛风湿,益肝肾力强。
　　　　　　　　　　　　应用:风湿痹痛,腰膝酸软等。

安胎——用于肝肾不足,胎漏下血,胎动不安。

【配伍应用】

桑寄生配独活、杜仲:祛风除湿,补益肝肾,用于风湿日久,腰膝酸软无力、疼痛等。

【鉴别应用】

桑寄生与五加皮,两药均具苦味,均能祛风湿,补肝肾,强筋骨,用于风湿痹痛,腰膝酸痛,筋骨无力等证。其中桑寄生尚具甘味,性平,兼能养血安胎,用于胎漏下血,胎动不安。而五加皮尚具辛味性温,温补通络止痛作用较强,亦治小儿行迟;兼能利尿,用于水肿、小便不利之证。

【用法用量】 水煎服,9~15g。

【来源】 本品为川续断科多年生草本川续断 Dipsacus asperoides C.Y. Cheng et T.M. Ai 的干燥根。

【处方用名】 续断　川断　接骨草

【性味归经】 苦、甘、辛,微温。归肝、肾经。

【功效应用】

祛风湿,益肝肾,强筋骨——{特点:益肝肾、强筋骨力强。
　　　　　　　　　　　　应用:①风湿痹痛,筋挛骨痛;②腰膝酸痛,软弱无力。

疗伤续折——用于跌仆损伤,骨折肿痛等。

止血安胎——用于胎漏下血,胎动不安。

【配伍应用】

续断配杜仲、牛膝:补肝肾、强筋骨,用于腰膝酸痛,软弱无力。

续断配骨碎补、自然铜、土鳖虫:活血疗伤,消肿止痛,用于跌仆损伤,骨折肿痛。

续断配杜仲、桑寄生、菟丝子:补肝肾,安胎,用于胎漏下血,胎动不安。

【用法用量】 水煎服,9~15g。外用适量研末敷。

狗　脊

【来源】 本品为蚌壳蕨科多年生草本金毛狗脊 Cibotium barometz（L.）J. Sm. 的干燥根茎。

【处方用名】 狗脊　金毛狗脊　毛狗

【性味归经】 苦、甘,温。归肝、肾经。

【功效应用】

祛风湿,补肝肾,强腰膝——{特点:善祛腰脊之风寒湿,又补肝肾。
应用:①风湿腰痛脊强;②肾虚腰膝软弱。

补肾固涩——用于肾虚尿频,遗尿,白带过多等。

【配伍应用】

狗脊配独活、桑寄生、五加皮:增强祛风湿、强筋骨之功,用于风湿兼肾虚之腰痛脊强。

狗脊配山药、益智仁、桑螵蛸:补肾固涩止带,用于肾虚尿频,遗尿,白带过多。

【用法用量】 水煎服,6~12g。

【来源】 本品为天南星科多年生草本千年健 Homalomena occulta（Lour.）Schott 的干燥根茎。

【处方用名】 千年健 千年见 年见

【性味归经】 苦、辛,温。归肝、肾经。

【功效应用】

祛风湿,强筋骨,止痹痛——{特点:善祛风湿、强筋骨。
应用:风湿痹痛,筋骨无力。

【配伍应用】

狗脊配桑寄生、枸杞子、牛膝:祛风湿,补肝肾,强筋骨,用于肝肾亏虚之筋骨无力。

【用法用量】 水煎服,或浸酒服,5~10g。

第3节 清热祛风除湿药

【来源】 本品为龙胆科多年生草本秦艽 Gentiana macrophylla Pall.、麻花秦艽 Gentiana. straminea Maxim.、粗茎秦艽 Gentiana. crassicaulis Duthie ex Burk.或小秦艽 Gentiana. dahurica Fisch.的干燥根。

【处方用名】 秦艽 西秦艽 川秦艽 麻花艽 小秦艽

【性味归经】 苦、辛,微寒。归胃、肝、胆经。

【功效应用】

祛风湿,舒筋络——{特点:善舒筋络而利关节、止痹痛,性微寒而兼清热。
应用:风湿痹痛,筋脉拘挛,中风手足不遂。

退虚热——用于骨蒸潮热,小儿疳热。

清湿热——用于湿热黄疸。

【配伍应用】

秦艽配忍冬藤、虎杖、黄柏:祛风除湿,清热止痹,用于风湿热痹之关节红肿热痛。

秦艽配知母、地骨皮、鳖甲:退虚热,除骨蒸,用于骨蒸潮热,小儿疳热。

秦艽配茵陈蒿、栀子、虎杖:清利湿热,退黄疸,用于湿热黄疸。

【用法用量】 水煎服,3~10g。

【使用注意】 不宜久煎。

防　己

【来源】　本品为防己科木质藤本粉防己(汉防己)Stephania tetrandra S.Moore 的干燥根。

【处方用名】　防己　汉防己　粉防己

【性味归经】　苦、辛,寒。归膀胱、肾、脾经。

【功效应用】

祛风湿,止痛——{特点:善祛风除湿、清热止痛。
　　　　　　　　应用:风湿痹证。

利水消肿——用于水肿,小便不利,脚气肿痛。

【配伍应用】

防己配薏苡仁、滑石、蚕沙:增强清热除痹之功,用于热痹之骨节烦痛、屈伸不利。

防己配黄芪、白术:利水消肿,益气健脾,用于气虚水肿。

【用法用量】　水煎服,5~10g。

【使用注意】

1) 注意用法。

2) 注意不良反应。不宜大量或长期服用。

3) 注意禁忌病证。肾病患者忌服。

4) 注意体质。阴虚体弱、脾胃虚汗者慎用。

防己品种简介

防己自古分汉防己与粉防己两大类。历史上最早使用的防己,是马兜铃科植物汉中防己(即异叶马兜铃)Aristolochia heterophylla Hemsl.。现时所用的"汉防己",极大多数为防己科的粉防己(即石蟾蜍)Stephania tetrandra S.Moore。商品名"木防己"者,实际上至少包括三个不同的植物来源在内,其中马兜铃科的广防己 Aristolochia. fangchi Y.C.Wu ex L.D.Chow et S.M.Hwang 已不再使用;以防己科的木防己 Cocculus orbiculatus（L.）DC.代用。

络　石　藤

【来源】　本品为夹竹桃科常绿木质藤本络石 Trachelospermum jasminoides（Lindi.）Lem.的干燥带叶藤茎。

【处方用名】　络石藤　络石　络石屯　爬山虎

【性味归经】　苦,微寒。归心、肝经。

【功效应用】

祛风通络——用于风湿痹痛,筋脉拘挛。

凉血消肿——用于喉痹,疮肿。

【配伍应用】

络石藤配忍冬藤、桑枝:祛风除湿,清热止痛,用于风湿热痹及筋脉拘挛兼热者。

【用法用量】　水煎服,6~12g。

小结

祛风湿药主要应用于风湿痹证患者，临床应用将其分为三类，即祛风除湿通络药、祛风除湿壮骨药和清热祛风除湿药。

祛风除湿通络药中的独活主散在里之伏风及寒湿而通利关节止痛，主治腰以下风寒湿痹及少阴伏风头痛。威灵仙性偏温而能祛风湿、通经络，善治风湿痹痛、拘挛麻木等，兼寒者尤宜。木瓜、蚕砂均性温，能除湿和中，治痹痛及吐泻转筋。白花蛇、乌梢蛇均善祛风通络、止痒、定惊止痉，然白花蛇性温有毒力强，久痹顽癣及麻风多用；乌梢蛇则性平无毒力缓，风痹癣痒多用。豨莶草、臭梧桐均能祛风湿、通经络、降血压，兼止痒。徐长卿性温，善祛风通络，兼活血散寒，止痛力强，最宜痹痛兼寒者。桑枝性平，药力缓和。能祛风湿、通经络，治痹证拘挛无论寒热皆宜。马钱子通络止痛力强，治风湿痹痛、跌打肿痛效佳。

祛风除湿壮骨药中的五加皮、桑寄生均性温而归肝肾经，均能祛风湿、补肝肾、强筋骨，善治风湿痹痛兼肝肾不足腰膝酸软者。续断益肝肾、强筋骨力强，并能疗伤续折，善治跌仆损伤，骨折肿痛。狗脊最善治腰脊强痛俯仰不利者。

清热祛风除湿药中的秦艽、络石藤均性微寒，治风湿热痹或痹证兼热者。秦艽药力平和，又长于舒经络；还退虚热、清利湿热。而络石藤味苦，清泄力较强，又能凉血消肿，最善治热痹红肿。防己既能祛风湿、止痛，又能利水消肿，最善治风湿热痹，并治水肿、小便不利及脚气浮肿。

目标检测

一、单项选择题

1. 独活的功效是 （　　）
   A. 祛风湿,止痹痛,解表　　B. 祛风湿,止痹痛,消骨鲠　　C. 祛风除湿,散寒止痛
   D. 祛风除湿,活血通络　　E. 祛风湿,止痹痛,利尿

2. 蕲蛇的功效是 （　　）
   A. 祛风除湿,散寒止痛　　B. 祛风通络,定惊止痉　　C. 祛风除湿,活血通络
   D. 祛风通络,利水　　E. 祛风通络,下乳

3. 木瓜的功效是 （　　）
   A. 舒筋活络,除湿和胃　　B. 祛风除湿,活血通络　　C. 祛风通络,定惊止痉
   D. 祛风除湿,散寒止痛　　E. 祛风通络,止泻痢

4. 既能治风湿痹痛,又能治胎漏下血,胎动不安的药物是 （　　）
   A. 五加皮　　B. 桑枝　　C. 桑寄生　　D. 狗脊　　E. 千年健

5. 威灵仙的功效是 （　　）
   A. 祛风湿,止痹痛,消骨鲠　　B. 祛风湿,通经络,消骨鲠　　C. 祛风湿,利水,下乳
   D. 祛风湿,止痹痛,解表　　E. 祛风除湿,消骨鲠

6. 络石藤的功效是 （　　）
   A. 祛风通络,杀虫止痒　　B. 祛风除湿,凉血消肿　　C. 祛风通络,凉血消肿
   D. 祛风除湿,清肺化痰　　E. 祛风湿,解毒化痰

二、填空题

1. 络石藤的功效是_____,_____。
2. 治疗风邪盛的行痹,最宜配伍_____药用；治疗湿邪偏重的着痹,宜配伍_____药用。

3. 乌梢蛇的功效是_____，_____。
4. 秦艽的功效是_____，_____等。
5. 独活具有_____、_____等功效。
6. 木瓜具有_____、_____等功效。

三、问答题

1. 分述威灵仙、独活的性味、功效及应用。
2. 试比较五加皮与桑寄生,羌活与独活的功效及主治的异同。
3. 试述白花蛇的性味、功效及应用。
4. 试比较秦艽与防己在功效及主治方面的异同。
5. 试比较独活与威灵仙的性味、功效及应用有何异同?

（吴庆光　张　冰）

第10章　芳香化湿药

1. 掌握化湿药的含义、分类及使用注意
2. 掌握苍术、厚朴、藿香、砂仁的性味、功效、应用、配伍、用法用量及使用注意
3. 熟悉白豆蔻、佩兰的功效、应用、用法用量及使用注意

【含义】　凡气味芳香，性偏温燥，具有化湿运脾作用的药物，称为芳香化湿药，简称化湿药。

【功效及适应证】　芳香化湿药，味皆辛，气芳香，性温燥，具有化湿运脾作用，适应于：湿阻中焦证，症见脘腹痞满、呕吐泛酸、大便溏薄、食少体倦、口甘多涎、舌苔白腻等。此外，部分药物有芳香解暑之功，可用于湿温、暑湿等证。

【使用注意】

1）注意用法。气味芳香，多含挥发油类有效成分，故入煎剂宜后下或不宜久煎，以免降低药效。

2）注意体质。多属辛香温燥之品，易耗气伤阴，故阴虚血燥及气虚者宜慎用。

【来源】　本品为菊科多年生草本茅苍术 Atractylodes lancea（Thunb.）DC. 或北苍术 Atractylodes chinensis（DC.）Koidz 的干燥根茎。

【处方用名】　苍术　茅苍术　北苍术　麸苍术　炒苍术

【性味归经】　辛、苦，温。归脾、胃经。

【功效应用】

燥湿健脾——｛特点：燥湿健脾力强。
　　　　　　　应用：①湿滞中焦证；②水湿、痰饮内停或湿热内蕴所致诸证。

祛散风湿——用于风湿痹痛。

发汗解表——用于外感夹湿证。

明目——用于夜盲症及眼目昏涩。

【配伍应用】

苍术配厚朴、橘皮：燥湿健脾，用于湿滞中焦证。

苍术配黄柏：清湿热，止痹痛，用于湿热下注。

【用法用量】　水煎服，3～9g。

【使用注意】

1）注意炮制品。生用燥性强，炒用燥性稍减。

2）注意禁忌病证。阴虚内热、气虚多汗者忌用。

现代临床报道苍术有用于小儿佝偻病、窦性心动过速、胃下垂、痛风病等疾患。

厚　朴

【来源】　本品为木兰科落叶乔木厚朴 *Magnolia officinalis* Rehd.et Wils.或凹叶厚朴 *Magnolia officinalis* Rehd.et Wils. var. *biloba* Rebd.et Wils.的干燥干皮、根皮及枝皮。

【处方用名】　厚朴　川朴　烈朴　赤朴　姜厚朴

【性味归经】　苦、辛,温。归脾、胃、肺、大肠经。

【功效应用】

燥湿,行气——{特点:为消除湿滞痞满之要药。
　　　　　　　应用:湿滞中焦证。

消积导滞——用于食积气滞,腹胀便秘。

下气平喘——用于痰饮喘咳。

【配伍应用】

厚朴配苍术、橘皮:燥湿健脾,用于湿滞中焦证。

厚朴配大黄、芒硝、枳实:峻下热结、消积导滞,用于热结肠胃之大便燥坚难下者。

厚朴配苏子、橘皮:燥湿化痰,下气平喘,用于痰湿内阻之胸闷喘咳、痰多清稀者。

【用法用量】　水煎服,3~10g。

【使用注意】　注意体质。体虚及孕妇慎用。

广　藿　香

【来源】　本品为唇形科多年生草本广藿香 *Pogostemon cablin*（Blanco）Benth.的干燥地上部分。

【处方用名】　藿香　广藿香

【性味归经】　辛,微温。归脾、胃、肺经。

【功效应用】

芳香化湿——{特点:善芳化湿浊、醒脾健胃。
　　　　　　　应用:湿滞中焦证。

发表解暑——{特点:解暑,又兼发表。
　　　　　　　应用:暑湿证及湿温证初起。

和中止呕——用于湿浊中阻之呕吐。

【配伍应用】

藿香配苍术、厚朴:芳香化湿,燥湿健脾,用于湿滞中焦证。

藿香配紫苏、厚朴、半夏:化湿解暑,又兼发表,用于暑月外感风寒、内伤生冷之恶寒发热、头痛脘闷、呕恶吐泻。

藿香配半夏:化湿和中,降逆止呕,用于湿浊中阻之呕吐。

【鉴别用药】

藿香与佩兰,两药均味辛,气芳香。均能芳香化湿,治湿滞中焦证;解暑,治湿证及湿温证初起。其中藿香性微温,气味较芳香,化湿和中之力较强,并能发散风寒,治外感风寒,内伤湿滞之证;和中止呕,治湿浊中阻所致之呕吐,亦用于妊娠呕吐等。而佩兰性平和,气清香,尤善解暑辟浊;并善于祛除中焦秽浊陈腐之气,为治脾经湿热,口中甜腻、多涎、口臭之良药。

【用法用量】 水煎服,3~10g。

【使用注意】

1) 注意禁忌病证。

2) 阴虚火旺者忌用。

砂 仁

【来源】 本品为姜科多年生草本阳春砂 Amomum villosum Lour.、海南砂 Amomum. longiligulare T. L.Wu 或绿壳砂 Amomum. villosum Lour. var. xanthioides T. L. Wu. et Senjen 的干燥成熟果实。

【处方用名】 砂仁　春砂仁　阳春砂　缩砂仁

【性味归经】 辛,温。归脾、胃经。

【功效应用】

芳香化湿,行气──{特点:善化湿醒脾、行气温中。
　　　　　　　　　应用:①湿滞中焦证;②脾胃气滞证。

温脾止泻──用于脾胃虚寒之呕吐、泄泻。

行气安胎──用于妊娠气滞恶阻及胎动不安。

【配伍应用】

砂仁配木香、人参、白术:化湿行气,益气健脾,用于脾气虚弱,湿阻气滞者。

砂仁配干姜、附子、白术:温脾散寒止泻,用于脾胃虚寒之呕吐、泄泻。

【用法用量】 水煎服,宜后下,3~6g。

【使用注意】

1) 脾虚有热者忌服。

2) 不宜久煎。

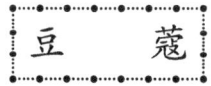

豆 蔻

【来源】 本品为姜科多年生草本白豆蔻 Amomun kravanh Pierre ex Gagnep.的干燥成熟果实。

【处方用名】 白豆蔻　豆蔻

【性味归经】 辛,温。归脾、胃、肺经。

【功效应用】

芳香化湿,行气──{特点:善化湿醒脾、行气温中。
　　　　　　　　　应用:①湿滞中焦证;②脾胃气滞证。

温中止呕──用于脾胃虚寒之呕吐。

【配伍应用】

白豆蔻配薏苡仁、杏仁:清热利湿,宣畅湿浊,用于湿温初起之胸闷不饥,舌苔浊腻者。

【用法用量】 水煎服,宜后下,3~6g。

【使用注意】

1)阴虚血燥无寒湿者忌服。

2)不宜久煎。

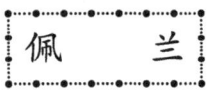

【来源】 本品为菊科多年生草本佩兰 *Eupatorium fortunei* Turcz.的干燥地上部分。

【处方用名】 佩兰　兰草

【性味归经】 辛,平。归脾、胃、肺经。

【功效应用】

芳香化湿,醒脾开胃——特点:善化湿和中,祛中焦除腐之气。
应用:①湿滞中焦证;②脾经湿热之口中甜腻、多涎、口臭等。

解暑——应用于暑湿证及湿温初起。

【配伍应用】

佩兰配藿香:芳香化湿,用于湿滞中焦证。

【用法用量】 水煎服,3~10g。

【来源】 本品为姜科多年生草本草豆蔻 *Alpinia katsumadai* Hayata 的干燥近成熟种子。

【处方用名】 草豆蔻　草蔻

【性味归经】 辛,温。归脾、胃经。

【功效应用】

燥湿行气,温中止呕——应用:①湿滞中焦证;②脾胃气滞证;③脾虚有寒夹湿之久泻。

【用法用量】 水煎服,3~6g。

【使用注意】

1)注意用法。不宜久煎。

2)注意体质。阴虚血少者忌用。

【来源】 本品为姜科多年生草本草果 *Amomum tsao-ko* Crevost et Lemaire 的干燥成熟果实。

【处方用名】 草果　草果仁　煨草果　制草果

【性味归经】 辛,温。归脾、胃经。

【功效应用】

燥湿散寒——用于寒湿中阻证。

除痰截疟——用于疟疾。

【用法用量】 水煎服,3~6g,去壳取仁捣碎用。

【使用注意】 注意体质。阴虚血少者忌用。

小结

本类药物多辛香温燥,善芳化湿浊,应用于湿阻中焦证。

藿香、佩兰均善化湿解暑,常相须为用。然藿香化湿力较强,且兼发表,又善治夏月感寒饮冷之阴寒闭暑证及表证夹湿;还能止呕,治寒湿等所致的恶心呕吐。佩兰则善治脾经湿热之口中甜腻、多涎或口苦等证。

苍术、厚朴均辛苦温燥,治湿阻中焦诸症。然苍术兼健脾,厚朴兼行气。其次,苍术能祛风湿而除痹;厚朴能消积。其三,苍术兼发表、明目;厚朴善平喘。

砂仁、白豆蔻均善化湿行气、温中止呕。然砂仁兼止泻、安胎,又善治湿滞或虚寒泄泻,以及妊娠气滞恶阻、胎动不安等证;白豆蔻则多用于湿温初起。

草豆蔻、草果均善燥湿温中散寒,治寒湿中阻诸症。然草豆蔻又兼行气、止呕。而草果又兼除痰截疟。

目标检测

一、单项选择题

1. 最善化湿解暑,又兼发表的药物是 ( )
   A. 苏叶　　B. 香薷　　C. 生姜　　D. 黄连　　E. 藿香
2. 治脾经湿热,口中甜腻、多涎、口臭的良药是 ( )
   A. 黄连　　B. 紫苏　　C. 香薷　　D. 草豆蔻　　E. 佩兰
3. 下列哪一项不是苍术的适应证 ( )
   A. 湿滞中焦证　　B. 风湿痹证　　C. 外感风寒夹湿表证　　D. 湿热黄疸　　E. 夜盲症及眼目昏涩
4. 长于行气、燥湿、消积,为消除胀满之要药是 ( )
   A. 苏梗　　B. 厚朴　　C. 砂仁　　D. 白豆蔻　　E. 草豆蔻
5. 既能燥湿行气,又能温中止呕的药物是 ( )
   A. 草豆蔻　　B. 厚朴　　C. 草果　　D. 砂仁　　E. 生姜

二、填空题

1. 使用化湿药,若脾胃虚弱者,宜配伍_____药;湿阻气滞、脘腹胀甚者,宜配伍_____药。
2. 使用化湿药,若寒湿中阻者,宜配伍_____药;若里湿化热者,宜配伍_____药。
3. 使用化湿药时,_____及_____者宜慎用。
4. 厚朴具有_____、_____等功效。
5. 藿香具有_____、_____等功效。

三、问答题

1. 何谓化湿药?其性能特点是什么?
2. 试述化湿药的功效、适应证、配伍方法及使用注意。
3. 试述苍术、砂仁的药性、功能、主治病证及使用注意。
4. 试比较藿香与佩兰、砂仁与白豆蔻的性味、功效、主治证的异同。
5. 试述苍术与厚朴的性味、功效、主治证有何异同。

(吴庆光　张　冰)

第11章 利水渗湿药

1. 了解利水渗湿药的含义、分类及使用注意
2. 掌握茯苓、薏苡仁、泽泻、车前子、木通、滑石、茵陈蒿、金钱草的性味、功效、应用、配伍、用法用量及使用注意
3. 熟悉猪苓、冬瓜皮、通草、萹蓄、瞿麦、海金沙、虎杖的功效、应用、用法用量及使用注意

【含义】 凡能通利水道,渗泄水湿,治疗水湿内停病证为主要作用的药物,称为利水渗湿药。

【分类及适应证】

1) 利水消肿药。性味多属甘淡平或微寒,具有利水消肿作用,适应于水湿内停之水肿、小便不利,以及泄泻、痰饮等证。

2) 利尿通淋药。性味多苦寒,具有利尿通淋作用,适用于小便短赤,热淋、血淋、石淋及膏淋等证。

3) 利湿退黄药。性味多苦寒,具有清热利湿、利胆退黄等作用,适用于湿热黄疸。

【使用注意】

1) 注意辨证。必须根据不同的病证选用适宜的药物。

2) 注意禁忌病证。本类药物易耗阴液,故对阴亏津少、肾虚遗精、遗尿者,宜慎用或忌用。

第1节 利水消肿药

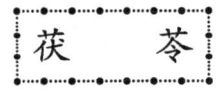

【来源】 本品为多孔菌科真菌茯苓 *Poria cocos* (Schw.) Wolf 的干燥菌核。
【处方用名】 茯苓 白茯苓 云苓 朱茯苓
【性味归经】 甘、淡,平。归心、脾、肾经。
【功效应用】

利水渗湿——{特点:利水而不伤正气。 应用:水肿、小便不利。

健脾——用于脾虚诸证。
宁心安神——用于心脾两虚之心悸、失眠。

【配伍应用】
茯苓配猪苓、泽泻:利水渗湿,用于水肿、小便不利。
茯苓配人参、白术:益气健脾利湿,用于脾胃虚弱,食少纳呆,体倦乏力,便溏等。

茯苓配酸枣仁：益心脾而宁心安神，用于心脾两虚、气血不足之心悸怔忡、健忘失眠。

【用法用量】　水煎服，10～15g。

附药

赤茯苓，为茯苓菌核近外皮部的淡红色部分。性味功用基本同茯苓，虽健脾安神较茯苓弱，但能泻热行水，多用于膀胱湿热之小便不利、淋浊、泻痢等。水煎服，10～15g。

茯神，为茯苓菌核生长中天然抱有松根者。功能宁心安神，用于心悸、失眠、健忘等症。水煎服，10～15g。

茯苓皮，为茯苓菌核的黑色外皮。性味同茯苓，功能利水消肿，用于水肿、小便不利，常配伍桑白皮、大腹皮、陈皮，如五皮饮。水煎服，10～15g。

【来源】　本品为禾本科植物薏苡 *Coix lacryma-jobi* L. var. *mayuen* (Roman.) Stapf. 的干燥成熟种仁。

【处方用名】　薏苡仁　薏仁　苡仁　米仁　苡米　炒薏苡仁　熟米仁

【性味归经】　甘、淡，微寒。归脾、胃、肺经。

【功效应用】

利水渗湿——｛特点：甘补淡渗。
　　　　　　　应用：水肿、小便不利。

健脾止泻——用于脾虚泄泻。

清热排脓——用于肺痈、肠痈。

祛湿除痹——用于湿痹筋脉拘挛。

解毒散结——用于赘疣，癌肿。

【配伍应用】

薏苡仁配白术：益气健脾利湿，用于脾胃湿盛，大便溏泄，食少乏力等。

薏苡仁配芦根：清肺排脓，用于肺痈胸痛、咳吐脓痰。

【鉴别应用】

茯苓与薏苡仁两药味甘、淡。均具利水渗湿、健脾止泻之功效。可用于水湿内停之小便不利、水肿胀满和脾虚湿盛的水湿泄泻。其中茯苓性平，作用和缓，无寒热之偏，故可用于寒热虚实各种水肿；健脾作用较强，适用于脾虚诸证；兼能宁心安神，用于心脾两虚及水气凌心之心悸、失眠。而薏苡仁性偏寒凉，清热利湿之力较强；并能清热排脓，治肺痈、肠痈；除痹，治湿痹拘挛。

【用法用量】　水煎服，10～30g。

【使用注意】　注意禁忌病证。津液不足者及孕妇慎用。

【来源】　本品为泽泻科植物泽泻 *Alisma orientalis* (Sam.) Juzep. 的干燥块茎。

【处方用名】　泽泻　建泽泻　福泽泻　炒泽泻

【性味归经】　甘、淡，寒。归肾、膀胱经。

【功效应用】

利水渗湿——用于水肿、小便不利，痰饮，泄泻。

泄热——{特点：泄肾与膀胱之热
应用：下焦湿热之黄白带下，小便淋浊。

化浊降脂——现代用于高脂血症。

【配伍应用】

泽泻配白术：健脾利水，用于水湿痰饮所致眩晕。

泽泻配木通：利水泄热，用于下焦湿热之黄白带下，小便淋浊。

泽泻配熟地、山药、牡丹皮：泻相火而保真阴，应用于肾阴不足、相火偏亢之遗精盗汗、耳鸣腰酸。

【用法用量】 水煎服，6~10g。

【使用注意】 注意禁忌病证。肾虚精滑者慎用。

> 现代临床报道泽泻有用于耳源性眩晕、原发性高血压、冠心病、室性期前收缩、高脂血症、脂肪肝、中耳积液、糖尿病等疾患。

【来源】 本品为多孔菌科真菌猪苓 Polyporus umbellatus (Pers.) Fries 的干燥菌核。

【处方用名】 猪苓　猪屎苓

【性味归经】 甘、淡，平。归肾、膀胱经。

【功效应用】

利水渗湿——{特点：有较强的利水渗湿作用。
应用：水肿，小便不利，泄泻，淋浊，带下。

【配伍应用】

猪苓配茯苓：利水渗湿力强，用于水肿，小便不利。

【用法用量】 水煎服，6~12g。

【使用注意】

1）注意禁忌病证。阴虚患者慎服。

2）无水湿者忌用。

【来源】 本品为葫芦科植物冬瓜 Benincasa hispida (Thunb.) Cogn. 的干燥外层果皮。

【处方用名】 冬瓜皮

【性味归经】 甘，微寒。归肺、小肠经。

【功效应用】

利水消肿——用于水肿，小便不利。

清热解暑——用于暑热烦渴。

【配伍应用】

冬瓜皮配西瓜皮：清热解暑，用于暑热烦渴。

【用法用量】 水煎服，9~30g。

附药

冬瓜仁,为冬瓜的种子。又称冬瓜子。性味与冬瓜皮同。功能清肺化痰,利湿排脓。用于肺热咳嗽、肺痈、肠痈、带下、白浊等。治肺痈,配苇茎、桃仁,如苇茎汤;治肠痈初起,配大黄、牡丹皮等同用,如大黄牡丹皮汤。水煎服,10~15g。

第2节 利尿通淋药

【来源】 本品为车前科植物车前 *Plantago asiatica* L. 或平车前 *Plantago depressa* Willd. 的干燥成熟种子。

【处方用名】 车前子 炒车前子 盐车前子

【性味归经】 甘,寒。归肾、肝、肺经。

【功效应用】

利尿通淋——{特点:甘而滑利,气寒清热,性专降泄。
             应用:①湿热下注,小便淋沥涩痛;②水肿、小便不利。

渗湿止泻——{特点:利水湿,分清浊而止泻。
             应用:暑湿泄泻。

清肝明目——应用:①肝经风热所致目赤肿痛;②肝肾不足所致目暗昏花。

清肺化痰——用于肺热咳嗽痰多。

【配伍应用】

车前子配木通、滑石:清热,利尿通淋,用于湿热下注,小便淋沥涩痛。

车前子配白术:健脾止泻,用于脾虚泄泻。

车前子配熟地黄:补肝肾,泄热明目,用于肝肾不足所致目暗昏花。

【用法用量】 入汤剂,布包煎,9~15g。

【使用注意】 孕妇忌用。

现代临床报道车前子有用于纠正胎儿臀位、原发性高血压、肥胖症、痛风性关节炎等疾病。

附药

车前草,为车前的全草。夏季采收,洗净。鲜用或晒干用。性味功用同车前子,且能清热解毒,止血。用治痈疮肿毒,热痢,以及血热出血等。内服或鲜品捣烂外敷。水煎服,10~20g。鲜品加倍。外用适量。

【来源】 本品为木通科植物木通 *Akebia quinate* (Thunb.) Decne.、三叶木通 *Akebia Trifoliata* (Thunb.) Koidz. 或白木通 *Akebia Trifoliata* (Thunb.) Koidz. var. *australis* (Diels) Rehd. 的干燥藤茎。

【处方用名】 木通

【性味归经】 苦,寒。归心、小肠、膀胱经。
【功效应用】

利尿通淋——{特点:苦寒降泄,清热利尿通淋。
应用:①湿热下注,小便淋沥涩痛;②脚气肿胀、小便不利。

清心除烦——{特点:上清心火,下利湿热。
应用:口舌生疮,心烦尿赤。

通经下乳——应用:①血瘀经闭;②湿热痹痛;③产后乳汁不通或乳少。

【配伍应用】
木通配车前子:清热,利尿通淋,用于湿热下注、小便淋沥涩痛。
木通配生地黄、甘草、竹叶:上清心火,下利湿热,用于口舌生疮、心烦尿赤。
木通配王不留行、穿山甲、通草:通经,下乳,用于产后乳汁不通或乳少。
【用法用量】 水煎服,3~6g。
【使用注意】
1)注意用量。用量不宜过大。
2)注意禁忌病证。心肾功能不全者忌用。
3)注意不良反应。
4)孕妇忌用。

【来源】 本品为硅酸盐类矿物滑石族滑石,主含含水硅酸镁[$Mg_3(Si_4O_{10})(OH)_2$]。
【处方用名】 滑石 滑石粉 飞滑石
【性味归经】 甘、淡,寒。归膀胱、肺、胃经。
【功效应用】

利尿通淋——{特点:质重而滑,淡能渗湿,寒能清热。
应用:湿热下注,小便淋沥涩痛及石淋。

清热解暑——应用:①暑热烦渴;②湿温初起。
祛湿敛疮——外用于皮肤湿疮、湿疹、痱子。
【配伍应用】
滑石配车前子:清热,利尿通淋,用于湿热下注,小便淋沥涩痛。
滑石配海金沙、金钱草:利尿通淋,排石,用于石淋。
滑石配甘草:清热解暑,收湿敛疮,用于暑热烦渴及皮肤湿疮、湿疹、痱子。
【鉴别应用】
　　滑石与车前子两药性味甘寒、质滑利,均能利尿通淋。用于小便不利、淋沥涩痛,为治湿热淋证之常品。其中,车前子对湿热下注于膀胱之小便淋沥涩痛者尤为适宜;并能清肝明目,治肝热目赤肿痛或肝肾亏损之目暗昏花、翳障等;渗湿止泻,利小便以实大便而治暑湿泄泻;清肺化痰,治痰热咳嗽。而滑石善利窍,除常用治湿热淋证外,尚每治石淋及尿闭;并能清热解暑,治暑湿、湿温;祛湿敛疮(外用),治湿疹、湿疮、痱子。
【用法用量】 入汤剂,布包煎,10~20g。外用适量。
【使用注意】
1)注意禁忌病证。脾胃虚寒,热病津伤者忌用。
2)孕妇忌用。

【来源】 本品为五加科植物通脱木 Tetrapanax papyriferus（Hook.）K. Koch 的干燥茎髓。

【处方用名】 通草 方通草 白通草

【性味归经】 甘、淡,微寒。归肺、胃、膀胱经。

【功效应用】

利尿通淋——用于湿热下注,小便淋沥涩痛。

下乳——用于产后乳汁不通或乳少。

【配伍应用】

通草配滑石、木通:清热,利尿通淋,应用于湿热下注,小便淋沥涩痛。

通草配穿山甲:通行乳汁,应用于产后乳汁不通或乳少。

【用法用量】 水煎服,3~5g。

【使用注意】 孕妇慎用。

【来源】 本品为蓼科植物萹蓄 Polygonum aviculare L. 的干燥地上部分。

【处方用名】 萹蓄 萹蓄草

【性味归经】 苦,微寒。归膀胱经。

【功效应用】

利尿通淋——用于湿热下注,小便淋沥涩痛及血淋。

杀虫止痒——用:①湿疹阴痒;②虫积腹痛。

【配伍应用】

萹蓄配滑石、木通:清热,利尿通淋,应用于湿热下注,小便淋沥涩痛。

【用法用量】 水煎服,9~15g。外用适量。

瞿 麦

【来源】 本品为石竹科植物瞿麦 Dianthus superbus L.或石竹 Dianthus chinensis L. 的干燥地上部分。

【处方用名】 瞿麦 瞿麦穗

【性味归经】 苦,寒。归心、小肠、膀胱经。

【功效应用】

利尿通淋——用于湿热下注,小便淋沥涩痛及血淋。

活血通经——用于血热瘀阻所致闭经、月经不调。

【配伍应用】

瞿麦配萹蓄:清热,利尿通淋,用于湿热下注,小便淋沥涩痛。

【用法用量】 水煎服,9~15g。

【使用注意】 孕妇忌用。

【来源】 本品为海金沙科植物海金沙 *Lygodium japonicum*（Thunb.）Sw.的干燥成熟孢子。

【处方用名】 海金沙

【性味归经】 甘、咸,寒。归膀胱、小肠经。

【功效应用】

清利湿热,通淋止痛——{特点:善止尿道疼痛,为治石淋之要药。
应用:各种淋证。}

【用法用量】 入汤剂,布包煎,6~15g。

【来源】 本品为水龙骨科植物庐山石韦 *Pyrrosia sheareri*（Bak.）Ching、石韦 *Pyrrosia lingua*（Thunb.）Farwell 或有柄石韦 *Pyrrosia petiolosa*（Christ）Ching 的干燥叶。

【处方用名】 石韦

【性味归经】 苦、甘,微寒。归肺、膀胱经。

【功效应用】

利尿通淋——用于热淋、石淋、血淋。

清肺止咳——用于肺热咳喘。

凉血止血——用于血热妄行所致的吐血、崩漏、衄血。

【用法用量】 水煎服,6~12g。

冬 葵 子

【来源】 本品为锦葵科植物冬葵 *Malva verticillata* L.的干燥成熟种子。

【处方用名】 冬葵子

【性味归经】 甘,寒。归大肠、小肠、膀胱经。

【功效应用】

利尿通淋——用于:①淋证;②水肿。

下乳——用于产后乳汁不下、乳房胀痛。

润肠通便——用于肠燥便秘。

【配伍应用】

冬葵子配砂仁:下乳消胀,用于产后乳汁不下、乳房胀痛。

【用法用量】 水煎服,3~9g。

【使用注意】 孕妇忌用。

【来源】 本品为藜科植物地肤 *Kochia scoparia*（L.）Schrad.的干燥成熟果实。

【处方用名】 地肤子 地葵 地麦

【性味归经】 辛、苦,寒。归膀胱经。

【功效应用】
利尿通淋——用于湿热下注,小便淋沥涩痛。
止痒——用于湿疹,风疹,皮肤瘙痒,阴痒。
润肠通便——用于肠燥便秘。
【配伍应用】
地肤子配苦参、蛇床子:清热利湿,祛风止痒,用于湿疹,风疹,皮肤瘙痒,阴痒。
【用法用量】 水煎服,9~15g。外用适量。

第3节 利湿退黄药

【来源】 本品为菊科植物茵陈蒿 *Artemisia capillaris* Thunb. 或滨蒿 *Artemisia scoparia* Waldst. et Kit.等的干燥地上部分。
【处方用名】 茵陈蒿 茵陈 绵茵陈
【性味归经】 苦、辛,微寒。归肝、胆、脾、胃经。
【功效应用】

清利湿热,利胆退黄—— { 特点:为治黄疸要药。
应用:①湿热黄疸,寒湿黄疸;②湿温,湿疮,湿疹。

【配伍应用】
茵陈蒿配栀子、大黄:清利湿热,利胆退黄,用于湿热蕴结肝胆所致黄疸。
茵陈蒿配附子、干姜:温里助阳,利湿退黄,用脾胃寒湿内阻,身黄色晦暗,手足不温。
【用法用量】 水煎服,6~15g。外用适量。
【使用注意】 注意禁忌病证。血虚萎黄慎用。

【来源】 本品为报春花科植物过路黄 *Lysimachia christinae* Hance 的干燥全草,习称大金钱草。
【处方用名】 金钱草 大金钱草 过路黄
【性味归经】 甘、咸,微寒。归肝、胆、肾、膀胱经。
【功效应用】
利湿退黄——用于湿热蕴结肝胆所致黄疸。
利尿通淋,排石——用于石淋、热淋。
解毒消肿——用于痈肿、恶疮肿毒、毒蛇咬伤。
【配伍应用】
金钱草配茵陈蒿:清利湿热,利胆退黄,排石,用于湿热黄疸,石淋。
金钱草配白花蛇舌草:清热泻火,解毒消肿,用于痈肿、恶疮肿毒、毒蛇咬伤。
【用法用量】 水煎服,15~60g。外用适量。
【使用注意】 注意禁忌病证。脾胃虚寒者慎用。

金钱草之品种

全国各地作金钱草用的植物还有:①唇形科植物活血丹(连钱草)*Glechoma longituba* (Nakai) Kupr.,药材称江苏金钱草,为江苏、浙江一带所习用;②豆科植物广金钱草 *Desmodium styracifolium* (Osbeck) Merr.,药材称广金钱草,为广东、广西一带所习用;③伞形科植物白毛天胡荽 *Hydrocotyle sibthorpiodes* Lam. var *batrachium* (Hance) Hand. Mazz.,药材称江西金钱草,为江西一带所习用;④旋花科植物马蹄金 *Dichondra repens* Forst.,药材称小金钱草,为四川部分地区所习用。但常用者以报春科过路黄较多。

虎 杖

【来源】 本品为蓼科植物虎杖 *Polygonum cuspidatum* Sieb. et Zucc. 的干燥根茎和根。

【处方用名】 虎杖　斑杖

【性味归经】 微苦,微寒。归肝、胆、肺经。

【功效应用】

利湿退黄——用于湿热黄疸,淋浊,带下。

清热解毒——用于痈疮肿毒、烧烫伤、毒蛇咬伤。

活血祛瘀——用于血瘀闭经、痛经、跌打损伤、癥瘕。

祛痰止咳——用于肺热咳嗽。

泻下通便——用于热结便秘。

【配伍应用】

虎杖配茵陈蒿、金钱草:清利湿热,利胆退黄,用于湿热蕴结肝胆所致黄疸。

虎杖配益母草、当归:活血祛瘀,调经止痛,用于血瘀闭经、痛经。

【用法用量】 水煎服,9~15g。外用适量。

【使用注意】 孕妇忌服。

##

【来源】 本品为景天科植物垂盆草 *Sedum sarmentosum* Bunge 的新鲜或干燥全草。

【处方用名】 垂盆草

【性味归经】 甘、淡、凉。归肝、胆、小肠经。

【功效应用】

利湿退黄——用于湿热黄疸。

清热解毒——用于痈疮肿毒,毒蛇咬伤。

【用法用量】 水煎服,15~30g。外用适量。

小结

利水渗湿药主要应用于水湿所致各种病证患者,临床应用将其分为三类,即利水消肿药、利尿通淋药和利湿退黄药。

利水消肿药中的茯苓、猪苓均能利水渗湿。然茯苓药性平和,利水而不伤正气,为利水渗湿要药;又能健脾安神。而猪苓功专利水,其利水作用强于茯苓。泽泻、薏苡仁

小结

均利水渗湿、清热。然泽泻善治下焦湿热之水湿证及淋浊、带下等证。而薏苡仁可治脾虚泄泻,并治肺痈、肠痈及湿热痹等。冬瓜皮有利水消肿作用,兼能清热解暑。

利尿通淋药中的车前子、滑石均利尿通淋。然车前子既能清热利水,善治热淋涩痛;又能利水湿分清浊而止泻,擅治湿盛引起的水泻及水肿兼热者;并能清肝明目,清肺化痰。而滑石善治石淋热淋,且善清热解暑,为治暑湿、湿温、暑热烦渴之要药。木通、通草、冬葵子均能清热利尿通淋,下乳。但木通为治心火上炎而下移小肠之口舌生疮、心烦尿赤之要药;并可通利血脉而通经、通痹。通草药力较缓。而冬葵子又可润肠通便。海金沙、石韦治各种淋证,尤以石淋、血淋为佳。然海金沙尤善止尿道疼痛,为治诸淋涩痛之要药。而石韦兼能凉血止血,故治血淋尤宜,又可清肺止咳。萹蓄、瞿麦治热结膀胱之湿热淋证。但萹蓄兼有杀虫止痒作用。瞿麦又可活血通经,为血淋佳品。地肤子清热利湿,祛风止痒,为皮肤科常用药。

利湿退黄药中的茵陈蒿、金钱草、虎杖具有利胆退黄作用。茵陈蒿为治黄疸要药。然金钱草又可利尿通淋、排除结石,为治石淋要药;且能解毒消肿。虎杖又可活血祛瘀,治血瘀经闭,痛经,跌打伤痛;并可祛痰止咳,泻热通便,清热解毒。垂盆草有利湿退黄、清热解毒作用。

目标检测

一、单项选择题

1. 下列哪项不是茯苓的适应证 （　）
   A. 各种水肿　　B. 脾虚诸证　　C. 停饮　　D. 肺虚证　　E. 心悸、失眠
2. 薏苡仁不具有的功效是 （　）
   A. 利水渗湿　　B. 健脾　　C. 除痹　　D. 清热解毒　　E. 清热排脓
3. 既利水渗湿,又泄热的药是 （　）
   A. 猪苓　　B. 知母　　C. 黄柏　　D. 泽泻　　E. 木通
4. 车前子不具有的功效是 （　）
   A. 利湿退黄　　B. 利尿通淋　　C. 渗湿止泻　　D. 清肝明目　　E. 清肺化痰
5. 下列哪项不是滑石的适应证 （　）
   A. 湿热淋证　　B. 暑湿　　C. 湿温　　D. 经闭　　E. 湿疮、湿疹、痱子
6. 既利尿通淋,又通经下乳的药是 （　）
   A. 通草　　B. 木通　　C. 冬葵子　　D. 瞿麦　　E. 漏芦
7. 下列哪项不是金钱草的适应证 （　）
   A. 湿热黄疸　　B. 石淋　　C. 热淋　　D. 血瘀证　　E. 恶疮肿毒

二、填空题

1. 薏苡仁具有_____、_____等功效。
2. 车前子具有_____、_____等功效。
3. 滑石具有_____、_____等功效。
4. 茵陈蒿具有_____、_____等功效。
5. 利湿退黄药有_____、_____等功效。

三、问答题

    1. 何谓利水渗湿药？分几类？试述其功效及适应证。

    2. 试比较茯苓与猪苓、茯苓与薏苡仁之性味、功效及主治证的异同。

    3. 试比较车前子与滑石之性味、功效及主治证的异同。

    4. 试述茵陈蒿、金钱草、虎杖功效与应用。

    5. 车前子、萆薢、金钱草均可治疗淋证，各用于何种淋证？

    6. 茵陈蒿善治黄疸，临床如何配伍应用？

（吴庆光　张　冰）

第12章 温 里 药

1. 了解温里药的含义、分类及使用注意
2. 掌握附子、肉桂、干姜、吴茱萸的性味、功效、应用、配伍、用法用量及使用注意
3. 熟悉高良姜、花椒的功效、应用、用法用量及使用注意

【含义】 凡以温里祛寒,治疗里寒证为主要功用的药物,称为温里药,又叫祛寒药。

【功效及适应证】 温里药,大多味辛,性均温热。具有温里祛寒作用,适应于里寒证(包括肺寒、脾寒、胃寒、肝寒、肾阳不足及心肾阳虚欲脱等证)。

【使用注意】

1) 注意禁忌病证。本类药物为辛热燥烈之品,易耗阴助火,凡实热证、阴虚火旺、津血亏虚者忌用。孕妇慎用或忌用。
2) 注意季节。气候炎热时慎用。

【来源】 本品为毛茛科植物乌头 *Aconitum carmichaeli* Debx. 子根的加工品。

【处方用名】 制附子 熟附子 黑顺片 白附片 炮附子

【性味归经】 辛、甘,大热。有毒。归心、肾、脾经。

【功效应用】

回阳救逆——{特点:纯阳燥烈之品,为回阳救逆之要药。
应用:亡阳证。

补火助阳——{特点:上助心阳,中温脾阳,下补肾阳。
应用:阳虚证。

散寒止痛——{特点:温散走窜,散寒力大。
应用:寒痹证及阴寒腹痛。

【配伍应用】

附子配干姜、甘草:回阳救逆,用于亡阳证。

附子配人参:回阳固脱,用于亡阳气脱者。

附子配党参、白术、干姜:温中助阳散寒,用于脾胃虚寒,脘腹冷痛,大便溏泻。

附子配桂枝、白术、甘草:温经散寒除湿,用于风寒湿痹周身骨节疼痛。

【用法用量】 水煎服,3~15g。宜先煎30~60分钟。

【使用注意】

1) 注意炮制品。生品不可内服,内服必须用炮制品。
2) 注意用法。应先煎,久煎。
3) 注意禁忌病证。阴虚阳亢忌用。

4）注意不良反应。本品毒性较大。

5）孕妇忌用。

6）注意配伍。反半夏、瓜蒌、贝母、白蔹、白及。

现代临床报道附子有用于窦性心动过缓、休克、慢性支气管哮喘、新生儿硬皮症、慢性肾衰竭等疾患。

附药

川乌，为毛茛科多年生草本乌头 *Aconitum carmichaeli* Debx.的干燥母根。味辛、苦；性大热，有大毒。归心、脾、肝、肾经。功能祛风除湿，散寒止痛。用于风寒湿痹，拘急疼痛；以及心腹冷痛、寒疝腹痛及手足厥冷等。此外，本品还善麻醉止痛，用于手术局部麻醉或外伤瘀痛。用法用量及使用注意同附子。

草乌，为毛茛科多年生野生植物北乌头 *Aconitum kusnezoffii* Reichb.的干燥块根。味辛、苦，性热。有大毒。归心、肝、肾、脾经。功能祛风除湿、温经止痛，用于风寒湿痹痛、心腹冷痛、寒疝作痛、跌打伤痛，以及麻醉止痛。用法用量及使用注意同附子。

【来源】 本品为樟科植物肉桂 *Cinnamomum cassia* Presl 的干燥树皮。

【处方用名】 肉桂　牡桂　筒桂　油桂　官桂

【性味归经】 辛、甘，热。归肾、脾、心、肝经。

【功效应用】

补火助阳——{特点：善补命门之火，为治命门火衰之要药。
　　　　　　应用：肾阳虚证，命门火衰证。

散寒止痛——用于寒凝血滞的脘腹冷痛，寒湿痹痛，胸痹，寒疝腹痛。

温经通脉——应用：①寒凝血滞的痛经、闭经；②阴疽。

引火归元——用于肾虚作喘，虚阳上浮，眩晕目赤。

【配伍应用】

肉桂配附子：补火助阳力强，用于肾阳虚证。

肉桂配当归、川芎：温经散寒、活血止痛，用于寒凝血滞的痛经、闭经。

【鉴别应用】

肉桂与桂枝两药性味均为辛甘，温。均有温通经脉、散寒止痛之功效，用于寒凝血滞诸痛证，如风寒湿痹、胸痹、闭经、痛经等。其中肉桂，温热性较大，主祛里寒，还可用于心腹冷痛、寒疝作痛等；助阳补火，用于肾阳衰弱的阳痿宫冷、虚喘心悸等；并能引火归元。而桂枝，善祛散外寒而有发汗解表之功，用于风寒表证；善温心阳，通血脉，常用于心悸；助阳化气，用于痰饮、蓄水证。

【用法用量】 入汤剂，应后下，1~5g。研末冲服，每次 1~2g。

【使用注意】

1）注意用法。宜后下。

2）注意禁忌病证。阴虚阳亢、血热出血忌用。

3）孕妇忌用。

4）注意配伍。不宜与赤石脂同用。

【来源】 本品为姜科植物姜 *Zingiber officinale* Rosc.的干燥根茎。

【处方用名】 干姜
【性味归经】 辛,热。归脾、胃、心、肺经。
【功效应用】

温中散寒——{特点:主入脾胃经而长于温中散寒。
　　　　　　应用:脾寒证、胃寒证。

回阳通脉——{特点:通心助阳。
　　　　　　应用:亡阳证。

温肺化饮——{特点:入肺经而散肺寒。
　　　　　　应用:寒饮伏肺之喘咳。

【配伍应用】
干姜配党参、甘草、白术:补脾益气,温中散寒,用于脾胃虚寒证。
干姜配附子:回阳救逆,用于亡阳证。
干姜配细辛:温肺化饮力强,用于寒饮伏肺喘咳。

【鉴别应用】
干姜与附子两药性味均为辛热。均能温中散寒止痛,用于脾胃受寒或脾胃虚寒证。其中,附子回阳救逆,为"回阳救逆第一药",用于亡阳证;助阳补火,用于虚寒性的阳痿宫冷、脘腹冷痛、泄泻、水肿等证;散寒止痛力强,尤善治寒痹痛剧者。而干姜长于温中散寒,健运脾阳,治脾胃虚寒证常用;回阳通脉,药力较附子弱,与附子相须为用,用于亡阳证;温肺化饮,用于寒饮咳喘、形寒背冷、痰多清稀之证。

【用法用量】 水煎服,3~10g。
【使用注意】
1) 注意禁忌病证。阴虚内热、血热出血忌用。
2) 孕妇慎用。

吴 茱 萸

【来源】 本品为芸香科植物吴茱萸 *Evodia rutaecarpa* (Juss.) Benth.、石虎 *Evodia rutaecarpa* (Juss.) Benth. var. *officinalis* (Dode) Huang 或疏毛吴茱萸 *Evodia rutaecarpa* (Juss.) Benth. var. *bodinieri* (Dode) Huang 的干燥近成熟果实。
【处方用名】 吴茱萸　吴萸　制吴茱萸　制吴萸
【性味归经】 辛、苦,热。有小毒。归肝、脾、胃、肾经。
【功效应用】

散寒止痛——{特点:散寒并下气。
　　　　　　应用:①寒疝腹痛;②厥阴头痛;③脘腹冷痛;④寒湿脚气肿痛。

疏肝降逆——用于肝胃不和或肝火犯胃所致呕吐吞酸。
助阳止泻——用于脾肾阳虚之五更泄泻。

【配伍应用】
吴茱萸配小茴香:温经散寒、行气止痛,用于寒疝腹痛。
吴茱萸配黄连:疏肝降逆,清热泻火,用于肝火犯胃,呕吐吞酸。
吴茱萸配补骨脂、五味子:温补脾胃,燥湿止泻,用于脾肾阳虚之五更泄泻。

【用法用量】 水煎服,2~5g。外用适量。

【使用注意】

1) 注意禁忌病证。阴虚内热忌用。

2) 注意用药疗程。不宜久服。

【来源】 本品为姜科植物高良姜 *Alpinia officinarum* Hance 的干燥茎根。

【处方用名】 高良姜　良姜

【性味归经】 辛,热。归脾、胃经。

【功效应用】

散寒止痛——用于胃寒腹痛。

温中止呕——用于胃寒呕吐。

【配伍应用】

高良姜配炮姜:温中散寒止痛,用于胃寒腹痛。

高良姜配香附:温中疏肝理气,用于胃寒气滞,脘腹胀痛。

【用法用量】 水煎服,3~6g。

【来源】 本品为芸香科植物花椒 *Zanthoxylum bungeanum* Maxim.或青椒 *Zanthoxylum schinifolium* Sieb. et Zucc.的干燥成熟果皮。

【处方用名】 花椒　蜀椒　川椒

【性味归经】 辛,热。归脾、胃经。

【功效应用】

温中止痛——应用:①脾胃虚寒证;②寒湿泄泻。

杀虫止痒——用于湿疹瘙痒,阴痒,蛔虫腹痛。

【配伍应用】

花椒配人参、干姜:温中健脾止痛,用于脾胃虚寒、脘腹冷痛证。

【用法用量】 水煎服,3~6g。外用适量。

> 现代临床报道花椒有用于胆道蛔虫病、真菌性阴道炎、高脂血症、断乳妇乳胀、体癣、足癣、鸡眼等疾患。

链接

【来源】 本品为胡椒科植物胡椒 *Piper nigrum* L.的干燥近成熟或成熟果实。

【处方用名】 胡椒　黑胡椒　白胡椒　黑川　白川

【性味归经】 辛,热。归胃、大肠经。

【功效应用】

温中止痛——用于脾胃寒证。

下气消痰——用于癫痫。

【配伍应用】
胡椒配高良姜：温中止痛，用于脾胃寒证。
【用法用量】 水煎服，0.6~1.5g。研末服，每次0.5~1g。外用适量。

> **小结**
>
> 温里药多味辛而性温热，温里散寒，主治里寒证。
> 　　附子、干姜均性味辛热，同具回阳救逆、温中散寒之功。但附子大热有毒，其回阳救逆之功大于干姜，为回阳救逆之要药；又善治肾阳不足、命门火衰之证；又善治寒痹剧痛者。而干姜为温中散寒之要药，并能温肺化饮。肉桂具有补火助阳、散寒止痛作用，作用较附子缓和，以温补命门火为主，又能引火归源，善治下元虚冷诸证，虚阳上浮之证；并善温经通脉。吴茱萸具有祛寒止痛、降逆作用，为治寒滞肝脉诸痛之要药；又可治肝火犯胃，呕吐吞酸；并能助阳止泻。高良姜、花椒、胡椒均具有温中散寒止痛作用，用治脘腹冷痛。

目标检测

一、单项选择题
1. 温里药的共同功效是 （   ）
   A. 温肝散寒　　B. 温肺化饮　　C. 温肾助阳　　D. 温阳通脉　　E. 温里散寒
2. 既回阳救逆，又补火助阳的药物是 （   ）
   A. 干姜　　B. 高良姜　　C. 肉桂　　D. 花椒　　E. 附子
3. 既温中散寒，又温肺化饮的药物是 （   ）
   A. 附子　　B. 丁香　　C. 花椒　　D. 干姜　　E. 高良姜
4. 既补火助阳，又温经通脉的药物是 （   ）
   A. 附子　　B. 丁香　　C. 肉桂　　D. 高良姜　　E. 吴茱萸
5. 既温中止痛，又杀虫止痒的药物是 （   ）
   A. 干姜　　B. 丁香　　C. 高良姜　　D. 肉桂　　E. 花椒

二、填空题
1. 温里药的共同功效是_____，共同主治证是_____。
2. 附子具有_____、_____等功效。
3. 吴茱萸具有_____、_____等功效。
4. 干姜具有_____、_____等功效。
5. 肉桂具有_____、_____等功效。

三、问答题
1. 何谓温里药？试述其功效、适应证及使用注意。
2. 试比较附子与干姜的功效及主治的异同。
3. 试述附子与肉桂的功效及主治的异同。
4. 试比较干姜与吴茱萸在功效及主治方面有何异同。
5. 试述吴茱萸、花椒的功效与应用。

（吴庆光　张　冰　郑虎占）

第13章 理 气 药

1. 了解理气药的含义、功效及使用注意
2. 掌握橘皮、枳实、薤白、木香、沉香、香附、青皮的性味、功效、应用、配伍、用法用量及使用注意
3. 熟悉檀香、柿蒂、荔枝核、川楝子、乌药、甘松、佛手、香橼的功效、应用、用法用量及使用注意

【含义】 凡以疏理气机,治疗气滞或气逆证为主要作用的药物,称为理气药,又称行气药。

【功效及适应证】 理气药,性味多辛苦温而芳香。具有理气健脾、疏肝解郁、理气宽胸、行气止痛、破气散结等作用,适应于:①脾胃气滞证,症见脘腹胀痛、嗳气吞酸、恶心呕吐、腹泻或便秘等;②肝气郁滞证,症见胁肋胀痛、抑郁不乐、疝气疼痛、乳房胀痛、月经不调等;③治肺气壅滞证,症见胸闷、胸痛、咳嗽气喘等。

【使用注意】 注意禁忌病证。本类药多辛温香燥,易耗气伤阴,故气阴不足者慎用。

【来源】 本品为芸香科常绿小乔木橘 *Citrus reticulata* Blanco 及其栽培变种的干燥成熟果皮。

【处方用名】 橘皮　陈皮　广陈皮　新会皮

【性味归经】 辛、苦,温。归脾、肺经。

【功效应用】

理气健脾——{特点:辛行温通,主入脾经,为理气健脾之良药。
　　　　　　应用:脾胃气滞证。

燥湿化痰——用于痰湿壅肺证。

【配伍应用】

橘皮配枳壳、木香:理气健脾,用于脾胃气滞证。

橘皮配半夏、茯苓:燥湿化痰,理肺气之壅滞,用于痰湿壅滞证。

【用法用量】 水煎服,3~10g。

【来源】 本品为芸香科植物酸橙 *Citrus aurantium* L. 或其栽培变种或甜橙 *Citrus sinensis* Osbeck 的干燥幼果。

【处方用名】 枳实　江枳实　炒枳实

【性味归经】 苦、辛、酸,微寒。归脾、胃、大肠经。

【功效应用】

破气消积——{特点:长于破滞气、消积滞。
应用:食积气滞,脘腹痞满证。}

化痰除痞——用于痰浊阻滞,胸脘痞满证。

【配伍应用】

枳实配厚朴、大黄:行气破结,泻热通便,应用于热结便秘、腹痞胀痛。

枳实配薤白、桂枝:行气化痰,宣通痹塞,应用于胸阳不振,痰阻胸痹。

> 现代临床报道有用枳实注射液,静脉注射,以治疗各种原因引起的休克,具有显著的升压作用。
> 链接

【用法用量】 水煎服,3~10g。大剂量可用至30g。

【使用注意】

1)注意禁忌病证。脾胃虚弱者慎用。
2)孕妇慎用。

附药

枳壳,为芸香科小乔木酸橙 *Citrus aurantium* L. 或其栽培变种的未成熟果实。生用或麸炒用。本药性味归经及功能主治与枳实相似,唯作用较缓。长于理气宽胸,消胀除痞。用于胸腹气滞、痞满胀痛等证。可配伍白术、香附、槟榔,用治消化不良、胸膈痞满等证;也常与柴胡、香附、赤芍等同用,治肝郁气滞、胸胁胀痛,如柴胡疏肝散。水煎服。3~10g。

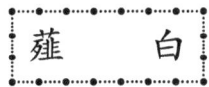

【来源】 本品为百合科植物小根蒜 *Allium macrostemon* Bge. 或薤 *Allium chinensis* G. Don 的干燥鳞茎。

【处方用名】 薤白 薤根 小根蒜 藠头

【性味归经】 辛、苦,温。归肺、心、胃、大肠经。

【功效应用】

通阳散结——{特点:善宣通胸中之阳气,温散阴寒之痰结,为治胸痹之要药。
应用:胸痹证。}

行气导滞——用于胃肠气滞,泻痢后重。

【配伍应用】

薤白配瓜蒌:通阳散结,行气宽胸,用于寒痰阻滞、胸阳不振、胸闷胸痛。

薤白配黄连:行气导滞,清热燥湿,用于湿热壅滞肠胃、泻痢后重。

【用法用量】 水煎服,5~10g。

【使用注意】 注意禁忌病证。气虚无滞者忌用。

【来源】 本品为菊科植物木香 *Aucklandia lappa* Decne 的干燥根。

【处方用名】 木香 煨木香 云木香 川木香 广木香

【性味归经】 辛、苦,温。归脾、胃、大肠、胆经。

【功效应用】

行气止痛,健脾——{特点:善于行脾胃、大肠滞气,为行气止痛之要药。
应用:①脾胃气滞诸证;②大肠气滞,泻痢后重。}

疏理肝胆——用于脾失运化、肝失疏泄之脘腹胀痛、胁痛、黄疸。

【配伍应用】

木香配砂仁:行气调中止痛,用于脾胃气滞诸证。

木香配白术:行气止痛,健脾补气,用于脾虚气滞,脘腹胀满,食少便溏。

木香配黄连:行气导滞,清热燥湿,用于湿热泻痢、里急后重者。

【鉴别应用】

橘皮与木香两药性味均为辛苦,温。能行气止痛兼健脾,用治脾胃气滞或脾虚气滞之脘腹胀痛等。其中,橘皮辛行温通,长于理气健脾,又能燥湿,故善治寒湿阻中之脾胃气滞证;还能燥湿化痰,用于湿痰或寒痰咳嗽。而木香芳香气烈而味厚,能行三焦气滞,尤善行脾胃和大肠之滞气,为行气止痛之要药;还能行气而化滞,用于湿热泻痢、里急后重等;又能疏理肝胆,用于湿热郁蒸,肝胆气机阻滞之胁痛、黄疸等证。

现代临床报道木香有用于急性腰扭伤、传染性肝炎、肿瘤等疾患。

【用法用量】 水煎服,3~6g。

【使用注意】

1) 注意炮制品。生用行气力强;煨用行气力缓而多用于止泻。

2) 注意禁忌病证。阴虚者慎用。

沉 香

【来源】 本品为瑞香科植物白木香 *Aquilaria sinensis* (Lour.) Gilg 含有树脂的木材。

【处方用名】 沉香　沉水香　海南沉

【性味归经】 辛、苦,温。归脾、胃、肾经。

【功效应用】

行气止痛——{特点:善祛除胸腹阴寒而行气止痛。
应用:寒凝气滞之胸腹胀痛证。}

降逆止呕——用于胃寒呕吐、呃逆。

温肾纳气——用于下元虚冷、肾不纳气之气逆喘息。

【配伍应用】

沉香配乌药、木香:行气散寒止痛,用于寒凝气滞、胸腹胀痛。

沉香配人参:行气止痛,补脾益气,用于脾胃虚寒之脘腹冷痛。

沉香配肉桂、附子:温肾散寒,纳气平喘,用于下元虚冷、肾不纳气之气逆喘息。

【用法用量】 入汤剂,宜后下,1~5g。或磨汁冲服,亦可入丸散剂。

【使用注意】 注意禁忌病证。气虚下陷,阴虚火旺者忌用。

香 附

【来源】 本品为莎草科植物莎草 *Cyperus rotundus* L. 的干燥根茎。

【处方用名】 香附　香附子　莎草　醋香附

【性味归经】 辛、微苦、微甘,平。归肝、三焦经。

第13章 理 气 药

【功效应用】

疏肝理气,调经止痛——{特点:善疏肝解郁,又能调经止痛。
应用:①肝郁气滞证;②月经不调诸证;③脾胃气滞证。

【配伍应用】

香附配高良姜:行气温中止痛,用于寒凝气滞、肝气犯胃之脘腹胀痛。

香附配当归、柴胡:行气活血,调经止痛,用于肝气郁结所致的月经不调、经行腹痛、乳房胀痛或经闭等证。

【鉴别应用】

木香与香附两药同具辛味,均能行气止痛。用治气滞腹痛、胁痛。其中,木香兼苦味,性温;香气浓烈,能通行三焦气滞,尤善行胃肠之滞气,故气滞之脘腹胀痛、泻痢里急后重多用;还能行气健脾,疏泄肝胆,而用于湿热郁蒸、气机阻滞之腹痛、黄疸。而香附兼微苦、微甘,性平;为疏肝解郁、行气止痛调经之要药,用于肝郁胁痛,月经不调,痛经,乳房胀痛等。

> 现代临床报道香附有用于扁平疣、疝气、尿路结石、丝虫病等疾患。

【用法用量】 水煎服,6~10g。

【来源】 本品为芸香科植物橘 *Citrus reticulata* Blanco 及其栽培变种的干燥幼果或未成熟果实的果皮。

【处方用名】 青皮 醋青皮 麸炒青皮

【性味归经】 苦、辛,温。归肝、胆、胃经。

【功效应用】

疏肝破气——{特点:其气峻烈,长于疏肝胆,破结气。
应用:肝气郁结诸证。

消积化滞——应用:①食积气滞证;②气滞血瘀证。

【配伍应用】

青皮配郁金:疏肝止痛,活血利胆,用于肝郁气滞、胸胁胀痛或有黄疸者。

青皮配麦芽:行气消积止痛,用于食积气滞证。

【鉴别应用】

橘皮与青皮两药性味均为辛、苦、温,能行气化滞,用治气滞证。其中,橘皮性温而不峻,行气力较缓,且能健脾,故在行气之中多用治脾胃气滞证或脾虚气滞证,尤善治寒湿阻中之脾胃气滞证;还能燥湿化痰,为治痰之要药,常用治湿痰或寒痰咳嗽。而青皮性较峻烈,苦泄辛散力强,故能破气;因主入肝,故能疏肝理气,散结止痛,用治肝气郁滞诸证;还能消积化滞,用治食积气滞证。

【用法用量】 水煎服,3~10g。

【使用注意】

1) 注意炮制品。醋炒止痛力增强。
2) 注意禁忌病证。气虚者慎用。

【来源】 本品为檀香科植物檀香 *Santalum album* L. 树干的心材。

【处方用名】　檀香　白檀香　黄檀香
【性味归经】　辛,温。归脾、胃、肺经。
【功效应用】

理气调中,散寒止痛——{特点:善散寒止痛,利膈宽胸,芳香醒脾。
应用:①寒凝气滞,心腹冷痛;②胃脘寒痛、呕吐食少。

【配伍应用】
檀香配延胡索、冰片:行气活血,开窍止痛,用于血瘀气滞,胸痹心痛。
檀香配白豆蔻、砂仁:行气化湿,散寒止痛,用于胃脘寒痛、呕吐食少。
【用法用量】　水煎服,2~5g,宜后下。

【来源】　本品为柿树科植物柿树 Diospyros kaki Thunb. 的干燥宿萼。
【处方用名】　柿蒂　柿丁　柿子把
【性味归经】　苦,平。归胃经。
【功效应用】

降气止呃——{特点:止呃逆,寒热皆宜,为治呃逆之要药。
应用:呃逆证。

【配伍应用】
柿蒂配代赭石:降胃气而止呃,用于胃失和降之呃逆。
【用法用量】　水煎服,5~10g。

【来源】　本品为无患子科植物荔枝 Litchi chinensis Sonn. 的干燥成熟种子。
【处方用名】　荔枝核　荔仁　盐荔枝核
【性味归经】　苦、辛,温。归肝、胆、胃经。
【功效应用】
理气止痛,祛寒散结——应用:①疝气痛、睾丸肿痛;②妇女痛经,产后腹痛;③肝胃不和之胃脘久痛。
【配伍应用】
荔枝核配吴茱萸:疏肝理气、行气散结、散寒止痛,用于疝气痛、睾丸肿痛。
荔枝核配木香:理气和中止痛,用于肝胃不和之胃脘久痛。
【用法用量】　水煎服,10~15g。

【来源】　本品为楝科植物川楝 Melia toosendan Sieb. et Zucc. 的干燥成熟果实。
【处方用名】　川楝子　金铃子　楝实　炒川楝子　醋川楝子
【性味归经】　苦,寒。有小毒。归肝、小肠、膀胱经。
【功效应用】
行气止痛,疏肝泄热——应用:①肝郁化火,胁肋胀痛;②肝胃不和之脘腹、胁肋作痛及疝痛属肝经有热者。

杀虫疗癣——用于蛔虫引起之腹痛及头癣、秃疮等。

【配伍应用】

川楝子配延胡索：行气止痛，疏肝泄热，用于肝郁化火，胁肋胀痛。

【用法用量】　水煎服，5~10g。外用适量。

【使用注意】

1）注意毒性。有小毒，不宜过量或持续服用。

2）注意禁忌病证。脾胃虚寒者忌用。

【来源】　本品为樟科植物乌药 *Lindera aggregata*（Sims）Kosterm. 的干燥块根。

【处方用名】　乌药　台乌　天台乌药　台乌药

【性味归经】　辛，温。归肺、脾、肾、膀胱经。

【功效应用】

行气止痛——｛特点：主行下焦寒凝气滞。
　　　　　　应用于寒凝气滞所致胸痛、小腹痛等。

温肾散寒——用于下元虚寒之尿频、遗尿证。

【配伍应用】

乌药配薤白：行气通阳，止痛散寒，用于胸闷胁痛。

乌药配益智仁：温肾散寒、缩尿止遗，用于下元虚寒之尿频、遗尿证。

【用法用量】　水煎服，6~10g。

【来源】　本品为败酱科植物甘松 *Nardostachys chinensis* Batal. 或匙叶甘松 *Nardostachys jatamansi* DC. 的干燥根及根茎。

【处方用名】　甘松　香松

【性味归经】　辛、甘，温。归脾、胃经。

【功效应用】

行气止痛——应用于中焦寒凝气滞证。

开郁醒脾——应用于脾胃不和证。

【配伍应用】

甘松配木香、砂仁：温中行气止痛，用于脾胃寒凝气滞、脘腹胀痛。

甘松配柴胡、白豆蔻：行气醒脾开胃，用于思虑伤脾、气机郁滞之纳呆腹胀、倦怠气短等证。

【用法用量】　水煎服，3~6g。外用适量。

【来源】　本品为芸香科植物佛手 *Citrus medica* L. var. *sarcodactylis* Swingle 的干燥果实。

【处方用名】　佛手　佛手柑　佛手片

【性味归经】　辛、苦、酸，温。归肝、脾、胃、肺经。

【功效应用】

疏肝解郁——用于肝郁气滞证。

理气和中——用于脾胃气滞证。

燥湿化痰——用于痰湿壅肺证。

【配伍应用】

佛手配川楝子:舒肝和胃止痛,用于肝气郁结之胸胁胀痛。

佛手配半夏:行气燥湿化痰,用于痰湿壅肺证。

【用法用量】 水煎服,3~10g。

【来源】 本品为芸香科植物枸橼 Citrus medica L. 或香圆 Citrus wilsonii Tanaka 的干燥成熟果实。

【处方用名】 香橼　香橼皮　香圆　陈香橼

【性味归经】 辛、微苦、酸,温。归肝、脾、胃、肺经。

【功效应用】

疏肝解郁——用于肝郁气滞证。

理气宽中——用于脾胃气滞证。

化痰止咳——用于湿痰壅滞证。

【鉴别应用】 鉴别香橼与佛手:香橼苦辛清香,功近佛手,主以疏肝和胃理气为功,兼能顺气化痰。其清香之气、止痛之效不及佛手,但化痰之功略胜。

【用法用量】 水煎服,3~10g。

【来源】 本品为七叶树科植物七叶树 Aesculus chinensis Bge.、浙江七叶树 Aesculus chinensis Bge. var. chekiangensis (Hu et Fang) Fang 或天师栗 Aesculus wilsonii Rehd. 的干燥成熟种子。

【处方用名】 娑罗子　苏罗子

【性味归经】 甘,温。归肝、胃经。

【功效应用】

疏肝解郁——应用:①肝气郁滞,胸胁胀痛;②妇女经前乳房胀痛。

和胃止痛——用于脾胃气滞,脘腹胀痛。

【用法用量】 水煎服,3~9g。

【来源】 本品为蔷薇科植物梅 Prunus mume (Sieb.) Sieb. et Zucc. 的干燥花蕾。

【处方用名】 绿萼梅　绿梅花　白梅花　梅花

【性味归经】 微酸、涩,平。归肝、胃、肺经。

【功效应用】

疏肝解郁——用于肝郁气滞证。

理气和中——用于脾胃气滞证。

化痰散结——用于痰气郁结之梅核气。

【用法用量】 水煎服,3~5g。

> **小结**
>
> 理气药多味辛苦而性多温,长于调理气分、疏畅气机,用以治疗气滞、气逆病证。
> 　　橘皮、青皮同出一物,两者皆长于理气除胀。但橘皮行气力缓,尤长于理气健脾,兼以燥湿化痰,为理气健脾佳品。而青皮药力较强,长以破气疏肝,兼能消积化滞。枳实长于消积除痞导滞,积滞痞闷便秘多用。木香、香附、乌药,均为辛香理气止痛之常用药。其中木香善调肠胃气滞,且可健脾消食;香附善调肝气郁滞,并能调经止痛;而乌药偏理中下焦寒凝。川楝子与荔枝核均能入肝经行气止痛。但川楝子味苦性寒,长于清肝解郁止痛,又能杀虫疗癣;而荔枝核长于祛寒散结止痛。佛手、香橼功效相近,都能疏肝和胃、行气止痛、化痰止咳。薤白善于宣通胸中之阳气,散阴寒之痰结,为治胸痹要药。沉香、檀香性皆辛温,均有行气止痛、散寒调中的功效。柿蒂功擅降逆,善降胃气而止呃逆。甘松均长于行气止痛,又为醒脾开胃要药。娑罗子疏肝解郁,和胃止痛。绿萼梅疏肝解郁,理气和中,化痰散结。

目标检测

一、单项选择题

1. 理气药主治的病证是 （ ）
 A. 气滞血瘀证　　　　　B. 气虚下陷证　　　　　C. 食积腹痛证
 D. 气滞证或气逆证　　　E. 气滞证兼饮食积滞证

2. 橘皮的功效是 （ ）
 A. 理气健脾,消食化积　B. 理气健脾,燥湿化痰　C. 理气宽胸,散寒调中
 D. 疏肝解郁,理气和中　E. 疏肝解郁,燥湿化痰

3. 枳实的功效是 （ ）
 A. 化痰消积,破气活血　B. 化痰消积,破气除痞　C. 化痰消积,健脾和中
 D. 降气化痰,泻下攻积　E. 降气化痰,疏肝理气

4. 青皮主要用治 （ ）
 A. 肝气郁滞诸证　　　　B. 胃肠热结气滞证　　　C. 虫积腹痛证
 D. 胸痹证　　　　　　　E. 呃逆证

5. 香附的功效是 （ ）
 A. 疏肝理气,调经止痛　B. 疏肝理气,活血调经　C. 疏肝理气,燥湿化痰
 D. 理气健脾,活血祛瘀　E. 理气健脾,燥湿化痰

6. 川楝子的功效是 （ ）
 A. 行气止痛,理气化痰　B. 行气止痛,杀虫疗癣　C. 理气宽胸,杀虫疗癣
 D. 行气散结,散寒止痛　E. 疏肝理气,调经止痛

7. 薤白的功效是 （ ）
 A. 行气止痛,活血祛瘀　B. 行气导滞,通阳散结　C. 降气化痰,温经通阳
 D. 泻下攻积,温通胸阳　E. 疏肝理气,消痈散结

二、填空题

1. 主归脾胃经的理气药的主要功效是_____,主治_____证。
2. 主归肝经的理气药的主要功效是_____,主治_____证。

3. 木香的功效是_____、_____。
4. 枳实的功效是_____、_____。
5. 香附的功效是_____、_____。
6. 薤白的功效是_____、_____。
7. 橘皮的功效是_____、_____。
8. 青皮的功效是_____、_____。

三、问答题

1. 理气药的含义是什么？使用时应注意什么？
2. 理气药的作用机制、适用范围及使用注意是什么？
3. 试比较橘皮与青皮的功效、主治的异同点。
4. 木香、香附、乌药同是行气止痛常用药，其各自的作用特点是什么？
5. 川楝子与荔枝核均善于疏肝行气止痛，二者性味功效有何不同？
6. 试述薤白的性味、功效及主治证。

（吴庆光　张　冰）

第14章 消食药

1. 掌握消食药的含义、适应证及使用注意
2. 掌握莱菔子、山楂、鸡内金的性味、功效、应用、配伍、用法用量及使用注意
3. 熟悉神曲、麦芽的功效、应用、用法用量及使用注意
4. 了解谷芽的功效、应用

【含义】 凡以消食化积为主要功效,治疗食积停滞证的药物,称为消食药。

【功效及适应证】 消食药多味甘性平,主归脾、胃二经。功能消食化积,适应于食积停滞证。症见脘腹胀满,嗳腐吞酸,有食臭味,恶心呕吐,不思饮食,大便失常等。另对脾胃虚弱、消化不良者,本章药亦可配伍使用。

【使用注意】

1) 注意配伍。使用本章药,应根据不同病情予以适当配伍。若宿食停积、脾胃气滞者,当配理气药以行气导滞;若脾胃虚寒者,宜配温里药以温运脾阳、散寒消食;若兼湿浊中阻者,宜配芳香化湿药以化湿醒脾;若食积化热者,可配苦寒攻下药以泄热导滞;若脾胃气虚、运化无力者,应配健脾益胃药以标本兼顾、消补并用。

2) 注意禁忌病证。本章药多能耗气,若属纯虚无积滞者,则当慎用。

山 楂

【来源】 本品为蔷薇科植物山里红 *Crataegus pinnatifida* Bge. var. *major* N. E. Br. 或山楂 *Crataegus. pinnatifida* Bge. 的干燥成熟果实。

【处方用名】 山楂 生山楂 焦山楂 山楂炭 炒山楂

【性味归经】 酸、甘,微温。归脾、胃、肝经。

【功效应用】

消食化积——{特点:善消油腻肉食积滞。
　　　　　　 应用:食积不消,泻痢腹痛。

行气散瘀,　 {应用:①恶露不尽,瘀阻腹痛
化浊降脂　　 及痛经;②疝气坠痛;③高
　　　　　　 血压、冠心病及高脂血症。

山楂含多种黄酮类化合物、三萜类化合物、山楂酸、糖类、维生素E等。能增加胃中消化酶的分泌,促进消化;所含脂肪酶可促进脂肪分解;所含多种有机酸能提高蛋白酶的活性,使肉食易被消化。还有收缩子宫、强心、抗心律失常、增加冠脉血流量、扩张血管、降低血压、降血脂等作用。对痢疾杆菌及大肠埃希菌有较强的抑制作用。

【配伍应用】

山楂配神曲、麦芽:消食化积,健胃和中,应用于各种食积停滞或消化不良。三药常炒焦用,习称焦三仙。

山楂配槟榔、莱菔子:消食、行气、导滞,用于食积气滞所致的脘腹胀痛、泻痢腹痛。

山楂配当归、益母草:活血止痛。用于产后瘀阻腹痛及痛经。

【用法用量】 水煎服,9~12g。焦山楂长于消食;生山楂长于活血;山楂炭长于止血止痢。

六 神 曲

【来源】 本品为面粉和其他药物混合后经发酵而成的加工品。
【处方用名】 神曲　六曲　六神曲　焦神曲　炒神曲
【性味归经】 甘、辛,温。归脾、胃经。
【功效应用】

消食和胃——{特点:消食兼能解表。
　　　　　　应用:饮食积滞证,尤宜于食积兼外感表邪者。

【配伍应用】
神曲配茯苓:化湿消滞,用于湿滞中阻,胃气不和,呕恶便溏。
神曲配枳壳:开胃消食,用于食滞中阻,胸膈不舒,痞满不食。
神曲配半夏:和胃消食,用于胃虚夹滞,嗳气呕逆,消化不良。
【用法用量】 水煎服,6~15g。

> 神曲为一种发酵制剂,全国各地均产。其制法是以面粉或麸皮与杏仁泥、赤小豆粉以及鲜青蒿、鲜苍耳、鲜辣蓼自然汁,混合拌匀,使干湿适宜,做成小块,放入筐内,复以麻叶或楮叶,保温发酵一周,长出黄丝时取出,切成小块,晒干即成。生用或炒用,又名六神曲、六曲。本品含酵母菌、酶类、维生素B、挥发油等。有促进消化、增进食欲的作用。此外,丸剂中如有金石、贝壳类药物而难以消化吸收者,可用本品糊丸以助消化。

麦 芽

【来源】 本品为禾本科植物大麦 Hordeum vuigare L. 的成熟果实经发芽干燥而得。
【处方用名】 麦芽　生麦芽　炒麦芽　焦麦芽
【性味归经】 甘,平。归脾、胃、肝经。
【功效应用】

消食健胃——{特点:善消米、面、薯、芋等淀粉性积滞。
　　　　　　应用:食积不化,消化不良,脘闷腹胀。
回乳消胀——用于妇女断乳或乳汁郁结所致乳房胀痛。
疏肝——为肝郁气滞或肝胃不和之胁痛之辅助用药。

【配伍应用】
麦芽配白术、陈皮:消食健脾,用于脾虚失运,食后饱胀。
生麦芽配生鸡内金:增加食欲,用于食积不化,脘闷腹胀,食欲不振。

【鉴别应用】
　　神曲、麦芽、山楂三药均有消食和中之功,均可治疗饮食积滞、消化不良等证。其中,神曲消导之力较强,消食兼能解表,多用于食积兼外感表邪者,并能助金石药物的消化吸收。麦芽善消米、面、薯、芋等淀粉类食积,又能回乳,用于妇女断乳或乳汁

> 麦芽含淀粉酶、蛋白分解酶、维生素B、葡萄糖等。对胃酸与胃蛋白酶的分泌有促进作用,有助于消化。
> 　　哺乳期妇女欲给小儿断乳时可每天用生、炒麦芽各60g,水煎内服,连用三天,有减少乳汁分泌的作用。

郁积乳房胀痛等症。山楂善消肉食油腻之积,且能活血化瘀。用于产后瘀血腹痛、恶露不尽等症。

【用法用量】 水煎服,10~15g;大剂量可用30~120g。

【使用注意】 授乳期妇女不宜使用。

【来源】 本品为禾本科植物粟 Setaria italica (L.) Beauv. 的成熟果实发芽干燥而得。

【处方用名】 谷芽　炒谷芽　焦谷芽　稻芽　香稻芽

【性味归经】 甘,平。归脾、胃经。

【功效应用】

消食和中——{特点:消食力弱。
　　　　　　　应用:食积停滞证。

健脾开胃——用于消化不良,脾虚食少。

【配伍应用】 谷芽配麦芽:消食和中,用于食积,消化不良及脾虚食少。

【用法用量】 水煎服,10~15g;大剂量30g。

【来源】 本品为十字花科植物萝卜 Raphanus sativus L. 的干燥成熟种子。

【处方用名】 莱菔子　炒莱菔子　萝卜子

【性味归经】 辛、甘,平。归脾、胃、肺经。

【功效应用】

消食除胀——{特点:消食兼行气。
　　　　　　　应用:①食积气滞,脘腹胀满,嗳腐吞酸;②泻痢腹痛,里急后重。

降气化痰——用于咳嗽痰多,胸闷食少。

【配伍应用】

莱菔子配木香、槟榔:消食化积,行气消胀。用于食积气滞,脘腹胀痛,泻痢不畅。

莱菔子配白芥子、苏子:化痰止咳,用于痰涎壅盛,咳嗽喘促。

【用法用量】 水煎服,5~12g。

【使用注意】

1) 注意禁忌病证。本品辛散耗气,故气虚及无食积、痰滞者慎用。

2) 注意配伍禁忌。不宜与人参同用。

┌─────────────┐
│　鸡　内　金　│
└─────────────┘

【来源】 本品为雉科动物家鸡 Gallus gallus domesticus Brisson 的干燥沙囊内壁。

【处方用名】 鸡内金　内金　炙鸡内金　炒鸡内金

【性味归经】 甘,平。归脾、胃、小肠、膀胱经。

【功效应用】

消食运脾——{特点:善消各种积滞。
　　　　　　　应用:①食积停滞证;②小儿脾虚疳积。

固精止遗——用于遗精遗尿。

通淋化石——用于泌尿系结石及肝胆结石。

> **链接**
> 消食运脾：指消化饮食积滞，振奋脾胃之气，使脾胃运化功能正常。
> 消食健胃：指消化饮食积滞，加强胃的消化功能。

【配伍应用】

鸡内金配白术、使君子：消食健脾，用于小儿脾虚疳积。

鸡内金配海金沙、金钱草：消石化坚，用于泌尿系结石、肝胆结石。

鸡内金配芡实、莲子：固精止遗，用于遗尿、遗精。

【鉴别应用】

山楂、莱菔子、鸡内金三药均有消食化滞之功，均可治疗饮食积滞、脘腹胀满之症。但山楂善消油腻肉食积滞，炒炭能止泻痢，兼能行气散瘀，治疗产后恶露不尽、瘀阻腹痛、痛经及疝痛等；又能降压降脂，现在常用治冠心病、高血压、高脂血症。莱菔子又能行气消胀、化痰止咳，治食积气滞，胸腹胀满及咳喘痰多。鸡内金消食又能运脾，治一切饮食积滞，对脾胃虚弱者尤为适宜；还可用于小儿疳积，兼能固精止遗、化结石，治疗遗精遗尿及泌尿系结石、肝胆结石。

【用法用量】 水煎服，3～10g；研末服，每次1.5～3g，效果较煎剂好。

> **小结**
> 消食药主要应用于饮食积滞或脾胃虚弱、消化不良之证。
> 山楂、莱菔子消食力较强，其中山楂善消油腻肉积，多用于肉食积滞，又能行气散瘀，治疗阻腹痛、痛经，炒焦可止泻痢；莱菔子消食兼有行气除胀功效，故食积气滞、脘腹胀满者首选，又能降气化痰，治疗咳喘痰多之证。鸡内金消食运脾，对脾虚食积之证尤为适宜，并能固精止遗，治遗精遗尿；消石化坚，治疗结石病。六神曲消食兼能解表，多用于食积兼有表证者；麦芽、谷芽消食和中，多用于米、面、薯、芋等淀粉性食积，麦芽又能回乳消胀，谷芽又可健脾开胃。
> 消食药多能耗气，故纯虚无滞者则当慎用。

目标检测

一、单项选择题

1. 山楂的功效是 （　）
  A. 消食化积、活血散瘀　　　　　　　B. 消食除胀、降气化痰
  C. 消食运脾、固精止遗　　　　　　　D. 消食健胃、回乳消胀
  E. 消食化积、散寒解表

2. 麦芽、谷芽共有的功效是 （　）
  A. 消食运脾　　B. 消食除胀　　C. 消食化痰　　D. 消食健胃　　E. 消食解表

3. 善消油腻肉食积滞的药是 （　）
  A. 莱菔子　　B. 麦芽　　C. 山楂　　D. 神曲　　E. 鸡内金

4. 既能治食积胀满，又能治咳嗽痰多的药是 （　）
  A. 谷芽　　B. 山楂　　C. 莱菔子　　D. 神曲　　E. 麦芽

5. 善消面食积滞，又能回乳的药是 （　）
  A. 谷芽　　B. 山楂　　C. 神曲　　D. 麦芽　　E. 鸡内金

6. 鸡内金的消食特点是 （　）

A. 消食运脾　　　B. 消食行气　　　C. 消食回乳　　　D. 消食化痰　　　E. 消食解表

二、填空题

1. 使用消食药时,若见脾胃气虚、运化无力者,应配_____药以标本兼治。
2. 山楂有消积化滞之功,尤为_____之要药。
3. 麦芽的功效是 _____、_____、_____。
4. 能促进金石类药物消化吸收,化糊与他药为丸的是_____。
5. 莱菔子辛散耗气,故_____者慎用。又不宜与_____同用。

三、问答题

1. 何谓消食药？其功效和适应证是什么？
2. 山楂的功效和主治病证是什么？
3. 简述莱菔子的功效、主治病证、用量用法及使用注意。
4. 莱菔子、山楂、鸡内金均能消食化积,如何区别使用？
5. 分述神曲、麦芽、谷芽的功效及适应证。

(高慧琴　张　冰)

第15章 驱 虫 药

1. 掌握驱虫药的含义、适应证及毒性、用量用法、使用注意
2. 掌握使君子、苦楝皮、槟榔、贯众的性味、功效、应用、配伍、用法用量及使用注意
3. 熟悉鹤草芽、雷丸、南瓜子的功效应用、用法用量及使用注意

【含义】 凡以驱除或杀灭人体寄生虫为主要作用,治疗虫证的药物,称为驱虫药。

【功效及适应证】 驱虫药多具苦味,部分药有毒,主归脾、胃、大肠经。以驱除或杀灭肠道寄生虫为主要功效,主要适用于肠道寄生虫病,如蛔虫、蛲虫、绦虫、钩虫等。症见绕脐腹痛,呕吐涎沫,不思饮食或多食善饥,嗜食异物,肛门瘙痒,烦躁夜惊,夜间磨牙等。久病出现面色萎黄,形体消瘦,腹大青筋暴露,浮肿等证,小儿则见疳积证。

【使用注意】
1) 病情不同,选药不同。使用驱虫药,应根据寄生虫的不同种类,选用适宜的驱虫药。
2) 注意配伍。使用驱虫药还需根据患者体质的强弱、证情的缓急及兼证的不同,进行适当的配伍。如大便秘结者,宜配伍泻下药;兼积滞者,可配消导药;脾胃虚弱者,当配伍健脾和胃之品;体质虚弱者,当先补后攻或攻补兼施。
3) 空腹服药。驱虫药一般应在空腹时服用,使药物密切接触虫体,充分发挥驱虫作用。对无泻下作用的驱虫药,应加服泻下药,以促进虫体的排出。
4) 虫积发热,腹痛剧烈者,暂不宜使用驱虫药,待症状缓解后,再予驱虫。
5) 注意用量用法。部分驱虫药有毒,要控制剂量,注意用法,以免中毒,同时对孕妇及年老体弱者亦当慎用。

使 君 子

【来源】 本品为使君子科植物使君子 Quisqualis indica L. 的干燥成熟果实。
【处方用名】 使君子　建君子　使君肉　炒使君子仁
【性味归经】 甘,温。归脾、胃经。
【功效应用】
驱虫——特点:气味香甜,尤宜于小儿蛔虫证。
　　　　应用:蛔虫证或蛲虫证。
消积——用于小儿疳积。
【配伍应用】
使君子配苦楝皮、槟榔:杀虫消积,用于多种肠道寄生虫病。
使君子配芦荟:杀虫消积,泄热通便,用于虫积于肠,热壅便秘。
【用法用量】 水煎服,9~12g。取仁炒香嚼服,6~9g;小儿每岁每天1~1.5粒,总量不超过

20粒;空腹服用,每日1次,连用3天。

【使用注意】 服药时忌饮热茶。

使君子的不良反应及解救方法

使君子的毒性成分为使君子酸钾,可致胃肠、膈肌痉挛而表现为顽固性呃逆、头痛眩晕、恶心呕吐、出冷汗、四肢发冷,重者可出现抽搐、惊厥、呼吸困难、血压下降等。中毒原因:①用量过大;②生品内服;③与热茶同饮。解救方法:①使君子壳煎汤内服;②丁香泡水喝;③嚼食甘草。

苦 楝 皮

【来源】 本品为楝科植物楝 *Melia azedarach* L. 或川楝 *Melia toosendan* Sieb. et Zucc. 的干燥根皮及树皮。

【处方用名】 苦楝皮 楝皮 川楝皮 苦楝根皮

【性味归经】 苦,寒。有毒。归肝、脾、胃经。

【功效应用】

杀虫——{特点:善驱蛔虫。
　　　　 应用:蛔虫、蛲虫、钩虫等。

疗癣——用于疥癣湿疮。

【用法用量】 水煎服,3~6g。外用适量。

【使用注意】

1) 本品有毒,不可过量或持续服用。

2) 体虚者慎用,肝病忌用。

苦楝皮的不良反应及解救方法

苦楝皮的毒性成分为川楝素和异川楝素。其中毒表现为恶心呕吐、剧烈腹痛、腹泻、头晕头痛、视力模糊、全身麻木、心律不齐、血压下降、呼吸困难、神志恍惚、狂躁或委靡、震颤或惊厥,最后因呼吸困难和循环衰竭而死亡。中毒原因主要是用量过大,或用法不当,或患者体质原因。解救办法可洗胃、催吐、导泻、补液及对症治疗;轻者可用绿豆120g、龙眼肉60g、甘草15g,煎水频服。

槟 榔

【来源】 本品为棕榈科植物槟榔 *Areca catechu* L. 的干燥成熟种子。

【处方用名】 槟榔 花槟榔 鸡心槟榔 大腹子 海南子 焦槟榔 槟榔炭

【性味归经】 苦、辛,温。归胃、大肠经。

【功效应用】

驱虫——{特点:善驱绦虫,杀虫兼驱虫。
　　　　 应用:多种肠道寄生虫病。

行气消积——用于食积气滞,腹胀便秘或痢疾里急后重。

利水——用于水肿,脚气肿痛。

【配伍应用】
槟榔配牵牛子:杀虫、消积、破滞,用于虫积而见腹痛腹胀、大便秘结者。
槟榔配木香、大黄:消积导滞,用于食积气滞,泻痢后重。
槟榔配商陆、泽泻:行气利水,用于水肿,大小便不通。
【用法用量】　水煎服,3~10g。驱绦虫、姜片虫时可用到30~60g。
【使用注意】　孕妇慎用;脾虚便溏或气虚下陷者忌用。

附药

　　大腹皮,为槟榔的果皮。性味辛,微温。归脾胃、大肠、小肠经。功能下气宽中、利水消肿。用于湿阻气滞,脘腹痞闷胀满,大便不爽及水肿、脚气等证。用量3~10g。

【来源】　本品为葫芦科植物南瓜 Cucurbita moschata (Duch.) Poiret 的种子。
【处方用名】　南瓜子　南瓜仁　生南瓜子
【性味归经】　甘,平。归胃、大肠经。
【功效应用】　杀虫——用于绦虫病。
【配伍应用】　南瓜子配槟榔:杀虫,用于绦虫病。
【用法用量】　生品研粉,每次60~120g,冷开水调服。

【来源】　本品为蔷薇科植物龙芽草(即仙鹤草)Agrimonia pilosa Ledeb. 的冬芽。
【处方用名】　鹤草芽　仙鹤草根芽
【性味归经】　苦、涩,凉。归肝、小肠、大肠经。
【功效应用】　杀虫——用于绦虫证。
【用法用量】　不入煎剂,宜研粉吞服,每次30~45g,小儿按0.7~0.8g/kg计算,每日一次,早起空腹一次服用。

【来源】　本品为白蘑科真菌雷丸 Omphalia lapidescens Schroet. 的干燥菌核。
【处方用名】　雷丸　雷实　白雷丸
【性味归经】　苦,寒。有小毒。归胃、大肠经。
【功效应用】
杀虫——特点:驱杀绦虫作用较强。
　　　　应用:绦虫、钩虫及蛔虫病。
【用法用量】　15~21g,不入煎剂,宜入丸散。饭后冷开水调服。

【来源】　本品为鳞毛蕨科植物粗茎鳞毛蕨 Dryopteris cras-sirhizoma Nakai 的带叶柄基部的

根茎。

【处方用名】 贯众 贯仲 绵马贯众 贯众炭

【性味归经】 苦,微寒;有小毒。归肝、脾经。

【功效应用】

杀虫——用于多种肠道寄生虫病。

清热解毒——用于风热感冒,温热斑疹及痄腮。

凉血止血——用于血热吐衄,便血崩漏。

【配伍应用】

贯众配板蓝根、大青叶:清热解毒、凉血消斑,用于风热感冒,温热斑疹及痄腮。

贯众炭配地榆、陈棕炭:凉血止血,用于崩漏下血。

【用法用量】 水煎服,5~10g。清热解毒及杀虫宜生用,止血宜炒炭用。

【使用注意】 脾胃虚寒及孕妇慎用。

> 贯众浸剂和煎剂对流感杆菌、痢疾杆菌及流感病毒、脊髓灰质炎病毒、单纯疱疹病毒等均有抑制作用;水浸剂在试管内对堇色毛癣菌等皮肤真菌亦有抑制作用;其煎剂有收缩子宫作用,对猪蛔虫有杀灭作用,并有驱绦虫作用。 〖链接〗

【来源】 本品为百合科植物大蒜 *Allium sativum* L. 的鳞茎。

【处方用名】 大蒜

【性味归经】 辛,温。归脾、胃、肺经。

【功效应用】

杀虫——用于钩虫、蛲虫。

解毒消肿——用于痈疖肿毒,癣疮。

止痢——用于泄泻、痢疾。

【用法用量】 水煎服,9~15g;外用适量,捣烂外敷或切片涂擦。

【使用注意】

1) 阴虚火旺及有目疾,舌、喉、口齿诸疾均不宜服。

2) 外敷不可过久。

〖小结〗

驱虫药主要用于肠道寄生虫病。

使君子、苦楝皮均以驱杀蛔虫为主,使君子味甘气香,尤宜于小儿,并能扶脾消疳,治疗小儿疳积;苦楝皮苦寒有毒,兼能疗癣止痒,治疥癣湿疮。槟榔、南瓜子、鹤草芽、雷丸均长于驱杀绦虫,其中槟榔、南瓜子多相须为用,槟榔辛散苦降,还有行气、消积、利水作用,可治食积气滞,泻痢后重及水肿、脚气肿痛等证;鹤草芽、雷丸只入丸散,不宜入煎剂。贯众可治疗多种肠道寄生虫病,并能清热解毒、凉血止血,用于风热感冒,温热斑疹,痄腮及血热吐衄,便血崩漏等。

驱虫药应空腹服用;部分药有毒,应严格控制剂量、注意用法,以免中毒;发热、剧烈腹痛的患者,暂不宜用驱虫药,待症状缓解后,再予驱虫比较安全。

目标检测

一、单项选择题

1. 既能杀虫又能疗癣的药是 （　）
   A. 使君子　　B. 苦楝皮　　C. 雷丸　　D. 槟榔　　E. 贯众
2. 下列哪组药以驱杀蛔虫为主 （　）
   A. 使君子、雷丸　　B. 苦楝皮、槟榔　　C. 使君子、苦楝皮
   D. 雷丸、苦楝皮　　E. 南瓜子、贯众
3. 以驱杀绦虫为主的药是哪一组 （　）
   A. 槟榔、南瓜子　　B. 槟榔、使君子　　C. 槟榔、贯众
   D. 槟榔、苦楝皮　　E. 南瓜子、贯众
4. 具有杀虫、消积、行气、利水作用的药是 （　）
   A. 苦楝皮　　B. 贯众　　C. 鹤草芽　　D. 槟榔　　E. 雷丸
5. 下列何药只入丸散不入煎剂 （　）
   A. 槟榔　　B. 苦楝皮　　C. 鹤草芽　　D. 贯众　　E. 南瓜子

二、填空题

1. 驱虫药一般应在_____时服用，对无泻下作用的驱虫药，酌情配伍_____药，以促进虫体的排出。
2. 气味香甜，尤宜于小儿蛔虫证的药是_____。
3. 槟榔能治食积气滞，泻痢后重，是取其_____、_____的功效。
4. 治疗绦虫，槟榔多与_____相须为用。
5. 使君子的功效是_____、_____。

三、问答题

1. 试述驱虫药的含义及适应病证。
2. 使用驱虫药时应注意什么？
3. 使君子的功效、应用是什么？如何使用？
4. 简述贯众的功效及临床应用。
5. 槟榔、苦楝皮、鹤草芽、南瓜子、使君子、雷丸均能驱虫，如何区别使用？

（高慧琴　张　冰　郑虎占）

第16章 止 血 药

1. 掌握止血药的含义、分类、适应证及使用注意。
2. 明确凉血止血、温经止血、化瘀止血、收敛止血的概念。
3. 掌握大蓟、白茅根、地榆、白及、仙鹤草、三七、茜草、蒲黄、艾叶的性味、功效、应用、配伍、用法用量及使用注意。
4. 熟悉小蓟、侧柏叶、苎麻根、槐花、棕榈炭、血余炭、藕节、花蕊石、炮姜、灶心土的功效、应用、用法用量及使用注意。

【含义】 凡以制止体内外出血为主要作用,适用于咯血、吐血、衄血、便血、尿血、崩漏、紫癜及外伤出血等各种出血证的药物,称为止血药。

【分类及适应证】

1) 凉血止血药:本类药药性寒凉,能凉血止血。适用于血热妄行的出血证,症见血色鲜红,质较黏稠,伴发热、烦躁、口渴、面红目赤、舌红苔黄、脉数有力等。

2) 化瘀止血药:本类药既能止血,又能活血化瘀,具有止血而不留瘀的特点,适用于瘀血内阻而血不循经的出血证。症见反复出血不止,血色紫暗,夹有血块,面色黧黑,舌质紫暗,有瘀斑瘀点,脉涩等。以其化瘀作用,还可用于跌打损伤、瘀滞经闭及心腹疼痛等证。

3) 收敛止血药:本类药多具涩味,能收敛止血,广泛用于体内外多种出血证。尤为虚损不足,出血不止,神疲乏力,舌淡脉细及外伤出血等。

4) 温经止血药:本类药药性温热,能温经散寒而止血,适用于虚寒性出血证。如脾不统血的便血及冲脉失固的崩漏等,症见出血日久,血色暗淡,质地稀薄,伴气短乏力,四肢不温,面色无华,舌淡,脉细弱等。

【使用注意】

1) 注意选择药性相宜的止血药,并适当配伍。使用止血药,必须根据出血的原因和具体证候,选择药性相宜的止血药,并适当配伍。如血热妄行而致出血者,应选凉血止血药,并配清热凉血之品;阴虚阳亢者,应配滋阴降火、潜阳之品;瘀滞出血者,选用化瘀止血药,并配伍活血祛瘀之品;虚寒性出血者,应选温经止血药,并配益气健脾温阳之品。

2) 注意止血要防留瘀。使用凉血止血药、收敛止血药时,必须注意有无瘀血,不能单纯止血,以免有留瘀之弊。

3) 注意配伍益气固脱之品。大出血而致气随血脱时,单用止血药,往往缓不济急,当先用大补元气的人参来补气固脱。

第1节 凉血止血药

【来源】 本品为菊科植物蓟 *Cirsium japonicum* Fisch.ex DC. 的干燥地上部分。

【处方用名】 大蓟　大蓟草　虎蓟　大蓟炭
【性味归经】 苦、甘,凉。归心、肝经。
【功效应用】

凉血止血——{特点:凉血止血又兼散瘀。
应用:血热妄行的多种出血证,尤宜于血热兼有瘀滞的出血证。}

散瘀,解毒消痈——用于热毒痈肿。

【配伍应用】
大蓟配小蓟:凉血止血,用于血热吐血、咯血及崩漏下血。

【用法用量】 水煎服,9~15g;鲜品30~60g。外用适量,捣敷患处。

大蓟的临床应用

1. 大蓟、小蓟各30g,清水洗净,放入碗中捣烂,挤出液汁,慢火炖开加糖服下,治疗上消化道出血有效。

2. 大蓟100g,瘦肉30~60g,水煎分2次服用,每日1剂,连服3个月为一个疗程,治疗肺结核有效。

3. 将鲜大蓟根洗净切细,捣烂取汁,加适量菜油调成糊状,涂抹患处,治疗Ⅰ、Ⅱ度烧伤有效,均在10~30天内痊愈。

此外,近年临床用本品治疗高血压、急、慢性肝炎,有降血压、利胆退黄作用。

小　蓟

【来源】 本品为菊科植物刺儿菜 Cirsium setosum（Willd.）MB. 的干燥地上部分。
【处方用名】 小蓟　小蓟草　猫蓟　小蓟炭
【性味归经】 苦、甘,凉。归心、肝经。
【功效应用】

凉血止血——{特点:凉血止血又兼利尿。
应用:血热妄行的多种出血证,尤善治尿血。}

散瘀,解毒消痈——用于热毒疮痈。

【配伍应用】
小蓟配侧柏叶:凉血止血,用于血热妄行的多种出血证。
小蓟配白茅根:凉血止血,清热利尿,用于尿血、血淋。

【鉴别应用】
大蓟与小蓟均能凉血止血,解毒消痈,均可用治血热所致的多种出血证及热毒疮痈。但大蓟兼能散瘀,尤宜于血热兼有瘀滞的出血证。而小蓟又可利尿,长于治疗血淋、尿血。

【用法用量】 水煎服,5~12g;鲜品加倍。外用适量,捣敷患处。

地　榆

【来源】 本品为蔷薇科植物地榆 Sanguisorba officinalis L. 或长叶地榆 Sanguisorba. officinalis L. var. longifolia（Bert.）Yu et Li 的干燥根。

【处方用名】 地榆 生地榆 地榆炭
【性味归经】 苦、酸,微寒。归肝、胃、大肠经。
【功效应用】

凉血止血——{特点:善治下部出血。
　　　　　　应用:下焦热盛所致的便血、痔血及崩漏等。

解毒敛疮——{特点:有"烫伤要药"之称。
　　　　　　应用:烫伤,湿疹及皮肤溃烂。

【配伍应用】
　　地榆配槐花:凉血止血,用于肠风便血,痔疮肿痛。
　　地榆配紫草:泻火解毒敛疮,用于烫伤、湿疹等。

地榆含地榆苷、地榆皂苷、鞣质。对烧伤有较好的治疗作用,能减少渗出和感染,形成保护膜,加速恢复。地榆水煎剂与醇提剂均有抗感染消肿作用。并能抑制皮肤微血管通透性。对人型结核杆菌、金黄色葡萄球菌、铜绿假单胞菌及某些致病真菌、病毒都有抑制作用。

【用法用量】 水煎服,10~15g。外用适量。
【使用注意】 大面积烧伤,不宜使用地榆制剂外涂,以防其所含水解型鞣质被人体吸收而致中毒性肝炎。

【来源】 本品为豆科植物槐树 *Sophora japonica* L. 的干燥花及花蕾。
【处方用名】 槐花 生槐花 槐花炭 槐米 生槐米 槐米炭
【性味归经】 苦,微寒。归肝、大肠经。
【功效应用】

凉血止血——{特点:善治下部出血。
　　　　　　应用:便血、痔血等血热出血证。

清泄肝火——用于肝热目赤,头晕头胀痛。

【配伍应用】
　　槐花配荆芥:疏风止血,用于肠风痔疮便血。
　　槐花配黄芩:清热、凉血止血,用于热伤血络的下部出血证。

【鉴别应用】
　　地榆与槐花两药均能凉血止血,常相须为用,治疗血热妄行的多种出血证,尤为治下焦血热所致的便血、痔血、血痢、崩漏所常用。不同点:地榆兼有酸味,能收敛止血,又能解毒敛疮,可治水火烫伤、湿疹及疮疡痈肿等,为治烫伤之要药;槐花又能清泻肝火,治疗肝火上炎的头痛目赤及原发性高血压等。

【用法用量】 水煎服,5~10g。止血炒炭用,清肝火生用。

附药

槐角,为槐的成熟果实,又名槐实。性味功效与槐花相似,止血作用较弱,但清热之力强于槐花,并能润肠,主要用于肠热便血、痔疮出血及大便秘结等。水煎服,10~15g,孕妇慎用。

【来源】 本品为禾本科植物白茅 *Imperata cylindrica* Beauv. var. Major (Ness) C. E. Hubb.

的干燥根茎。

【处方用名】 白茅根　鲜茅根　茅根　茹根　茅草根　茅根炭

【性味归经】 甘,寒。归肺、胃、膀胱经。

【功效应用】

凉血止血——{特点:凉血止血又能清热利尿。
　　　　　　应用:血热妄行的吐血、衄血及尿血等,善治尿血。

清热利尿——用于热淋涩痛,水肿及湿热黄疸等。

生津止渴——用于热病烦渴,胃热呕哕及肺热咳嗽等。

【配伍应用】

白茅根配藕节:凉血止血,用于风热犯肺,肺络受损,咳嗽咯血。

白茅根配芦根:清热生津,用于热病烦渴。

【鉴别应用】 白茅根与芦根。两药均属甘寒之品,均能清泄肺胃壅热,生津止渴,常相须为用,治疗热病烦渴,胃热呕哕及肺热咳嗽等。但芦根偏行气分,长于清热泻火,并能清肺热而祛痰排脓,主用于肺痈。白茅根偏走血分,长于清热、凉血止血,主用于血热出血证,因能利尿,故多用于血尿。

> 白茅根含甘露醇、葡萄糖、白茅素等。有促凝血、止血作用,对痢疾杆菌有抑制作用。还能解热、利尿、消除蛋白尿,恢复肾功能。近代临床用本品治疗急性肾炎、水肿、血尿、乳糜尿及肾病综合征有效。

【用法用量】 水煎服,9~30g;鲜品加倍。

【来源】 本品为柏科植物侧柏 *Platycladus orientalis* (L.) Franco 的干燥枝梢及叶。

【处方用名】 侧柏叶　侧柏　柏叶　侧柏炭

【性味归经】 苦、涩,微寒。归肺、肝、大肠经。

【功效应用】

凉血止血——用于各种内外出血证,长于治肺出血。

祛痰止咳——用于肺热咳嗽,痰稠难咯。

生发乌发——用于血热脱发及须发早白。

【配伍应用】

侧柏叶配贝母:化痰止咳,用于肺热咳嗽。

侧柏叶配炮姜:清降温中,收敛止血,用于中寒气逆,血不归经,吐血不止。

> 侧柏叶主要含挥发油。对流感病毒、疱疹病毒均有抑制作用。近代临床用本品治疗老年慢性支气管炎及小儿百日咳有效。此外,本品研末外敷可治烫伤;以侧柏叶60g,加60%乙醇溶液适量,浸7日后外擦头皮,可止痒生发,治疗脱发。

【用法用量】 水煎服,6~12g。止血多炒炭用,祛痰止咳宜生用。

【来源】 本品为荨麻科多年生草本植物苎麻 *Boehmeria nivera* (L.) Gaud. 的根。

【处方用名】 苎麻根　苎根　苎麻头

【性味归经】 甘,寒。归心、肝经。

【功效应用】

凉血止血——用于血热出血证,长于治妇科出血。

清热安胎——用于胎热不安,胎漏下血。

解毒——用于热毒痈肿。

【配伍应用】

苎麻根配白茅根：凉血止血，用于血热吐血、衄血。

苎麻根配黄芩：清热安胎，用于胎热不安。

苎麻根配阿胶：安胎止漏，用于胎漏下血，胎动不安。

【用法用量】　水煎服，10~30g。外用适量。

临床报道：

1）用苎麻根粉适量，加醋调成糊状，外涂患处，每日3~4次，治疗腮腺炎有较好的疗效。

2）治疗鼾症：苎麻根15g，牛蒡子10g，生甘草6g，水煎2次，合并浓缩至50ml，加入60%乙醇溶液，沉淀，滤取上清液，回收乙醇，浓缩至30ml，分2~3次，每晚睡前30分钟用以漱口，每次3~5分钟，含漱后咽下，14日为一个疗程，有较好的疗效。

第2节　收敛止血药

仙 鹤 草

【来源】　本品为蔷薇科植物龙芽草 *Agrimonia pilosa* Ledeb. 的干燥地上部分。

【处方用名】　仙鹤草　龙芽草　脱力草　黄龙尾

【性味归经】　苦、涩，平。归肺、肝、脾经。

【功效应用】

收敛止血——｛特点：为止血要药。

　　　　　　｛应用：广泛用于各种出血证。

补虚——用于脱力劳伤，神疲乏力，面色萎黄。

止痢——用于腹泻痢疾。

杀虫——用于滴虫性阴道炎及阴部湿痒等。

【配伍应用】

仙鹤草配阿胶：补血止血，用于各种出血兼有阴血亏虚之证。

仙鹤草配大枣：补虚、强壮身体，用于脱力劳伤。

【用法用量】　水煎服，6~12g。外用适量。

白 及

【来源】　本品为兰科植物白及 *Bletilla striata* (Thunb.) Reichb. f. 的干燥块茎。

【处方用名】　白及　白芨　连及草　白及粉

【性味归经】　苦、甘、涩，寒。归肺、胃、肝经。

【功效应用】

收敛止血——｛特点：善治肺胃出血。

　　　　　　｛应用：咯血、吐血及外伤出血。

消肿生肌——用于疮痈肿毒，手足皲裂及肛裂。

【配伍应用】

白及配三七:祛瘀生新,益气止血,用于肺痨咳血、吐血。

白及配乌贼骨:收敛止血,用于各种出血证,主治胃出血。

白及配枇杷叶:敛肺止血,用于肺病咯血。

【用法用量】 水煎服,6~15g;散剂每次用 3~6g。外用适量。

【使用注意】 反乌头。

【来源】 本品为棕榈科植物棕榈 Trachycarpus fortunei（Hock.f.）H.Wendl. 的干燥叶柄。

【处方用名】 棕榈炭　陈棕榈　棕榈　败棕

【性味归经】 苦、涩,平。归肝、肺、大肠经。

【功效应用】

收敛止血——{特点:收涩性强,容易留瘀。
应用:妇科出血而无瘀滞证。

【配伍应用】

棕榈炭配血余炭、侧柏叶:收敛止血,用于崩漏、便血等出血证。

棕榈炭配小蓟、栀子:凉血止血,用于血热吐血、咯血。

棕榈炭配炮姜、乌梅:温经止血,用于虚寒性崩漏下血。

【用法用量】 水煎服,3~10g;研末服,每次 1~1.5g。

【使用注意】 有瘀滞的出血忌用。

【来源】 本品为人发制成的炭化物。

【处方用名】 血余炭　血余

【性味归经】 苦、涩,平。归肝、胃、膀胱经。

【功效应用】

收敛止血,散瘀——{特点:止血而不留瘀。
应用:衄血、咯血、吐血、崩漏等出血证。

补阴利尿——用于阴虚小便不利。

【鉴别应用】 棕榈炭与血余炭两药均属炭类药物,均能收敛止血,治疗多种出血证,常相须为用。但棕榈炭收敛性强,以治出血而无瘀滞者为宜,临床多用于妇科崩漏下血。血余炭收敛止血,兼能化瘀,有止血而不留瘀的特点,对出血兼有瘀滞血者最宜。

【用法用量】 水煎服,5~10g;研末服,每次 1.5~3g。

【使用注意】 胃气虚弱者慎用。

【来源】 本品为睡莲科植物莲 Nelumbo nucifera Gaertn. 的干燥根茎节部。

【处方用名】 藕节　生藕节　藕节炭

【性味归经】 甘、涩,平。归肝、肺、胃经。

【功效应用】 收敛止血——用于咯血、吐血、衄血等多种出血证。
【配伍应用】
藕节配白及、枇杷叶：收敛止血，用于咯血、咳血。
藕节配小蓟、滑石：凉血止血，利尿通淋，用于尿血、血淋。
【用法用量】 水煎服，9~15g；鲜品加倍，捣汁饮用。

第3节 化瘀止血药

【来源】 本品为五加科植物三七 *Panax notoginseng* （Burk.） F. H. Chen 的干燥根及根茎。
【处方用名】 三七　参三七　田七　山漆　滇三七　三七粉
【性味归经】 甘、微苦，温。归肝、胃经。
【功效应用】

化瘀止血——{特点：止血而不留瘀。
　　　　　　　应用：体内外各种出血证。
消肿定痛——用于跌打损伤，瘀肿疼痛。
另外，广泛用心胸痛、痛经及产后瘀血腹痛。
【配伍应用】
三七配白及、阿胶：补肺止血，用于肺痨咯血。
三七配乳香、没药：活血、消肿定痛，用于跌打损伤，瘀肿疼痛。
【鉴别应用】
三七与白及两药均能止血，治疗出血证。但三七化瘀止血，有"止血而不留瘀，化瘀而不伤正"的特点，对体内外各种出血，尤为出血兼有瘀滞者最宜，有"止血神药"之称。又能消肿定痛，为伤科要药，可治跌打损伤，瘀肿疼痛。白及苦涩质黏，收敛止血，多用于肺胃出血；又能消肿生肌，可治痈肿疮毒，手足皲裂。
【用法用量】 水煎服，3~9g；研末吞服，1 次 1~3g。外用适量。

从三七中得到 6 种皂苷元，21 种皂苷，还有黄酮苷、谷甾醇及胡萝卜苷，所以传统用三七配人参治疗胸痹证有效。药理实验证明三七能强心、增加冠脉血流，降低心肌耗氧量，同时能促凝血、止血；有明显的抗凝作用，能抑制血小板凝聚，促进纤溶，使血黏度下降；还有抗感染、镇痛、调节糖代谢、保肝、抗衰老、抗肿瘤、抑制子宫收缩等作用。近年临床用三七治疗冠心病心绞痛，缺血性脑血管病，脑出血后遗症有效。

附药

菊叶三七，为菊科多年生草本植物菊叶三七 *Gynura segetum* （Lour.） Merr. 的根及叶，功能止血散瘀，解毒消肿。

景天三七，为景天科多年生肉质草本植物景天三七 *Sedum aizoon* L. 的根或全草。功能止血散瘀，养血安神。

茜 草

【来源】 本品为茜草科多年生草本植物茜草 Rubia cordifolia L. 的根及根茎。
【处方用名】 茜草　茜根　茜草炭　生茜草　茜草根　血见愁
【性味归经】 苦,寒。归肝经。
【功效应用】
凉血止血——用于血热夹瘀的吐血、衄血及崩漏等出血证。
活血通经——用于血滞经闭、跌打损伤及风湿痹痛等。
【用法用量】 水煎服,6~10g。止血炒炭用,活血通经生用或酒炒。

蒲 黄

【来源】 本品为香蒲科植物水烛香蒲 Typha angustifolia L.、东方香蒲 Typha orientalis Presl. 或同属植物的干燥花粉。
【处方用名】 蒲黄　生蒲黄　蒲黄炭　炒蒲黄
【性味归经】 甘,平。归肝、心经。
【功效应用】
化瘀止血——应用:①各种内外出血证;②瘀血所致心腹疼痛,产后腹痛及痛经等。
利尿通淋——用于血淋涩痛。
【配伍应用】
蒲黄配五灵脂:化瘀止血,用于瘀血所致的心腹疼痛、产后腹痛、痛经等。
【用法用量】 入汤剂,包煎,5~10g。止血多炒用,化瘀宜生用。
【使用注意】 本品可收缩子宫,孕妇忌用。

> 蒲黄含黄酮、氨基酸、挥发油、生物碱等。有促凝血作用,能缩短凝血时间,能增加冠脉流量,扩张血管,改善微循环,具有明显的抑制血小板黏附和聚集作用;还能降血压、降血清胆固醇、抗动脉粥样硬化;可兴奋子宫,尤能使产后子宫收缩力加强;有抗感染、利尿、平喘等作用。

花 蕊 石

【来源】 本品为变质岩类岩石蛇纹大理岩。
【处方用名】 花蕊石　花乳石　煅花蕊石
【性味归经】 酸、涩、平。归肝经。
【功效应用】
化瘀止血——应用:①吐血、咯血等出血兼有瘀滞者;②外伤出血。
【用法用量】 入汤剂,打碎先煎,10~15g;研末服,每次 1~1.5g;外用适量。

> 凉血止血:用药性寒凉,能清热凉血,清血分之热而止血的药物,治疗热入血分、迫血妄行所致各种出血证的治法。
> 化瘀止血:又称祛瘀止血,即祛除瘀血以止血的方法,用于瘀血内阻而致血不循经的出血证的治法。

【使用注意】

1）孕妇忌服。

2）内无瘀滞者慎用。

第4节 温经止血药

艾叶

【来源】 本品为菊科植物艾 *Artemisia argyi* Levl.et Vant. 的干燥叶。

【处方用名】 艾叶 蕲艾 陈艾叶 蕲艾叶 艾绒 艾炭

【性味归经】 苦、辛,温。归肝、脾、肾经。

【功效应用】

温经止血——{特点:善暖下焦胞宫,尤宜于妇女崩漏下血。
应用:崩漏等虚寒性出血证。

散寒调经——用于下焦虚寒,腹中冷痛,月经不调,痛经,带下及宫冷不孕等。

燥湿止痒——用于皮肤湿疹瘙痒。

用做温灸剂——用于补壮阳气,散寒除湿,透达经络气血,疗寒湿痹痛。

【配伍应用】

艾叶配阿胶:温经止血,止漏安胎,用于虚寒性痛经,崩漏下血及胎动不安。

艾叶配香附、肉桂:温经散寒,调经止痛,用于痛经、月经不调及宫冷不孕。

【鉴别应用】

艾叶与炮姜均能温经止血,治虚寒性出血证。但艾叶作用偏于下焦,善治虚寒性崩漏下血,又能散寒,调经止痛,安胎,治下焦虚寒、腹中冷痛、胎漏下血、月经不调、痛经及带下等症,为妇科经带胎产之要药;煎汤熏洗,可治湿疹瘙痒、疥癣等;还是温灸的主要原料。炮姜作用偏于中焦,善治脾胃虚寒、失于统摄的吐血、便血;又能温中止痛止泻,治疗虚寒性腹痛腹泻。

> 艾叶含挥发油、黄酮类及脂肪等。有抑制纤溶酶活性,降低毛细血管通透性,促进止血的作用;对多种致病细菌、真菌有抑制作用。此外,尚有兴奋子宫、镇咳、平喘、祛痰、抗过敏等作用。近年发现艾叶油有止咳、祛痰、平喘作用,可治寒性咳喘。此外,本品煎汤熏洗,可治湿疹瘙痒、疥癣等。
>
>

【用法用量】 水煎服,3~10g;外用适量。温经止血宜炒炭用,余则生用。

炮姜

【来源】 本品为干姜的炮制加工品。

【处方用名】 炮姜 黑姜 炮姜炭

【性味归经】 苦、涩,温。归脾、肝经。

【功效应用】

温经止血——用于虚寒性吐血、便血及崩漏。

温中止痛——用于虚寒性腹痛、腹泻。

【配伍应用】

炮姜配当归、川芎:温经止痛,化瘀止血,用于产后血虚寒凝、瘀滞腹痛。

炮姜配高良姜:温中、散寒止痛,用于胃寒脘腹冷痛。

【鉴别应用】

生姜、干姜、炮姜三者同出一物,均能温中散寒,治疗脾胃寒证。不同点:生姜为姜之鲜品,辛味最重,辛散力强,长于发散表寒,又能止呕,为治风寒表证及胃寒呕吐的常用药。干姜为姜之干燥品,辛味有所散失,辛散力减弱,长于温中散寒,为治脾胃寒证之要药,并能回阳,温肺化饮。炮姜经过炒黑,辛味全无,辛散作用大减,味变苦涩,以温经止血见长,多用于虚寒性出血证。故前人说:"生姜走而不守,干姜能守能走,炮姜守而不走。"这是三者的主要区别。

【用法用量】 水煎服,3~9g。

【来源】 本品为烧木柴或杂草的土灶内底部中心的焦黄土块。

【处方用名】 灶心土 伏龙肝 灶中黄土

【性味归经】 辛,温。归脾、胃经。

【功效应用】

温中止血——用于吐血、便血等虚寒性出血证。

降逆止呕——用于胃寒呕吐及妊娠恶阻。

温脾止泻——用于脾虚久泻。

【配伍应用】

灶心土配附子、地黄:温经止血,用于虚寒性吐血、便血。

灶心土配干姜、肉豆蔻:涩肠止泻,用于脾虚久泻。

【用法用量】 布包先煎,15~30g;或60~120g煎汤代水。

小结

止血药以止血为主要作用,应用于体内外各种出血证。依其药性和功效的不同分为凉血止血、收敛止血、化瘀止血和温经止血四类。

凉血止血药,药性寒凉,主要用于血热妄行的出血证。大蓟、小蓟、地榆、槐花、白茅根、侧柏叶、苎麻根均能凉血止血,治疗血热出血证。其中大蓟、小蓟又能散瘀解毒消痈,治热毒痈肿。小蓟、白茅根兼能利尿,善治尿血、血淋。地榆、槐花善治下焦血热的便血、痔血。侧柏叶兼能祛痰止咳,苎麻根又能清热安胎。

收敛止血药味多苦涩,能收敛止血,适宜于出血而无瘀滞及实邪者。白及善治肺胃出血。仙鹤草为止血专药,兼能补虚,可治脱力劳伤。棕榈炭功专止血,对崩漏尤宜。血余炭兼能化瘀,止血而不留瘀。

化瘀止血药,既能止血,又能化瘀,"止血而不留瘀"是本类药的共同特点,多用于瘀血内阻所致的出血证。三七为止血要药,可治各种内外出血证,又能活血化瘀,消肿止痛,为伤科要药。茜草化瘀止血又能凉血,对血热夹瘀的出血证尤为适宜。蒲黄活血止痛,善治瘀血疼痛。

温经止血药药性温热,适用于虚寒性出血证。艾叶善治下焦虚寒的崩漏,为妇科经带胎产之要药。炮姜偏治中焦虚寒的吐血、便血。

使用止血药,尤其是凉血止血药、收敛止血药要注意防止留瘀。

目标检测

一、单项选择题

1. 既能凉血止血,又能解毒敛疮,善治烫伤的药是 ( )
   A. 大蓟   B. 侧柏叶   C. 槐花   D. 地榆   E. 苎麻根
2. 功能凉血止血,善治血淋、尿血的药是 ( )
   A. 地榆   B. 大蓟   C. 小蓟   D. 侧柏叶   E. 槐花
3. 治疗血热夹瘀之崩漏,月经不调,首选下列何药 ( )
   A. 三七   B. 茜草   C. 棕榈炭   D. 地榆   E. 艾叶
4. 蒲黄的用法是 ( )
   A. 包煎   B. 先煎   C. 冲服   D. 后下   E. 烊化
5. 功能收涩止血,陈久炒炭为佳者是 ( )
   A. 仙鹤草   B. 棕榈炭   C. 血余炭   D. 花蕊石   E. 藕节炭
6. 瘀血内阻,血不循经而出者应选用 ( )
   A. 温经止血药   B. 化瘀止血药   C. 收敛止血药   D. 凉血止血药   E. 活血化瘀药
7. 功能止血散瘀,补阴利尿,具有"止血而不留瘀"特点的药是 ( )
   A. 棕榈炭   B. 血余炭   C. 侧柏叶   D. 蒲黄   E. 三七
8. 治疗虚寒性出血证,尤为妇科崩漏下血多用 ( )
   A. 蒲黄   B. 艾叶   C. 炮姜   D. 茜草   E. 益母草
9. 地榆最常用于下列何种出血 ( )
   A. 咯血、衄血   B. 吐血、崩漏   C. 尿血、血淋   D. 便血、痔血   E. 以上均可
10. 功能收敛止血,善治肺胃出血的药是 ( )
    A. 白及   B. 仙鹤草   C. 地榆   D. 棕榈炭   E. 艾叶
11. 炮姜与艾叶的共同作用是 ( )
    A. 补血止血   B. 凉血止血   C. 收敛止血   D. 温经止血   E. 化瘀止血
12. 既凉血止血,又能清泄肝火的药物是 ( )
    A. 白茅根   B. 槐花   C. 地榆   D. 栀子   E. 芦荟
13. 既能收敛止血、又能强壮补虚的药是 ( )
    A. 白及   B. 棕榈炭   C. 仙鹤草   D. 蒲黄   E. 三七
14. 苎麻根的功效是 ( )
    A. 凉血止血、解毒敛疮   B. 凉血止血、清泄肝火
    C. 凉血止血、清热解毒   D. 凉血止血、化痰止咳
    E. 凉血止血、清热安胎
15. 艾叶以产于何地者为最佳 ( )
    A. 四川   B. 济南   C. 湖北   D. 湖南   E. 河南

二、填空题

1. 止血药以其药性和功能的不同,可分为_____药、_____药、_____药和_____药四类。
2. 使用凉血止血药、收敛止血药时,当注意_____。
3. 三七的功效是_____,_____,为_____要药。
4. 地榆为治_____要药,其止血作用则善治_____。
5. 灶心土的功效是_____、_____、_____。
6. 白及最善治疗_____出血。

7. 既能收敛止血,又能化瘀行血的药是_____、_____、_____。
8. _____善治下焦虚寒的崩漏下血;_____善治中焦虚寒的吐血、便血。
9. 蒲黄的功效是_____、_____、_____,治瘀滞诸痛,常配伍_____,入汤剂宜_____。
10. 槐花功能_____,_____。治痔血多与_____配伍。
11. 白茅根的功效是_____,_____。用治出血证,则善治_____。
12. 侧柏叶的功效是_____,_____。
13. 仙鹤草的功效是_____,_____,_____。
14. 血余炭的功效是_____,_____,_____。
15. 茜草功能_____,_____,对_____之出血尤为适宜。

三、问答题

1. 止血药的适应证是什么？使用时当注意什么？
2. "凡止血药均须炒炭用"的观点是否正确？为什么？
3. 三七止血的特点是什么？
4. 比较大蓟、小蓟功效应用的异同点。
5. 艾叶、苎麻根、桑寄生、砂仁均能治疗胎动不安,如何区别使用？

（高慧琴　张　冰）

第17章 活血祛瘀药

1. 掌握活血祛瘀药的含义、功效、适应证及使用注意
2. 明确活血祛瘀、破血消癥、祛瘀生新及引血下行等概念
3. 掌握川芎、丹参、益母草、红花、牛膝、郁金、延胡索、乳香、莪术的性味、功效应用、用法用量及使用注意
4. 熟悉泽兰、桃仁、鸡血藤、穿山甲、姜黄、降香、苏木、王不留行、五灵脂、没药、三棱、水蛭、土鳖虫、斑蝥、蛀虫的功效应用、用法用量及使用注意
5. 掌握郁金与姜黄、三棱与莪术、桃仁与红花、丹参与川芎在性能、功效和应用方面的异同

【含义】 凡以通利血脉、促进血行、消散瘀血为主要作用的药物,称为活血祛瘀药,简称活血药。其中活血作用较强者,又称破血药。

【分类及适应证】 活血祛瘀药味多辛苦,性善行散,主入心、肝二经。适用于各种瘀血阻滞的病证。瘀血既是病理产物,又是多种疾病的致病因素。故本类药适用范围较为广泛,如血滞经闭、痛经、产后瘀滞腹痛;瘀血头痛,胸痹胁痛,风湿痹痛,肢体不遂,癥瘕积聚,疮痈肿痛及跌打损伤,瘀肿骨折等。

依据活血药的作用特点,可分为四类:

1) 活血止痛药:本类药多具辛味,既入血分,又入气分,活血之中兼有很好的行气止痛作用,主要适用于血瘀气滞所致的各种疼痛,如头痛、胸胁痛、心腹痛、痛经、产后腹痛、肢体痹痛及跌打伤痛等。

2) 活血调经药:本类药大多辛散苦泄,主入肝经血分,既可活血化瘀,又善调经止痛。主要适用于妇女月经不调、痛经、经闭、产后瘀滞腹痛等证。

3) 活血疗伤药:本类药味多辛、苦,主归肝、肾经,既能活血化瘀,又善于消肿止痛、续筋接骨。主要适用于跌打损伤、瘀血肿痛、筋伤骨折及金疮出血等伤科病证。

4) 破血消癥药:本类药虫类药居多,味辛、苦,兼有咸味,均入肝经血分。药性峻猛,能破血逐瘀,消癥化积。主要适用于癥瘕积聚、血滞经闭等瘀血重证。

【使用注意】

1) 注意配伍理气药以增强活血化瘀之功。根据"气行则血行,气滞则血凝"的原理,使用本类药常配理气药同用。此外,还需针对不同病因,配伍其他药物以收标本同治之功。如寒凝血滞者,当配伍温里药同用;热壅血瘀者,可配清热凉血、清热解毒之品;关节痹痛,配祛风湿药;癥瘕积聚,配软坚散结药。

2) 孕妇及妇女月经过多者忌用或慎用。

第1节 活血止痛药

川 芎

【来源】 本品为伞形科植物川芎 *Ligusticum chuanxiong* Hort. 的干燥根茎。
【处方用名】 川芎 大川芎 芎䓖 酒川芎 抚芎 炒川芎
【性味归经】 辛,温。归肝、胆、心包经。
【功效应用】

活血行气——{特点:通达气血,为"血中气药"。
　　　　　　应用:血瘀气滞的多种疼痛。

祛风止痛——{特点:善能上行头目,为治疗头痛的要药。
　　　　　　应用:头痛,风湿痹痛。

【配伍应用】
川芎配当归:活血行血,调经止痛,用于血虚夹瘀之头痛、痛经、产后瘀滞腹痛及风湿痹痛。
川芎配白芷:祛风、散寒、止痛,用于风寒头痛。
【用法用量】 水煎服,3~10g;研末吞服,每次1~1.5g。
【使用注意】 阴虚火旺、劳热多汗、月经过多者慎用。

> 川芎含挥发油、生物碱、酚性物质、有机酸等。川芎生物碱及其酚性部分,都具有扩张冠状血管、增加冠脉血流量及降低心肌耗氧量等作用。川芎还能扩张外周血管和脑血管,降低血压。川芎嗪尚有增进微循环及抑制血小板聚集和抗血栓形成作用。其浸膏及煎剂均能增强子宫收缩。近年发现川芎还有一定抗癌作用。此外,还有镇静、抑菌、抗维生素E缺乏等作用。近代临床用川芎嗪注射液治疗急性缺血性脑血管病,脑外伤综合征及冠心病心绞痛,慢性肺源性心脏病有效。

链接

延 胡 索

【来源】 本品为罂粟科植物延胡索 *Corydalis yanhusuo* W. T. Wang 的干燥块茎。
【处方用名】 延胡索 玄胡索 元胡索 延胡 元胡 玄胡 醋元胡 炒延胡
【性味归经】 辛、苦,温。归肝、脾、心经。
【功效应用】

活血,行气,止痛——{特点:善行血中气滞,气中血滞,为止痛良药。
　　　　　　　　　应用:血瘀气滞的多种疼痛。

> 血中气药:以活血化瘀为主要作用,又能行气的一类药物。
> 破血逐瘀:使用活血药中作用比较峻烈的药物,达到祛瘀的目的。

【配伍应用】
延胡索配川楝子:活血行气止痛,用于身体各部位疼痛,如胸胁脘腹疼痛。
延胡索配丹参、川芎:活血止痛,用于胸痹心痛。

【用法用量】 水煎服,3~10g;研末服1.5~3g。醋制可加强止痛作用。

郁 金

【来源】 本品为姜科植物温郁金 Curcuma weuyujin Y. H. Chen et C. Ling、姜黄 Curcuma longa L.、广西莪术 Curcuma kwangsiensis S. G.Lee et C. F. Liang 或蓬莪术 Curcuma. phaeocaulis Val. 的干燥块根。

【处方用名】 郁金　玉金　川郁金　川玉金　广郁金　广玉金

【性味归经】 辛、苦,寒。归心、肝、胆经。

【功效应用】

活血止痛,行气解郁——应用于血瘀气滞的胸胁脘腹胀痛,月经不调,痛经及癥瘕等。

凉血清心——应用于:① 湿温病湿浊蔽窍的神志不清,痰热闭阻心窍的癫狂证;② 血热妄行的吐血、衄血及妇女倒经。

利胆退黄——用于湿热黄疸及肝胆结石。

> 郁金的药材品种有广郁金(黄郁金)与川郁金(黑郁金)之分。广郁金主产于四川,色鲜黄;川郁金主产于浙江温州,又名温郁金,色暗灰。两者功效相似,但广郁金偏于行气解郁,川郁金长于活血化瘀。

【配伍应用】

郁金配石菖蒲:芳香化湿,开窍醒神,用于湿温病神志不清,昏愦不语。

郁金配白矾:开郁、豁痰、通窍,用于痰浊蒙蔽心窍之惊痫癫狂。

【用法用量】 水煎服,3~10g。

【使用注意】 畏丁香。

姜 黄

【来源】 本品为姜科植物姜黄 Curcuma longa L. 的干燥根茎。

【处方用名】 姜黄　片姜黄

【性味归经】 辛、苦,温。归肝、脾经。

【功效应用】

活血行气、通经止痛——用于血瘀气滞的胸胁心腹疼痛,经闭腹痛及跌打损伤。

祛风疗痹——用于风湿肩臂疼痛。

【鉴别应用】

郁金与姜黄均能活血散瘀,行气止痛,可用于血瘀气滞的胸胁脘腹疼痛。但郁金苦寒,清热凉血,行气力强,以治血热瘀滞为佳,又能清心解郁、利胆退黄,可用于神昏癫痫、湿热黄疸等。姜黄辛温行散,祛瘀力强,以治寒凝气滞血瘀为好,并能祛风疗痹,治疗风湿痹痛。

【用法用量】 水煎服,3~10g。外用适量。

五 灵 脂

【来源】 本品为鼯鼠科动物的复齿鼯鼠 Trogopterus xanthipes Milne-Edwards 的粪便。

【处方用名】 五灵脂　灵脂　灵脂米　灵脂块　炒五灵脂

【性味归经】 苦、咸、甘,温。归肝经。

【功效应用】

活血止痛——用于瘀血诸痛。

化瘀止血——用于崩漏、月经过多等出血兼有瘀滞者。

【配伍应用】 五灵脂配蒲黄:化瘀止痛,用于瘀血心腹痛。

【鉴别应用】

蒲黄与五灵脂均能活血止痛,化瘀止血,常同用于瘀血心腹疼痛。但蒲黄以止血为长,又可利尿通淋,用于血淋;五灵脂以活血化瘀见长,瘀血证多用。

【用法用量】 入汤剂,包煎,3~10g。

【使用注意】

1)不宜与人参同用。

2)血虚无瘀及孕妇慎用。

【来源】 本品为豆科植物降香檀 Dalbergia odorifera T. Chen 树干和根的干燥心材。

【处方用名】 降香 降真香 紫降香 降香屑 降香片

【性味归经】 辛,温。归心、肝经。

【功效应用】

活血散瘀——用于血瘀气滞之胸胁心腹疼痛。

止血止痛——用于创伤出血,跌打瘀肿疼痛。

降气辟秽、和中止呕——用于秽浊内阻,呕吐腹痛。

【配伍应用】

降香配川芎、五灵脂:活血止痛,用于血瘀气滞,心腹疼痛。

降香配乳香、没药:活血、消肿、止痛,用于跌打损伤,瘀肿疼痛。

降香配藿香:芳香化浊、降逆止呕,用于秽浊内阻,呕吐腹痛。

【用法用量】 水煎服,9~15g,后下。外用适量。

第2节 活血调经药

【来源】 本品为唇形科植物丹参 Salvia miltiorrhiza Bge. 的干燥根。

【处方用名】 丹参 紫丹参 血丹参 酒丹参 炒丹参

【性味归经】 苦,微寒。归心、心包、肝经。

【功效应用】

活血调经——用于月经不调,经闭痛经,产后瘀滞腹痛等血热血瘀证。

祛瘀止痛——用于瘀血所致心胸刺痛、脘腹疼痛、癥瘕积聚及风湿痹痛等。

凉血消痈——用于疮痈肿毒。

清心安神——用于热入营血,斑疹、神昏或心悸失眠。

【配伍应用】

丹参配檀香:活血行气,通络止痛,用于气滞血瘀,胸痹,胃痛。

丹参配葛根:生津通脉,祛瘀止痛,用于消渴兼瘀血证,项背不舒,胸痹心痛。

【鉴别应用】

丹参与川芎两药均为常用的活血化瘀药,均可治疗瘀血诸痛,痈肿疮毒及关节痹痛。不同点:丹参苦寒,凉血活血,通经止痛,以血热瘀滞用之为好,并能清心安神,治疗烦热神昏;川芎辛温气香,走窜力大,能活血中之气,有血中气药之称,以寒凝气滞血瘀用之为佳,并能祛风止痛,善治头痛。

【用法用量】 水煎服,10~15g。酒炙可增强活血作用。

【使用注意】

1) 反藜芦。

2) 孕妇慎用。

> 丹参含丹参酮、异丹参酮、隐丹参酮、丹参酚、维生素 E 等。能明显使冠脉血流量增加及保护缺血心肌;可降低血小板聚集,抗凝血;还有镇痛、抗感染、抑菌及调整体液免疫及细胞免疫作用。又能镇静、催眠、降压、降血脂、保肝,兴奋性腺功能,抗化疗、放疗所致白细胞减少,软缩肝脾大。近代临床用本品治疗缺血性脑血管病,冠心病心绞痛,血栓闭塞性脉管炎,病毒性心肌炎,急慢性肝炎,肝脾大,宫外孕等,均有较好疗效。

红 花

【来源】 本品为菊科植物红花 *Carthamus tinctorius* L. 的干燥花。

【处方用名】 红花 红蓝花 草红花 杜红花 炒红花

【性味归经】 辛,温。归心、肝经。

【功效应用】

活血通经,祛瘀止痛——应用:①血瘀经闭,痛经及产后瘀滞腹痛;②心腹瘀痛,癥瘕积聚及跌打损伤;③配清热药用于热郁血滞,斑疹色暗。

【配伍应用】

红花配桃仁:活血通经,祛瘀生新,用于瘀血胸腹疼痛,经闭痛经。

【用法用量】 水煎服,3~10g。

【使用注意】

1) 孕妇忌用。

2) 月经过多,有出血倾向者慎用。

> 红花含红花苷、红花醌苷、红花素、糖类、脂肪油等。具有兴奋心脏、增加冠脉血流量及降压、降脂作用;对子宫有兴奋作用,明显使收缩加强;有抑制血小板聚集,增加纤溶酶活性作用。近代临床用红花注射液治疗缺血性脑血管病,冠心病心绞痛,血栓闭塞性脉管炎及神经性皮炎、多形性红斑等,有一定疗效。

附药

西红花,为鸢尾科多年生草本植物番红花 *Crocus sativus* L. 的花柱头,又名藏红花、番红花。主产于欧洲南部及中亚地区。过去主要由国外输入,现国内也有栽培。性味甘、微寒,归心、肝经。活血化瘀、通经作用与红花相似,但作用较强,又能凉血解毒。故尤宜于温热病热入营血,温毒发斑等。因货少价昂,用量宜小,一般用1~3g。孕妇忌用。

桃 仁

【来源】 本品为蔷薇科植物桃 *Prunus persica*（L.）Batsch 或山桃 *Prunus davidiana*（Carr.）Franch. 的成熟种仁。

【处方用名】 桃仁 光桃仁 炒桃仁 桃仁霜

【性味归经】 苦、甘、平。有小毒。归心、肝、肺、大肠经。

【功效应用】

活血祛瘀——应用:①经闭、痛经,产后瘀滞腹痛,癥瘕及跌打损伤等;②肺痈、肠痈。

润肠通便——用于肠燥便秘。

止咳平喘——用于咳嗽气喘。

【配伍应用】

桃仁配三棱、莪术:破血消癥,用于癥瘕积聚。

桃仁配芦根、冬瓜仁:活血祛瘀,泄热消痈,用于肺痈。

桃仁配大黄:破血逐瘀,用于蓄血证。

桃仁配杏仁:止咳平喘,用于咳嗽气喘。

【鉴别应用】

桃仁与红花均为活血化瘀之要药,常相须为用,治疗多种瘀血证。但桃仁又可润肠通便,止咳平喘,用于肠燥便秘,肺痈,肠痈及咳喘;红花能通经,多用于心腹瘀痛,并能活血消斑,用于热郁血滞,斑疹色暗。

【用法用量】 水煎服,5~10g。

【使用注意】

1) 孕妇忌用。

2) 便溏者慎用。

3) 本品有毒,不可过量。

桃仁的不良反应

桃仁含苦杏仁苷,在体内分解出氢氰酸,对中枢神经系统先兴奋后麻痹,其中毒的主要表现首先是对中枢神经的损害,出现头晕、头痛、呕吐、心悸、烦躁不安,继则神志不清、抽搐,其中引起呼吸麻痹是其致死的主要原因。也有引起皮肤刺痛,出现红疹块等皮肤过敏的报道。中毒原因主要是剂量过大所致。因此,临床用量不宜过大,孕妇忌用。

益 母 草

【来源】 本品为唇形科植物益母草 *Leonurus japonicus* Houtt 的地上部分。

【处方用名】 益母草 茺蔚草 月母草 坤草

【性味归经】 辛、苦、微寒。归肝、心、膀胱经。

【功效应用】

活血调经——{特点:为治妇科血瘀经产病的要药。
应用:血滞经闭,痛经及产后恶露不尽,瘀滞腹痛。

利水消肿——用于水肿,小便不利。
【用法用量】 水煎服,9~30g;鲜品加倍。外用适量。
【使用注意】
1)孕妇忌用。
2)血虚无瘀者慎用。

益母草的不良反应

益母草含益母草碱、水苏碱、亚麻酸等。益母草碱对中枢神经系统有先兴奋后麻醉作用,特别能引起呼吸中枢兴奋;具有箭毒样作用,使肌肉不再收缩而松弛;益母草碱有麦角碱样收缩子宫作用;能扩张小动脉,使血压下降。益母草的中毒剂量为90~150g。一般在服药后4~6小时出现中毒症状,表现为突感全身乏力,疼痛酸麻,下肢呈瘫痪状态;重者伴有大汗、血压下降,甚或虚脱,呼吸增快、增强,甚则呼吸麻痹。此外,尚有腰痛、血尿等症。孕妇中毒可引起流产。引起中毒的主要原因是超剂量用药和孕妇误用。因此,控制用量和孕妇慎用是预防益母草中毒的关键。发生益母草中毒时应立即催吐、洗胃以及对症处理,亦可用一些中药如赤小豆、绿豆、甘草等解毒。

附药

茺蔚子,为益母草的果实。味甘性微寒,活血调经之功与益母草相似,又能凉肝明目,适用于肝热头痛,目赤肿痛。用量5~10g。

【来源】 本品为唇形科植物毛叶地瓜儿苗 *Lycopus lucidus* Turcz. var. *hirtus* Regel 的干燥地上部分。

【处方用名】 泽兰　泽兰叶　香泽兰　地瓜儿苗

【性味归经】 苦、辛,微温。归肝、脾经。

【功效应用】
活血调经——用于血滞经闭,痛经及产后恶露不尽,瘀滞腹痛。
行水消肿——用于产后小便不利,身面浮肿。

【配伍应用】
泽兰配当归、川芎:活血调经,用于妇科经产瘀血诸证。
泽兰配防己:利水消肿,用于产后水肿。

【鉴别应用】
益母草与泽兰两药均能活血调经,利水消肿,用于血滞经闭,痛经,产后瘀滞腹痛及水肿、小便不利。不同点:益母草微寒,辛散苦泄之力较强,以血热有瘀用之为佳,且消肿之力较胜;泽兰性微温,辛散温通,平和不峻,常配舒肝药舒肝和脾,为妇科调经常用之品。

【用法用量】 水煎服,6~12g;鲜品加倍。外用适量。
【使用注意】 血虚及无瘀滞者慎用。

【来源】 本品为苋科植物牛膝 *Achyranthes bidentata* Bl. 的干燥根。

【处方用名】　牛膝　怀牛膝　淮牛膝　炒牛膝　酒牛膝　盐牛膝
【性味归经】　苦、甘、酸,平。归肝、肾经。
【功效应用】

活血祛瘀——用于血瘀经闭、痛经,产后瘀滞腹痛及跌打伤痛。

补肝肾、强筋骨——用于肝肾不足,腰膝痿软及风湿久痹,腰膝酸痛。

利尿通淋——用于血淋,小便不利,淋沥涩痛。

引血、引热、引火下行——应用:①血热妄行的吐衄出血;②阴虚火旺的牙痛、口舌生疮;③阴虚阳亢的头痛眩晕。

【配伍应用】

牛膝配桃仁、红花:活血通经,用于血瘀经闭、痛经及产后瘀滞腹痛。

牛膝配杜仲、续断:补益肝肾,强壮筋骨,用于肝肾亏虚,腰膝酸痛。

牛膝配瞿麦、车前子:利尿通淋,用于热淋,血淋。

牛膝配地黄、生石膏:滋阴降火,用于胃火上炎的口舌生疮、牙龈肿痛。

牛膝配代赭石、生牡蛎:平肝潜阳,用于肝阳上亢的头痛眩晕。

【鉴别应用】

川牛膝与怀牛膝两者功用相近,但川牛膝苦重于甘,攻破力较强,多用于活血祛瘀、利尿通淋、引血下行。怀牛膝甘重于苦,补益力较强,以补肝肾、强筋骨见长。

【用法用量】　水煎服,5~12g。活血、利尿、引血下行宜生用;补肝肾、强筋骨宜制用。

【使用注意】

1) 孕妇及妇女月经过多者忌用。

2) 遗精、滑精及气虚下陷者忌用。

【来源】　本品为豆科植物密花豆 Spatholobus suberectus Dunn 的干燥藤茎。

【处方用名】　鸡血藤　血藤　血节藤　山鸡血藤　鸡血藤膏

【性味归经】　苦、甘,温。归肝经。

【功效应用】

行血补血——用于月经不调、痛经、经闭等血瘀血虚证。

舒筋活络——用于风湿痹痛及中风,肢体麻木或瘫痪等。

鸡血藤含鸡血藤醇、豆甾醇等。能刺激造血系统,增加红细胞及血红蛋白。又能增强子宫收缩力。还有抗感染、抑菌,抗化疗、放疗所致的白细胞和血小板减少及促进细胞免疫作用。近年以鸡血藤糖浆治疗白细胞减少症有一定疗效。

【配伍应用】

鸡血藤配当归:补血活血,用于血虚血瘀之月经不调,经闭痛经。

鸡血藤配络石藤:舒筋通络,用于风湿痹痛,肢体麻木。

【用法用量】　水煎服,9~15g;大剂量可用至30g。

【来源】　本品为鲮鲤科动物穿山甲 Manis pentadactyla Linnaeus 的鳞甲。

【处方用名】　穿山甲　炙甲片　炮甲珠

【性味归经】 咸,微寒。归肝、胃经。

【功效应用】

活血消癥——用于癥瘕积聚,瘀血经闭及风湿痹痛。

通经下乳——用于产后乳汁不通或稀少。

消肿排脓——用于疮痈肿毒,瘰疬痰核。

【配伍应用】

穿山甲配三棱、莪术:破血消癥,用于癥瘕积聚,瘀血经闭。

穿山甲配黄芪、皂角刺:托毒排脓,用于痈肿脓成未溃。

【用法用量】 水煎服,5~10g;研末服每次1~1.5g。

【使用注意】 孕妇及疮痈已溃者忌用。

【来源】 本品为石竹科植物麦蓝菜 *Vaccaira segetalis* (Neck.) Garcke 的干燥成熟种子。

【处方用名】 王不留行 留行子 王不留 炒留行子

【性味归经】 苦,平。归肝、胃经。

【功效及应用】

活血通经——用于血瘀经闭,痛经等证。

下乳消痈——用于产后乳汁不通或乳痈。

利尿通淋——用于热淋、石淋、血淋。

【配伍应用】

王不留行配穿山甲:通经下乳,用于妇女产后乳汁不通或乳汁稀少。

王不留行配蒲公英:清热解毒、活血消痈,用于乳痈。

王不留行配石韦、冬葵子:活血、利尿通淋,用于热淋、石淋、血淋等。

【用法用量】 水煎服,5~10g。

【使用注意】 孕妇慎用。

> 治疗急性乳腺炎:王不留行25g,蒲公英50g。每日1剂,水煎分两次服用,一般2~3日即愈。
>
> 治疗带状疱疹:王不留行30g,鸡蛋1~2个,用文火将王不留行焙干呈黄褐色或爆花,研成细末,将鸡蛋捅一小孔,倒出蛋清,与药末调成糊状,作局部涂抹,1日3次,1周为一个疗程,有效。

第3节 活血疗伤药

【来源】 本品为橄榄科植物卡氏乳香树 *Boswellia carterii* Birdw 及其同属植物皮部渗出的树脂。

【处方用名】 乳香 制乳香 熏陆香

【性味归经】 辛、苦,温。归心、肝、脾经。

【功效应用】

活血止痛——特点：为伤科要药。
　　　　　　应用：跌打伤痛，心腹疼痛，痛经及风湿痹痛等。
消肿生肌——用于痈疽肿痛或疮疡溃破久不收口。

【配伍应用】

乳香配没药：消肿生肌，用于疮疡溃破久不收口，瘀血诸痛。

【用法用量】
水煎服，3~5g。内服宜炒用。外用适量。

【使用注意】

1）注意用量。本品气浊味苦，入汤剂可使药液混浊而致呕吐，故用量不宜过大，胃弱者慎用。

2）孕妇忌用。

乳香的不良反应

乳香主要含树脂、树胶和挥发油，对胃肠道有较强的刺激性，可引起呕吐、腹痛腹泻等。此外，还可引起过敏反应，表现为胃脘不适、乏力、发热、卧寐不安、皮肤潮红、红疹瘙痒、烦躁不安、耳部红肿等。因此，孕妇、胃弱及痈疽已溃者忌用。

没　药

【来源】　本品为橄榄科植物没药树 *Commiphora myrrha* Engl. 或其他同属植物皮部渗出的油胶树脂。

【处方用名】　没药　制没药

【性味归经】　苦、辛，平。归心、肝、脾经。

治疗急性腰腿扭伤：乳香、没药等份研末，用30%的乙醇调成糊状外敷，每日1~2次，一般3~5天即愈。

【功效应用】

活血止痛——用于跌打伤痛，心腹疼痛，痛经及风湿痹痛等。

消肿生肌——用于痈疽肿痛或疮疡溃破久不收口。

【鉴别应用】　乳香与没药两药均能活血止痛，消肿生肌，为伤科要药，治疗跌打损伤、瘀血疼痛及疮痈肿痛等证，常相须为用。不同点：乳香长于活血伸筋，没药偏于散血化瘀，故行气舒筋方中多用乳香，活血散瘀方中多用没药。

【用法用量】　水煎服，3~5g。内服宜炒用。外用适量。

【使用注意】　与乳香相同。

土　鳖　虫

【来源】　本品为鳖蠊科昆虫地鳖 *Eupolyphaga sinensis* Walker 或冀地鳖 *Steleophaga plancyi* (Boleny) 的雌虫干燥全体。

【处方用名】　土鳖虫　地鳖虫　䗪虫　土鳖　地鳖　土元

【性味归经】　咸，寒。有小毒。归肝经。

【功效应用】

续筋接骨——{特点:为骨伤科要药。
应用:跌打损伤,瘀血肿痛,筋伤骨折。

破血逐瘀——用于血瘀经闭、产后瘀滞腹痛及癥瘕积聚。

【配伍应用】

土鳖虫配自然铜:接骨疗伤,用于骨折筋伤。

土鳖虫配水蛭、大黄:破血逐瘀,用于血瘀经闭、产后瘀滞腹痛。

土鳖虫配桃仁、鳖甲:化瘀消癥,用于癥瘕积聚。

【用法用量】 水煎服,3~10g;研末服1~1.5g。

【使用注意】 孕妇忌用。

【来源】 本品为硫化物类矿物黄铁矿族黄铁矿。

【处方用名】 自然铜 煅自然铜

【性味归经】 辛,平。归肝经。

【功效应用】

散瘀止痛,接骨疗伤——{特点:能促进骨折的愈合,为伤科接骨续伤之要药。
应用:跌打骨折,瘀肿疼痛。

【配伍应用】

自然铜配乳香、没药:活血散瘀,续筋接骨,用于筋伤骨折。

自然铜配苏木、血竭:活血止痛,用于跌打伤痛。

【用法用量】 水煎服,3~9g;入丸散每次0.3g。

【使用注意】

1) 不宜久服。

2) 阴虚火旺、血虚无瘀者慎用。

祛瘀生新:即祛除瘀血、流通血脉的方法。血液由于阻滞而变为瘀血,祛除才能使血流通畅,使新血得以复生。

引血下行:用苦泄沉降之品,引火(血)下行,以降上炎之火,治疗肝阳上亢、气火上逆、迫血妄行所致上部火热病证的治法。

链接

【来源】 本品为豆科植物苏木 *Caesalpinia sappan* L. 的干燥心材。

【处方用名】 苏木 苏方木 赤苏木 赤木 红苏木

【性味归经】 甘、咸、辛,平。归心、肝经。

【功效应用】

活血疗伤——用于跌打损伤,骨折筋伤,瘀滞肿痛。

祛瘀通经——用于血瘀经闭,痛经,产后瘀滞腹痛,心腹疼痛及痈肿疮毒。

【鉴别应用】 苏木与红花两药功用类似,均能活血通经、祛瘀止痛,同为妇科调经、伤科止痛常用之品。且少用均能和血,多用则能破血。然红花性温,又能催生堕胎;苏木偏凉,又能祛风和血。

【用法用量】 水煎服,3~10g;外用适量,研末撒敷。

> 活血通经:为理血法之一。用活血的药物治疗妇女血瘀闭经的方法。
> 破血消癥:为消法之一。用活血祛瘀的药物消除腹中瘀血积块的方法。

【使用注意】 孕妇及妇女月经过多者忌用。

第4节 破血消癥药

【来源】 本品为姜科植物蓬莪术 *Curcuma phaeocaulis* Val.、广西莪术 *Curcuma kwangsiensis* S.G.Lee et C.F.Liang 或温郁金 *Curcuma weuyujin* Y.H.Chen et C.Ling 的干燥根茎。

【处方用名】 莪术　蓬莪术　醋莪术　炒莪术

【性味归经】 辛、苦,温。归肝、脾经。

【功效应用】

破血行气——用于血瘀气滞的癥瘕积聚,经闭腹痛等。

消积止痛——用于食积气滞,脘腹胀痛。

【配伍应用】

莪术配三棱、香附:破血消癥,用于癥瘕痞块。

莪术配当归、红花:活血通经,用于经闭痛经。

莪术配青皮、槟榔:破气消积,用于食积脘腹胀痛。

【鉴别应用】

郁金、姜黄、莪术三药均来源于姜科植物,亲缘关系很近,同属活血化瘀药,均为瘀血证所常用。不同点:郁金为姜科植物温郁金、姜黄、广西莪术、蓬莪术的块根,功能活血止痛、行气解郁、凉血清心、利胆退黄,常用于气滞血瘀的胸胁脘腹胀痛,月经不调、痛经,浊邪蒙蔽清窍的神昏、癫痫及血热妄行的吐衄、妇女倒经及湿热黄疸等。姜黄为姜科植物姜黄的根茎,功能活血行气、通经止痛,主治血瘀气滞的经闭腹痛、胸胁疼痛及跌打损伤,又善祛风疗痹。莪术则是姜科植物蓬莪术、温郁金和广西莪术的根茎,功能破血行气、消积止痛,适用于血瘀气滞的癥瘕积聚、经闭、痛经、产后瘀痛、心腹疼痛及食积气滞、脘腹胀痛等。

【用法用量】 水煎服,6~9g。醋制可增强止痛作用。

【使用注意】 孕妇及妇女月经过多者忌用。

【来源】 本品为黑三棱科植物黑三棱 *Sparganium stoloniferum* Buch.-Ham. 的干燥块茎。

【处方用名】 三棱　京三棱　荆三棱　黑三棱　醋三棱　酒三棱

【性味归经】 苦、辛,平。归肝、脾经。

【功效应用】

破血行气——用于血瘀气滞的癥瘕积聚,经闭腹痛等。

消积止痛——用于食积气滞,脘腹胀痛。

【鉴别应用】

三棱与莪术两药均能破血行气、消积止痛,常相须为用,治疗癥瘕积聚、经闭、产后瘀痛及食积气滞之证。不同点:三棱破血力较强,莪术长于行气消积。

【用法用量】 水煎服,5~10g。祛瘀止痛多醋制后用。

【使用注意】 孕妇及妇女月经过多者忌用。

水 蛭

【来源】 本品为水蛭科动物蚂蟥 *Whitmania pigra* Whitman、水蛭 *Hirudo nipponica* Whitman 或柳叶蚂蟥 *Whitmania acranulata* Whitman 的干燥全体。

【处方用名】 水蛭 蚂蟥 炒水蛭 炙水蛭 酥水蛭

【性味归经】 咸、苦,平。有小毒。归肝经。

【功效应用】 破血逐瘀——用于血瘀经闭,癥瘕积聚及跌打损伤等瘀血重症。

【配伍应用】

水蛭配虻虫:破血逐瘀,用于瘀血的重症、实证。

水蛭配苏木、自然铜:破血逐瘀、续筋接骨,用于跌打损伤。

【用法用量】 水煎服,1~3g;入丸散,每次0.3~0.5g。

【使用注意】 孕妇及妇女月经过多者忌用。

虻 虫

【来源】 本品为虻科昆虫复带虻 *Tabanus bivittatus* Matsumura 的雌虫体。

【处方用名】 虻虫 牛虻 炒牛虻 制牛虻

【性味归经】 苦,微寒。有小毒。归肝经。

【功效应用】 破血逐瘀、散结消癥——用于血瘀经闭,癥瘕积聚及跌打损伤等瘀血重症。

【配伍应用】

虻虫配水蛭、土鳖虫:破血逐瘀消癥,用于伤寒蓄血发狂、少腹满痛。

虻虫配土鳖虫、大黄:破血逐瘀、散结消癥,用于干血成劳、血瘀经闭。

虻虫配乳香、没药:散瘀疗伤、消肿止痛,用于跌打损伤,瘀滞肿痛。

【用法用量】 水煎服,1~1.5g;研末服,每次0.3g。

【使用注意】 孕妇及体虚无瘀、腹泻者忌用。

斑 蝥

【来源】 本品为芫青科昆虫南方大斑蝥 *Mylabris phalerata* Pallas 或黄黑小斑蝥 *Mylabris cichorii* Linnaeus 的干燥体。

【处方用名】 斑蝥 花斑蝥 制斑蝥

【性味归经】 辛,热。有大毒。归肝、肾、胃经。

【功效应用】

破血逐瘀、散结消癥——用于血瘀经闭，癥瘕积聚。

攻毒蚀疮——用于痈疽恶疮，顽癣，瘰疬等。

【鉴别应用】

土鳖虫、水蛭、虻虫、斑蝥相同点：四药均为虫类药，均有较强的破血逐瘀、散结消癥作用。常配伍使用治疗血瘀经闭、癥瘕积聚及跌打损伤等瘀血证。均有毒性，故虚人、老人及孕妇禁用。

不同点：土鳖虫作用较为和缓，并长于续筋接骨，为伤科接骨要药。水蛭性阴下趋，作用持久，善破痰饮、瘀血之坚积。虻虫药性刚猛，作用峻急而短暂，功专逐瘀消癥。斑蝥有大毒，内服宜慎，消癥散结力强，且能以毒攻毒，消肿散结，治疗痈疽恶疮、顽癣、瘰疬等。

【用法用量】 内服多入丸散，0.03~0.06g；外用适量，研末敷帖，或酒、醋浸涂，或作发泡用。内服需以糯米同炒，或配青黛、丹参以缓其毒性。

【使用注意】

1) 谨慎用药，严格掌握剂量。本品有大毒，过量服用可引起恶心、呕吐、腹泻、尿血及肾功能损害。

2) 体弱及孕妇忌服。

3) 外用可刺激皮肤发红、灼热、起泡，甚至腐烂，故不宜大面积使用。

小结

活血祛瘀药主要应用于各种瘀血阻滞之证。依其作用特点，分为四类：

活血止痛药：川芎、延胡索、郁金、姜黄均能活血、行气、止痛，均有"血中气药"之称。其中，川芎能"上行头目，下达血海"，并善祛风止痛，为头痛要药。延胡索为止痛良药，广泛用于血瘀气滞的各种疼痛。郁金、姜黄常同用于血瘀气滞之胸胁脘腹疼痛。但郁金性寒，又可清心解郁、利胆退黄、凉血。姜黄性温，善横行肢臂而祛风疗痹。五灵脂活血止痛，化瘀止血，多用于瘀血诸痛及瘀滞出血。

活血调经药：丹参苦而微寒，善于活血通经，素为妇科调经要药。桃仁、红花常相须为用，治疗妇科瘀血证及跌打伤痛。但桃仁甘润苦泄，又能润肠通便；红花辛散温通，善能通经。益母草活血调经、利水消肿，为妇科经产要药；泽兰功似益母草而力弱。牛膝性善下行，既可活血通经，又能补肝肾、强筋骨、利尿通淋，并长于引血下行。鸡血藤活血补血，又可舒筋活络。穿山甲性善走窜，能活血消癥、通经下乳、消肿排脓，常配王不留行用于妇女产后乳汁不通。

活血疗伤药：乳香、没药活血止痛、消肿生肌，常相须为用，治疗瘀血心腹疼痛、疮痈肿痛及跌打伤痛。土鳖虫、自然铜均为伤科接骨疗伤之要药。苏木活血疗伤，又能祛瘀通经。

破血消癥药：莪术、三棱常相须为用，治疗血瘀气滞之癥瘕积聚、经闭痛经及食积脘腹疼痛等，但莪术行气消积作用较强，三棱破血力较好。水蛭、虻虫、斑蝥均为虫类药，药性峻烈，多用于瘀血的重证、实证。

目标检测

一、单项选择题

1. 牛膝用于血热鼻衄是因其可 ( )
   A. 化瘀止血 B. 凉血止血 C. 引血下行 D. 收敛止血 E. 清热凉血
2. 既凉血消痈，又清心安神的药是 ( )
   A. 丹参 B. 当归 C. 赤芍 D. 桃仁 E. 红花
3. 既活血调经，又利水消肿的药是 ( )
   A. 红花 B. 当归 C. 益母草 D. 通草 E. 牛膝
4. 既活血，又行气的药组是 ( )
   A. 桃仁 红花 B. 三棱 莪术 C. 泽兰 延胡索 D. 牛膝 姜黄 E. 川芎 郁金
5. 能破血逐瘀，续筋接骨的药是 ( )
   A. 三棱 B. 水蛭 C. 莪术 D. 土鳖虫 E. 穿山甲
6. 血虚、血瘀均可适用的药是 ( )
   A. 红花 B. 桃仁 C. 鸡血藤 D. 益母草 E. 牛膝
7. 能活血止痛、消肿生肌的药是 ( )
   A. 川芎 B. 穿山甲 C. 延胡索 D. 乳香 E. 姜黄
8. 既活血行气，又善止痛的药是 ( )
   A. 没药 B. 延胡索 C. 姜黄 D. 五灵脂 E. 乳香
9. 治热郁血滞，斑疹紫暗者当首选 ( )
   A. 桃仁 B. 鸡血藤 C. 牛膝 D. 番红花 E. 郁金
10. 怀牛膝的产地是 ( )
    A. 云南 B. 广东 C. 四川 D. 河南 E. 湖南
11. 入汤剂应包煎的药是 ( )
    A. 乳香 B. 五灵脂 C. 红花 D. 水蛭 E. 穿山甲
12. 治胸胁脘腹疼痛，常以川楝子配伍 ( )
    A. 降香 B. 延胡索 C. 没药 D. 莪术 E. 五灵脂
13. 性温，能破血行气的药是 ( )
    A. 水蛭 B. 穿山甲 C. 土鳖虫 D. 莪术 E. 三棱
14. 穿山甲的功效是 ( )
    A. 活血消癥、攻毒散结
    B. 活血消癥、消积行气
    C. 活血消癥、通经下乳
    D. 活血消癥、通经回乳
    E. 活血消癥、祛风止痛

二、填空题

1. 川芎的功效是_____、_____。
2. 益母草为_____科要药；自然铜为_____科要药。
3. 姜黄、郁金均能活血、行气止痛，但郁金又能_____、_____、_____；姜黄又有_____之功。
4. 为增强延胡索的止痛作用，炮制时宜用_____制；为加强丹参的活血作用，宜用_____炙。
5. 王不留行的功效是_____、_____。
6. 斑蝥的功效是_____、_____；红花功效是_____、_____。
7. 活血祛瘀药味多_____、性_____；主归_____、_____经。
8. 既能活血调经，又能利水消肿的药是_____、_____。
9. 既能破血消癥，又能行气消积止痛的药是_____、_____。

10. 水蛭的功效是_____、_____。

三、问答题

1. 简述活血祛瘀药的主治病证及使用注意。
2. 活血化瘀药可分为哪几类？各自有何性能功用？
3. 使用活血祛瘀药时最常配伍哪类药？为什么？
4. 比较丹参、川芎功效应用的异同。
5. 比较桃仁、红花功效应用的异同。
6. 比较川牛膝、怀牛膝功用的异同。
7. 比较蒲黄、五灵脂功用的异同。
8. 乳香与没药常相须为用，试比较两者功用之异同。
9. 指出郁金、姜黄、莪术三药来源及功用的异同。
10. 哪些活血药有续筋接骨作用？指出各自的功效应用。

（高慧琴　张　冰）

第18章 化痰止咳平喘药

1. 了解化痰止咳平喘药的含义、分类、功效、适应范围、使用注意。
2. 明确燥湿化痰、温肺化痰、清热化痰、息风化痰、软坚化痰、润肺化痰等概念。
3. 掌握半夏、天南星（附：胆南星）、瓜蒌、川贝母、浙贝母、前胡、杏仁（附：甜杏仁）、紫苏子、葶苈子的功效、用法用量、使用注意及功效相似药物的鉴别应用。
4. 熟悉白附子、白芥子、旋覆花、白前、竹茹、竹沥、天竺黄、礞石、蛤壳、桔梗、海藻、昆布、瓦楞子、百部、紫菀、款冬花、桑白皮、枇杷叶、白果（附：银杏叶）的功效、用法用量、使用注意及功效相似药物的鉴别应用。

【含义】 凡具有化痰或祛痰作用的药物，称化痰药；能减轻或制止咳嗽和喘息的药物，称止咳平喘药。化痰药多兼止咳平喘之功，止咳平喘药亦多兼化痰之效，在病证方面，痰、咳、喘之证多相兼出现，故化痰药与止咳平喘药合为一章，总称为化痰止咳平喘药。

【分类及适应证】
1）温化寒痰湿痰药。本类药性温燥，有温中祛寒、燥湿化痰之功。主要适用于因寒痰、湿痰所引起的咳嗽、气喘、痰多色白、苔白腻等证；以及痰湿阻于经络所致的肢节酸痛、肢体麻木、眩晕、呕恶、阴疽流注、瘰疬等证。
2）清化热痰燥痰药。性多寒凉，有清化热痰之功。主要适用于热痰所致的咳嗽气喘，痰黄质稠或痰稠难咯，或伴唇舌干燥，舌红苔黄腻或薄黄，脉数或滑数。亦可用于因痰热所致的癫痫，中风惊厥、瘿瘤、痰火瘰疬等证。部分药质润，兼能润燥，部分药味咸，兼能软坚散结。
3）止咳平喘药。本类药适用于治疗咳嗽、哮喘等病证。因药物的性味各异，其作用有宣肺、清肺、降肺、润肺等区别，故应用时应区别选择。

【使用注意】
1）温燥之性强烈的化痰药，对阴虚火旺或痰中带血有出血倾向者慎用。
2）感冒或麻疹初期有表邪之咳嗽，不宜单用止咳药。
3）温燥之性的温化寒痰药，不宜用于热痰、燥痰之证。寒凉之性的清化热痰药、润燥化痰药，寒痰与湿痰证不宜用。

第1节 温化寒痰湿痰药

【来源】 本品为天南星科植物半夏 Pinellia ternata (Thunb.) Breit. 的干燥块茎。

【处方用名】 半夏　制半夏　法半夏　清半夏　姜半夏　竹沥半夏　生半夏　半夏曲
【性味归经】 辛,温。有毒。归脾、胃、肺经。
【功效应用】

燥湿化痰——｛特点:性温燥,为治湿痰之要药。
　　　　　　 应用:痰湿壅滞,咳嗽声重,痰白质稀。

降逆止呕——｛特点:味苦,降逆和胃,为止呕要药。
　　　　　　 应用:①痰饮所致的呕吐;②胃寒所致的胃气上逆之呕吐;③各种原因所致的呕吐均可配伍使用。

消痞散结——｛特点:辛散消痞,化痰散结。
　　　　　　 应用:①胸脘痞闷,心下痞;②结胸证;③梅核气;④瘿瘤痰核。

外用消肿止痛——用于痈疽发背、无名肿毒初起或毒蛇咬伤。

半夏为治疗痰湿诸证的常用药物,《本经逢原》称:"半夏同苍术、茯苓治湿痰;同瓜蒌、黄芩治热痰;同南星、前胡治风痰;同芥子、姜汁治寒痰;唯燥痰宜瓜蒌、贝母,非半夏所能治也。"实为半夏临床配伍应用之指南。

【配伍应用】
　　半夏配陈皮、茯苓:燥湿化痰,用于湿痰咳嗽,症见痰多色白易咯。
　　半夏配细辛、干姜:温肺化饮,用于痰饮犯肺,咳喘、质多而稀。
　　半夏配生姜:降逆和胃,用于寒饮呕吐。
　　半夏配黄连、竹茹:清热和胃止呕,用于胃热呕吐。
　　半夏配厚朴:化痰理气,用于气郁痰结,咽中如有物梗阻的梅核气。

【用法用量】 水煎服,3~9g,多制用,其炮制品中有姜半夏、清半夏、法半夏,姜半夏长于降逆止呕,清半夏长于化湿痰,法半夏长于燥湿和胃;外用适量,研末调敷。

【使用注意】
1) 反乌头。
2) 因其性温燥,对阴虚燥咳、血证、热痰应慎用。

天　南　星

【来源】 本品为天南星科植物天南星 Arisaema erubescens (Wall.) Schott.、异叶天南星 Arisaema heterophyllum Bl. 或东北天南星 Arisaema amurense Maxim 的干燥块茎。
【处方用名】 天南星　生南星　制天南星　制南星
【性味归经】 苦、辛,温。有毒。归肺、肝、脾经。
【功效应用】

燥湿化痰——｛特点:性温而燥,有较强的燥湿化痰之功。
　　　　　　 应用:顽痰咳嗽,胸膈胀闷。

祛风止痉——｛特点:善走经络,祛风痰而止痉厥。
　　　　　　 应用:①风痰眩晕;②风痰留滞经络,致半身不遂,手足顽麻,口眼㖞斜等;③破伤风角弓反张,痰涎壅盛;④癫痫;⑤偏头痛。

散结消肿—— 外用治痈疽痰核。

【配伍应用】 天南星配黄芩、瓜蒌:清热化痰,用于肺热咳嗽,咯痰黄稠。
【鉴别应用】
　　半夏、天南星两药均辛温有毒;为燥湿化痰之要药,善治湿痰、寒痰,炮制后又能治热痰、风痰。然半夏主入脾、肺,重在治脏腑湿痰,且能止呕;天南星则走经络,偏于祛风痰而能解痉止厥,善治风痰证。

【用法用量】 水煎服,3~9g,多制用;外用适量。

【使用注意】

1) 孕妇慎用。

2) 阴虚燥痰忌用。

3) 生南星对皮肤、黏膜均有强烈的刺激,可引起音哑、张口困难、呼吸缓慢、窒息等。

附药

胆南星,取生南星研末,与牛胆汁(鲜牛胆汁熬成浓汁,亦有用猪或羊的胆汁代替)加工制成小块状或圆柱状,即为胆南星,又称胆星。胆星味苦、微辛,性凉,功能清化热痰,息风定惊。适用于痰热所致的惊风抽搐、中风、眩晕、癫狂、咳喘诸证。用量2~5g。

【来源】 本品为天南星科植物独角莲 Typhonium giganteum Engl. 的干燥块茎。

【处方用名】 禹白附 白附子 制白附子

【性味归经】 辛、甘,温。有毒。归胃、肝经。

【功效应用】

燥湿化痰——{特点:祛风痰。
　　　　　　应用:①中风痰壅,口眼㖞斜;②风痰壅盛所致的惊风、癫痫、抽搐。

祛风解痉止痛——{特点:其性上行,尤擅治头面部诸疾。
　　　　　　　　应用:①破伤风;②痰厥头痛、眩晕。

解毒散结——{特点:鲜品捣烂外敷可消肿解毒。
　　　　　　应用:瘰疬痰核,毒蛇咬伤。

【配伍应用】

白附子配全蝎、僵蚕:祛风痰,通经络,用于中风口眼㖞斜。

白附子配半夏、天南星:祛风痰,止痉厥,用于风痰壅盛之惊风、癫痫、痰厥头痛。

【鉴别应用】

白附子有禹白附子与关白附之别,两种白附子均能祛风解痉,但禹白附毒性较小,又能解毒散结,现又作为白附子的正品广泛使用,而关白附为毛茛科的黄花乌头 Aconitum coreanum (Levl.) Raip 毒性很大,现已较少应用。

【用法用量】 水煎服,3~6g;研末服,0.5~1g。内服宜制用。外用适量。

【使用注意】

1) 孕妇忌服。

2) 生品一般不作内服。

3) 本品误服或过量服用均可出现毒副作用,重者可导致死亡,必须注意用法用量及适应证。

【来源】 本品为十字花科植物白芥 Sinapis alba L. 或芥 Brassica juncea (G.) Gern.et Coss. 的干燥成熟种子。

【处方用名】 白芥子 黄芥子 芥子 炒芥子
【性味归经】 辛,温。归肺、胃经。
【功效应用】

温肺利气化痰——{特点:辛散利气豁痰,性温而化寒痰。
　　　　　　　　应用:①寒痰喘咳;②悬饮。

通络散结止痛——{特点:搜剔内外痰结,除关节、经络之痰。
　　　　　　　　应用:①痰湿流注,阴疽肿毒;②痰滞经络,肩背肢体疼痛麻痹。

【配伍应用】
白芥子配苏子、莱菔子:温肺化痰,降气平喘,用治咳喘痰多清稀。
白芥子配细辛、甘遂、麝香:于夏令外敷肺俞、膏肓等穴,用于冷哮日久。
【用法用量】 水煎服,3~9g;外用适量,研末调敷。
【使用注意】
1) 本品辛温走散,耗气伤阴,久咳肺虚及阴虚火旺者忌用。
2) 消化道溃疡出血者忌用。
3) 皮肤过敏者忌用。
4) 用量不宜过大。

【来源】 本品为菊科植物旋覆花 *Inula japonica* Thunb. 或欧亚旋覆花 *Inula britannica* L. 的干燥头状花序。
【处方用名】 旋覆花 金沸花 金沸草花
【性味归经】 苦、辛、咸,微温。归肺、胃经。
【功效应用】

降气化痰行水——{特点:苦降辛开,既降气化痰平喘,又消痰行水而除痞满。
　　　　　　　　应用:①痰饮咳喘;②胸膈痞闷。

降逆止呕——{特点:降胃气而止呕噫。
　　　　　　应用:痰浊中阻,胃气上逆而噫气、呕吐,胃脘痞硬者。

【配伍应用】
旋覆花配苏子、半夏:温化寒痰,降气平喘,用于寒痰咳喘。
旋覆花配代赭石:降气化痰,和胃止呕,用于痰浊中阻,胃气上逆之噫气呕吐,胃脘痞硬。
旋覆花配香附:降气和络,用于气血不和之胸胁痛。
【用法用量】 入汤剂,包煎,3~9g。
【使用注意】 阴虚劳嗽,津伤燥咳者忌用。

【来源】 本品为萝藦科植物柳叶白前 *Cynanchum stauntonii* (Decne.) Schltr. ex Levl. 或芫花叶白前 *Cynanchum glaucescens* (Decne.) Hand.-Mazz. 的干燥根茎及根。
【处方用名】 白前 鹅蛋白前 炙白前
【性味归经】 辛、苦,微温,归肺经。

【功效应用】

降气化痰——{特点:性微温而不燥热,长于祛痰降气。
应用:肺气壅塞,痰多咳嗽不爽,气逆喘促之证。

【配伍应用】
白前配紫菀、半夏:温化寒痰,用于咳嗽偏寒者。
白前配桑白皮、地骨皮:清化热痰,用于咳嗽偏热者。
白前配荆芥、桔梗、陈皮:宣肺化痰,用于外感风寒咳嗽。
【用法用量】 水煎服,3～10g;或入丸、散。

【来源】 本品为豆科植物皂荚 Gleditsia sinensis Lam. 的果实。
【处方用名】 皂荚 皂角 大皂角 猪牙皂
【性味归经】 辛、咸,温。有小毒。归肺、大肠经。
【功效应用】

祛痰——{特点:辛能通利气道,咸能软化胶结之痰,善除顽痰。
应用:顽痰阻肺,咳喘痰多,黏稠难咳。

开窍——{特点:入鼻则嚏,入喉则吐,味辛而性窜。
应用:中风、痰厥、癫痫、喉痹等见痰涎壅盛、关窍闭阻者。

消肿散结——{特点:可熬膏外用。
应用:疮肿未溃者。

【配伍应用】
皂荚配麻黄、猪胆汁,制成片剂,化痰止咳平喘,治慢性气管炎咳喘痰多,或胸闷、痰稠难咳者。
皂荚配细辛:共研为散,吹鼻取嚏,涤痰开窍,用于痰厥证,或卒中风邪,昏闷不醒,牙关紧闭。
【用法用量】 多入丸散用,1～1.5g;外用适量。
【使用注意】
1) 孕妇忌服。
2) 气虚阴亏,有咯血倾向者忌服。
3) 控制用量,过量可致呕吐,腹泻。

附药

皂角刺,来源同皂荚,用其棘刺。性味辛、温。功能托毒排脓,活血消痈,适应于痈疽疮毒初起或脓不溃者。用量3～10g。外用适量,醋煎涂患处,痈疽已溃者忌用。

第2节 清化热痰燥痰药

【来源】 本品为葫芦科植物栝楼 Trichosanthes kirilowii Maxim.或双边栝楼 Trichosan-thes rosthornii Harms 的干燥成熟果实。
【处方用名】 瓜蒌 瓜蒌实 全瓜蒌 瓜蒌皮 瓜蒌仁 栝楼

【性味归经】 甘、微苦,寒。归肺、胃、大肠经。
【功效应用】

清热化痰 —— { 特点:味甘性寒质润,清肺润燥化痰。
　　　　　　　应用:①痰热阻肺,咳嗽痰黄,质稠难咳;②干咳无痰或痰少质黏,咳吐不利。

宽胸散结 —— { 特点:功能利气开郁,导痰浊下行。
　　　　　　　应用:①痰气互结,胸阳不通之胸痹;②痰热结胸,胸膈痞满。

消痈肿 —— { 特点:清热散结消肿。
　　　　　　应用:①肺痈;②肠痈;③乳痈。

润肠通便 —— { 特点:润燥滑肠。
　　　　　　　应用:肠燥便秘。

【配伍应用】
瓜蒌仁配黄芩、胆南星:清肺化痰,用于痰热阻肺,咳嗽痰黄,质稠难咳,胸膈痞满者。
瓜蒌配薤白、半夏:宽胸化痰散结,用于痰气互结,胸阳不通之胸痹疼痛,不得卧者。

【鉴别应用】
本品入药又有全瓜蒌、瓜蒌皮、瓜蒌仁之分。瓜蒌皮重在清热化痰,宽胸理气;瓜蒌仁重在润燥化痰,润肠通便;全瓜蒌则兼有瓜蒌皮、瓜蒌仁之功效。

【用法用量】 水煎服,全瓜蒌9~15g,瓜蒌皮6~10g,瓜蒌仁9~15g,打碎入煎。
【使用注意】 本品甘寒而滑,脾虚便溏及寒痰、湿痰证忌用,反乌头。

> 近代名医施今墨对瓜蒌皮与瓜蒌子、天花粉的配伍应用经验:"瓜蒌皮清肺化痰,宽中利气;天花粉清热化痰,养胃生津,解毒消肿。二药伍用,药效倍增,荡热涤痰,生津润燥,开胸散结,润肺止咳甚效。""瓜蒌子润肺涤痰,滑肠通便;瓜蒌皮理气散结,清肺化痰。二者同用,上可清肺胃之热,化痰散结,下能润大肠之燥,滑肠通便。肺、胃、大肠三经合治,去痰嗽,止咳喘,通大便之力增强。""痰热咳喘,胸闷胀痛者,主取瓜蒌皮,佐以瓜蒌子;若兼见大便秘结者,则主取瓜蒌子,少佐瓜蒌皮。"(《施今墨对药》)

川 贝 母

【来源】 本品为百合科植物川贝母 *Fritillaria cirrhosa* D. Don、暗紫贝母 *Fritillaria unibracteata* Hsiao et K. C. Hsia、甘肃贝母 *Fritillaria przewalskii* Maxim 或梭砂贝母 *Fritillaria delavayi* Franch. 的鳞茎。

【处方用名】 川贝母　川贝　贝母　小贝　松贝　青贝　炉贝
【性味归经】 苦、甘,微寒。
【功效应用】

清热化痰、润肺止咳 —— { 特点:清肺泄热化痰,兼能润肺。
　　　　　　　　　　　　应用:①痰热咳嗽;②肺虚久咳,痰少咽燥。

散结消肿 —— { 特点:化郁热、散痰结。
　　　　　　　应用:①痰火郁结之瘰疬;②热毒壅结之乳痈、肺痈。

【配伍应用】
川贝母配沙参、麦冬:养阴润肺,化痰止咳,用于阴虚劳嗽,久咳有痰者。
川贝母配知母:清肺润燥,化痰止咳,如二母散,用于肺热、肺燥咳嗽。

【用法用量】 水煎服,3~10g;研末服1~2g。

【使用注意】

1）反乌头。

2）脾胃虚寒及有湿痰者不宜用。

【来源】　本品为百合科植物浙贝母 *Fritillaria thunbergii* Miq. 的干燥鳞茎。

【处方用名】　浙贝母　象贝母　大贝　大贝母　元宝贝

【性味归经】　苦,寒。归肺、心经。

【功效应用】

清热化痰——{特点:味苦泄降,长于清化痰热,降泄肺气。
　　　　　　 应用:①风热咳嗽;②痰热郁肺之咳嗽。

散结消痈——{特点:苦泄清热解毒。
　　　　　　 应用:①痰火郁结之瘰疬、痰核;②瘿瘤;③乳痈;④肺痈。

【配伍应用】

浙贝母配玄参、牡蛎:清热化痰散结,用于痰火郁结之瘰疬结核。

浙贝母配蒲公英、鱼腥草:清热解毒,消肿散结,用于热毒壅结之乳痈、肺痈。

【鉴别应用】

川贝、浙贝之功基本相同,但前者以甘味为主,质偏润,肺热燥咳,虚劳咳嗽用之为宜;后者以苦味为主,性偏于泄,风热犯肺或痰热郁肺之咳嗽用之为宜。川贝、浙贝均有清热散结之功,但以浙贝母为胜。

【用法用量】　水煎服,5~10g;研末服 1~2g。

【使用注意】

1）反乌头。

2）脾胃虚寒及有湿痰者不宜用。

贝母,始载于汉代的《神农本草经》。据今人考证,其品种虽相当复杂,但主流者却为川贝母。此后,直至明代初年,诸家本草皆通称贝母,而未将其分为川、浙及其他。川贝母之名始见于明初《滇南本草》,明末《本草汇言》也有贝母以"川者为妙"之说。浙贝母之名,始见于明末的《轩岐救正论·药性微蕴》。从清初之后,医药学家虽已逐步认识到川、浙贝母的性味功能有别,今天的《中国药典》也将川、浙贝母等分条列出,但在实际应用中却常有混淆。更有甚者,有的还将葫芦科土贝母 *Bolbostemma paniculatum* (Maxim.) Franquet 混作川、浙贝母使用,实属不当。清代,徐大椿《药性切用》云:"川贝母,味甘微寒,凉心散郁,清肺而化热痰;象贝(浙贝),形坚味苦,泻热功胜,不能解郁也;土贝,形大味苦,泻热解毒,外科走药。"临床应注意区别应用。

【来源】　本品为伞形科植物白花前胡 *Peucedanum praeruptorum* Dunn 的干燥根。

【处方用名】　前胡　白花前胡　蜜炙前胡

【性味归经】　苦、辛,微寒。归肺经。

【功效应用】

降气化痰——{特点:辛散苦降,性微寒清热。
　　　　　　应用:①痰热壅肺,肺失宣降之咳喘胸满,痰黄稠;②湿痰、寒痰咳嗽。

疏散风热——{特点:疏散风热,宣肺止咳。
　　　　　　应用:①风寒咳嗽;②风热咳嗽。

【鉴别用药】
　　白前与前胡。均能降气化痰、治疗肺气上逆、咳喘痰多常相须为用。但白前性温,祛痰作用较强,多用于内伤寒痰咳喘;前胡性偏寒,兼能疏散风热,尤多用于外感风热或痰热咳喘。

【用法用量】　水煎服,3~10g。

【来源】　本品为禾本科植物青秆竹 Bambusa tuldoides Munro、大头典竹 Sinocalamus beecheyanus (Munro) McClure var. pubescens P. F. Li 或淡竹 Phyllostachys nigra (Lodd.) Munro var. henonis (Mitf.) Stapf ex Rendle 的茎秆的干燥中间层。

【处方用名】　竹茹　淡竹茹　竹皮
【性味归经】　甘,微寒。归肺、胃经。
【功效应用】

清热化痰——{特点:甘寒性润,善清痰热。
　　　　　　应用:肺热咳嗽。

除烦止呕——{特点:清热止呕,为治胃热呕吐之要药。
　　　　　　应用:①胆火夹痰,犯肺扰心之胸闷痰多,心烦失眠,惊悸;②胃热呕吐;③妊娠恶阻。

【配伍应用】
　　竹茹配桑白皮:清化痰热,用于痰热咳嗽。
　　竹茹配半夏、陈皮、茯苓、枳实:清心化痰除烦,用于胆火夹痰,犯肺扰心所致的胸闷痰多、心烦失眠、惊悸等证。
　　竹茹配黄连、半夏:清胃止呕,用于胃热呕吐。
　　竹茹配黄芩、生姜:和胃安胎,降逆止呕,用于妊娠恶阻。
　　竹茹配人参、陈皮、生姜:补虚清热,和胃止呕,用于胃虚有热而呕吐者。

【用法用量】　水煎服,5~10g;生用清化痰热,姜汁炙用止呕。
【使用注意】　寒痰咳嗽呕恶者不宜用。

> 本品有凉血止血作用,可用于吐血、衄血、崩漏。另可用于妊娠恶阻。黄宫绣云:"竹茹,清肺凉胃,解烦除呕。凡因邪热客肺,肺金失养,而致烦渴不宁,膈噎呕逆、恶阻呕吐、吐血衄血等症者,皆当服此。盖味甘则中可安而烦不生,气寒则热得解而气悉宁。"(《本草求真》)而周岩则认为竹茹能清胆腑之热。"古方疗胆热多用竹茹,而后人无知其为胆药者。"是为有独到见解者。

【来源】　本品来源同竹茹,系新鲜的淡竹和青秆竹等竹竿经火烤灼而流出的淡黄色澄清

液体。

【处方用名】 淡竹沥　竹沥　竹油
【性味归经】 甘,寒。归心、肺、肝经。
【功效应用】

清热豁痰——{特点:性寒滑利,祛痰力强。
　　　　　　　应用:痰热咳喘,顽痰胶结者。

定惊利窍——{特点:入心肝经,善涤痰泄热而开窍定惊。
　　　　　　　应用:①中风痰迷;②惊痫、癫狂。

【用法用量】 15~30ml,冲服。
【使用注意】 本品性寒滑,对寒痰及便溏者忌用。

【来源】 本品为禾本科植物青皮竹 Bambusa textilis McClure 或华思劳竹 Schizostachyum chinense Rendle 等竿内分泌液干燥后的块状物。

【处方用名】 天竺黄　天竹黄　竹黄　竹膏
【性味归经】 甘,寒。归心、肝经。
【功效应用】

清心定惊——{特点:入心、肝二经,定惊之力较强。
　　　　　　　应用:①小儿惊风;②中风癫痫;③热病神昏。

清热化痰——{特点:甘寒而无寒滑之弊。
　　　　　　　应用:痰热咳喘。

【鉴别应用】 竹茹、竹沥、天竺黄均来源于竹,性寒,均可清热化痰,治痰热咳喘。竹沥、天竺黄又可定惊,用治热病或痰热而致的惊风,癫痫,中风昏迷,喉间痰鸣。天竺黄定惊之力尤胜,多用于小儿惊风,热病神昏;竹沥性寒滑利,清热涤痰力强,成人惊痫中风,肺热顽痰胶结难咯者多用;竹茹长于清心除烦,多用治痰热扰心之心烦失眠。

【用法用量】
水煎服,3~9g;研粉冲服,每次0.6~1g。

天竺黄具有清心凉肝、化痰定惊作用。李中梓云"竹黄之寒,专泻少阴之火。火去而凉邪诸证靡不疗矣。"因上述作用,天竺黄乃儿科惊风之常用药。《本草经疏》云:"天竺黄,气微寒而性亦稍缓,故为小儿家要药。入手少阴经,小儿惊风天吊诸风热者,亦犹大人热极生风之候也。此药能除热养心,豁痰利窍,心家热清而惊自平,君主安而五脏咸得滋养,故诸证悉除也。

链接

礞　石

【来源】 本品为绿泥石片岩或云母岩的石块或碎粒。前者药材称青礞石,后者药材称金礞石。

【处方用名】 礞石　青礞石　金礞石
【性味归经】 咸,平。归肺、肝经。

【功效应用】

坠痰下气——{特点:味咸软坚,善攻消痰积。
应用:顽痰、老痰胶固之咳喘。

平肝镇惊——{特点:质重坠降,为治惊痫之良药。
应用:①癫狂;②惊痫。

【配伍应用】

礞石配沉香、黄芩、大黄:可逐痰、降火、定惊。用于:①顽痰、老痰胶固之证,症见咳喘痰壅难咯,大便秘结;②痰积惊痫,大便秘结者。

青礞石单味研末,用薄荷汁和白蜜调服,用于热痰壅塞引起的惊风抽搐。

【用法用量】 入汤剂,宜打碎布包先煎,10~15g;入丸散3~6g。

【使用注意】 本品重坠性猛,脾胃虚弱、小儿慢惊风、孕妇均忌用。

【来源】 本品为帘蛤科动物文蛤 *Meretrix meretrix* Linnaeus 和青蛤 *Cyclina sinensis* Gmelin 的贝壳。

【处方用名】 海蛤壳　蛤壳

【性味归经】 苦、咸,寒。归肺、肝、胃经。

【功效应用】

清肺化痰——{特点:化痰清火,平肝保金。
应用:①痰热咳喘;②木火刑金,痰火内郁之胸胁疼痛、咯吐痰血。

软坚散结——{特点:咸能软坚。
应用:①瘿瘤;②痰核。

利尿制酸——{特点:利水气,制胃酸。
应用:①水气浮肿;②胃痛泛酸;③外用敛疮,用于湿疮、烫伤。

【配伍应用】

海蛤壳配青黛:清肝泻火,化痰止血,用于痰火内郁,灼伤肺络之胸胁疼痛、咯吐痰血。

海蛤壳配海藻、昆布:可软坚散结,用于瘿瘤,痰核。

海蛤壳配煅瓦楞、乌贼骨:制酸止痛,用于胃痛泛酸等。

【用法用量】 水煎服,6~15g,蛤粉宜包煎。

【来源】 本品为桔梗科植物桔梗 *Platycodon grandiflorum* (Jacq.) A. DC. 的干燥根。

【处方用名】 桔梗　苦桔梗　白桔梗　玉桔梗

【性味归经】 苦、辛,平。归肺经。

【功效应用】

宣肺祛痰——{特点:辛散苦泄,开宣肺气,祛痰利气,无论寒热均可应用。
应用:①风寒咳嗽;②风热咳嗽。

利咽排脓——{特点:性散上行,既能宣泄肺邪以利咽开音,又能利肺气以排壅肺之脓痰。
应用:①外邪犯肺,咽痛失音;②咽喉肿痛,热毒盛者;③肺痈吐脓血。

载药上行——{特点:舟楫之剂。
应用:引领药物治疗上焦疾病。

【配伍应用】
桔梗配紫苏、杏仁:祛风散寒止咳,用于风寒咳嗽。
桔梗配桑叶、菊花、杏仁:疏风清热止咳,用于风热咳嗽。
桔梗配甘草、牛蒡子:利咽,解毒,开音,用于外邪犯肺,咽痛失音。
桔梗配甘草、鱼腥草、薏苡仁、冬瓜仁:清肺排脓,用于肺痈咳嗽胸痛,咳痰腥臭。

【用法用量】 水煎服,3~10g。

【使用注意】
1) 本品性升散,凡气机上逆引起的呕吐、咳血、眩晕以及阴虚火旺之燥咳者不宜用。
2) 胃、十二指肠溃疡者慎服。
3) 用量过大易致恶心呕吐。

海藻

【来源】 本品为马尾藻科植物海蒿子 *Sargassum pallidum*(Turn.) C. Ag. 或羊栖菜 *Sargassum fusiforme*(Harv.) Setch. 的藻体。

【处方用名】 海藻。

【性味归经】 咸,寒。归肝、肾经。

【功效应用】

消痰软坚——{特点:咸能软坚。
应用:①瘿瘤;②瘰疬;③睾丸肿胀疼痛。

利水消肿——{特点:利小便,化痰饮以消肿。
应用:水肿、脚气。

> 药理研究表明,海藻具有降压、抗凝血、降血脂、抗溃疡、调节免疫、抗肿瘤等多种作用。临床用于治疗单纯性肥胖等疾病有一定疗效。
> (链接)

【配伍应用】
海藻配昆布:消痰软坚散结,用于瘿瘤。
海藻配夏枯草:清热解毒,软坚散结,用于瘰疬。
海藻配橘核:疏肝散结,消肿止痛,用于睾丸肿胀疼痛。

【用法用量】 水煎服,6~12g。

【使用注意】 反甘草。

昆布

【来源】 本品为海带科植物海带 *Laminaria japonica* Aresch. 或翅藻科植物昆布 *Ecklonia kurome* Okam. 的干燥叶状体。

【处方用名】 昆布。

【性味归经】 咸,寒。归肝、肾经。

【功效应用】

消痰软坚——{特点:味咸软坚,化痰散结。
应用:①瘿瘤;②瘰疬。

利水消肿——用于水肿。

【用法用量】 水煎服,6~12g。

【来源】　本品为蚶科动物毛蚶 Arca subcrenata Lischke、泥蚶 Arca granosa Linnaeus 或魁蚶 Arca inflata Reeve 的贝壳。

【处方用名】　瓦楞子　瓦楞壳　煅瓦楞子

【性味归经】　咸,平。归肺、胃、肝经。

【功效应用】

消痰软坚——{特点:咸能软坚,消痰散结。/应用:①瘰疬;②瘿瘤。

化瘀散结——{特点:既能消痰,又能化瘀。/应用:癥瘕痞块。

制酸止痛——治疗肝胃不和,胃痛泛酸者。

【配伍应用】

瓦楞子配海藻、昆布:能消痰散结,用于瘰疬、瘿瘤。

瓦楞子配伍三棱、莪术、鳖甲:行气活血,消癥软坚,用于气滞血瘀及痰积所致的癥瘕痞块。近年来常用于肝脾大及消化道肿瘤。

煅瓦楞子配伍乌贼骨、陈皮:制酸止痛,用于肝胃不和之胃痛泛酸。

【用法用量】　水煎服,宜打碎先煎,9~15g;研末服,每次1~3g。生用消痰散结,煅用制酸止痛。

【来源】　本品为毛茛科植物小毛茛 Ranunculus ternatus Thunb. 的干燥块根。

【处方用名】　猫爪草

【性味归经】　甘、辛,微温。归肝、肺经。

【功效应用】

化痰散结——{特点:味辛而散,可化痰浊,消郁结。/应用:①瘰疬;②痰核。

解毒消肿——{特点:用鲜品捣敷患处可解毒消肿。/应用:①疔疮;②蛇咬伤。

【配伍应用】　猫爪草配夏枯草、玄参、僵蚕:化痰散结,用于痰火郁结之瘰疬、痰核。

【用法用量】　水煎服,9~15g;外用适量,捣敷或研末调敷。

第3节　止咳平喘药

苦　杏　仁

【来源】　本品为蔷薇科植物山杏 Prunus armeniaca L. var. ansu Maxim.、西伯利亚杏 Prunus sibirica L.、东北杏 Prunus mandshurica (Maxim.) Koehne 或杏 Prunus armeniaca L. 的干燥成熟种子。

【处方用药】　苦杏仁　杏仁　光杏仁　炒杏仁　杏仁霜

【性味归经】　苦,微温。有小毒。归肺、大肠经。

【功效应用】

止咳平喘——{特点:为止咳平喘之要药。
           应用:多种咳喘;①风寒咳嗽;②风热咳嗽;③燥热咳嗽;④肺热咳喘。

润肠通便——{特点:质润多脂,味苦下气。
           应用:肠燥便秘。

【配伍应用】
杏仁配麻黄、甘草:温散风寒,宣肺平喘,用于风寒咳嗽。
杏仁配桑叶、菊花:疏散风热,宣肺止咳,用于风热咳嗽。
杏仁配桑叶、贝母、沙参:清肺润燥,用于燥热咳嗽。
杏仁配石膏、麻黄:清肺泄热,宣肺平喘,用于肺热咳喘。

【用法用量】 水煎服,5～10g。

【使用注意】 阴虚久咳及大便溏泄者忌用。有小毒,注意用量不宜过大,婴儿慎用。

苦杏仁含苦杏仁苷,口服经下消化道分解后产生少量氢氰酸,能抑制咳嗽中枢而起镇咳平喘作用。但氢氰酸既是有效成分,也是有毒成分,误服过量杏仁,可产生氢氰酸中毒,使延髓等生命中枢先抑制后麻痹,并抑制细胞色素氧化酶的活性而引起组织窒息。临床表现为眩晕、心悸、恶心、呕吐等中毒反应,重者出现昏迷、惊厥、瞳孔散大,对光反应消失,最后因呼吸麻痹而死亡。临床用药时应注意剂量,并注意观察用药后的反应。

附药

甜杏仁,本品为蔷薇科植物杏或山杏的部分栽培种而其味甘甜的成熟种子。性味甘平,功效与苦杏仁类似,药力较缓,且偏于润肺止咳。主要用于虚劳咳嗽或津伤便秘。水煎服,5～10g。

【来源】 本品为唇形科植物紫苏 Perilla frutescens（L.）Britt. 的干燥成熟果实。

【处方用名】 紫苏子　苏子　炒苏子　炙苏子　黑苏子

【性味归经】 辛,温。归肺、大肠经。

【功效应用】

降气化痰——{特点:长于降肺气,化痰涎。
           应用:痰壅气逆,咳嗽气喘。

润肠通便——{特点:质润,降泄肺气以助大肠传导。
           应用:肠燥便秘。

【配伍应用】 紫苏子配白芥子、莱菔子:降气祛痰,用于痰壅气逆,咳嗽气喘,痰多胸痞,甚则不能平卧。

【鉴别应用】

苏子与苦杏仁两者均能降气止咳平喘,润肠通便,主治肺气上逆咳喘及肠燥便秘。不同点:苏子能化痰,苦杏仁兼宣肺;苏子温性较明显,以寒痰证为宜;苦杏仁温性较弱,各种咳喘均可随证配伍而用之。

【用法用量】 水煎服,3～10g。

【使用注意】 阴虚咳嗽或脾虚便溏者慎用。

> 紫苏子主要用于咳喘痰多之证,临床用药有紫苏子、炒紫苏子、蜜紫苏子、紫苏子霜的区别。紫苏子偏于润肠止咳,紫苏子霜用于咳喘而见脾虚便溏者。
> 据临床报道,生紫苏子捣烂或咬碎空腹嚼食,还可治疗肠道蛔虫病;若蛔虫引起胃痛、胆道痛,先用花椒 3g,米醋 250ml,熬水,稍温后一次吞服,待蛔安痛止,再服紫苏子。

链接

葶苈子

【来源】 本品为十字花科植物独行菜 Lepidium apetalum Willd. 或播娘蒿 Descurainia sophia（L.）Webb ex Prantl 的干燥成熟种子。

【处方用名】 葶苈子 葶苈 炒葶苈 炙葶苈

【性味归经】 苦、辛,大寒。归肺、膀胱经。

【功效应用】

泻肺平喘—— 特点:专泻肺中水饮及痰火而平喘。
　　　　　　应用:痰涎壅滞、咳嗽喘促的实证。

利水消肿—— 特点:泄肺气之壅闭而通调水道。
　　　　　　应用:①水肿实证;②胸腹积水,小便不利;③悬饮。

【配伍应用】

葶苈子配大枣:泻肺行水,下气平喘,用于咳喘胁痛之悬饮,渗出性胸腔炎及胸膜积液。

葶苈子配苏子、桑白皮、杏仁:化痰饮,降气平喘,用于痰涎壅盛,喘息不得卧之咳喘实证。

葶苈子配防己、椒目、大黄:攻逐水饮,用于水饮停积,走于肠道,辘辘有声,腹满,水肿,便秘之实证。

【用法用量】 水煎服,3~10g,包煎;研末服,3~6g。

【使用注意】 肺虚寒咳喘、脾虚肿满者忌用。

百部

【来源】 本品为百部科植物直立百部 Stemona sessilifolia（Miq.）Miq.、蔓生百部 Stemona japonica（Bl.）Miq. 或对叶百部 Stemona tuberosa Lour. 的干燥块根。

【处方用名】 百部 肥白部 炙百部 蒸百部

【性味归经】 甘、苦,微温。归肺经。

【功效应用】

润肺止咳—— 特点:甘润苦降,微温不燥,用于各种咳嗽。
　　　　　　应用:①新久咳嗽;②百日咳;③肺痨咳嗽。

杀虫灭虱—— 特点:治疗多种原虫类疾病。
　　　　　　应用:①蛲虫;②阴道滴虫、头虱及疥癣;③百部浓煎,睡前保留灌肠用于蛲虫病;④百部鲜品切断,用断面涂搽患部用于荨麻疹、皮炎、体癣、蚊虫叮咬等。

【配伍应用】

百部配荆芥、桔梗、紫菀:祛风散寒止咳,用于风寒咳嗽。

百部配黄芪、沙参、麦冬:养阴益气止咳,用于久咳不已,气阴两虚。

百部配沙参、麦冬、川贝母：润肺止咳,用于肺痨咳嗽,阴虚者。
【用法用量】 水煎服,3~9g；外用适量。久咳虚嗽宜用蜜炙百部,杀虫灭虱用生百部。
【使用注意】 脾虚食少便溏者忌用。

> 百部含有百部碱、百部定碱、原百部碱、次百部碱、直立百部碱等多种生物碱,上述成分能降低呼吸中枢兴奋性,抑制咳嗽反射,而奏止咳之效。对支气管痉挛有松弛作用,强度与氨茶碱相似。体外试验对人型结核杆菌、肺炎球菌、链球菌、白喉杆菌、痢疾杆菌、铜绿假单胞菌、伤寒杆菌等均有抑制作用。对流感病毒、皮肤真菌也有抑制作用。百部水浸液和醇浸液对体虱、阴虱皆有杀灭作用。百部配蛇床子、苦参,杀虫止痒,用于阴道滴虫。百部制成20%乙醇液,或50%水煎剂外擦治疗头虱、体虱及疥鲜。临床观察,本品配黄芩、丹参,对肺结核痰菌转阴及病灶吸收均有一定疗效。

紫 菀

【来源】 本品为菊科植物紫菀 *Aster tataricus* L. f. 的干燥根及根茎。
【处方用名】 紫菀　炙紫菀　紫菀茸
【性味归经】 苦、辛、甘,微温。归肺经。
【功效应用】

润肺化痰止咳——{特点:温而不燥,可用于各种咳嗽。
　　　　　　　　应用:①外感咳嗽；②内伤咳嗽。

> 张山雷:"紫菀,柔润有余,虽曰苦辛而温,非燥烈可比,专能开泄肺郁,定咳降逆,宣通窒滞,兼疏肺家气血。凡风寒外束,肺气壅塞,咳呛不爽,喘促哮吼气火燔灼,郁为肺痈,咳吐脓血,痰臭腥秽诸证,无不治之。而寒饮盘踞,浊涎胶固,喉中如水鸡声者,尤为相宜。唯其温而不热,润而不燥,所以寒热皆宜,无所避忌。"(《本草正义》)

【配伍应用】
紫菀配荆芥、桔梗、百部:祛风寒,止咳嗽,用于风寒犯肺,咳嗽咽痒,咳痰不爽等症。
紫菀配阿胶、贝母:以养阴润肺,化痰止嗽,用于阴虚肺热咳嗽。
紫菀配瓜蒌、鱼腥草:清肺消痈,止咳化痰,用于肺痈、胸痹证。
【用法用量】 水煎服,5~10g。外感咳嗽宜生用,因肺虚久咳宜蜜炙用。

桑 白 皮

【来源】 本品为桑科植物桑 *Morus alba* L. 的干燥根皮。
【处方用名】 桑白皮　桑根白皮　桑皮　炙桑皮　蜜炙桑白皮
【性味归经】 甘,寒。归肺经。
【功效应用】

泻肺平喘——{特点:性寒而降,主入肺经,能清泻肺火兼泻肺中水气而平喘。
　　　　　　 应用:①肺热咳喘；②水饮停肺,咳喘；③肺虚有咳喘。
利水消肿——{特点:降肺气,利水道,兼能清肝凉血。
　　　　　　 应用:阳水实证,包括:①风水；②皮水。

药理实验表明,桑白皮有明显利尿作用;有不同程度的降压作用,作用缓和而较持久,且反复用药无快速耐受性;对神经系统有镇静、安定、抗惊厥、镇痛、降温作用。本品对子宫颈癌 JTC28、肺癌细胞有抑制作用,近年研究还表明,本品能抗艾滋病毒,临床用本品治疗高血压危象、小儿流涎等,均有显著疗效。

【配伍应用】

桑白皮配地骨皮:清肺平喘,用于肺热咳喘。

桑白皮配茯苓皮、大腹皮、陈皮:利湿消肿,理气健脾,用于风水、皮水等阳水实证,症见全身水肿,而肌肤浮肿,胀满喘急,小便不利者。

【鉴别应用】

桑白皮与葶苈子均能泻肺平喘,利水消肿,治疗肺热及肺中水气、痰饮咳喘、水肿等症,常相须为用。桑白皮甘寒,药性较缓,长于清肺热,降肺火,多用于肺热咳喘、痰黄及皮肤水肿等症;葶苈子力峻,重在泻肺中痰涎水气,邪盛喘满不得卧者尤宜,因有较强的利水作用,又可治疗臌胀、胸腹积水诸症。

【用法用量】 水煎服,6~12g。泻肺利水、平肝清火宜生用;肺虚咳嗽宜蜜炙用。

【使用注意】 肺寒咳喘、小便量多者慎用。

【来源】 本品为菊科植物款冬 *Tussilago farlara* L. 的干燥花蕾。

【处方用名】 款冬花 冬花 款冬 炙款冬 炙冬花

【性味归经】 辛、微苦,温。归肺经。

【功效应用】

润肺下气,止咳化痰——{特点:辛温而润,随证配伍可治各种咳喘。
应用:①咳喘证;②肺痈。

【鉴别应用】

款冬花与紫菀两药性皆温,但温而不燥,既可化痰,又能润肺,无论寒热虚实、新久喘嗽均可用之。款冬花长于止咳,紫菀尤善于祛痰,治喘方中常配伍使用,则止咳化痰功效更著。

【用法用量】 水煎服,5~10g。外感暴咳宜生用,内伤久咳宜炙用。

【来源】 本品为蔷薇科植物枇杷 *Eriobotrya japonica* (Thunb.) Lindl. 的干燥叶。

【处方用名】 枇杷叶 杷叶 蜜炙枇杷叶 炙杷叶

【性味归经】 苦,微寒。归肺、胃经。

【功效应用】

清肺止咳——{特点:味苦能降,性寒能清,清降肺气。
应用:肺热咳嗽,气逆喘急。

降逆止呕——{特点:清胃热,降胃气而止呕。
应用:胃热呕吐,哕逆。

【配伍应用】
枇杷叶配黄芩、桑白皮、栀子:清肺泻火,止咳平喘,用于肺热咳嗽,气逆喘急,咯痰黄稠。
枇杷叶配桑叶、麦冬、阿胶:清燥润肺,用于燥热咳喘,咳痰不爽,口干舌红。
枇杷叶配陈皮、竹茹:降逆止呕,用于胃热呕吐,哕逆。
【用法用量】 入汤剂,去毛,6~10g,或入丸散。止咳宜炙用,止呕宜生用。
【使用注意】 胃寒呕吐及风寒咳嗽禁服。

【来源】 本品为银杏科植物银杏 Ginkgo biloba L. 的干燥成熟种子。
【处方用名】 白果 银杏 白果仁 白果肉 炒白果
【性味归经】 甘、苦、涩,平。有毒。归肺经。
【功效应用】

敛肺化痰定喘——{特点:性收涩,能敛肺定喘,且兼有一定化痰之功。
　　　　　　　　应用:喘咳证。

止带缩尿——{特点:性收涩而能固下焦。
　　　　　　应用:①妇女带下;②小便白浊。

【配伍应用】
白果配麻黄、黄芩:外散风寒,内清肺热,用于外感风寒而内有蕴热之喘证。
白果配山药、莲子:健脾益肾止带,用于脾肾亏虚,带下色清质稀。
白果配黄柏、车前子:化湿清热止带,用于湿热带下,色黄腥臭。
白果配萆薢、益智仁:益肾化浊,用于小便白浊。
白果配熟地、山萸肉、覆盆子:补肾固涩,用于遗精、尿频、遗尿。
【用法用量】 水煎服,5~10g,捣碎。
【使用注意】 本品有毒,不可多用,小儿尤当注意。过食白果可致中毒,生品毒性较大,熟用毒性小。

附药

银杏叶,本品为银杏树的叶,主要成分为银杏黄酮。性味苦、涩、平。功能敛肺平喘,活血止痛。用于肺虚咳喘,以及高血脂、高血压、冠心病、心绞痛、脑血管痉挛等。水煎服,9~12g,或制成片剂、注射剂。

【来源】 本品为茄科植物白花曼陀罗 Datura metel L. 的干燥花。
【处方用名】 洋金花 白曼陀罗花 山茄花 凤茄花
【性味归经】 辛、温。有毒。归肺、肝经。

【功效应用】

平喘止咳——{特点:为麻醉镇咳平喘药。
　　　　　　应用:哮喘咳嗽。洋金花可制成散剂单服,或配烟叶制成卷烟燃吸,用于成人或年老咳喘无痰或少痰。

麻醉镇痛——{特点:有较好的麻醉作用。
　　　　　　应用:古代用作麻醉药,现主要取其东莨菪碱制成中药麻醉药,用于各种外科手术。

止痉——{特点：有解痉止搐之功。
应用：①癫痫；②小儿慢惊风。

【用法用量】 入丸、散内服，0.3~0.6g；作卷烟吸，一日量不超过1.5g；外用适量，煎汤洗或研末外敷。

【使用注意】
1）本品有毒，应控制剂量。
2）外感及痰热咳喘、青光眼、高血压、心动过速者禁用；孕妇、体弱者慎用。

小结

化痰止咳平喘药一般都具有宣肺降气、祛痰止咳的功效，根据其性味的不同分为三类：温化寒痰湿痰药、清化热痰燥痰药、止咳平喘药。

温化寒痰湿痰药均具有温肺化痰、燥湿化痰的功效，适用于寒痰、湿痰所致的咳喘证。其中半夏、南星均能燥湿化痰，半夏又为止呕要药，且可消痞散结；天南星又善祛风痰证；胆南星又能清化热痰而息风定惊。白附子以祛风痰为主。芥子能化寒痰，逐水饮，尤其善祛"皮里膜外"之痰。旋覆花功能降气行水化痰，降逆止呕，善治咳喘、噫气、呕吐者。白前专入肺经，以治咳嗽痰多气喘为主。皂荚主祛顽痰，具有豁痰开窍、开闭醒神之效。

清化热痰燥痰药具有清化热痰宣肺利气的功效，适用于痰热所致的咳喘和痰火引起的癫痫等证。其中贝母有川、浙贝母之分，川贝长于润肺化痰，多用于虚证咳嗽，浙贝长于清热化痰，多用于实证咳嗽。瓜蒌长于清热化痰，宽胸散结，润肠通便。竹茹、竹沥、天竺黄均可清热化痰，治痰热咳喘；竹茹长于清心除烦，降逆止呕。竹沥、天竺黄又可定惊，而天竺黄定惊之力尤胜，竹沥清热涤痰力最强。前胡功专入肺，降气化痰，疏散风热。桔梗长于宣肺、祛痰，无论寒热咳嗽皆可用，又能利咽、排脓。礞石咸平，性沉降，功能坠痰下气，平肝镇惊。海蛤壳清肺化痰，软坚散结。海藻、昆布均为咸寒之品，功能消痰软坚，利水消肿。瓦楞子消痰软坚，化瘀散结，制酸止痛。猫爪草亦为化痰散结之品，又兼能解毒消肿。

止咳平喘药具有化痰止咳、降逆平喘的功效。苦杏仁、紫苏子均能止咳平喘，润肠通便；苦杏仁又为治咳喘要药，风寒、风热、燥热、肺热咳嗽皆可配伍应用；紫苏子长于化痰降气，咳喘痰多者最宜。紫菀、百部甘润苦泄，能润肺止咳，对外感、内伤、暴咳、久嗽、寒热虚实之咳嗽均可应用；百部还能杀虫灭虱。款冬花润肺下气，止咳化痰，咳喘皆用。枇杷叶、桑白皮均具有清降肺气之功，用于肺热咳喘；枇杷叶又能治胃热呕吐，桑白皮功兼利水消肿。葶苈子为泻肺平喘之要药，治水肿、悬饮、胸腹积水、小便不利等证。白果敛肺化痰定喘，实喘、虚喘皆宜，又能止带。洋金花为麻醉镇咳平喘药，用于久咳无痰、哮喘日久者。

目 标 检 测

一、单项选择题

1. 下列除哪项外，均为桔梗功效　　　　　　　　　　　　　　　　　　　　（　）
　A. 宣肺　　　B. 解毒　　　C. 化痰　　　D. 排脓　　　E. 利咽
2. 既润肠通便，又降气平喘的药是　　　　　　　　　　　　　　　　　　　（　）
　A. 苏叶　　　B. 砂仁　　　C. 厚朴　　　D. 枇杷叶　　E. 苦杏仁
3. 能清热化痰、除烦止呕的药是　　　　　　　　　　　　　　　　　　　　（　）
　A. 竹茹　　　B. 旋覆花　　C. 海蛤壳　　D. 马兜铃　　E. 白前

4. 既化痰,又降肺胃气逆的药是 ( )
   A. 旋覆花　　B. 前胡　　C. 杏仁　　D. 白芥子　　E. 葶苈子
5. 半夏内服的功效是 ( )
   A. 温化寒痰、温肺化饮、降逆止呕　　　B. 燥湿化痰、降逆止呕、消痞散结
   C. 燥湿化痰、祛风解痉、解逆止呕　　　D. 温化寒痰、燥湿化痰、消肿散结
   E. 温化寒痰、消痞散结、祛风解痉
6. 下列除哪项外,皆为天南星的主治证 ( )
   A. 湿痰、寒痰证　　　　B. 风痰眩晕证　　C. 破伤风
   D. 痈疽肿毒　　　　　　E. 心下痞结胸证
7. 治阴疽流注及痰阻肢体关节麻木肿痛之证的首选药物是 ( )
   A. 半夏　　B. 天南星　　C. 浙贝母　　D. 川贝母　　E. 白芥子
8. 天竺黄的功效是 ( )
   A. 清热化痰,定惊利窍　　　　　B. 清热化痰,除烦止呕
   C. 清热化痰,宽胸散结　　　　　D. 清热化痰,清心定惊
   E. 清热化痰,开郁散结
9. 旋覆花入汤剂宜 ( )
   A. 先煎　　B. 后下　　C. 包煎　　D. 另煎　　E. 烊化
10. 治痰涎壅肺之喘咳及悬饮证宜用 ( )
    A. 葶苈子　　B. 白芥子　　C. 紫苏子　　D. 莱菔子　　E. 车前子

二、填空题
1. 化痰药因药性有_____之别,而分为_____、_____两类。
2. 百部可生用或蜜炙用,用于杀虫及_____咳嗽宜用生,用于_____咳嗽宜用炙。
3. 葶苈子的功效为_____、_____。
4. 瓜蒌的功效为_____、_____。
5. 在化痰药中,能治瘰疬的有_____、_____、_____、_____。
6. 在化痰药中,能治肺痈的有_____、_____、_____、_____。
7. 温化寒湿痰药适用于_____证、_____证。
8. 清化热痰燥痰药适用于_____证、_____证。
9. 白附子的品种有_____、_____两种。
10. 杏仁的功效为_____、_____。

三、问答题
1. 半夏与贝母皆能化痰,临床如何区别使用?
2. 桔梗与旋覆花其功效与适应证有何相同与不同?
3. 何谓燥湿化痰?
4. 简述白芥子的使用注意。
5. 试述临床如何正确选择应用止咳平喘药。
6. 如何区别应用川贝母与浙贝母?
7. 瓜蒌与半夏其功效与适应证方面有何不同?
8. 天南星与贝母在性味、功效及适应证方面有何异同?
9. 前胡与桔梗在性味、功效及适应证方面有何异同?
10. 举例说明宣肺化痰、清肺化痰、润肺化痰功效和主治的区别。

(钱三旗　张　冰)

第19章 安　神　药

1. 掌握安神药的含义、分类、作用、适应范围
2. 掌握重镇安神药的用量用法和使用注意事项
3. 明确重镇安神药和养心安神药的概念
4. 掌握朱砂、磁石、龙骨(附：龙齿)、酸枣仁的功效、用法用量及使用注意
5. 熟悉琥珀、柏子仁、合欢皮、远志、灵芝、夜交藤的功效、应用、用法用量及使用注意
6. 了解功效相似药物的鉴别与配伍

【含义】　凡以安定神志,治疗心神不宁病证为主要作用的药物,称安神药。
【分类及适应证】
1) 重镇安神药。本类药多为矿石、化石、介类药物,具有质重沉降之性。重则能镇,重可祛怯,有镇心安神、平惊定志、平肝潜阳等作用。适应于:①心火炽盛之心神不宁证;②痰浊扰心之心神不宁证;③心悸失眠;④惊痫;⑤肝郁化火、肝阳上亢之眩晕。
2) 养心安神药物。多为植物类种子、种仁,具有甘润滋养之性,故有滋养心肝、益阴补血、交通心肾等作用。适用于阴血不足、心脾两虚、心肾不交等导致的心悸怔忡、虚烦不眠、健忘、多梦、遗精、盗汗等证。
【使用注意】
1) 本类药多属对症治标之品,特别是矿石类重镇安神药,只宜暂用,不可久服,中病即止。
2) 矿石类安神药,如作片散剂服时,必须配伍养胃健脾之品,以免伤胃耗气。

第1节　重镇安神药

【来源】　本品为硫化物类矿物辰砂族辰砂,主含硫化汞(HgS)。
【处方用名】　朱砂　辰砂　丹砂
【性味归经】　甘,微寒。有毒。归心经。
【功效应用】

清心镇惊安神——特点:本品甘寒质重,寒能降火,重可镇怯。
应用:①心火亢盛,内扰神明之心神不宁、惊悸怔忡、烦躁不眠;②温热病,热入心包或痰热内闭所致的高热烦躁,神昏谵语,惊厥抽搐;③小儿惊风;④癫痫。

朱砂能降低大脑中枢神经的兴奋性,有镇静催眠、抗惊厥、抗心律失常等作用。但朱砂为无机汞化合物,汞与人体蛋白质中巯基有特别的亲和力,高浓度时可抑制多种酶的活性,使代谢发生障碍,直接损害中枢神经系统。因此服药应控制剂量,中病即止。服药期间应避免与含甲基结构的药物(如茶碱、普萘洛尔等)以及含溴、碘的物质(如溴化物、碘化物、巴氏合剂、三溴合剂、海藻、海带等)同服,并避免高脂饮食和饮酒。朱砂中毒的早期可催吐,并给予解毒剂。

明目——{特点:能清心降火明目。
　　　　 应用:心肾不交之视物昏花等。

解毒——{特点:性寒,内服或外用均有清热解毒作用。
　　　　 应用:①疮疡肿毒;②咽喉肿痛,口舌生疮。

【用法用量】　入丸、散剂内服,每次0.1~0.5g,不入煎剂。外用适量。

【使用注意】
1) 本品有毒,内服不可过量或持续服用,孕妇及肝功能不全者禁服。
2) 入药只宜生用,忌火煅。

【来源】　本品为古代大型哺乳类动物象类、三趾马类、犀类、鹿类、牛类等骨骼的化石。

【处方用名】　龙骨　生龙骨　煅龙骨

【性味归经】　甘、涩,平。归心、肝、肾经。

【功效应用】

镇惊安神——{特点:重可镇怯,为镇静安神的常用药。
　　　　　　 应用:①心神不宁,心悸、失眠、健忘;②痰热惊痫、癫狂。

平肝潜阳——{特点:质重沉降,平肝潜阳作用强。
　　　　　　 应用:肝阴不足、肝阳上亢所致的头晕目眩。

收敛固涩——{特点:味涩而敛,内服固涩津液,外用敛疮生肌。
　　　　　　 应用:①遗精、滑精、遗尿、崩漏、带下、自汗、盗汗等正虚滑脱证;②湿疮痒
　　　　　　 　　　疹久溃不敛。

【配伍应用】
龙骨配石菖蒲、远志:安神定志,用于心神不宁、心悸失眠、健忘多梦。
龙骨配桑螵蛸、龟甲、茯神:补益心肾,缩尿止遗。
龙骨配人参、附子、牡蛎:回阳救逆固脱。

【用法用量】　水煎服,15~30g,宜先煎;外用适量。镇静安神、平肝潜阳宜生用,收敛固涩宜煅用。

【使用注意】　湿热积滞者不宜使用。

附药

龙齿,为古代多种大型哺乳动物的牙齿骨化石。研碎生用或煅用。性味甘、涩、凉。归心、肝经。功能镇心安神,主要用于惊痫癫狂、心悸怔忡、失眠多梦等证。用法用量与龙骨相同。生龙齿功专镇静安神,煅龙齿则略兼收涩之性。

磁 石

【来源】 本品为氧化物类矿物尖晶石族磁铁矿。

【处方用名】 灵磁石　活磁石　磁石　醋磁石　煅磁石

【性味归经】 咸、寒。归心、肝、肾经。

【功效应用】

镇惊安神——{特点：性寒质重沉降，清心肝之火；味咸入肾，又可益肾中真阴，功能镇摄阴阳，安定神志。
应用：①心神不宁、惊悸；②失眠；③癫痫。

平肝潜阳——{特点：益肾阴，潜肝阳。
应用：肝阳上亢，头晕目眩，急躁易怒。

聪耳明目——{特点：补益肝肾而聪耳明目。
应用：肾虚耳鸣耳聋，视物昏花。

纳气平喘——{特点：质重沉降，纳气归肾。
应用：肾虚气喘。

【鉴别应用】
磁石与朱砂均为重镇安神常用药，两药质重性寒入心经，均能镇心安神，磁石益肾阴，潜肝阳，主治肾虚肝旺，肝火扰心之心神不宁；朱砂镇心、清心而安神，善治心火亢盛之心神不安。

【用法用量】 水煎服，9～30g，宜打碎先煎；入丸散，每次1～3g。

【使用注意】 脾胃虚弱者慎用。不可多用，久用。

琥 珀

【来源】 本品为古代松科植物如枫树、松树的树脂埋藏地下经年久转化而成的化石样物质。

【处方用名】 琥珀　血琥珀　红琥珀　琥珀屑(末)

【性味归经】 甘，平。归心、肝、膀胱经。

【功效应用】

镇惊安神——{特点：入心、肝二经，质重而镇惊安神。
应用：心神不宁，心悸失眠，健忘。

活血散瘀——{特点：入血分，善活血散瘀消癥。
应用：①痛经闭经；②心腹刺痛；③癥瘕积聚；④外用可生肌敛疮，用于疮痈肿毒。

利尿通淋——{特点：散瘀通淋。
应用：①淋证、尿频、尿痛；②癃闭，小便不利。

【配伍应用】
琥珀配石菖蒲、远志、茯神：镇心安神，用于心悸、失眠健忘等症。
琥珀配三七：活血定痛，用于心血瘀阻、胸痹心痛。
琥珀配金钱草、海金沙、木通：利尿通淋，用于石淋、热淋。

【用法用量】 研末冲服；或入丸、散，每次1.5～3g；外用适量。不入煎剂。

第2节 养心安神药

【来源】 本品为鼠李科植物酸枣 *Ziziphus jujuba* Mill. var. *spinosa*（Bunge）Hu ex H. F. Chou 的干燥成熟种子。

【处方用名】 炒枣仁　酸枣仁　枣仁　炒酸枣仁

【性味归经】 甘,酸,平。归心、肝、胆经。

【功效应用】

养心益肝安神——{特点：味甘，入心、肝经，能养心阴，益肝血而安神。
应用：心肝阴虚，心失所养，神不守舍之怔忡、健忘、失眠、多梦。

敛汗生津——{特点：味酸能敛，有收敛止汗、敛阴生津止渴之功效。
应用：①体虚自汗、盗汗；②消渴，津伤，口渴，咽干。

> 据近代研究证明，酸枣仁能抑制中枢神经系统，有镇静催眠作用。焦树德认为酸枣仁可生用或微炒用，治疗失眠最好用炒枣仁，且最好是新炒，比炒后久置再用效果好，如果炒枯则失去镇静效能。对肝、胆、心、脾有实热或暑湿内停以及初感风寒者不宜用。

【用法用量】 水煎服，10～15g，研末吞服，每次1.5～2g。

【来源】 本品为豆科植物合欢 *Albizia julibrissin* Durazz. 的干燥树皮。

【处方用名】 合欢皮

【性味归经】 甘,平。归心、肝、肺经。

【功效应用】

解郁安神——{特点：性甘平，入心、肝经，善解肝郁而悦心安神。
应用：①郁证，情志不遂，忿怒忧郁；②烦躁失眠，心神不宁。

活血消肿——{特点：入心肝血分，能活血祛瘀，续筋接骨，消痈肿。
应用：①跌打损伤，筋断骨折，瘀血肿痛；②肺痈，见胸痛，咳吐脓血；③疮痈肿毒。

> 据报道合欢皮水煎液及醇提取物对妊娠子宫能增强其节律性收缩，并有终止妊娠抗早孕反应的作用，对妊娠妇女慎用。另合欢树的花或蕾，性味甘、平，归心、肝经，功能解郁安神，适用于虚烦不眠、抑郁不舒、健忘多梦等症，临床处方亦常与合欢花皮配伍合用。

【用法用量】 水煎服，6～12g；外用适量。

【使用注意】 孕妇慎用。

远 志

【来源】 本品为远志科植物远志 Polygala tenuifolia Willd.或卵叶远志 Polygala sibirica L. 的干燥根。

【处方用名】 远志 炙远志 制远志

【性味归经】 苦、辛,温。归心、肾、肺经。

【功效应用】

安神益智——
- 特点:苦辛性温,既开心气而宁心安神,又通肾气而强志不忘,为交通心肾、安定神志、益智强志之佳品。
- 应用:心肾不交之失眠、惊悸、健忘。

祛痰开窍——
- 特点:味辛通利,能利心窍,逐痰涎;苦温性燥,入肺经,能祛痰止咳。
- 应用:①痰阻心窍,癫痫抽搐,惊风、发狂;②咳嗽痰多黏稠,咳吐不爽,或外感风寒,咳嗽痰多。

消散痈肿——
- 特点:辛行苦泄,功擅疏通气血之壅滞而消散痈肿。
- 应用:①痈疽疮毒;②乳房肿痛。

【配伍应用】

远志配茯神、龙齿、朱砂:镇心安神,用治心肾不交之心神不宁、失眠、惊悸。

远志配人参、茯苓、石菖蒲:养心益智,用于健忘症。

远志配杏仁、贝母、瓜蒌、桔梗:化痰止咳,用于痰多黏稠、咳吐不爽或外感风寒、咳嗽痰多。

远志单用内服或外用均可用于痈疽疮毒,乳房肿痛,以及喉痹作痛。

【用法用量】 水煎服,3~10g,外用适量。

【使用注意】 凡实热或痰火内盛者,以及胃溃疡、胃炎者慎用。

柏 子 仁

【来源】 本品为柏科植物侧柏 Platycladus orientalis (L.) Franco 的种仁。

【处方用名】 柏子仁 炒柏子仁 柏子仁霜

【性味归经】 甘,平。归心、肾、大肠经。

【功效应用】

养心安神——
- 特点:味甘质润入心,药性平和。
- 应用:①心阴不足,心血亏虚,心神失养之心悸怔忡、虚惊不眠、头晕健忘等。

滋补阴液,润肠通便——
- 特点:质润,富含油脂,补阴润肠通便。
- 应用:①阴虚血亏,老年、产后等肠燥便秘证;②阴虚盗汗、小儿惊痫。

【配伍应用】

柏子仁配酸枣仁、当归、茯神:滋阴养血安神,用于心血亏虚,心神失养之心悸、怔忡,头晕健忘。

柏子仁配郁李仁、松子仁、杏仁:润肠通便,用于阴虚血亏,老年、产后肠燥便秘。

【鉴别应用】

柏子仁与酸枣仁皆味甘性平,都有养心安神之功,用于治疗阴血不足、心神失养所致的心悸怔忡、失眠、健忘等症,常相须为用。然柏子仁质润多脂,能润肠通便而治肠燥便秘;酸枣仁安神作用较强,且味酸,收敛止汗作用亦优,体虚自汗、盗汗常选用。

【用法用量】 水煎服,3~10g。

【使用注意】 便溏及多痰者慎用。

> 《药品化义》:"柏子仁,香气透心,体润滋血,同茯神、枣仁、生地、麦冬,为浊中清品,主治心神虚怯,惊悸怔忡,颜色憔悴,肌肤燥痒,皆养心血之功也。又取气味俱浓,浊中归肾,同熟地、龟板、枸杞、牛膝,为封填骨髓,主治肾阴亏损,腰背重痛,足膝软弱,阴虚盗汗,皆滋肾燥之力也。味甘亦能缓肝,补肝胆之不足,极其稳当,但性平力缓,宜多用之为妙。"

灵 芝

【来源】 本品为多孔菌科真菌赤芝 *Ganoderma Lucidum* (Leyss. ex Fr.) Karst. 或紫芝 *Ganoderma sinense* Zhao. Xu et Zhang 的干燥子实体。

【处方用名】 灵芝 灵芝粉 紫芝 赤芝

【性味归经】 甘、平。归心、肺、肝、肾经。

【功效应用】

补气安神——{特点:味甘性平,入心经,可补心血,益心气,安心神。
应用:①气血亏虚,心神失养之心神不宁、失眠、惊悸、多梦、健忘;②气血不足之虚劳证。

止咳平喘——{特点:味甘能补,性平偏温,入肺经,补益肺气,温肺化痰,止咳平喘。
应用:①痰饮证;②痰湿或虚寒咳嗽。

【用法用量】 水煎服,6~12g。

> 据报道,灵芝中所含的灵芝多糖具有免疫调节、降血糖、降血脂、抗氧化、抗衰老及抗肿瘤作用;所含的三萜类化合物能净化血液,保护肝功能;因此灵芝的各种制剂分别具有镇静、抗惊厥、强心、抗心律失常、降压、镇咳平喘作用;此外,灵芝还有抗凝血、抑制血小板聚集及抗过敏作用。口服灵芝一般无不良反应,但灵芝注射液有过敏反应发生,使用时应注意。

首乌藤

【来源】 本品为蓼科植物何首乌 *Polygonum multiflorum* Thunb. 的干燥藤茎。

【处方用名】 首乌藤 夜交藤

【性味归经】 甘,平。归心、肝经。

【功效应用】

养血安神——{特点:味甘,入心、肝二经,能补养阴血而安神。
应用:阴血虚少之失眠多梦、心神不宁、头目眩晕等症。

祛风通络——{特点:养血祛风,通经活络止痛;又能祛风止痒。
应用:①血虚身痛;②风湿痹痛;③风疹疥癣等皮肤瘙痒症。

【用法用量】 水煎服,9~15g。

小结

安神药具有安神定志的作用,主要用于心神不宁、心悸怔忡、失眠多梦的疾患。按照药物的性质分为重镇安神药与养心安神药两类。

重镇安神药多为矿石类药,多用于心神不宁之实证。其中朱砂甘寒,用治心火亢盛之心神不宁证,且能清热解毒;朱砂有毒不可过量或持续服用。磁石有护真阴、潜浮阳、安心神,能平肝潜阳,纳气定喘,又有聪耳明目之效。龙骨镇心安神、平肝潜阳之功与磁石相仿,但煅龙骨收敛固涩作用较强,可用于滑脱诸证。琥珀镇惊安神之外,又具有活血化瘀、利尿通淋作用。

养心安神药均为植物药,多用于心神不宁之虚证。酸枣仁、柏子仁均能治疗阴血虚、心神失养之心神不宁,但酸枣仁入肝经,养心补肝安神,为治心肝阴血不足心神不宁之要药,又能益阴敛汗;柏子仁养心安神,主治心血不足之心神不宁,且能润肠通便。远志交通心肾,治疗心肾不交之心神不宁,又能祛痰开窍。合欢皮具有安神解郁作用,适宜于情志不遂,忿怒忧郁而致心神不宁;首乌藤治疗阴血虚少之心神不宁,同时又可养血祛风,通络止痛。

目标检测

一、单项选择题

1. 朱砂内服的用法是 （ ）
   A. 先煎　　　B. 单煎　　　C. 泡酒服　　　D. 包煎　　　E. 冲服
2. 磁石可用治 （ ）
   A. 肺气不足之虚喘　　　B. 肾不纳气之虚喘　　　C. 肺气壅滞之喘满
   D. 痰壅气逆之咳喘　　　E. 热邪壅肺之咳喘
3. 既敛汗,又养心安神的药是 （ ）
   A. 酸枣仁　　　B. 五倍子　　　C. 浮小麦　　　D. 牡蛎　　　E. 龙骨
4. 心悸、失眠、汗出者,当选用 （ ）
   A. 朱砂　　　B. 磁石　　　C. 琥珀　　　D. 酸枣仁　　　E. 柏子仁

二、填空题

1. 养血安神药有_____、_____。
2. 磁石的功效有_____、_____、_____、_____。
3. 重镇安神药多用于心神不宁之_____;养心安神药多用于心神不宁之_____。
4. 龙骨功效有_____、_____、_____。
5. 酸枣仁的功效有_____、_____。

三、问答题

1. 什么叫安神药?分为哪几类?
2. 酸枣仁与柏子仁功效主治的异同点是什么?
3. 琥珀的来源是什么?除安神外,还有哪些功效?在服法上有何特点?
4. 龙骨与磁石性味、功效主治有何异同?
5. 远志的功效、主治是什么?

（钱三旗　张　冰）

第20章 平肝息风药

1. 掌握平肝息风药的含义、作用、适应范围,以及介类药、重镇药、虫类药的特点
2. 了解平肝潜阳、息风止痉的概念
3. 掌握石决明、牡蛎、赭石、羚羊角、牛黄、天麻、钩藤、地龙、全蝎的功效、用法用量、使用注意及功效相似药物的鉴别
4. 熟悉蒺藜、珍珠母、僵蚕、蜈蚣的功效、用法用量、使用注意及功效相似药物的鉴别
5. 了解罗布麻的功效与应用

【含义】 凡以平肝潜阳或息风止痉为主要功效,治疗肝阳上亢或肝风内动病证的药物,称为平肝息风药。

【分类及适应证】
平肝潜阳药。药性多偏寒凉。因多为介类贝壳或矿石入药,而有质重沉降之特征,介类平肝潜阳药多具咸味,植物类、矿石类平肝潜阳药多具苦味,归经均以入肝经为主。平肝潜阳药主要适用于:①肝阳上亢之头晕目眩;②肝火上攻之目赤翳障,头昏头痛;③虚阳上扰烦躁不眠等证。

息风止痉药。药性多偏寒凉,作用较强的息风止痉药多具辛味和咸味;作用较和缓的息风止痉药多具甘味,各药均以入肝经为主。息风止痉药适应于:①热极生风或肝阳化风、血虚生风等肝风内动病证;②破伤风、癫痫及惊风抽搐病证。某些息风止痉药兼具平抑肝阳作用,可用治肝阳眩晕,肝火上攻之目赤、头痛,风中经络之口眼㖞斜、麻木不遂、痉挛抽搐等证。

【使用注意】
1) 注意药性。平肝息风药有性偏寒凉或性偏温燥之不同,故当区别使用,若脾虚慢惊者,不宜用寒凉之品;阴虚血亏者,当忌温燥之品。
2) 注意用法用量。介壳类、矿石类宜先煎。
3) 注意不良反应。某些昆虫类药物具有较大毒性,应严格掌握剂量和炮制方法、服用方法,不可过量用药。

第1节 平肝潜阳药

石 决 明

【来源】 本品为鲍科动物杂色鲍 *Haliotis diverscolor* Reeve、皱纹盘鲍 *Haliotis discus hannai* Ino、羊鲍 *Haliotis ovina* Gmelin、澳洲鲍 *Haliotis ruber* (Leach)、耳鲍 *Haliotis asinina* Linnaeus 或白鲍 *Haliotis laevigata* (Donovan) 的贝壳。

【处方用名】 石决明　九孔石决明　煅石决明
【性味归经】 咸,寒。归肝经。
【功效应用】

平肝潜阳——
- 特点:咸寒清热、质重潜阳,专入肝经而有清泄肝热、镇潜肝阳、利头目之效,为凉肝、镇肝之要药。
- 应用:肝肾阴虚、肝阳上亢之眩晕、头痛。

清肝明目——
- 特点:本品煅用可清肝火而明目退翳。
- 应用:①肝火上炎,目赤肿痛;②风热目赤,翳膜遮睛;③肝虚血少、目涩昏暗、雀盲眼花。

制酸止痛,收敛止血——
- 特点:煅用可收敛、制酸、止血、止痛。
- 应用:①胃酸过多之胃脘痛;②研末外敷,用于外伤出血。

> 平肝潜阳:部分介类和矿石类药物,质重,有镇潜沉降之性,具平抑肝阳的作用,称平肝潜阳。
> 息风止痉:即平息肝风,制止痉挛抽搐的药物功效,为治疗肝风内动病证的方法。

【鉴别应用】
决明子与石决明均有清肝明目之功效,皆可用治目赤肿痛、翳障等偏于肝热者。但石决明咸寒质重,凉肝镇肝,滋养肝阴,故无论实证、虚证之目疾均可应用,多用于血虚肝热之羞明、目暗、青盲等;决明子苦寒,功偏清泻肝火而明目,常用治肝经实火之目赤肿痛。

【用法用量】 水煎服,6~20g;宜打碎先煎。平肝、清肝宜生用,外用点眼宜煅用水飞。
【使用注意】 本品咸寒易伤脾胃,故脾胃虚寒,食少便溏者慎用。

牡　蛎

【来源】 本品为牡蛎科动物长牡蛎 Ostrea gigas Thunberg、大连湾牡蛎 Ostrea talienwhanensis Crosse 或近江牡蛎 Ostrea rivularis Gould 的贝壳。
【处方用名】 生牡蛎　煅牡蛎　牡蛎
【性味归经】 咸,微寒。归肝、胆、肾经。
【功效应用】

重镇安神——
- 特点:质重、性寒沉降。
- 应用:心神不安、惊悸失眠。

潜阳补阴——
- 特点:既可平肝阳,又可益肝阴。
- 应用:①肝阳上亢,头晕目眩;②热病久羁,阴虚风动。

软坚散结——
- 特点:咸以软坚化痰。
- 应用:①痰火郁结之痰核、瘰疬、瘿瘤;②气滞血瘀之癥瘕积聚。

收敛固涩——
- 特点:煅后有收敛作用。
- 应用:滑脱诸证。①遗精、遗尿;②自汗、盗汗。

制酸止痛——用于胃痛吞酸。

【配伍应用】
牡蛎配龙骨:重镇安神,用于心神不宁。
牡蛎配珍珠母:平肝潜阳,用于肝阳上亢证。
牡蛎配浙贝母:化痰散结,用于痰火郁结之瘰疬、痰核、瘿瘤。

牡蛎配鳖甲：软坚散结，用于癥瘕积聚。

【鉴别应用】

牡蛎与龙骨均有重镇安神、平肝潜阳、收敛固涩作用。均可用治心神不安、惊悸失眠，阴虚阳亢，头晕目眩及各种滑脱证。但牡蛎平肝潜阳功效为优，又有软坚散结之功；而龙骨长于镇惊安神，收敛固涩作用强于牡蛎。

> 矿物药或介类药的共同特点是质重潜镇。阴虚则阳亢，阳气升动无制则肝风内动。因此，肝阳、肝风多与肝阴不足有关。张锡纯之镇肝息风汤，一方面用生赭石、生牡蛎、生龙骨镇肝潜阳，同时又配伍龟板、玄参、天冬、白芍滋养阴液，故对于肝肾阴亏，肝阳上亢，气血逆乱所致的眩晕、耳鸣、心烦、面赤，甚至口眼㖞斜、昏不知人等有较好疗效。
>
> 链接

【用法用量】 水煎服，9~30g；宜打碎先煎。外用适量，收敛固涩、制酸止痛宜煅用，其他宜生用。

【使用注意】《本草经疏》："虚而有寒者忌之，肾虚无火、精寒自出者非宜。"

赭　　石

【来源】 本品为氧化物类矿物刚玉族赤铁矿。

【处方用名】 代赭石　煅代赭石　赭石

【性味归经】 苦，寒。归肝、心经。

【功效应用】

平肝潜阳——{特点：既能潜肝阳，又能清肝火。
应用：①肝阳上亢之眩晕、耳鸣、目胀；②肝阳上亢，肝火上炎之头晕头痛，心烦失眠；③小儿急慢惊风。

重镇降逆——{特点：质重沉降，为重镇降逆之要药。
应用：①胃气上逆之呕吐、呃逆、噫气、噎膈；②肺气上逆之哮喘、咳嗽。

凉血止血——{特点：入心肝血分，降气、降火、凉血。
应用：①气火上逆，热迫血行之吐血、衄血；②血热崩漏。

【配伍应用】

代赭石配生龙骨、生牡蛎：平肝息风之力更强，用于肝阳上亢、肝火上炎证。

代赭石配旋覆花：降逆和胃，用于胃气上逆诸证。

代赭石配党参、胡桃肉：降肺气，平虚喘，用于肺肾不足、阴阳两虚之虚喘。

代赭石配白芍、竹茹、半夏：清胃凉血止呕，用于胃热呕吐、吐血、心中烦热等。

【鉴别应用】

代赭石与磁石均为铁矿石类重镇之品，均具平肝潜阳、降逆平喘作用，用于肝阳上亢之眩晕与气逆喘息之证。然代赭石主入肝经，偏重于平肝潜阳、凉血止血，善降肺胃之逆气而止呕、止呃、止噫；磁石主入肾经，偏重于益肾阴而镇浮阳，纳气平喘，镇惊安神。

【用法用量】 水煎服，9~30g；宜打碎先煎。或入丸散。降逆平肝宜生用，止血宜煅用。

【使用注意】

1）《名医别录》云其能"堕胎"，孕妇应慎用。

2）含重金属，不宜长期服用。

> 赭石的主成分为三氧化二铁(Fe_2O_3),正品钉头赭石含铁60%以上,并含镉、钴、铬、铜、锰、镁等多种微量元素,及对人体有害的铅、砷、钛。
>
> 张锡纯擅长使用代赭石,治噎膈不能食,大便燥结,配伍党参、当归、肉苁蓉等名"参赭培气汤";治疗宿食结于肠间,胃气上逆不降,大便多日不通(相当于肠梗阻),配伍甘遂、芒硝、人参等,名"赭遂攻结汤"(参见《医学衷中参西录》)。药理实验证明代赭石对肠管有兴奋作用,可使肠蠕动亢进。

蒺 藜

【来源】 本品为蒺藜科植物蒺藜 *Tribulus terrestris* L. 的干燥成熟果实。

【处方用名】 刺蒺藜　蒺藜　白蒺藜　炒蒺藜　盐蒺藜

【性味归经】 辛、苦,微温。归肝经。

【功效应用】

平肝潜阳——{特点:主入肝经,味苦降泄。 / 应用:肝阳眩晕证。

疏肝散结——{特点:苦泄辛散,散郁消结。 / 应用:①肝郁气滞证;②肝郁乳汁不通。

祛风明目——{特点:疏散肝经风热而明目退翳。 / 应用:风热目赤肿痛,多泪、多眵,或翳膜遮睛。

祛风止痒——{特点:轻扬疏散。 / 应用:风疹瘙痒,白癜风。

【配伍应用】

刺蒺藜配钩藤、菊花:增强平肝潜阳之力,用于肝阳眩晕证。

刺蒺藜配柴胡:疏肝理气,用于肝郁胁痛。

刺蒺藜配王不留行:疏肝散结,用于肝郁乳汁不通。

刺蒺藜配决明子:祛风明目之功更著,用于风热目疾。

刺蒺藜配地肤子:祛风利湿止痒,用于风疹瘙痒。

刺蒺藜配何首乌:养血祛风,治疗血虚风痒证。

【用法用量】 水煎服,6~10g;或入丸散。

【使用注意】 孕妇慎用。

珍 珠 母

【来源】 本品为蚌科动物三角帆蚌 *Hyriopsis cumingii* (Lea)、褶纹冠蚌 *Cristaria plicata* (Leach)或珍珠贝科动物马氏珍珠贝 *Pteria martensii* (Dunker)的贝壳。

【处方用名】 珍珠母　珠母　明珠母　煅珍珠母

【性味归经】 咸,寒。归肝、心经。

【功效应用】

平肝潜阳——{特点:咸寒入肝,潜肝阳,清肝火。 / 应用:①肝阴不足,肝阳上亢,头痛、眩晕、耳鸣证;②肝阳上亢,肝热烦躁易怒。

安神定惊——{特点:质重,镇惊安神,平息肝风。 / 应用:①心悸失眠,心神不宁;②惊风抽搐,癫痫。

清肝明目——{特点:性寒清热,清肝明目。
应用:①肝热目赤翳障;②肝虚目暗,视物昏花。

燥湿敛疮——{特点:煅珍珠母研末外用。
应用:湿疮瘙痒,溃疡久不收口,口疮。

【配伍应用】
珍珠母配钩藤:平肝潜阳,用于肝阳头痛、眩晕。
珍珠母配黄连:清心镇惊安神,用于心火亢盛、烦躁失眠。
珍珠母配菊花:清肝明目,用于肝火目赤。

【鉴别应用】
珍珠母与石决明皆为咸寒贝类,均能平肝潜阳,清肝明目,治疗肝阳上亢,肝经有热之头痛、目眩、耳鸣及肝热目赤、目昏翳障等症。然石决明清肝明目作用力强,又有滋养肝阴之功,尤适宜于血虚肝热之羞明、目暗、青盲等目疾,及阴虚阳亢之眩晕、耳鸣等症;珍珠母又入心经,有镇惊安神作用,故失眠、烦躁、心神不宁等神志疾病多用之。

【用法用量】 水煎服,10~30g;宜打碎先煎。或入丸、散剂。外用适量。平肝、清肝明目、安神易生用,外用易煅用。

【使用注意】
1) 脾胃虚寒者慎用。
2) 孕妇慎用。

罗布麻叶

【来源】 本品为夹竹桃科植物罗布麻 Apoeynum. Venetum L. 的干燥叶。

【处方用名】 罗布麻叶 罗布麻

【性味归经】 甘、苦,凉。归肝经。

【功效应用】
平抑肝阳——{特点:平肝阳,清肝火。
应用:①肝阳上亢之头痛、眩晕;②肝火上攻之头痛、眩晕;③降血压。

清热利尿——{特点:清热利尿,以罗布麻根效果更佳。
应用:下焦有热之水肿、小便不利。

【配伍应用】
罗布麻配牡蛎:平肝潜阳,用于肝阳上亢之头痛、眩晕。
罗布麻配夏枯草:清肝泻火,降血压,用于肝火上攻之头痛、眩晕、目赤、高血压。

【用法用量】 水煎服或代茶饮,6~12g;肝阳眩晕宜用叶片,治疗水肿多用根。

【使用注意】 不宜过量或长期服用,以免中毒。

市售常用降压药复方罗布麻片,是以罗布麻为主药的中西药复合处方。
罗布麻叶制剂内服可出现恶心、呕吐、腹泻、上腹不适。也可出现心动过缓和期前收缩。
罗布麻根具有强心作用,其毒理作用类似毒毛花苷。罗布麻中毒的主要原因:一是使用剂量过大,二是配伍用药不合理,必须严格按照规定的用法用量使用,以保证用药安全。中毒救治:早期催吐,洗胃、导泻;服蛋清、维生素C,大量饮浓茶及对症处理。出现心脏毒性反应时,按洋地黄中毒处理。

第2节 息风止痉药

羚羊角

【来源】 本品为牛科动物赛加羚羊 Saiga tatarica Linnaeus 的角。
【处方用名】 羚羊角 羚羊角片 羚羊角丝 羚羊角粉
【性味归经】 咸,寒。归肝、心经。
【功效应用】

平肝息风——{特点:质重咸寒,主入肝经,善能清泄肝热,息风解痉,平肝潜阳,为治热极生风、惊痫抽搐之要药。
应用:①温热病热邪炽盛之高热、神昏、惊厥抽搐;②妇女子痫;③癫痫、惊悸;④肝阳上亢之头晕目眩、烦躁失眠、头痛如劈。

清肝明目——{特点:清泻肝火而明目。
应用:肝火上炎之头痛、目赤肿痛、羞明流泪。

清热解毒——{特点:性寒,入心肝经,故清解血分热毒。
应用:温热病气血两燔,壮热神昏,温毒发斑。

【配伍应用】
羚羊角配钩藤:清热定惊,平肝息风,用于治温热病热盛动风、神昏谵语、惊厥抽搐。
羚羊角配石决明:平肝潜阳,用于肝阳上亢之头痛、眩晕。
羚羊角配龙胆草:泻肝明目,用于肝火上炎、目赤肿痛。

> 羚羊角与石膏、寒水石配伍,方名为紫雪丹,功能气血两清,用于温热病壮热神昏,热毒发斑,谵语躁狂,甚或抽搐等证。羚羊角药源稀缺,临床常用山羊角代替,山羊角功能平肝镇惊,适用于肝阳上亢之头目眩晕、肝火上炎之目赤肿痛,以及惊风抽搐等证。《医林纂要》称其"功效近羚羊角",替代羚羊角使用时,用量宜大,15~15g,打碎或研末入煎,亦可磨汁服。

【用法用量】 水煎服,1~3g,宜单煎2小时以上;磨汁或研粉服,每次0.3~0.6g。
【使用注意】 脾虚慢惊风忌用。

【来源】 本品为牛科动物牛 Bos taurus domesticus Gmelin 干燥的胆结石。
【处方用名】 牛黄 西牛黄 京牛黄 丑宝
【性味归经】 甘,凉。归心、肝经。
【功效应用】

化痰开窍——{特点:性凉气香,入心经,清心化痰,开窍醒神。
应用:①温热病热入心包;②中风、惊风、癫痫;③痰热阻闭心窍,高热、昏迷。

凉肝息风——{特点:入心肝二经,清心、凉肝。
应用:①小儿急惊风,壮热神昏,惊厥抽搐;②痰蒙清窍癫痫、抽搐。

清热解毒——{特点:清热解毒力强。
应用:火毒郁结,口舌生疮,咽喉肿痛,牙龈肿痛,痈疽疔毒。

目前用于中医急症的安宫牛黄丸、至宝丹、牛黄清心丸等中成药中均含有牛黄,牛黄是治疗高热、昏迷、中风闭证、小儿惊风、乙脑的常用药。

牛黄内服外用,治疗外科痈肿疫毒均有良好的清热解毒作用。

药理实验显示:牛黄具有较强的镇静、解热、抗惊厥、镇痛作用。

【配伍应用】

牛黄配麝香、冰片:清心开窍,用于温热病神昏谵语。

牛黄配珍珠粉:清热解毒,用于口舌生疮,咽喉肿痛。

【用法用量】 入丸、散剂,每次0.15~0.35g;外用适量,研末敷患处。

【使用注意】 非实热证不宜用,孕妇慎用。

【来源】 本品为兰科植物天麻 *Gastrodia elata* Bl. 的干燥块茎。

【处方用名】 天麻 定风草 酒天麻 明天麻

【性味归经】 甘,平。归肝经。

【功效应用】

息风止痉——{ 特点:味甘质润,药性平和,寒热虚实皆可用。
应用:各种原因导致的肝风内动,惊痫抽搐,小儿急慢惊风,破伤风。}

平抑肝阳——{ 特点:既息肝风,又平肝阳,为眩晕、头痛之要药。
应用:①肝阳上亢之眩晕、头痛;②风痰上扰之眩晕头痛;③头风攻冲,偏正头痛。}

祛风通络——{ 特点:祛外风,通经络,止痛。
应用:①中风手足麻木,肢体不遂;②风湿痹痛。}

【配伍应用】

天麻配人参、白术:健脾息风,用于小儿慢脾风。

天麻配全蝎:息风止痉,用于破伤风角弓反张,痉挛抽搐。

天麻配钩藤:平肝息风,用于肝阳上扰之眩晕、头痛。

【用法用量】 水煎服,3~10g;研末冲服,每次1~1.5g。

【来源】 本品为茜草科植物钩藤 *Uncaria rhyuchophylla* (Miq.) Jacks.、大叶钩藤 *Uncaria macrophylla* Wall.、毛钩藤 *Uncaria hirsuta* Havil.、华钩藤 *Uncaria sinensis* (Oliv.) Havil. 或无柄果钩藤 *Uncaria sessilifructus* Roxb. 的干燥带钩茎枝。

【处方用名】 钩藤 双钩藤 嫩双钩

【性味归经】 甘,凉。归肝、心包经。

【功效应用】

清热平肝——{ 特点:主入肝经,清肝热,平肝阳。
应用:肝火上攻、肝阳上亢,头胀头痛、眩晕。}

息风定惊────特点：入肝、心包二经，息风止痉作用和缓，兼清肝热。
　　　　　　应用：①小儿高热惊风；②温热病热极生风；③诸痫啼叫，痉挛抽搐。

清透热邪────特点：轻清疏泄。
　　　　　　应用：①外感风热，头痛目赤；②斑疹透发不畅。

【配伍应用】
钩藤配天麻：平肝息风，用于肝阳上亢，头晕，头痛。
钩藤配全蝎、僵蚕：祛风通络止痛，用于风痰阻络，四肢拘挛掣痛。
钩藤配龙胆草：清泄肝火，用于肝火上炎，头胀头痛。

【鉴别应用】
钩藤与羚羊角、天麻均有平肝息风、平抑肝阳之功，均可治肝风内动、肝阳上亢之证。然钩藤性凉，轻清透达，长于清热息风，用治小儿高热惊风轻证为宜；羚羊角性寒，清热力强，除用治热极生风外，又能清心解毒，多用于高热神昏、热毒发斑等；天麻甘平质润，清热之力不及钩藤、羚羊角，但治肝风内动、惊痫抽搐之证，不论寒热虚实皆配伍应用，且能祛风止痛。

【用法用量】　水煎服，3~12g；入煎剂宜后下。

> 钩藤、钩藤总碱及钩藤碱，对各种动物的正常血压和高血压都具有降压作用；水煎剂对小鼠有明显的镇静作用；钩藤乙醇浸液能制止豚鼠实验性癫痫的发作，并有一定的抗惊厥作用。

地　龙

【来源】　本品为钜蚓科动物参环毛蚓 Pheretima aspergillum (E. Perrier)、通俗环毛蚓 Pheretima vulgaris Chen、威廉环毛蚓 Pheretima guillelmi (Michaelsen) 或栉盲环毛蚓 Pheretima pectinifera Michaelsen 的干燥体，前一种习称"广地龙"；后三种习称"沪地龙"。

【处方用名】　地龙　蚯蚓　广地龙　干地龙

【性味归经】　咸，寒。归肝、脾、膀胱经。

【功效应用】

清热定惊────特点：性寒清热，息风定惊。
　　　　　　应用：①热极生风，神昏谵语，痉挛抽搐；②小儿惊风；③癫痫，癫狂。

通络止痛────特点：性走窜，善于通行经络。
　　　　　　应用：①中风气虚血滞，半身不遂；②痹证，尤其是热痹。

清肺平喘────特点：性寒降泄。
　　　　　　应用：邪热壅肺，喘息不止。

清热利尿────特点：咸寒走下入肾，清热结而利水道。
　　　　　　应用：热结膀胱，小便不通。

【配伍应用】
地龙配石决明：清肝潜阳，用于高血压肝阳上亢证。
地龙配钩藤：清热息风，用于高热惊风抽搐。
地龙配天南星：祛风通络，用于中风风痰阻络。
地龙配黄芪、当归：益气活血通络，用于中风后遗症半身不遂。

【用法用量】　水煎服，5~10g，鲜品 10~20g；研末吞服，每次 1~2g；外用适量。

地龙口服液用量过大可致中毒,故使用地龙应注意:①掌握用药剂量;②注意加工炮制;③过敏体质应忌用;④血压低者禁用。

【使用注意】
1）脾胃虚寒证不宜服。
2）孕妇禁服。
3）本品味腥,内服易致呕吐,配少量陈皮入煎剂或炒香研末装胶囊服可减少此副作用。

全　蝎

【来源】　本品为钳蝎科动物东亚钳蝎 Buthus martensii Karsch 的干燥体。
【处方用名】　全蝎　全虫　制全蝎　淡全蝎　盐全蝎
【性味归经】　辛,平。有毒。归肝经。
【功效应用】

息风止痉——{特点:主入肝经,性善走窜,既平肝息风,又能搜风通络。
　　　　　　 应用:各种原因之惊风,痉挛抽搐。

攻毒散结——{特点:味辛,有毒,外用有拔毒之功。
　　　　　　 应用:内服、外敷,治疗疮疡肿毒,瘰疬结核。

通络止痛——{特点:搜风通络力强,镇痛效果好。
　　　　　　 应用:①风湿顽痹;②偏正头痛。

【配伍应用】
全蝎配蜈蚣:祛风止痉,用于各种风动抽搐之证。
全蝎配僵蚕:祛风痰,止痉搐,通络止痛,用于破伤风、风湿顽痹、筋脉拘挛。
全蝎配川芎:祛风止痛,用于偏正头痛。
【用法用量】　水煎服,3~6g;研末吞服,每次 0.6~1g;外用适量。
【使用注意】　本品有毒,用量不宜过大。孕妇慎用。

全蝎所含蝎毒,是一种类似蛇毒神经毒的蛋白质,蝎毒中镇痛活性最强的是蝎毒素Ⅲ,抗癫痫肽(AEP)具有明显的抗癫痫作用。全蝎对惊厥动物模型具有抗惊厥作用,全蝎提取液有抑制动物血栓形成和抗凝作用,全蝎水、醇提取物分别对人体肝癌和结肠癌细胞有抑制作用。

僵　蚕

【来源】　本品为蚕蛾科昆虫家蚕 Bombyx mori Linnaeus 4~5 龄的幼虫感染（或人工接种）白僵菌 Beauveria bassiana（Bals.）Vuillant 而致死的干燥体。
【处方用名】　僵蚕　白僵蚕　炙僵蚕　炒僵蚕
【性味归经】　咸、辛,平。归肝、肺、胃经。

【功效应用】

息风定惊——{特点:既能息风止痉,又能化痰定惊。
应用:①惊风、癫痫夹痰热者;②小儿慢惊风;③破伤风角弓反张。}

祛风化痰通络——{特点:味辛行散,祛风通络。
应用:①风中经络,口眼㖞斜;②肝经风热上攻之头痛目赤,迎风流泪;③风热上攻,咽喉肿痛,音哑;④风疹瘙痒。}

化痰散结——{特点:味咸,能软坚散结,化痰。
应用:①痰核、瘰疬;②乳痈、痄腮、疔疮痈肿。}

【配伍应用】

僵蚕配钩藤:清热息风,定惊,用于小儿高热惊风。

僵蚕配菊花、钩藤:疏风清热平肝,用于肝风及风热上扰之偏正头痛。

僵蚕配牛蒡子:祛风解热利咽,用于风热喉痹。

【用法用量】
水煎服,5~10g。研末吞服,每次1~1.5g。散风热宜生用,其他宜制用。

蜈 蚣

【来源】
本品为蜈蚣科动物少棘巨蜈蚣 Scolopendra subspinipes mutilans L. Koch 的干燥体。

【处方用名】
蜈蚣　百足虫　百足　炙蜈蚣　酒蜈蚣

【性味归经】
辛,温。有毒。归肝经。

【功效应用】

息风镇痉——{特点:辛温,性善走窜,通达内外,搜风定搐力强。
应用:①小儿撮口、小儿急惊、破伤风等引起的痉挛抽搐;②癫痫;③风中经络,口眼㖞斜。}

攻毒散结——{特点:以毒攻毒,味辛散结。
应用:①外敷疮疡肿毒,瘰疬结核;②内服治疗骨结核,毒蛇咬伤等。}

通络止痛——{特点:善搜风通络,止痛效力强。
应用:①风湿痹痛,游走不定,痛势剧烈;②顽固性头痛或偏头痛。}

【配伍应用】

蜈蚣配全蝎:祛风止痉,解毒散结,用于一切风动抽搐之证,以及疮疡肿毒作痛、瘰疬结核未溃者。

蜈蚣配白花蛇、威灵仙:祛风通络止痛,用于风湿顽痹、肢体疼痛麻木。

【鉴别应用】

僵蚕、全蝎、蜈蚣皆为虫类息风药,均能息风止痉,应用于惊风、抽搐,中风半身不遂,口眼㖞斜等,均能解毒散结,用于疮痈肿毒或痰气互结之瘰疬、痰核以及蛇虫咬伤等。全僵蚕尚有祛风化痰之功,可用于外感风热头痛、咽痛及皮肤痒疹等。全蝎、蜈蚣两药相须有协同增效作用。但全蝎性平,息风止痉,攻毒散结之力不及蜈蚣;蜈蚣力猛性燥,善走窜通达,息风止痉功效较强,又攻毒疗疮、通痹止痛效佳。

【用法用量】
水煎服,3~5g。研末吞服,每次0.6~1g。外用适量。

【使用注意】
本品有毒,用量不宜过大,孕妇忌服。

小结

平肝息风药均归肝经,具有平肝阳、息肝风的功效,主要应用于肝阳上亢或肝风内动所致的头目眩晕、痉挛抽搐等症。临床按其功效的侧重点不同而分为两类,即平肝潜阳药与息风止痉药。

石决明、牡蛎、珍珠母、代赭石、刺蒺藜均能平肝潜阳,石决明、珍珠母、刺蒺藜又能清肝明目;石决明为治疗目疾之要药。牡蛎又能软坚散结。代赭石平肝潜阳之外,兼降肺、胃气逆,并能凉血止血。刺蒺藜平肝潜阳之外,又能疏肝散结,治疗肝郁气滞证。罗布麻叶平肝潜阳,兼能清热利尿。

息风止痉药治疗肝风内动,痉挛抽搐之证。羚羊角具有很强的清肝热、息肝风作用,为治疗肝风内动、惊痫抽搐之要药。牛黄主入肝、心经,凉肝息风、止痉之外,兼能清心开窍。钩藤具有息肝风、清肝热、平肝阳多种功效,配伍应用广泛。天麻息风止痉作用和缓,各种原因引起之肝风内动、惊痫抽搐皆可配伍应用,尤为止眩晕之良药。地龙功效清热息风,通络,平喘,利尿。全蝎、蜈蚣、僵蚕均为虫类药,功能息风止痉,攻毒散结,通络止痛,治疗肝风内动之痉挛抽搐,风中经络之口眼㖞斜,半身不遂,或疮疡肿毒、瘰疬结核等。其中蜈蚣性猛,息风止痉,解毒散结之力最强;全蝎次之;僵蚕最弱,但兼能化痰软坚散结,可治疗瘰疬、痰核等病患。

目标检测

一、单项选择题

1. 能软坚散结的药是 ( )
   A. 蜈蚣　　B. 石决明　　C. 牡蛎　　D. 代赭石　　E. 珍珠母
2. 既清热平肝,有清透热邪的药是 ( )
   A. 钩藤　　B. 天麻　　C. 牛黄　　D. 全蝎　　E. 石决明
3. 性温有毒,善息风止痉、解毒散结的药是 ( )
   A. 天麻　　B. 钩藤　　C. 僵蚕　　D. 蜈蚣　　E. 全蝎
4. 能通络、平喘、利尿的药是 ( )
   A. 天麻　　B. 僵蚕　　C. 地龙　　D. 钩藤　　E. 全蝎
5. 牛黄最宜治 ( )
   A. 痰热神昏　B. 热闭神昏　C. 气脱神昏　D. 阳脱神昏　E. 寒闭神昏
6. 入煎剂宜单煎、久煎的药物是 ( )
   A. 石决明　B. 全蝎　　C. 天麻　　D. 羚羊角　　E. 代赭石
7. 既平肝疏肝,又祛风明目的药是 ( )
   A. 石决明　B. 决明子　C. 磁石　　D. 刺蒺藜　　E. 代赭石
8. 既平肝潜阳,又重镇降逆的药是 ( )
   A. 珍珠母　B. 牡蛎　　C. 天麻　　D. 代赭石　　E. 决明子

二、填空题

1. 平肝息风药分为_____药和_____药两类。
2. 代赭石入心肝血分,有_____止血之效,故用治_____病证。
3. 地龙的功效是_____息风,_____、_____、_____。
4. 石决明味_____,性_____,归_____经。
5. 煅牡蛎可治疗_____诸证,又可_____。

三、问答题

1. 龙骨与牡蛎在功效及适应证方面有哪些异同点？
2. 如何区别使用生牡蛎和煅牡蛎？
3. 天麻与钩藤的功效、主治有何异同？
4. 哪些药既能平肝阳，又能息肝风？
5. 平肝息风药中虫类药的功效有何相同点？各有哪些特点？

（钱三旗　张　冰）

第21章 开 窍 药

1. 掌握开窍药的含义、作用、适应范围、用法用量和使用注意事项
2. 明确清心开窍、温宣开窍的概念
3. 掌握麝香、冰片的性味、功效、应用、配伍、用法用量及使用注意
4. 熟悉苏合香、石菖蒲、蟾酥的功效、用法用量及使用注意

【含义】 凡具辛香走窜之性,以开窍醒神为主要作用,治疗闭证神昏的药物,称为开窍药,又名芳香开窍药。

【作用】 本类药物味辛,其气芳香,善于走窜,皆入心经,具有通关开窍、启闭回苏、醒脑复神作用。部分开窍药以其辛香行散之性,尚兼活血、行气、止痛、辟秽、解毒等功效。

【适应范围】

1) 主治闭证神昏之患者,如温热病热陷心包、痰浊蒙蔽清窍,以及惊风、癫痫、中风等卒然昏厥、痉挛抽搐等证。

2) 部分药物又可用治湿浊中阻,胸脘冷痛满闷;血瘀、气滞疼痛,经闭癥瘕;湿阻中焦,食少腹胀及目赤咽肿、痈疽疔疮等证。

【配伍方法】

1) 闭证属于寒闭,昏厥而面青、身凉、苔白、脉迟,选用辛温开窍药,配伍温热祛寒之品。

2) 闭证属于热闭,昏厥而面红、身热、苔黄、脉数,当用凉开之法,选用辛凉开窍药,配伍清热泻火解毒之品。

3) 闭证神昏兼惊厥抽搐者,配伍平肝息风止痉药;兼烦躁不安者配伍安神定惊药;如以疼痛为主证者,配伍行气药或活血化瘀药;痰浊壅盛者,配伍化湿、祛痰药物。

【用法用量】
本类药性质辛香,其有效成分易于挥发,内服多不宜入煎剂,只入丸、散剂服用。

【使用注意】

1) 开窍药物忌用于神昏肢冷、手撒遗溺、大汗亡阳、脉微欲绝的脱证。

2) 为救急、治标之品,且能耗伤正气,故只宜暂服,不可久用。

【来源】 本品为麝科动物林麝 Moschus berezovskii Flerov、马麝 Moschus sifanicus Przewalski 或原麝 Moschus moschiferus Linnaeus 成熟雄体香囊中的干燥分泌物。

【处方用名】 麝香 麝香仁 元寸香 当门子

【性味归经】 辛,温。归心、脾经。

【功效应用】

开窍醒神——{特点:辛温,气极香,走窜之性甚烈,开窍通闭,辟秽化浊作用强,为醒神回苏之要药。
应用:①寒闭神昏;②热闭神昏,如温热病热陷心包,痰热蒙闭心窍,小儿惊风及中风痰厥。}

活血通经——{特点:辛香开通走窜,可行血中瘀滞,开经络之壅遏,止痛效果好。
应用:①血瘀经闭证;②癥瘕痞块瘀血重证;③风寒湿痹,或跌仆损伤、疼痛较剧者。}

消肿止痛——{特点:辛香行散,有良好的活血散结、消肿止痛作用,内服外用均有良效。
应用:①疮疡肿毒;②咽喉肿痛。}

催生下胎——{特点:辛香走窜,力达胞宫。
应用:难产、死胎、胞衣不下。}

【配伍应用】
麝香配牛黄:清心开窍,用于热闭神昏。
麝香配苏合香:辛温开窍,用于寒闭神昏。
麝香配血竭:化瘀消肿定痛,用于跌打肿痛。
麝香配牛膝:通关利尿,用于膏淋、石淋所致尿闭、小腹胀痛。

【用法用量】 入丸、散,每次0.03~0.1g。外用适量,不宜入煎剂。
【使用注意】 孕妇禁用。

麝香药源稀缺。近代研究从灵猫科动物小灵猫 Viverricula indica Desmarest、大灵猫 Viverra zibetha L. 的香囊中采取灵猫香,从仓鼠科动物成龄雄性麝鼠 Ondatra zibethica L. 的香囊中采取麝鼠香,它们具有与麝香相似的化学成分及功效,可用来代替麝香外用或内服。另外,人工麝香有与天然麝香相似的疗效,现已广泛用于临床,代替天然麝香,弥补药源的不足。

冰 片

【来源】 本品为龙脑香科植物龙脑香 Dryobalanops aromatica Gaertn. f. 树脂加工品,或龙脑香树的树干、树枝切碎,经蒸馏冷却而得的结晶,称"龙脑冰片",亦称"梅片"。由菊科植物艾纳香(大艾) Blumea balsamifera DC. 叶的升华物质经加工劈削而成,称"艾片"。现多用松节油、樟脑等,经化学方法合成,称"机制冰片"。

【处方用名】 梅花冰片 冰片 梅片 龙脑冰片
【性味归经】 辛、苦,微寒。归心、脾、肺经。
【功效应用】

开窍醒神——{特点:开窍醒神功似麝香,但性偏寒凉而力较弱。
应用:热闭神昏,如痰热内闭、暑热卒厥、小儿惊风。}

清热止痛——{特点:苦寒,清热泻火,明目退翳,消肿止痛。
应用:五官科常用药。①目赤肿痛;②咽喉肿痛;③齿痛;④疮疡肿痛,溃烂不敛,水火烫伤。}

【配伍应用】
冰片配芒硝:明目退翳,用于目赤翳障。

冰片配硼砂:清散郁火,消肿止痛,用于咽喉肿痛、口舌生疮。

【鉴别应用】

冰片与麝香均为开窍醒神之品,均可用治热病神昏、中风痰厥、气郁窍闭、中恶昏迷等闭证。然麝香开窍力强而冰片力逊,麝香为温开之品,冰片为凉开之剂,但又常相须为用。二者均可消肿止痛,生肌敛疮,外用治疮肿毒。但冰片性偏寒凉,以清热泻火止痛见长,善治口齿、咽喉、耳目之疾,外用有清热止痛、防腐止痒、明目退翳之功;麝香辛温,多以活血散结、消肿止痛、敛疮功效为用,善治疮疡、癥瘕痰核,内服、外用均可,二者均入丸、散使用,不入煎剂。

【用法用量】 入丸、散剂,每次 0.15~0.3g。外用适量,研粉点敷。不宜入煎剂。

【使用注意】 孕妇禁用。

> 冰片中的主要成分龙脑、异龙脑均有耐缺氧作用、镇静作用;冰片局部应用对感觉神经有轻微刺激,有一定的止痛及温和的防腐作用;经肠系膜吸收迅速,给药 5 分钟即可通过血-脑脊液屏障,且在脑积蓄时间长,量也相当高,这是冰片芳香开窍的实验依据。

苏 合 香

【来源】 本品为金缕梅科植物苏合香树 *Liquidambar orientalis* Mill. 的树干渗出的香树脂经加工精制而成。

【处方用名】 苏合香

【性味归经】 辛,温。归心、脾经。

【功效应用】

开窍醒神——{特点:辛香气烈,作用与麝香相似而力稍逊,长于温通,辟秽。
　　　　　　 应用:①寒闭神昏要药;②中风痰厥、惊痫等属于寒邪、痰浊内闭者。

辟秽,止痛——{特点:温通、走窜,化浊开郁,祛寒止痛。
　　　　　　　应用:辛香、痰浊、血瘀或寒凝气滞之胸脘痞满、冷痛。目前用于冠心病心
　　　　　　　　　　绞痛、急性肝胆绞痛等。

【配伍应用】

苏合香配麝香:温开寒闭,用于寒闭神昏。

苏合香配冰片:温通散寒,用于痰浊、血瘀、寒凝气滞之胸脘痞满、冷痛等证。

【用法用量】 入丸、散,每次 0.3~1g。外用适量,不宜入煎剂。

石 菖 蒲

【来源】 本品为天南星科植物石菖蒲 *Acorus tatarinowii* Schott 的干燥根茎。

【处方用名】 石菖蒲　菖蒲　九节菖蒲

【性味归经】 辛、苦,温。归心、胃经。

【功效应用】

开窍醒神——{特点:辛开苦燥温通,芳香走窜,兼具化湿、豁痰、辟秽之效。
　　　　　　 应用:痰蒙清窍,神志昏迷。

化湿和胃——{特点:辛温芳香,善化湿浊、理脾胃、行气滞、消胀满。
　　　　　　 应用:①湿阻中焦,脘腹痞满,胀闷疼痛;②噤口痢。

宁神益志——{特点:入心经,开心窍,益心智,安心神,聪耳。
　　　　　　应用:①健忘症;②劳心过度,心神失养之失眠、多梦、心悸怔忡;③耳鸣耳聋。

【配伍应用】

石菖蒲配郁金、竹沥:涤痰泻热开窍,用于痰热蒙蔽、高热、神昏谵语。

石菖蒲配川黄连、石莲子:化湿浊,清热毒。用于噤口痢。

> 药理研究表明:石菖蒲具有镇静、抗惊厥,改善动物学习记忆作用,解痉作用,抗心律失常作用。

石菖蒲配远志:安神定志,用于健忘、失眠。

【用法用量】 水煎服,3~10g;鲜品加倍。

蟾 酥

【来源】 本品为蟾蜍科动物中华大蟾蜍 *Bufo bufo gargarizans* Cantor 或黑眶蟾蜍 *Bufo melanostictus* Schneider 的干燥分泌物。

【处方用名】 蟾酥　蟾酥粉　酒蟾酥

【性味归经】 辛,温,有毒。归心经。

【功效应用】

开窍醒神——{特点:辛温走窜,开窍醒神,辟秽。
　　　　　　应用:痧胀腹痛,吐泻,神昏。

辟秽解毒止痛——{特点:以毒攻毒,消肿止痛。
　　　　　　　　应用:①恶疮肿毒,痈疽疔疮;②烂喉丹痧、咽喉肿痛;③牙痛;④癌肿。

【配伍应用】

蟾酥配麝香:芳香辟秽,开窍醒神,用于痧胀腹痛、吐泻、神昏。

蟾酥配雄黄:攻毒消肿,用于恶疮、痔疮、痈疽疔疮。

蟾酥配牛黄、冰片:清热解毒利咽,用于烂喉痧、喉风、乳蛾。

【用法用量】 入丸散,每次 0.015~0.03g;外用适量。

【使用注意】

1) 本品有毒,内服切勿过量;外用不可入目。

2) 孕妇忌用。

> **小结** 开窍药用于闭证神昏证。根据寒闭、热闭的不同,开窍药可分为温开、凉开两大类。温开药有麝香、苏合香、石菖蒲、蟾酥等。凉开主要有冰片等。临床两类药物常配合应用,与清热泻火药相配伍则为凉开;与温阳散寒药同用则为温开。诸药之中,麝香开窍醒神之力极强,为醒神回苏之要药,最宜用治闭证神昏,无论热闭、寒闭用之皆效;冰片更宜于热闭神昏;苏合香与麝香功效相似而力稍逊;石菖蒲长于化痰浊开窍,同时也是安神定志的常用药;蟾酥以毒攻毒,辟秽醒神,适宜于痧胀腹痛神昏,一般闭证少用,而外科疮疡、瘰疬等多制成成药应用。

目标检测

一、单项选择题

1. 冰片的功效是 （　）
   A. 开窍醒神,活血通经　　B. 开窍醒神,清热止痛
   C. 开窍醒神,止痛催产　　D. 开窍醒神,行气解郁
   E. 开窍醒神,解毒散结
2. 能开窍醒神、辟秽止痛的药是 （　）
   A. 冰片　　B. 麝香　　C. 蟾酥　　D. 牛黄　　E. 石菖蒲
3. 既化痰开窍,又安神和胃的药是 （　）
   A. 麝香　　B. 石菖蒲　　C. 苏合香　　D. 冰片　　E. 远志
4. 石菖蒲的功效是 （　）
   A. 平肝潜阳　B. 开窍宁神　C. 清心开窍　D. 养心安神　E. 镇惊安神

二、填空题

1. 苏合香的功效是_____,_____。
2. 蟾酥性温有毒,具有_____、_____之功效。

三、问答题

1. 何谓开窍醒神?
2. 麝香、冰片、蟾酥均可用治咽喉肿痛之证,其作用各如何?
3. 麝香与牛黄均能开窍,两者的主要不同点是什么?
4. 试述麝香、冰片、苏合香、蟾酥的用法用量。
5. 如何区别使用清心开窍药和温宣开窍药?
6. 试述开窍药的使用注意。

(钱三旗　张　冰)

第22章 补虚药

1. 掌握补虚药的含义、分类、功效、适应范围及使用注意
2. 明确补气、大补元气、益气升阳、纳气平喘、补阳、壮阳、补血、补阴等概念
3. 了解甘温、甘平、甘寒类补虚药的性能特点及其应用注意事项
4. 掌握人参、党参、黄芪、白术、山药、甘草、鹿茸（附鹿角、鹿角胶、鹿角霜）、淫羊藿、杜仲、蛤蚧；熟地黄、何首乌、当归、白芍、阿胶、黄精、麦冬、天冬、枸杞子、龟甲、鳖甲的性味、功效主治及用法
5. 熟悉西洋参、太子参、扁豆、大枣、补骨脂、巴戟天、仙茅、肉苁蓉、锁阳、黄狗肾、紫河车、胡桃肉、冬虫夏草、益智仁、菟丝子、沙苑子、骨碎补、龙眼肉、南沙参、北沙参、玉竹、石斛、百合、墨旱莲、女贞子的性味、功效、主治及用法用量
6. 了解刺五加、绞股蓝、韭菜子、桑椹的性味、功效、主治及用法用量

【含义】 凡以补益正气、增强体质、治疗虚证为主要作用的药物，称为补虚药，又称补益药或补养药。

【分类及适应证】 根据补虚药的性能、功效及适应证的不同，通常分为补气药、补阳药、补血药及补阴药四类。

补气药：以补气作用为主，用于治疗气虚证的药物称为补气药。本类药性味多甘温，其中补气作用强，用治元气欲脱者，称为大补元气；气旺有助于阳的生成，故有益气升阳之功；又因肾为气之根，肾主纳气，补气药长于补肾气或元气，故有纳气平喘之能。该类药物适应于：①肺气虚证，症见少气懒言，语声低微，动则汗出，甚则作喘，舌苔淡白，脉沉细弱等；②中气虚证，症见食欲不振，脘腹胀满，大便稀溏，神倦乏力，甚则水肿，胃下垂、子宫下垂或脱肛，舌苔淡白，脉沉细弱等。③肾气虚证，症见肾不纳气，喘咳日久，浮肿，夜尿增多，白带清稀量多，舌苔淡白，脉沉细弱等。

补阳药：以补阳作用为主，用于治疗阳虚证的药物称为补阳药。本类药性味多甘咸温，其中补阳作用较强，用治阳亏重证者，称为壮阳；若补阳作用相对较弱，用治阳虚轻证者，泛称为补阳。临床主用于肾阳虚证，症见肢冷畏寒、腰膝冷痛、夜尿增多、白带清稀、阳痿早泄、宫冷不孕、苔白、脉沉迟、细弱等。脾阳不足证，症见食少纳呆，神疲乏力，大便溏薄等。

补血药：以补血作用为主，多用治血虚证的药物称为补血药。本类药性味多甘温，多归心、肝、脾经。临床主用于血虚证，症见头晕眼花、面色萎黄、口唇、指甲苍白、心慌心悸、经期后延、色淡量少、重者闭经、舌质淡白、脉弱等。

补阴药：以补阴作用为主，多用治阴虚证的药物称为补阴药。本类药性味甘寒。临床主用于：①心阴虚证，症见心烦失眠、心慌心悸、多梦健忘，甚至惊悸怔忡，舌质红而少苔，脉细而数等。②肺阴虚证，症见口干咽燥，干咳少痰，重者痰中带血或咯血，舌质红而少苔，脉细而数等。③胃阴虚证，症见口渴咽干，胃中灼热，嘈杂易呕，大便燥结，舌绛苔剥或无苔，脉细而数等。

④肝阴虚证,症见两目干涩,视物昏花,头眩晕,舌红少苔,脉细数等。⑤肾阴虚证,症见头晕目眩,耳鸣耳聋,腰膝酸软,五心烦热,遗精,月经量少,甚者骨蒸潮热盗汗,舌红少苔,脉细而数等。

【配伍应用】
1）阳虚者宜与补气药配伍,取其补气生阳、气旺阳亦旺之协同增效之功。
2）阴虚者应与补血药配伍,因补血药大多兼滋阴。
3）补虚药宜与行气药配伍,取其补而不滞之效。

【使用注意】
1）凡邪实而正不虚者应禁用,以防"闭门留寇"。
2）入汤剂宜文火久煎。
3）宜采用膏、丹、丸、散、片、口服液等剂型,既便于储存、携带、服用,又可取其"丸者缓也",因虚证多病程较长,治当缓图为功。

第1节 补 气 药

【来源】 本品为五加科植物人参 Panax ginseng C. A. Mey. 的干燥根。
【处方用名】 红参 大力参 生晒参 野山参 园参 白参 糖参
【性味归经】 甘、微苦,平。归肺、脾、心经。
【功效应用】

大补元气复脉固脱——{特点:作用峻烈,大补元气,复脉固脱,为拯危救脱要药。
　　　　　　　　　 应用:①元气虚脱证;②亡阳证③气随血脱证(抗各种休克)。

补脾益肺——{特点:善补肺脾之气,兼补其他脏腑之气。
　　　　　 应用:①肺气不足证;②脾气亏虚证;③兼治心气虚证;④肾虚咳喘等证。

益气生津——{特点:益气生津,气旺有利于津液生成。
　　　　　 应用:①热病气虚津伤口渴证;②消渴证。

安神益智——{特点:益气安神而益智。
　　　　　 应用:气血不足,心神不安证。

补气祛邪——{特点:益气解表。
　　　　　 应用:气虚外感表证。

【配伍应用】
人参配附子:补气回阳救逆,用于亡阳证。
人参配黄芪:补气升阳,用于肺气虚证或中气下陷证。
人参配白术:益气健脾,用于脾胃气虚证或气虚自汗证。
人参配麦冬:益气生津,用于热病气虚津伤口渴或消渴证。
【用法用量】 水煎服,3~9g;挽救虚脱时可用15~30g。宜文火另煎分次兑服。研末吞服,每次2g,日服2次。
【使用注意】
1）反藜芦。
2）畏五灵脂。
3）恶皂荚与莱菔子。
4）大量服用易致出血。

5）凡邪实而正气不虚者禁用。

6）不宜与茶、萝卜同用,以防影响药效。

7）凡无气虚阳亏者不得随意服用,防止"人参综合征"之药源性疾病。

人参与人参皂苷

人参为大补元气、复脉固脱、拯危救脱之要药,临床治疗元气虚脱证、亡阳证、气随血脱证等各种休克有显著对抗作用;若与相关药物有机配伍合用,还可用治诸如肺气虚证、中气下陷证、脾胃气虚证或气虚自汗证等多种病证已达数千年。并以大补元气、复脉固脱、拯危救脱为特点。1918年日本学者近藤三郎从人参中提取、分离出人参苷,原名人参皂苷。目前药理已知人参皂苷是其主要化学物质之一,对肌体具有多种生物学效应。其中人参二醇皂苷能增强心肌收缩力,改善血流动力学状态,与此同时人参二醇皂苷能阻断休克时去甲肾上腺素和多巴胺含量的增加,具有对明显抗休克作用。人参根总皂苷环苷酸对肌体免疫呈现双向调节作用;他如人参皂苷 Rb_1 对获得性记忆、巩固性记忆及再现性记忆的三个过程皆有增强效应;人参多肽的降糖、对脂质以及蛋白质代谢的影响作用等均为人参的功效与应用提供了分子水平药理学依据。

（链接）

西 洋 参

【来源】 本品为五加科植物西洋参 *Panax quinquefolium* L. 的干燥根。

【处方用名】 西洋参　西洋人参　洋参　花旗参

【性味归经】 甘、微苦、凉。归肺、心、肾、脾经。

【功效应用】

补气养阴——特点:甘寒补气养阴。
　　　　　　应用:气阴两伤证。

清热生津——特点:甘苦性寒,清热生津。
　　　　　　应用:①热病伤津证;②消渴证。

【配伍应用】

西洋参配贝母:甘寒清热,生津养阴,润肺止咳,用于肺气阴两虚证。

西洋参配生地黄:甘寒清热,生津养阴,协同增效,用于内热消渴证。

【鉴别应用】

人参与西洋参两味均有补气之功,可用于气虚欲脱之气短神疲、脉细无力等症。但人参益气救脱之力较强,单用即可收效,且可用于病情较重者;西洋参性寒,兼能补阴,较宜于热病等所致的气阴两脱者。此外,两药还可益气生津,均用于津伤口渴和消渴证。人参尚能补益心肾之气,安神增志,还可用于失眠、健忘、心悸怔忡及肾不纳气之虚喘。

【用法用量】 水另煎兑服,3~6g;入丸散剂,每次 0.5~1g。

【使用注意】 据《中华人民共和国药典》记载,本品不宜与藜芦同用。

西洋参甘苦性寒,补气养阴,清热生津。自清代进口至今,一直被列为气虚阴亏火热、咳喘痰血、内热虚烦、口干咽燥等证的首选药。药理研究揭示,西洋参所含皂苷对心律失常有预防和对抗作用,西洋参煎剂提高肌体应激能力等生物学效应。

（链接）

党　参

【来源】 本品为桔梗科植物党参 *Codonopsis pilosula*（Franch.）Nannf.、素花党参 *C. Pilosula* Nannf. var. *modesta*（Nannf.）L. T. Shen 或川党参 *C. tangshen* Oliv. 的根。

【处方用名】 党参　潞党参　台党　西党

【性味归经】 甘,平。归脾、肺经。

【功效应用】

补脾肺气——{特点:擅长补脾肺之气。
应用:①脾气虚证;②肺气虚证。

补血——{特点:补气养血,气旺生血。
应用:气血两虚证。

生津——{特点:益气生津。
应用:①气津两伤证;②消渴证。

益气解表——{特点:益气解表、扶正祛邪之意。
应用:气虚外感表证。

【配伍应用】 党参配白术:补气健脾,用于脾胃气虚证。

【鉴别应用】

党参与人参两者皆能补气。但党参力弱,用于气虚轻证;人参力强,气脱危证者非人参莫属。

【用法用量】 水煎服,9~30g。

【使用注意】 据《中华人民共和国药典》记载,本品不宜与藜芦同用。

党参具有补脾气、益肺气、生津养血及扶正祛邪之功,均可用于脾气虚、肺气虚、津伤口渴、消渴、血虚及气虚外感之证。然而因其补气力较弱,故多用治气虚轻证。现代药理研究表明,党参所含的主要化合物之一,即多糖,分别具有增强肌体应激能力、提高肌体免疫力、延缓衰老以及抗溃疡等生物药理学效应。

链接

太 子 参

【来源】 本品为石竹科植物孩儿参 *Pseudostellaria heterophylla*（Miq.）Pax ex Pax et Hoffm. 的块根。生用。

【处方用名】 太子参　孩儿参　童参

【性味归经】 甘、微苦,平。归脾、肺经。

【功效应用】

补气生津——{特点:补脾肺气而生津。
应用:脾肺气阴两伤证。

【配伍应用】

太子参配黄芪:补脾益气,用于脾胃气虚证。

太子参配沙参:益气生津,润肺止咳,用于肺气阴不足咳嗽证。

【用法用量】 水煎服,9~30g。

【使用注意】 凡邪实者禁用。

黄　芪

【来源】 本品为豆科植物蒙古黄芪 Astragalus membranaceus（Fisch.）Bge. var. *mongholicus*（Bge.）Hsiao 或膜荚黄芪 A. *membranaceus*（Fisch.）Bge. 的根。

【处方用名】 黄芪　炙黄芪　锦芪　北芪　绵黄芪　黄耆

【性味归经】 甘，微温。归脾、肺经。

【功效应用】

补气升阳——{ 特点：既补气又升阳，且力较强。
应用：①脾气虚证；②肺气虚证；③中气下陷证。

益卫固表——{ 特点：长于补肺气固表而止汗。
应用：①气虚自汗证；②气虚表证。

生津养血——{ 特点：补气以生津、养血。
应用：①内热消渴；②血虚证。

利水消肿——{ 特点：补气以助水湿运化。
应用：气虚水肿证。

托毒生肌——{ 特点：益气扶正，托毒外出以助生肌，促进疮疡愈合。
应用：气血亏虚，疮疡久溃不敛。

其他功用——{ 特点：补气以行滞通痹。
应用：①气虚血滞中风证；②风寒湿痹证。

黄芪长于补气升阳、益卫固表、托疮生肌、利水退肿，尤宜于脾虚气陷及表虚自汗等证。近代药理研究表明，黄芪含有黄芪苷、异黄酮以及多糖类等化合物。其中黄芪注射液和黄芪多糖能促进中性粒细胞的趋化运动和显著增强巨噬细胞的吞噬能力等非特异性免疫与特异性细胞免疫均有明显的增强作用。其他，黄芪煎剂增强自然杀伤细胞（NK）能力、诱生干扰素以及抗病毒等生物学效应，无疑为黄芪配伍防风、白术所组成的玉屏风散防治病毒性感冒、SARS 抑或免疫缺陷性疾病 AIDS 提供一定的药理学依据，值得进一步研究探讨。

链接

【配伍应用】

黄芪配人参：补气健脾，用于肺脾气虚证。

黄芪配白术：补气固表止汗，用于气虚自汗证。

黄芪配防己：补气利水，用于气虚水肿证。

黄芪配桂枝：益气通经，用于风寒湿痹证。

黄芪配升麻：补气升阳，用于气虚下陷证。

【鉴别应用】

人参、党参与黄芪三药皆具有补气之功，且常相须为用，能相互增强疗效。但人参作用最强，被誉为补气第一要药，并具有益气救脱、安神增智、补气助阳之功。党参补气之力较为平和，专于补益脾肺之气，兼能补血。黄芪补气之力不及人参，但作用广泛，长于补气升阳、益卫固表、托疮生肌、利水退肿，尤宜于脾虚气陷及表虚自汗等证。

【用法用量】 水煎服，9~30g。大剂量可用 30~60g。蜜炙可增强其补气升阳作用。

【使用注意】 凡邪盛表实、气滞湿阻、阴虚阳亢者应禁用。

白 术

【来源】 本品为菊科植物白术 *Atractylodes macrocephala* Koidz. 的根茎。
【处方用名】 白术　于术　炒白术　焦白术　土白术
【性味归经】 甘、苦,温。归脾、胃经。
【功效应用】

补气健脾——{特点:尤善补益脾气。
　　　　　　应用:脾气虚证。

燥湿利水——{特点:补气健脾以助水湿运化。
　　　　　　应用:水湿、痰饮内停之脾虚水肿和痰饮咳喘证。

止汗——{特点:补气固表以止汗。
　　　　应用:①气虚表证;②气虚自汗证。

安胎——{特点:补气健脾,促进气血化生以养胎元。
　　　　应用:脾气亏虚,胎动不安证。

【配伍应用】
白术配附子:散寒除湿,用于寒湿痹痛。
白术配人参:益气健脾,用于脾胃气虚证或气虚自汗证。
白术配茯苓:健脾利水,用于脾虚失运、水饮内停之咳喘或水肿证。
白术配防己:补气燥湿,除痹止痛,用于风湿痹痛证。

【鉴别应用】 白术与苍术,古代统称为"术",时至南北朝陶弘景始分为"赤、白"两种。"白术"之名始载于《本草经集注》,"苍术"之名首见于《本草衍义》。二药均具有健脾与燥湿两种主要功效。然白术以健脾益气为主,宜用于脾虚湿困而偏于虚证者;苍术以苦温燥湿为要,宜用于湿浊内阻而偏于实证者。此外,白术还有利尿、止汗、安胎之功,苍术尚有发汗解表、祛风湿及明目作用,分别用治风湿证、风湿痹证及夜盲证。

【用法用量】 水煎服,6~12g。炒用可增强补气健脾止泻作用。
【使用注意】 本品性偏温燥,热病伤津及阴虚燥渴者不宜。

山 药

【来源】 本品为薯蓣科植物薯蓣 *Dioscorea opposita* Thunb. 的根茎。生用或麸炒用。
【处方用名】 薯蓣　山药　炒山药　怀山药　淮山药
【性味归经】 甘、平。归脾、肺、肾经。
【功效应用】

补脾养胃——{特点:长于补肺脾肾气。
　　　　　　应用:肺脾肾气虚证。

生津益肺——{特点:补肺脾肾阴而生津止渴。
　　　　　　应用:①肺脾肾阴虚证;②消渴证。

补肾涩精——{特点:补气以固,质黏则涩,具有补肾涩精之功。
　　　　　　应用:肾虚滑脱证。

【配伍应用】

山药配人参:益气健脾止泻,用于脾虚泄泻证。

山药配山茱萸:补肾固涩,用于肾虚滑脱证。

【用法用量】 水煎服,10~30g。大剂量60~250g。麸炒可增强补脾止泻作用。

【使用注意】 湿盛中满、邪实者禁用。

> 山药原名薯蓣,首载于《神农本草经》。因避皇帝之讳,历史上曾两度易名。第一次因避唐朝代宗皇帝李豫之讳,更名为薯药;第二次因避宋英宗皇帝赵曙之讳,改名为山药。本品功善补肺、脾、肾三脏之气阴,为治肺脾肾气阴虚证以及消渴证、肾虚滑脱证的常用要药。药理表明,山药水煎剂对小鼠实验性糖尿病具有明显的预防和治疗作用;同时能提高实验性小鼠淋巴细胞的转化功能等生物学效应,从分子水平上部分揭示了山药用于消渴证(糖尿病)及补气养阴之功的药理机制。

甘 草

【来源】 本品为豆科植物甘草 Glycyrrhiza uralensis Fisch.、胀果甘草 G. inflata Bat. 或光果甘草 G. glabra L. 的根及根茎。

【处方用名】 国老 甘草 炙甘草 生甘草

【性味归经】 甘,平。归心、肺、脾、胃经。

【功效应用】

补脾益气——{特点:补脾气,益心气以复脉。
　　　　　　应用:①脾虚诸证;②心气不足,脉结代、心动悸。

祛痰止咳——{特点:长于祛痰止咳平喘。
　　　　　　应用:寒热虚实各种咳喘,有痰无痰、偏寒、偏热均宜。

缓急止痛——{特点:善于缓急止痛。
　　　　　　应用:脘腹、四肢挛急疼痛。

清热解毒——{特点:生甘草长于清热解毒。
　　　　　　应用:①热毒疮疡、咽喉肿痛;②轻度的药物或食物中毒。

调和药性——{特点:缓解某些药物的烈性或刺激性,降低或防止苦寒败胃或辛热伤阴。
　　　　　　应用:宜与大苦大寒或大辛大热药物配伍。

【配伍应用】

甘草配白芍:缓急止痛效增,用于脘腹、四肢挛急疼痛。

甘草配麻黄:宣肺止咳,用于风寒束肺咳喘证。

甘草配桔梗:宣肺清热,利咽止痛,用于口疮、咽痛。

【用法用量】 水煎服,2~10g。用于药物或食物中毒可用大量(30~60g)。生用性微寒,清热解毒;蜜炙药性微温,增强补益心脾之气和润肺止咳作用。

【使用注意】

1) 反京大戟、芫花、甘遂、海藻。

2) 湿盛胀满、水肿者不宜用。

3) 剂量大而久服可导致水钠潴留,引起浮肿。

甘草与甘草酸、甘草甜素

甘草味甘则补,性平无寒热之偏,作用较多,自古至今临床应用频率达 95%,表明甘草是最常用的药物之一。尤善于补气、止咳、缓急止痛与调和药性。现代药理已知,甘草所含的甘草酸和多种甘草黄酮具有抗溃疡、保肝、促进胰液分泌以及对胃肠运动的调整等作用,皆为甘草补脾益气,用治脾虚诸证提供药理学佐证。

特别重要的是甘草所含的甘草甜素可有效地增强肝脏中自然杀伤细胞(NK)的生物效应,用治某些病毒所致的疾病提供了药理学根据。他如甘草所含的某些化合物提高免疫能力、调节淋巴因子的生成以及对抗体产生的调节等诸多生物学作用,为甘草补气之功奠定了药理学基础。

【来源】 本品为豆科植物扁豆 *Dolichos lablab* L. 的种子。
【处方用名】 白扁豆　扁豆　炒扁豆
【性味归经】 甘,微温。归脾、胃经。
【功效应用】

健脾化湿──{特点:甘而不腻,微温不燥,长于健脾,助运化湿。
　　　　　 应用:①脾虚湿泻证;②暑湿吐泻证。

【用法用量】 水煎服,9~15g。健脾止泻宜炒用,消暑宜生用。

【来源】 本品为鼠李科植物枣 *Ziziphus jujuba* Mill. 的成熟果实。
【处方用名】 大枣　红枣　大红枣
【性味归经】 甘,温。归脾、胃、心经。
【功效应用】

补中益气──{特点:善于补脾益气。
　　　　　 应用:脾虚证。

养血安神──{特点:养心血而安神。
　　　　　 应用:①脏躁证;②失眠证。

【配伍应用】
大枣配人参:健脾益气,用于脾虚证。
大枣配当归:补气养血安神,用于气血不足,心神不安证。
大枣配小麦:补气安神,用于脏躁证。
【用法用量】 劈破,水煎服,6~15g。
【使用注意】 湿盛腹满禁用。

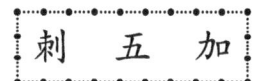

【来源】 本品为五加科植物刺五加 *Acanthopanax senticosus* (Rupr. et Maxim.) Harms 的根及根茎。

【处方用名】 刺五加　刺拐棒　老虎镣子　刺木棒
【性味归经】 辛、微苦,温。归脾、肾、肺、心经。
【功效应用】

补肾强骨——{特点:补肾强骨。
　　　　　　 应用:肾虚腰膝酸痛。

益气安神——{特点:长于益气安神。
　　　　　　 应用:①气虚诸证;②气血不足,心神不安证。

【用法用量】 水煎服,9~27g。或入丸散,浸酒。外用,适量,研末调涂,或鲜品捣敷。
【使用注意】 阳气不虚者慎用或禁用。

绞 股 蓝

【来源】 本品为葫芦科植物绞股蓝 Gynostemma pentaphllam (Thunb.) Makino. 的根茎或全草。
【处方用名】 绞股蓝
【性味归经】 甘、苦,寒。归脾、肺经。
【功效应用】

益气健胃——{特点:益气健胃。
　　　　　　 应用:脾胃气虚证,消化不良。

化痰止咳——{特点:化痰止咳。
　　　　　　 应用:肺热燥咳。

清热解毒——{特点:清热解毒散结。
　　　　　　 应用:肿瘤而有热毒。

【用法用量】 水煎服,10~20g。
【使用注意】 脾胃虚寒慎用或禁用。

> 绞股蓝之名始见于明朝(1406年)朱橚所著的《救荒本草》。药理研究表明,本品含80多种皂苷,其中有6种与人参皂苷相似。尚含有糖类、黄酮类、维生素C以及18种氨基酸和多种无机元素等。绞股蓝及绞股蓝皂苷均具有抗疲劳、抗缺氧、抗高温、抗低温、延长生物体细胞及果蝇、小鼠的寿命,能明显升高SOD活性,降低心、脑、肝细胞内脂褐素的含量,防止正常细胞癌化、提高荷瘤动物免疫力;能明显增加非特异性免疫、细胞免疫、体液免疫的功能,且具有免疫调节作用;具有明显的降血脂、降血糖作用,并能提高脾脏、睾丸、大脑和血液蛋白质的合成速率,并具有镇静、催眠、镇痛、增加冠脉流量、抗心肌缺血、增加脑血流量、抑制血栓形成、保肝、抗溃疡等作用。

第2节 补 阳 药

【来源】 本品为脊椎动物鹿科梅花鹿 Cervus nippon Temminck 或马鹿 C. elaphus Linnaeus 雄鹿尚未骨化而带茸毛的幼角。
【处方用名】 斑龙珠　鹿茸　花鹿茸　马鹿茸　鹿茸片　鹿茸血片　鹿茸粉片

【性味归经】 甘、咸,温。归肾、肝经。
【功效应用】

补肾阳——｛特点:为血肉有情之品,擅长补肾壮阳而力强。
　　　　　 应用:肾阳虚衰诸证。

益精血——｛特点:补肾阳而促精血化生。
　　　　　 应用:肾阳虚衰,精血不足证。

强筋骨——｛特点:补肾壮骨强筋。
　　　　　 应用:肾虚骨弱,腰膝无力或小儿五迟。

调冲任——｛特点:补肾益精,固冲止带。
　　　　　 应用:冲任虚寒,崩漏带下。

托疮毒——｛特点:补阳益精,强筋骨以助正气,促进疮疡愈合。
　　　　　 应用:疮疡久溃不敛,阴疽、疮肿内陷不起等证。

【配伍应用】
鹿茸配附子:补肾壮阳,用于肾阳虚衰诸证。
鹿茸配五加皮:补肾益精,壮骨强筋,用于肾虚骨弱、腰膝无力或小儿五迟证。
鹿茸配人参:益气壮阳,益精养血,用于气虚阳亏、精血不足诸证。
鹿茸配黄芪:益气补阳,促进疮疡、阴疽愈合,用于疮疡久溃不敛、阴疽等证。
【用法用量】 1~2g,研末吞服,或入丸散,或浸酒,适量饮用。
【使用注意】 服用本品宜从小量开始,缓缓增加,不可骤用大量,以免阳升风动,头晕目赤,或伤阴动血。凡阴虚阳亢、血分有热、胃火痰热、外感热病者均当忌服。

附药

鹿角,为梅花鹿和各种雄鹿已成长骨化的角。味咸,性温。归肝、肾经。功能补肾助阳,强筋健骨。可做鹿茸之代用品,唯效力较弱,兼活血散瘀消肿。临床多用于疮疡肿毒、乳痈、产后瘀血腹痛、腰痛、胞衣不下等。内服或外敷均可。用量5~15g,水煎服或研末服。外用磨汁涂或锉末敷。阴虚火旺者忌服。

鹿角胶,为鹿角煎熬浓缩而成的胶状物。味甘咸,性温。归肝、肾经。功能补肝肾,益精血。功效虽不如鹿茸之峻,但比鹿角为佳,并有良好的止血作用。适用于肾阳不足,精血亏虚,虚劳羸瘦,吐便崩之偏于虚寒者,以及阴疽内陷等。用量5~15g。用开水或黄酒加温烊化服,或入丸散膏剂。阴虚火旺者忌服。

鹿角霜,为鹿角熬膏所存残渣。味咸性温,归肝、肾经。功能补肾助阳,似鹿角而力较弱,但具收敛之性,而有涩精、止血、敛疮之功。内服治崩漏、遗精,外用治创伤出血及疮疡久不愈合等。用量10~25g。外用适量。阴虚火旺者忌服。

【来源】 本品为茜草科植物巴戟天 Morinda officinalis How. 的根。
【处方用名】 巴戟　戟天　巴戟天　盐巴戟　制巴戟
【性味归经】 辛、甘,微温。归肾、肝经。
【功效应用】

补肾助阳——｛特点:补肾助阳力较缓。
　　　　　　 应用:肾阳虚证。

祛风除湿——｛特点:强筋骨、祛风湿。
　　　　　　 应用:肾阳亏虚,风湿腰膝疼痛及肾虚腰膝酸软无力等。

【配伍应用】

巴戟天配补骨脂:两药相须配伍,补肾助阳力增,用于肾阳虚衰证。

巴戟天配肉桂:补阳调经,用于肾阳虚弱,月经不调或痛经证。

【用法用量】 水煎服。3~10g。

【使用注意】 阴虚火旺及有热者不宜服。

淫 羊 藿

【来源】 本品为小檗科植物淫羊藿 *Epimedium brevicornum* Maxim.、箭叶淫羊 *E. sagittatum* (Sieb. et Zucc.) Maxlm. 或柔毛淫羊 *E. Pubescens* Maxim. 等的全草。

【处方用名】 淫羊藿 仙灵脾 炙淫羊藿

【性味归经】 辛、甘,温。归肾、肝经。

【功效应用】

补肾壮阳——{ 特点:补肾助阳力较大。
应用:肾阳虚衰诸证。

祛风除湿——{ 特点:既能补肾壮阳,又能祛风除湿。
应用:肾阳亏虚,风寒湿痹、肢体麻木等。

【配伍应用】

淫羊藿配仙茅:补肾壮阳,益命门火,用于肾阳亏虚,命门火衰之不孕或不育证或更年期综合征。

淫羊藿配覆盆子:补肾壮阳,固精缩尿,用于肾阳亏虚、遗尿滑精等。

【鉴别应用】

巴戟天与淫羊藿两者性味归经和功效应用皆相同,然而巴戟天的助阳之力略逊于淫羊藿。通常情况下,凡肾阳虚衰而兼风寒湿痹、肢体麻木者,两味相须为用。淫羊藿补肾助阳力大与巴戟天,特别适用于肾阳亏虚,命门火衰之不孕或不育证。

【用法用量】 水煎服。6~10g。

【使用注意】 阴虚火旺者不宜服。

仙 茅

【来源】 本品为石蒜科植物仙茅 *Curculigo orchioides* Gaertn.的根茎。

【处方用名】 仙茅 酒仙茅

【性味归经】 辛,热;有毒。归肾、肝经。

【功效应用】

温肾壮阳——{ 特点:温肾壮阳力强。
应用:肾阳亏虚,命门火衰之不孕或不育证。

祛寒除湿——{ 特点:性热味辛,祛寒除湿力大。
应用:肾阳不足,风寒湿痹痛。

【配伍应用】

仙茅配伍淫羊藿:用于围绝经期综合征。

【用法用量】 3~10g。水煎服或酒浸服,亦入丸散。

【使用注意】 阴虚火旺者忌服。燥烈有毒,不宜久服。

仙茅味辛性热而有毒。其温肾壮阳,祛寒除湿力强,对肾阳亏虚、命门火衰之不孕或不育者为之要药。现代药理研究表明,仙茅煎剂具有强化下丘脑-垂体-性腺轴系统的功能,使大鼠的垂体前叶、卵巢与子宫的重量皆有明显增加,并能使大鼠卵巢中 hCG/LH 受体的特异性结合率明显提升等生物学效应,由此从分子药理水平上揭示仙茅用治不孕或不育的科学内涵。

【来源】　为豆科植物补骨脂 *Psoralea corylifolia* L. 的成熟果实。生用,炒或盐水炒用。

【处方用名】　补骨脂　婆固脂　破故纸　盐骨脂

【性味归经】　苦、辛,大温。归肾、脾经。

【功效应用】

补肾壮阳——{特点:温肾壮阳作用较强。
　　　　　　应用:肾阳亏虚诸证。

固精缩尿——{特点:助阳固精缩尿。
　　　　　　应用:肾阳虚滑精、尿频、遗尿等。

温脾止泻——{特点:壮肾阳、暖脾阳、温脾止泻。
　　　　　　应用:脾肾阳虚五更泄泻证。

纳气平喘——用于肺肾两虚咳喘证。

外用消风祛斑——用于白癜风,斑秃。

【配伍应用】

补骨脂配杜仲:补肾阳,暖腰膝,强筋骨,用于肾阳虚腰膝软弱等。

补骨脂配吴茱萸:补阳温脾止泻,用于脾肾阳虚五更泄泻(又称鸡鸣泻、黎明泻)证。

补骨脂配人参:补气助阳,纳气平喘,用于肺肾两虚咳喘证。

补骨脂配覆盆子:助阳固精缩尿,用于阳虚不固之滑精、尿频、遗尿等。

【用法用量】　水煎服,6～10g。

【使用注意】　本品性质温燥,能伤阴助火,故阴虚火旺及大便秘结者忌服。

益　智　仁

【来源】　为姜科植物益智 *Alpinia oxyphylla* Miq. 的成熟果实。

【处方用名】　益智仁　益智子　益智　炒益智仁　盐益智仁　煨益智仁

【性味归经】　辛,温。归脾、肾经。

【功效应用】

温脾开胃摄唾——{特点:归脾经,长于温脾开胃摄涎唾。
　　　　　　　　应用:①脾胃虚寒,多唾多涎;②中气虚寒,腹痛吐泻。

暖肾固精缩尿——{特点:入肾经,暖肾固精缩尿。
　　　　　　　　应用:下元虚寒遗精、遗尿、小便频数等症。

【配伍应用】

益智仁配干姜:温脾散寒,开胃摄唾,用于脾胃虚寒,多唾多涎。

益智仁配人参:补气温中散寒,用于脾胃虚寒证。

益智仁配乌药:补肾固精缩尿,用于肾阳虚之遗精、遗尿、小便频数等症。

【用法用量】 水煎服,3~10g。

【使用注意】 本品燥热,易助火伤阴,凡阴虚火旺或因热而遗精、尿频等当忌用。

肉　苁　蓉

【来源】 为列当科植物肉苁蓉 Cistanche deserticola Y. C. Ma 的带鳞叶的肉质茎。

【处方用名】 肉松蓉　黑司令　纵蓉　大芸　寸芸　淡大芸　盐大芸　酒苁蓉

【性味归经】 甘、咸,温。归肾、大肠经。

【功效应用】

补肾阳益精血——{特点:补肾阳,益精血,但作用从容和缓。
　　　　　　　　应用:肾阳虚,精血不足之阳痿、不孕、腰膝酸痛、痿软无力等。

润肠通便——{特点:因补阳力缓兼润肠通便,为阴阳双补之品。
　　　　　　应用:阳虚肠燥津枯便秘。

【用法用量】 水煎服,6~10g。

【使用注意】 本品药性和缓用量需大。因能助阳、滑肠,故阴虚火旺及大便泄泻者不宜服。肠胃有实热致大便秘结亦不宜服。

> 肉苁蓉味甘性温,质地柔润,温而不燥,甘而不腻,既温肾阳,又益精血,为阴阳双补之品;是肾阳精血不足,阳痿、不孕、腰膝酸痛、痿软无力以及阴虚津枯肠燥便秘证的首选药。另外,因肉苁蓉的入药部位属肉质茎,除酒制、黑豆制之外,传统的盐制后,既可引药直达肾经,又可延长储存时间,可谓一举两得。

菟　丝　子

【来源】 为旋花科植物菟丝子 Cuscuta chinensis Lam. 的成熟种子。

【处方用名】 菟丝实　吐丝子　龙须子　炒菟丝子　盐菟丝子　酒菟丝子

【性味归经】 辛、甘,平。归肾、肝、脾经。

【功效应用】

补肾固精——{特点:补肾阳,益肾精以固精缩尿。
　　　　　　应用:肾虚阳痿滑精、尿频等。

养肝明目——{特点:滋养肝肾之阴而明目。
　　　　　　应用:肝肾不足之目暗不明。

止泻——{特点:补肾益脾以止泻。
　　　　应用:脾肾阳虚便溏泄泻。

安胎——{特点:补肝肾,固冲仁而安胎。
　　　　应用:肝肾亏虚,胎动不安证。

外用消风祛斑——用于白癜风。

【用法用量】 水煎服,6~12g。

【使用注意】 本品为平补之药,但偏补阳。阴虚火旺,大便燥结、小便短赤者不宜服。

沙苑子

【来源】 本品为豆科植物扁茎黄芪 Astragalus complanatus R. Br. 的成熟种子。
【处方用名】 沙苑蒺藜　潼蒺藜　沙苑子　炒沙苑子　盐沙苑子
【性味归经】 甘,温。归肝、肾经。
【功效应用】

补肾固精——{特点:擅长补肾、固精缩尿。
　　　　　　 应用:肾虚腰痛、阳痿遗精、遗尿尿频、白带过多等。

养肝明目——{特点:养肝肾以明目。
　　　　　　 应用:肝肾不足、头昏目花、目暗不明。

【配伍应用】
沙苑子配芡实:补肾固精缩尿,用于肾虚腰痛、阳痿遗精、遗尿尿频、白带过多等。
沙苑子配枸杞子:养肝肾而明目,用于肝肾不足、头昏目花、目暗不明。
【用法用量】　水煎服,9~15g。
【使用注意】　本品为温补固涩之品,阴虚火旺及小便不利者忌服。

杜仲

【来源】 本品为杜仲科植物杜仲 Eucommia ulmoides Oliv. 的树皮。
【处方用名】 杜仲　炒杜仲　盐杜仲　杜仲炭
【性味归经】 甘,温。归肝、肾经。
【功效应用】

补肝肾,强筋骨——{特点:善于补肝肾,强筋骨。
　　　　　　　　　 应用:肾虚腰痛或足膝痿弱。

安胎——{特点:补肝肾,固冲任安胎。
　　　　 应用:肝肾亏虚,冲任不固,崩漏胎动证。

【配伍应用】
杜仲配补骨脂:补益肝肾,健骨强筋,用于肝肾亏虚、肾虚腰痛或足膝痿弱。
杜仲配桑寄生:补肝肾安胎,用于肝肾亏虚、冲任不固、崩漏胎动证。
【用法用量】　水煎服,6~10g。
【使用注意】　炒用破坏其胶质有利于有效成分煎出,故比生用效果好。本品为温补之品,阴虚火旺者慎用。

> 杜仲味甘性平,功专补肝肾、强筋骨兼安胎,为治肾虚腰痛或足膝痿弱及肝肾亏虚、冲任不固、崩漏胎动证常用要药。近代药理研究表明,杜仲所含的右旋松脂酚双葡萄糖苷,对大鼠实验性高血压具有明显的拮抗作用。

链接

蛤蚧

【来源】 本品为脊椎动物壁虎科动物蛤蚧 Gekko gecko Linnaeus 除去内脏的干燥体。

【处方用名】　蛤蚧　蛤解　蛤蟹　制蛤蚧　酒蛤蚧　酥蛤蚧　蛤蚧粉
【性味归经】　咸,平。归肺、肾经。
【功效应用】

补肺益肾助阳益精——{特点:血肉有情之品,补阳力较强。
　　　　　　　　　　 应用:肾虚阳痿,遗尿滑精。

纳气平喘——{特点:补肺肾而定喘咳。
　　　　　　 应用:肺肾两虚咳喘证。

【配伍应用】　蛤蚧配人参:补肺益肾,纳气平喘,用于肺肾两虚咳喘证。
【用法用量】　水煎服,3~6g,水煎服。研末每次1~2g,日三次。浸酒服用1~2对,酌量服。
【使用注意】　风寒或实热咳喘忌服。

冬 虫 夏 草

【来源】　本品为麦角菌科真菌冬虫夏草 Cordyeps sinensis (Berk.) Sacc. 寄生在蝙蝠蛾科昆虫幼虫的子座及幼虫尸体的复合体。
【处方用名】　冬虫夏草　虫草　冬虫草
【性味归经】　甘,平。归肾、肺经。
【功效应用】

补肾——{特点:温补肾阳。
　　　　 应用:阳痿遗精、腰膝酸痛。

益肺化痰止血——{特点:益肺阴化痰止血。
　　　　　　　　 应用:肺肾两虚、久咳虚喘、劳嗽痰血。

【用法用量】　水煎服,3~9g,也可入丸散。
【使用注意】　表邪者不宜用。

紫 河 车

【来源】　本品为健康产妇的胎盘。将取得的新鲜胎盘,割开血管,用清水反复洗净,蒸或置沸水中略煮后,烘干,研粉用。亦可鲜用。
【处方用名】　胞衣　人胞　混沌皮　仙人衣　佛袈裟　紫河车　胎盘
【性味归经】　甘、咸,温。归肺、肝、肾经。
【功效应用】

补肾益精——{特点:血肉有情之品,补肾益精力强。
　　　　　　 应用:肾阳不足,精血衰少所致阳痿遗精、腰酸、头晕耳鸣等症。

养血益气——{特点:益气养血作用显著。
　　　　　　 应用:气血不足诸证。

纳气平喘——{特点:补肺益肾,纳气平喘。
　　　　　　 应用:肺肾两虚之咳喘证。

【配伍应用】
紫河车配人参:补气养血,用于气血不足诸证。
紫河车配五味子:补肺益肾,止咳平喘,用于阴血亏虚、劳瘵咳嗽气喘证。
【用法用量】　2~3g,研末装胶囊服,也可入丸散。如用鲜胎盘,每次半个至一个,水煮服食。

【使用注意】　阴虚火旺不宜单独应用。

> 紫河车源于健康产妇的胎盘,为血肉有情之品,功善补气、养血、益精而力强。凡气虚、血亏、精竭诸证皆为要药。特别重要的是,若要应用本品,必须采自健康产妇的胎盘为原则。所谓"健康产妇的胎盘"必须经医学有关技术检测,绝对禁止将诸如艾滋病病毒携带者(HIV)、艾滋病患者(AIDS)以及患有各类肝炎等传染病产妇的胎盘入药。药理研究证实,胎盘球蛋白制品中含有多种抗体,临床上长期用以被动免疫。人胎盘中还含有干扰素,有抑制多种病毒对人细胞损伤作用,另含有能抑制流感病毒的巨球蛋白,称β-抑制因子。含促性腺激素 A 和 B,催乳素、促甲状腺激素、催生素样物质诸如雌酮、雌二醇、雌三醇、孕酮、去氧皮酮、可的松、17-皮质酮等。目前,已有的成品制剂分别为胎盘甲、乙、丙种球蛋白注射液、胎盘注射液及胚宝胶囊、复方胎盘片等多种制剂。

骨碎补

【来源】　本品为水龙骨科植物槲蕨 *Drynaria fortunei* (Kunze) J. SM. 的根茎。
【处方用名】　骨碎补　猴姜　毛姜　申姜
【性味归经】　苦,温。归肝、肾经。
【功效应用】

补肾强骨—— { 特点:温补肾阳,强筋健骨。
　　　　　　 应用:肾虚诸证。

活血续伤—— { 特点:长于活血续伤。
　　　　　　 应用:跌打损伤。

外用消风祛斑——用于白癜风,斑秃。

【配伍应用】
骨碎补配补骨脂:补肾强健筋骨,用于肾虚耳鸣耳聋、腰膝酸痛等诸症。
骨碎补配续断:补肾健骨,止血续伤,用于跌打损伤、筋骨断折。
【用法用量】　水煎服,3~9g。
【使用注意】　阴虚内热及无血瘀者不宜用。

核桃仁

【来源】　本品为胡桃科植物胡桃 *Juglans regia* L. 的成熟果仁。
【处方用名】　胡桃肉　胡桃仁　核桃仁
【性味归经】　甘,温。归肾、肝、大肠经。
【功效应用】

补肾助阳—— { 特点:补肾阳,益筋骨而力缓。
　　　　　　 应用:肝肾不足,腰膝软弱。

温肺平喘—— { 特点:温肺定喘。
　　　　　　 应用:肺肾两虚咳喘证。

润肠通便—— { 特点:富含油脂而润肠。
　　　　　　 应用:肠燥便秘证。

【配伍应用】
胡桃肉配补骨脂:补肾阳,益筋骨,用于肝肾不足、腰膝软弱等症。

胡桃肉配人参:温肺益气定喘,用于肺肾两虚咳喘证。

【用法用量】 水煎服,6~9g。止咳定喘宜连皮用,润肠通便应去皮用。

【使用注意】

1) 阴虚内热应禁用。

2) 痰热咳喘当忌用。

3) 平素便溏宜慎用。

【来源】 本品为锁阳科植物锁阳 Cynomorium songaricum Rupr. 的肉质茎。

【处方用名】 琐阳　不老药　锁严子　盐锁阳

【性味归经】 甘,温。归肾、肝、大肠经。

【功效应用】

补肾阳益精血——{特点:补肾阳,益精血而强筋骨。
　　　　　　　 应用:肝肾不足,腰膝软弱。

润肠通便——{特点:质润而滑肠力平和。
　　　　　 应用:肠燥便秘证。

【用法用量】 水煎服,5~10g。

【使用注意】 阴虚内热应禁用。

【来源】 本品为犬科动物黄狗 Canis familiaris L. 的阴茎和睾丸。

【处方用名】 狗鞭　黄狗肾

【性味归经】 咸,温。归肾经。

【功效应用】

补肾壮阳——{特点:血肉有情之药,补肾壮阳力强。
　　　　　 应用:肾阳亏虚,阴冷、阳痿、腰痛、尿频等。

【配伍应用】 黄狗肾配鹿茸:补肾壮阳,用于肾阳亏虚,阴冷、阳痿、腰痛、尿频等症。

【用法用量】 3~6g。入丸散或浸酒饮。

【使用注意】 火热者禁用。

韭 菜 子

【来源】 本品为百合科植物韭菜 Allium tuberosum Rottl. 的干燥成熟种子。

【处方用名】 韭菜子　韭子　盐韭子

【性味归经】 辛、甘,温。归肾、肝经。

【功效应用】

温补肝肾——{特点:温补肝肾平缓。
　　　　　 应用:肝肾不足之腰膝软弱冷痛。

壮阳固精——{特点:壮阳固精力弱。
　　　　　 应用:阳虚尿频,带下色白。

【用法用量】 水煎服,3~9g。或入丸散。
【使用注意】 阴虚火旺者忌。

第3节 补 血 药

【来源】 本品为伞形科植物当归 Angellica sinensis (Oliv) Diels. 的根。
【处方用名】 当归　秦归　马尾归　云归　岷当归
【性味归经】 甘、辛,温。归肝、心、脾经。
【功效应用】

补血——{特点:补血力强。
　　　　　{应用:血虚诸证。

活血止痛——{特点:活血止痛作用明显。
　　　　　　{应用:①血瘀诸证;②跌打损伤瘀血作痛;③虚寒性腹痛;④疮疡肿痛。

润肠通便——{特点:补血而润肠。
　　　　　　{应用:血虚肠燥便秘。

调经——{特点:调经要药。
　　　　{应用:血虚血瘀之月经不调、经闭、痛经等证。

> 当归味甘能补,辛则可散,性温则通,故有补血、活血、止痛、调经、润肠之功,凡血虚、血瘀、血虚气滞、血瘀气滞所致的诸证,不论寒热虚实,经相应配伍皆可应用。但是传统认为当归的不同部位其功用有异,一般认为,当归身补血力强,当归尾侧重于活血止痛,全当归既能补血,又可活血,统称为和血。诸如《雷公炮炙论》载云:"若要破血,即使头一节硬实处,若要止痛止血,即用尾。" 链接

【配伍应用】
当归配黄芪:补气生血,用于气虚血亏或气随血脱证。
当归配熟地黄:补血力强,用于血虚诸证。
【用法用量】 水煎服,6~12g。亦可入丸散。
【使用注意】 湿盛中满、大便泄泻者忌服。

熟 地 黄

【来源】 本品为玄参科植物地黄 Rehmannia glutinosa Libosch. 的块根,经加工炮制而成。
【处方用名】 熟地　熟地黄　熟地黄炭
【性味归经】 甘,微温。归肝、肾经。
【功效应用】

补血滋阴——{特点:既补血又补阴。
　　　　　　{应用:①血虚诸证;②肝肾阴虚诸证;③阴血双亏诸证;④消渴证。

填精益髓——{特点:阴血互化而填精益髓。
　　　　　　{应用:精血亏虚之头晕目眩、耳鸣耳聋、腰膝酸软、骨蒸潮热盗汗等。

【配伍应用】

熟地黄配天冬、人参:养阴清热,用于肾阴不足、虚火妄动。

熟地黄配山茱萸、山药:补益肾阴,用于肾阴不足证。

【鉴别应用】

传统有地黄、鲜生地黄、鲜地黄、鲜生地黄汁、鲜地黄汁、地黄汁、干生地黄、干地黄、生地黄、生地黄炭、生地炭、熟地黄、熟地、熟地黄炭、熟地炭、酒炒地黄、酒蒸地黄(酒拌蒸法《雷公炮炙论》)等17种常见药名之外,经过特殊炮制后的名称还有姜地黄(与生姜同炒《传信方》)以及用"砂仁和酒拌蒸的地黄"(《本草纲目》)等两种,共计达19种之多。如何选择应用?一般而言,地黄属统称;鲜生地黄与鲜地黄为含水分的鲜品,味苦、微甘,性寒,功以清热凉血为主,生津养阴为次,临床常用治血热出血证,亦可用治热邪伤阴证。鲜生地黄汁、鲜地黄汁、地黄汁均是含水分的鲜生地黄捣烂后绞出的原液汁,味苦、微甘,性大寒,功主清热凉血止血,临床多用治血热出血相对急速而量较多者。干生地黄、干地黄、生地黄属除去水分的地黄,其性味、功效与应用和鲜生地黄、鲜地黄基本相同。生地黄炭、生地炭是除去水分的地黄经过清炒至地黄的表面炭化(变黑色)制品,味苦、微甘,性微寒,功长于止血而兼清热凉血,临床尤用治血热所致的慢性而出血量较少者。熟地黄、熟地则是多经过蒸熟后再除去水分的地黄,味甘、微苦,性微温(1次加热),功善补阴养血而益精,临床主要用治阴亏血虚精少诸证。熟地黄炭、熟地炭是经蒸熟后除去水分的地黄再炒至地黄的表面炭化(变黑色)制品,味甘、微苦,性温(2次加热),功以止血而兼补阴养血而益精,临床主要用治阴血亏虚之虚热或虚火所致的慢性而出血量较少者。酒炒地黄、酒蒸地黄与砂仁和酒拌蒸的地黄则属于加不同的辅料炮制品,其目的之一是降低熟地黄的甘缓腻滞碍胃的副作用,其性味与功用和熟地黄略异。

【用法用量】 水煎服,9~15g。

【使用注意】

1)本品性质黏腻,有碍消化,凡气滞痰多、脘腹胀痛、食少便溏者忌服。

2)大量久服可配陈皮、砂仁等同用,防止腻滞脾胃。

【来源】 本品为芍药科植物芍药 Paeonia lactiflora Pall 的根。生用、酒炒或清炒用。

【处方用名】 白芍 白芍药 杭白芍 亳白芍

【性味归经】 苦、酸,微寒。归肝、脾经。

【功效应用】

养血调经——用于血虚之月经不调、痛经等证。

敛阴——{特点:敛阴和营。
应用:①外感风寒,营卫不和之汗出症;②阴虚盗汗症。

柔肝止痛——{特点:长于柔肝止痛。
应用:肝脾不和之胸、胁、脘腹疼痛或四肢挛急疼痛证。

平抑肝阳——{特点:平抑肝阳力缓。
应用:肝阳上亢证。

【配伍应用】

白芍配当归:养血调经,用于血虚诸证及血虚之月经不调、痛经等证。

白芍配桂枝:解表,调和营卫,用于外感风寒,营卫不和之汗出恶风。

白芍配白术:调肝理脾,柔肝止痛,用于脾虚肝旺、腹痛泄泻。

白芍配甘草：缓急止痛，用于肝脾不和之胸、胁、脘腹疼痛或四肢挛急疼痛证。
白芍配天麻：平抑肝阳，用于肝阳上亢证。
【用法用量】 水煎服，6~15g。
【使用注意】
1）反藜芦。
2）阳衰虚寒之证不宜用。

【来源】 本品为蓼科植物何首乌 Polygonum multiflorum Thunb. 的块根。
【处方用名】 何首乌　首乌　制首乌　生首乌
【性味归经】 苦、甘、涩，微温。归肝、肾经。
【功效应用】

补益精血——｛特点：补血益精，擅长乌须发。
　　　　　　应用：①精血亏虚诸证；②须发早白。

润肠通便——｛特点：补血益精以润肠。
　　　　　　应用：血虚肠燥便秘证。

截疟——｛特点：生品截疟。
　　　　应用：久疟精血亏虚者。

解毒——｛特点：生品解毒。
　　　　应用：痈疽或瘰疬。

化浊降脂——用于高脂血症。

制何首乌侧重于补益精血，擅长乌须发，为治精血亏虚诸证及须发早白的要药。其甘而不腻，苦而不燥，涩而不敛，微温而无伤阴之弊。生或鲜首乌长于解毒、截疟功用。

【配伍应用】
何首乌配墨旱莲：益精血，乌须发，用于须发早白。
何首乌配青蒿：截疟，用于久疟不止。
何首乌配当归：润肠通便，用于血虚肠燥便秘证。
【用法用量】 水煎服，10~30g。补益精血，化浊降脂宜用制首乌，润肠、解毒、截疟宜用生首乌。
【使用注意】 大便溏泄及湿痰较重者不宜用。

【来源】 本品为马科动物驴 Equus asinus L. 的皮，经漂泡去毛后熬制而成的胶块。以原胶块用，或将胶块打碎，用蛤粉炒或蒲黄炒成阿胶珠用。
【处方用名】 阿胶　阿胶丁　阿胶珠
【性味归经】 甘，平。归肺、肝、肾经。
【功效应用】

补血——｛特点：补血力强。
　　　　应用：血虚诸证。

止血——{特点:养血滋阴,又能止血。
应用:血虚或阴虚出血证。

滋阴润肺——{特点:滋阴以润燥。
应用:阴虚劳嗽咳血,燥咳、痰中带血。

【配伍应用】
阿胶配当归:补血,用于血虚诸证。
阿胶配黄连:养血滋阴,除烦安神,用于热病伤阴之心烦失眠。
【用法用量】 3~9g。宜开水或黄酒化服,入汤剂应烊化冲服。止血宜蒲黄炒,润肺当蛤粉炒。
【使用注意】 本品黏腻,有碍消化,脾胃虚弱者慎用。

【来源】 本品为无患子植物龙眼 *Dimocarpus iongan* Lour. 的成熟假种皮。
【处方用名】 龙眼肉　桂圆肉　桂圆
【性味归经】 甘,温。归心、脾经。
【功效应用】

补心脾——{特点:补心益脾,作用和缓。
应用:心脾两虚证。

益气血——{特点:益气养血,功用平和。
应用:气血不足证。

【配伍应用】
龙眼肉配人参:补益心脾,用于心脾两虚证。
龙眼肉配大枣:益气养血,用于气血不足证。
【用法用量】 水煎服,9~15g。亦可浸酒、熬膏用。
【使用注意】 内有郁火、湿阻中满者或阳气盛者禁用。

第4节 补阴药

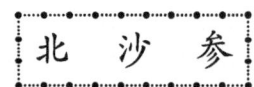

【来源】 本品为伞形科植物珊瑚菜 *Glehnia littoralis* Fr. Schmidt ex Miq. 的根。
【处方用名】 北沙参　沙参
【性味归经】 甘,微寒。归肺、胃经。
【功效应用】

养阴清肺——{特点:擅长养阴清肺。
应用:肺阴虚证,阴虚燥咳,劳嗽咯血。

益胃生津——用于胃阴虚证或热病伤津。
【配伍应用】
北沙参配伍麦冬:养阴清肺,用于阴虚肺燥、干咳少痰、咳血或咽干音哑等。
北沙参配伍石斛:益胃生津,用于胃阴虚有热证。

【用法用量】 水煎服,5~12g。
【使用注意】 据《中国药典》载:本品不宜与藜芦同用。

【来源】 本品为桔梗科植物轮叶沙参 Adenophora tetraphylla (Thunb.) Fisch. 或杏叶沙参 A. stricta Miq. 的根。

【处方用名】 南沙参　沙参
【性味归经】 甘,微寒。归肺、胃经。
【功效应用】

养阴清肺——特点:养阴润肺燥、清肺热,又能化痰止咳。
　　　　　　应用:肺阴虚证、阴虚燥咳。

益胃生津——特点:益气养胃生津。
　　　　　　应用:阴虚证,胃阴虚证,或热病气阴两伤或脾胃虚弱。

【配伍应用】
南沙参配川贝母:养肺阴清肺热,用于肺阴虚证。
南沙参配麦冬:益胃生津,用于胃阴虚证。

【鉴别应用】 北沙参与南沙参来源于两种不同的植物,两者虽均以养阴清肺、益胃生津(或补肺胃之阴,清肺胃之热)为主要功效。但北沙参清养肺胃作用稍强,肺胃阴虚有热之证较为多用;而南沙参尚兼益气及祛痰作用,较宜于气阴两伤及燥痰咳嗽者。

【用法用量】 水煎服,9~15g。
【使用注意】 反藜芦。

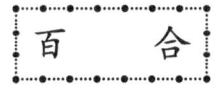

【来源】 本品为百合科植物卷丹 Lilium lancifolium Thunb.、百合 Lilium brownii F. E. Brown var. viridulum Baker 或细叶百合 L. Pumilum DC. 的肉质鳞叶。

【处方用名】 百合　炙百合
【性味归经】 甘,寒。归肺、心经。
【功效应用】

养阴润肺——特点:质地柔润,养阴润肺力较强。
　　　　　　应用:肺阴虚证较重者。

清心安神——特点:性寒,清心热而安神。
　　　　　　应用:心阴不足,心烦失眠,神志恍惚等。

【配伍应用】
百合配川贝母:补肺阴,清肺热,用于阴虚肺燥有热之干咳少痰、咯血或咽干音哑等。
百合配生地:养阴清心,宁心安神,用于阴虚、失眠心悸及百合病。

【用法用量】 水煎服,6~12g。蜜炙可增加润肺作用。

【来源】 本品为百合科植物麦冬 Ophiopogon japonicus (Thunb.) Ker-Gawl. 的块根。

【处方用名】 麦冬 麦门冬 寸冬
【性味归经】 甘、微苦,微寒。归胃、肺、心经。
【功效应用】

养阴润肺——{特点:质地柔润,清润肺脏。
　　　　　　　应用:肺阴虚证。

益胃生津——{特点:清养胃腑而生津。
　　　　　　　应用:①胃阴虚证;②消渴证。

清心安神——{特点:养心阴,清心除烦安神。
　　　　　　　应用:心阴虚证。

【配伍应用】
麦冬配阿胶:养肺阴,清肺热,用于阴虚肺燥,鼻燥咽干,痰少咳血或咽痛音哑等。
麦冬配半夏:滋阴润肺止咳,用于肺燥咳嗽、咽喉不利。
麦冬配人参:益气生津养阴,用于气津两伤证。
【用法用量】 水煎服,6～12g。

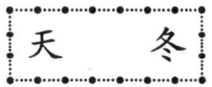

【来源】 本品为百合科植物天冬 Asparagus cochinchinensis (Lour.) Merr. 的块根。
【处方用名】 天冬 天门冬
【性味归经】 甘、苦,寒。归肺、肾、胃经。
【功效应用】

养阴润燥——{特点:长于养阴而润燥。
　　　　　　　应用:①肺阴虚证;②肾阴虚证。

清肺生津——{特点:清肺降火力强,生津止渴。
　　　　　　　应用:①阴虚肺热,咽痛音哑、干咳痰少、咯血等症;②内热消渴证,津亏便秘。
　　　　　　　　　③肾阴不足,阴虚火旺证。

【配伍应用】 天冬配麦冬:养肺阴、清肺热的作用加强,用于阴虚肺燥有热之干咳痰少、咳血、咽痛音哑及上消证。
【鉴别应用】 天冬与麦冬既能滋肺阴、润肺燥、清肺热,又可养胃阴、清胃热、生津止渴,用于热病伤津之肠燥便秘,还可增液润肠以通便。两药性能功用相似,相须为用。然天冬苦寒之性较甚,清火与润燥之力强于麦冬,且入肾滋阴,还可用于肾阴不足,虚火亢旺之证。麦冬微寒,清火与滋润之力稍弱,滋腻性亦较小,且能清心除烦,宁心安神,又宜于心阴不足、心热亢旺之证。
【用法用量】 水煎服,6～12g。
【使用注意】 本品甘寒滋腻之性较强,脾虚泄泻、痰湿内盛者忌用。

【来源】 本品为兰科植物环草石斛 Dendrobium loddigesii Rolfe.、马鞭石斛 D. fimbriatum Hook. var. oculatum Hook.、黄草石斛 D. chrysanthum Wall.、铁皮石斛 D. candidum Wall. ex Lindl. 或金钗石斛 D. nobile Lindl. 的茎。
【处方用名】 石斛 环草石斛 马鞭石斛 黄草石斛 铁皮石斛 金钗石斛 霍石斛 大黄草

小黄草

【性味归经】 甘,微寒。归胃、肾经。

【功效应用】

益胃生津——{特点:长于滋养胃阴、生津止渴。
应用:胃阴虚及热病伤津证。

滋阴清热——{特点:滋肾阴,降虚火。
应用:肾阴虚诸证。

养阴明目——用于肝肾阴虚之目暗不明。

> 石斛甘寒,入胃生津养阴止渴,归肾滋阴,退虚热兼明目。为治胃阴虚及热病伤津以及肾虚火旺,筋骨痿软,骨蒸劳热盗汗等常用之品。又因肝肾同源,若与枸杞子、菊花、决明子等配伍所组成的石斛夜光丸(《原机启微》),可用于肝肾阴虚目暗不明、头晕目眩等症。药理研究表明,石斛水煎剂对晶状体中的异性变化有阻止及纠正作用;石斛对半乳糖性白内障不仅有延缓效应,而且有一定的治疗作用。此种生物学作用为石斛滋补肝肾阴而明目的功用提供药理学依据。

【配伍应用】 石斛配麦冬:滋养胃阴,生津止渴,用于胃阴虚及热病伤津证。
石斛配枸杞子:滋肾阴,明目,用于肝肾阴虚目暗不明。
石斛配黄柏:滋肾阴、退虚热,用于肾虚火旺、筋骨痿软、骨蒸劳热。

【用法用量】 水煎服,6~12g;鲜用,15~30g。

【使用注意】 温热病不宜早用,湿热尚未化燥者忌用。

【来源】 本品为百合科植物玉竹 *Polygonatum odoratum* (Mill.) Druce 的根茎。

【处方用名】 玉竹　肥玉竹　葳蕤

【性味归经】 甘,微寒。归肺、胃经。

【功效应用】

养阴润燥——{特点:养肺胃阴、润燥不敛邪。
应用:①肺阴虚燥咳;②胃阴虚诸证;③阴虚外感证。

生津止渴——{特点:清热生津。
应用:①阴虚内热证;②消渴证。

【鉴别应用】 玉竹与石斛。均味甘性寒,皆归胃经,同具养阴、生津止渴之效,共治胃阴亏虚所致的口渴、咽干、胃脘灼热、大便干结等症,两者既相须配伍,相得益彰,功用倍增;还可互相替代,然两者同中有异,玉竹又归肺经,养肺阴,润燥止咳,常用于肺阴虚诸证。另外,玉竹甘而不敛邪,若与疏散风热药配伍,可治阴虚风热表证。石斛还入肾经,滋肾阴,降虚火,多用治肾阴虚诸证;此外,石斛尚能养阴明目,用治肝肾阴虚、目暗不明等症。

【用法用量】 水煎服,6~12g。

【来源】 本品为百合科植物黄精 *Polygonatum sibiricum* Red.、滇黄精 *P. kingianum* Coll. et

Hemsl. 或多花黄精 P. cyrtonema Hua 的根茎。

【处方用名】 黄精 制黄精 滇黄精
【性味归经】 甘,平。归脾、肺、肾经。
【功效应用】

补肺脾肾阴——{特点:长于补肺、脾、肾之阴。
              应用:肺、脾、肾阴虚诸证。

补肺脾肾气——{特点:兼补肺脾肾之气。
              应用:①肺脾肾气虚诸证;②消渴证。

【鉴别应用】 黄精与山药均为性味甘平,主归肺、脾、肾三脏,气阴双补之品。然黄精滋肾之力强于山药,兼益气,多用于肺脾肾阴虚诸证。山药长于补肺脾肾气,兼有涩性而益阴,常用于肺脾肾虚诸证。由鉴于此,凡肺脾肾气虚为主,阴虚为次者宜选山药;凡肺脾肾阴虚为主、气虚为次者宜选黄精。若黄精与山药配伍合用,益气养阴互补,功用倍增。

【用法用量】 水煎服,9~15g。

【来源】 本品为茄科植物宁夏枸杞 Lycium barbarum L. 的成熟果实。
【处方用名】 枸杞子 甘枸杞 宁枸杞 枸杞 杞果
【性味归经】 甘,平。归肝、肾经。
【功效应用】

滋补肝肾——{特点:善于滋肝肾以明目。
益精明目   应用:肝肾阴虚、头晕目眩、目暗耳聋、腰膝酸软、遗精、须发早白等症。

【配伍应用】
枸杞子配菊花:滋肝肾明目,用于肝肾阴虚、目暗耳聋、头晕目眩等症。
枸杞子配何首乌:补阴养血益精,乌须发,用于阴血精亏、须发早白症。

【用法用量】 水煎服,6~12g。浸水代茶饮。

墨 旱 莲

【来源】 本品为菊科植物鳢肠 Eclipta prostrata L. 的地上部分。
【处方用名】 墨旱莲 旱莲草 鳢肠
【性味归经】 甘、酸,寒。归肝、肾经。
【功效应用】

滋补肝肾——{特点:滋补肝肾力缓。
              应用:肝肾阴虚证。

凉血止血——{特点:滋阴凉血止血力平。
              应用:阴虚血热的失血证。

【配伍应用】
墨旱莲配女贞子:滋阴乌发,用于肝肾阴虚所致须发早白等症。
墨旱莲配生地黄:补阴清热凉血,用于阴虚内热出血证。

【用法用量】 水煎服,6~12g。

女贞子

【来源】 本品为木犀科植物女贞 *Ligustrum lucidum* Ait. 的成熟果实。

【处方用名】 女贞子 贞子实 冬青子

【性味归经】 甘、苦、凉。归肝、肾经。

【功效应用】

滋补肝肾——$\begin{cases} 特点:长于滋补肝肾。\\ 应用:肝肾阴虚诸证。\end{cases}$

乌须明目——$\begin{cases} 特点:乌须明目。\\ 应用:肝肾阴虚之须发早白、目暗不明等症。\end{cases}$

【配伍应用】

女贞子配黄芪:补气养血,用于气阴两虚证。

女贞子配知母:滋补肝肾,用于阴虚内热之眩晕耳鸣、视力减退、潮热心烦。

【鉴别应用】 墨旱莲与女贞子均有甘寒之性味,皆具滋补肝肾之阴的功效,都能治疗阴虚内热之眩晕耳鸣、视力减退、潮热心烦及须发早白等症。自古至今,墨旱莲与女贞子属常用的药对之一。不同的是墨旱莲兼以凉血止血,若阴虚内热出血证者可首选;女贞子兼以乌须明目,如属阴虚、须发早白、目暗不明等症宜用。但通常情况两者相须为用。

【用法用量】 水煎服,6~12g。本品以黄酒拌后蒸制,可增强滋补肝肾作用。

【使用注意】 脾胃虚寒泻泄及阳虚者忌服。

龟甲

【来源】 本品为龟科动物乌龟 *Chinemys reevesii*（Gray）的腹甲及背甲。

【处方用名】 龟甲 下甲 腹甲 龟报 制龟甲 制龟板 龟板膏

【性味归经】 甘,寒。归肾、肝、心经。

【功效应用】

滋阴——$\begin{cases} 特点:为血肉有情之品,滋阴力强。\\ 应用:肝肾阴虚诸证。\end{cases}$

潜阳——$\begin{cases} 特点:擅长平肝潜阳。\\ 应用:阴虚阳亢证。\end{cases}$

益肾健骨——用于肝肾亏虚之筋骨不健、腰膝酸软、手足无力等症。

养血补心——$\begin{cases} 特点:养血补心以安神。\\ 应用:阴血亏虚,心神不安证。\end{cases}$

【用法用量】 水煎服,9~24g。宜先煎。

【使用注意】 脾胃虚寒泻泄者忌服。孕妇慎用。

【来源】 本品为鳖科动物鳖 *Trionyx sinensis* Wiegmann 的背甲。

【处方用名】 鳖甲 上甲 背甲 醋鳖甲

【性味归经】 甘、咸、寒。归肝、肾经。

【功效应用】

滋阴退热——{特点：为血肉有情之品，滋阴力大，并能退热除蒸。 应用：肝肾阴虚诸证及阴虚发热等。

平肝潜阳——{特点：潜降肝阳。 应用：阴虚阳亢证。

软坚散结——{特点：长于软坚散结。 应用：①癥瘕积聚证；②肝脾肿大证。

【配伍应用】

鳖甲配龟甲：滋阴力强，用于肝肾阴虚诸证。

鳖甲配青蒿：滋阴除热，用于阴虚骨蒸发热证。

【鉴别应用】　龟甲与鳖甲均能滋补肝肾之阴、平肝潜阳。皆能用治肾阴不足、虚火亢旺之骨蒸潮热、盗汗、遗精及肝阴不足，肝阳上亢之头痛、眩晕等症。两者相须配伍，效用倍增。但龟甲长于滋阴、补肾健骨、养心等以补益为主，凡阴血亏虚所致筋骨痿弱，腰膝酸软，妇女崩漏、月经过多及心血不足，失眠、健忘等诸症为良品。鳖甲尤于退虚热、软坚散结，常用于癥瘕积聚、肝脾大、闭经等证。

【用法用量】　水煎服，9~24g。宜先煎。

【使用注意】　脾胃虚寒泻泄者忌服。孕妇慎用。

【来源】　本品为桑科植物桑 *Morus alba* L. 的干燥成熟果穗。

【处方用名】　桑椹　桑椹子　黑桑椹

【性味归经】　甘、酸，寒。归肝、肾经。

【功效应用】

滋阴补血——{特点：滋阴补血平和。 应用：肝肾阴虚证。

生津润燥——{特点：生津润燥力缓。 应用：①津液不足口渴；②消渴证；③津亏便秘。

【用法用量】　水煎服，9~15g。

【使用注意】

1）脾胃虚寒泻泄者忌服。

2）多食可引起出血性肠炎。

小结

补虚药主要应用于正气亏虚证患者，通常将其分为补气药、补阳药、补血药和补阴药四类。

补气药以甘温益气为主，宜于脏腑气虚诸证。人参补气力峻既可用治气脱、亡阳等危重证，又可用于脏腑气虚轻证。西洋参侧重于苦寒，益气生津力小，清热较强，宜用于气阴不足兼热者。党参补气、生津、养血力平，长于用治脏腑气虚轻证。太子参补气生津和缓，为"清补"之药，多用于小儿气阴不足证。黄芪补气升阳作用突出，尤用于肺脾气虚证、中气下陷证等。白术除补肺脾气，用治肺脾气虚证外，以燥湿利水、止汗安胎为其特点。山药补肺脾肾三脏之气,兼养三脏之阴为其特长。白扁豆为益气辅助之药。大枣虽列为补气之品,但终属常用干果之一,以其作用平缓而可靠为长。刺五加则是临床应用时间相对较短而研究比较多的药物,根据目前研究的结果,从其所含的化学组分以及药理效应分析与补气药类似,故将其置于补气药类。绞股蓝的研究与临床应用时间比刺五加更短,以其所含的化学成分以及药理活性而言与活血药类相似,宜将其列为活血药类较妥切。

鹿茸为血肉有情之味,功用力强。鹿角功能补肾助阳作用小于鹿茸。鹿角胶侧以补肝肾,益精血为其特长。鹿角霜补肾助阳,似鹿角而力较弱,但具收敛之性,而有涩精、止血、敛疮之功。淫羊藿、巴戟天和仙茅三药性味功用基本雷同,是阳虚风寒湿痹者的首选药物,可相互替代。杜仲以补肝肾而安胎为要。蛤蚧为血肉有情之药,擅长补肺益肾,纳气平喘。补骨脂尤长于补先后天之阳,为脾肾阳虚,五更泄泻所必用。肉苁蓉与锁阳功用相同,联合用以相得益彰。黄狗肾亦为血肉有情之味,取其"以脏补脏"之理,宜入丸或酒剂。紫河车直接利用健康产妇的胎盘,擅长补气、血、精,为补益强壮之要品。核桃仁属平常食用之干果,宜作辅助之味。冬虫夏草的功用与紫河车类似,但药源少,价值昂贵。益智仁侧重于温脾暖肾而摄唾,脾肾虚寒、多唾多涎者为首选。菟丝子与沙苑子以补肝肾明目见长,属阴阳双补之味。骨碎补长于补肝肾为主,又能活血续伤。韭菜子为益阳辅助之品。

当归为补血要药,血虚诸证皆可用,兼活血、止痛,对血虚、血瘀抑或血虚血瘀妇科诸疾亦为佳品,另兼养血而润肠,用治血虚便秘。熟地黄为补血滋阴佳药,凡血虚、阴虚诸证均为良味。何首乌宜制用,补血益精为要,尤擅乌须发。白芍补血之力略逊,侧重于平抑肝阳而多用治肝阳上亢证,其缓急止痛效用突出,为治脘腹及四肢挛缩疼痛要药。阿胶补血效力强,凡血虚诸证皆可用,单味烊化冲服即有效。龙眼肉多为食疗之品,若用治病当配他药。

沙参分北沙参和南沙参两种,两者皆能清肺养阴,益胃生津,肺阴与胃阴虚抑或两者相兼者皆可选用,但北沙参功专养阴生津;南沙参兼益脾气。麦门冬与天门冬均能润肺养阴生津,多用治肺阴亏虚证,而麦门冬甘寒既可清心安神又可益胃生津;天门冬侧重于苦寒降火,阴虚内热火旺证者方可选用。枸杞子功擅补肾阴而明目,凡肝肾阴虚、目暗不明为必用。黄精的特点是补肺脾肾之阴为主,益肺脾肾之气为次,对肺脾肾气阴双虚者为宜。龟板与鳖甲同具滋阴和潜阳而效强,阴虚以及肝阳上亢重证皆为佳品,不同的是龟板尚能补血养心和益肾健骨,以补为主;鳖甲兼软坚散结,补中寓散。玉竹与石斛均能益胃生津而治胃阴虚证,不同的是玉竹甘而不碍邪,故可用治阴虚风热表证;石斛补肝肾阴而明目。百合生用清心安神,蜜炙重在润肺止咳平喘。旱莲草与女贞子属对药,长于补肝肾阴,用治肝肾阴虚轻证,两药的区别在于旱莲草凉血止血,女贞子乌须发。桑椹则属亦食亦药之品,其功用和缓。

目 标 检 测

一、单项选择题

1. 功善大补元气的药是 （ ）
   A. 人参　　B. 西洋参　　C. 党参　　D. 太子参　　E. 北沙参

2. 既补气生津,又养血的药是 （ ）
   A. 太子参　　B. 丹参　　C. 党参　　D. 西洋参　　E. 南沙参

3. 既补气升阳,又止汗利水的药是 （ ）

A. 黄芩　　B. 黄柏　　　C. 黄芪　　　D. 黄连　　　E. 黄精

4. 能补气健脾、燥湿利水、止汗安胎的药是　　　　　　　　　　　　　　（　）
A. 白芍　　B. 白及　　　C. 白前　　　D. 白术　　　E. 白芷

5. 下列哪项不是甘草的主治病证　　　　　　　　　　　　　　　　　　（　）
A. 脾胃气虚　B. 咳喘　　C. 痉挛疼痛　D. 食药中毒　E. 肾虚滑精

6. 山药不具有治疗（　　）的功用
A. 肺气虚　B. 脾气虚　　C. 肾气虚　　D. 肝气虚　　E. 肺脾肾气虚

7. 下列哪一项不是鹿茸的功效　　　　　　　　　　　　　　　　　　　（　）
A. 补肾阳　B. 益精血　　C. 强筋骨　　D. 止血　　　E. 止汗

8. 巴戟天、淫羊藿与仙茅均可治疗　　　　　　　　　　　　　　　　　（　）
A. 阴虚　　B. 风湿热痹　C. 风寒湿痹　D. 阳虚风寒湿痹　E. 阴虚风寒湿痹

9. 阳虚便秘证宜选　　　　　　　　　　　　　　　　　　　　　　　　（　）
A. 火麻仁　B. 郁李仁　　C. 杏仁　　　D. 当归　　　E. 肉苁蓉

10. 杜仲除补肝肾外,还能　　　　　　　　　　　　　　　　　　　　　（　）
A. 止汗　　B. 止泻　　　C. 止吐　　　D. 安胎　　　E. 堕胎

11. 蛤蚧与胡桃肉均有的功效是　　　　　　　　　　　　　　　　　　　（　）
A. 纳气平喘　B. 化痰平喘　C. 清热平喘　D. 泻肺平喘　E. 宣肺平喘

12. 补骨脂的最佳适应证为　　　　　　　　　　　　　　　　　　　　　（　）
A. 湿热泄泻　B. 脾虚泄泻　C. 肾虚泄泻　D. 脾肾阳虚泄泻　E. 湿盛泄泻

13. 治脾肾阳虚、多唾多涎宜首选　　　　　　　　　　　　　　　　　　（　）
A. 益智仁　B. 火麻仁　　C. 桃仁　　　D. 杏仁　　　E. 郁李仁

14. 能补血、活血、止痛、润肠的药是　　　　　　　　　　　　　　　　（　）
A. 熟地黄　B. 当归　　　C. 白芍　　　D. 何首乌　　E. 阿胶

15. 能补血滋阴、益精填髓的药是　　　　　　　　　　　　　　　　　　（　）
A. 当归　　B. 何首乌　　C. 熟地黄　　D. 白芍　　　E. 赤芍

16. 制何首乌功善　　　　　　　　　　　　　　　　　　　　　　　　　（　）
A. 截疟　　B. 解毒　　　C. 润肠　　　D. 补血益精　E. 补气养血

17. 能补血敛阴、平抑肝阳、缓急止痛的药是　　　　　　　　　　　　　（　）
A. 当归　　B. 熟地黄　　C. 白芍　　　D. 赤芍　　　E. 阿胶

18. 血虚出血者宜首选　　　　　　　　　　　　　　　　　　　　　　　（　）
A. 小蓟　　B. 艾叶　　　C. 白及　　　D. 阿胶　　　E. 三七

19. 能清肺养阴、益胃生津的药是　　　　　　　　　　　　　　　　　　（　）
A. 北沙参　B. 南沙参　　C. 丹参　　　D. 党参　　　E. 人参

20. 既清肺养阴,又益胃生津,还能补气的药是　　　　　　　　　　　　（　）
A. 北沙参　B. 南沙参　　C. 玉竹　　　D. 石斛　　　E. 黄精

21. 能清心安神、润肺养阴、益胃生津的药是　　　　　　　　　　　　　（　）
A. 北沙参　B. 玉竹　　　C. 石斛　　　D. 麦冬　　　E. 天冬

22. 玉竹与石斛均有的功效是　　　　　　　　　　　　　　　　　　　　（　）
A. 润肺养心　B. 益胃生津　C. 除热退蒸　D. 清肝明目　E. 补益肝肾

23. 肝肾阴虚,须发早白者宜选　　　　　　　　　　　　　　　　　　　（　）
A. 麦冬天冬　B. 玉竹石斛　C. 旱莲草女贞子　D. 南北沙参　E. 龟甲鳖甲

24. 龟甲与鳖甲均有的功效是　　　　　　　　　　　　　　　　　　　　（　）
A. 补肾健骨　B. 养血补心　C. 软坚散结　D. 滋阴潜阳　E. 平肝疏肝

二、填空题

1. 补虚药可分为_____、_____、_____、_____四类。

2. 党参的主治证有_____、_____、_____。
3. 黄芪除补气升阳,止汗外,又具有_____、_____作用。
4. 甘草解毒宜_____用,润肺止咳宜_____用。
5. 人参入汤剂宜_____煎,阿胶入汤剂宜_____服。
6. 白术的功效有_____、_____、_____、_____。
7. 山药以补_____为主,益_____为次。
8. 鹿茸的主治证有_____、_____、_____。
9. 巴戟天、淫羊藿与仙茅的共同作用是_____、_____。
10. 用治肺肾两虚咳喘证的药物有_____、_____、_____、_____等。
11. 补阳药中功能安胎的药物有_____、_____。
12. 补骨脂的作用是_____、_____、_____。
13. 益智仁的功效是_____、_____。
14. 肉苁蓉与锁阳均治_____和_____证。
15. 当归的功效有_____、_____、_____。
16. 制何首乌功专_____;生何首乌长于_____、_____、_____。
17. 白芍的功效有_____、_____、_____。
18. 熟地黄的主治有_____、_____、_____。
19. 阿胶的功效是_____、_____。
20. 北沙参与南沙参的共同作用是_____,南沙参兼_____。
21. 北沙参与南沙参均反_____。
22. 麦冬的功效是_____、_____、_____。
23. 玉竹与石斛皆治_____证。
24. 旱莲草和女贞子的共同作用是_____。
25. 龟甲与鳖甲皆治_____和_____证。

三、问答题
1. 分述补气药、补阳药、补血药、补阴药的主治症状与舌苔和脉象。
2. 分述人参、党参的性味、功效、主治病证、用量用法及使用注意。
3. 分述黄芪、白术、山药的功效、主治病证及使用注意。
4. 比较人参、西洋参、党参、太子参的功效与主治病证的异同点。
5. 详述甘草的性味、功效、主治病证、用量用法及使用注意。
6. 山药与黄精皆属气阴双补之品,临床应用有何不同?
7. 详述鹿茸的性味、功效、主治病证、用量用法及使用注意。
8. 巴戟天、淫羊藿与仙茅的主治病证有哪些?
9. 补骨脂的功效、主治病证有哪些?
10. 肉苁蓉与锁阳的功效、主治病证有哪些?
11. 详述当归的性味、功效、主治病证、用量用法及使用注意。
12. 分述熟地黄、何首乌、白芍、阿胶的功效、主治病证特点。
13. 北沙参与南沙参的作用和主治病证有何不同?使用注意是什么?
14. 麦冬与天冬的性味、功效有何不同?
15. 旱莲草和女贞子的功效、主治病证有何异同点?
16. 详述龟甲与鳖甲的性味、功效、主治病证、用量用法及使用注意。

(赵兴连 张 冰)

第23章 收 涩 药

1. 了解收涩药的含义、分类及使用注意
2. 掌握五味子、乌梅、赤石脂、莲子、山茱萸、金樱子、海螵蛸的性味、功效、应用、用法用量及使用注意
3. 熟悉麻黄根、浮小麦、诃子、罂粟壳、五倍子、禹余粮、肉豆蔻、芡实、桑螵蛸、覆盆子、椿皮、炉甘石、血竭、铅丹、孩儿茶的功效、应用、用法用量及使用注意

【含义】 凡以收敛固涩为主要作用的药物,称为收涩药,又称固涩药。

【分类及适应证】 固表止汗药。性味多为甘平,有固表敛汗之功。适应于:①卫阳不固,腠理不密,津液外泄的自汗证;②热迫津外泄的盗汗证。

敛肺止咳药。性味多酸涩平,有敛肺止咳喘之功。适应于:①肺虚喘咳,久治不愈;②肺肾两虚,摄纳无权的肺肾虚喘证。

涩肠止泻药。性味多甘涩平或温,有涩肠止泻痢之功。适应于:①脾虚肠不能固摄之久泻、久痢、脱肛;②脾肾虚寒所致的泄泻。

涩精止遗药。性味多甘酸平或温,有固精、缩尿之功。适应于:①肾虚不固之遗精、滑精;②膀胱失约所致的遗尿、尿频。

固崩止带药。药性多酸涩收敛,有固崩、止带之功。适应于:肾虚冲任不固所致的崩漏、带下等症。

收湿生肌敛疮药。性味多甘平,有收湿生肌敛疮之功。适应于:①湿疮瘙痒;②疮溃不敛之证。

【使用注意】

1) 辨脱用药。由于滑脱不禁病因和发病部位不同,其表现可出汗、久泻、久咳、遗滑、崩带、湿疮等不同。因此,在用药上应根据本章各类药的功效特点选择应用。

2) 收涩防留邪。收涩药性涩敛邪,故凡表邪未解,湿热所致之泻痢、带下、血热出血以及郁热未清者,均不宜用,误用有"闭门留寇"之弊。

3) 注意炮制。本类药收涩为主,故多炒、煅以增加收敛功效。

4) 把握配伍。对于滑脱不禁、元气大亏而虚极欲脱之证,并非收涩药所能奏效,应当急用大剂补气救脱之品,以挽救虚脱。

第1节 固表止汗药

【来源】 本品为麻黄科植物草麻黄 *Ephedra sinica* Stapf 或中麻黄 *Ephedra intermedia* Schrenk et C. A. Mey. 的干燥根及根茎。

【处方用名】 麻黄根

【性味归经】 甘、涩,平。归肺经。

【功效应用】

止汗——{特点:功专止汗。
应用:①气虚自汗;②阴虚盗汗;③产后虚汗不止。

【配伍应用】 麻黄根配黄芪、牡蛎:益气固表止汗,用于气虚自汗证。

【鉴别应用】 麻黄与麻黄根。二药同出一源,均可治汗。然麻黄主发汗,以发散表邪为主,用于外感风寒表实证;麻黄根主止汗,以敛肺固表为用,为止汗之专药,用于各种虚汗。

【用法用量】水煎服,3~9g。外用适量研粉撒扑。

【使用注意】 注意禁忌病证。有表邪者忌用。

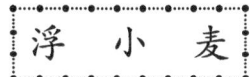

【来源】 本品为禾本科植物小麦 Triticum aestivum L. 未成熟的颖果。

【处方用名】 浮小麦

【性味归经】 甘,凉。归心经。

【功效应用】

止汗——应用:①气虚自汗;②阴虚盗汗。

益气除热——用于骨蒸劳热。

【配伍应用】

浮小麦配黄芪、牡蛎、麻黄根:益气固表止汗,用于治气虚自汗者。

浮小麦配知母:清热滋阴止汗,用于阴虚盗汗。

【用法用量】水煎服,15~30g。

【使用注意】 注意禁忌病证。表邪汗出者忌用。

附药

小麦,为小麦的成熟颖果。性味甘,微寒。归心经。功能养心除烦。治心神不宁、烦躁失眠及妇人脏躁证。水煎服,30~60g。

糯 稻 根 须

【来源】 本品为禾本科植物糯稻 Oryza sativa L. var. glutinosa Matsum. 的根茎及根。

【处方用名】 糯稻根须　糯稻根　稻根须

【性味归经】 甘,平。归心,肝经。

【功效应用】

止虚汗——应用:①气虚自汗;②阴虚盗汗。

退虚热——{特点:兼能益胃生津。
应用:①虚热不退;②骨蒸潮热;③病后阴虚口渴。

【用法用量】 水煎服,15~30g。

【使用注意】 注意不良反应。不可大剂量服用。

第2节 敛肺止咳药

五味子

【来源】 本品为木兰科植物五味子 Schisandra chinesis (Turcz.) Baill 或华中五味子 Schisandra sphenanthera Rehd. et Wils. 的成熟果实。

【处方用名】 五味子　北五味子　南五味子　醋五味子　酒五味子

【性味归经】 酸、甘,温。归肺、心、肾经。

【功效应用】

敛肺滋肾——{特点:善敛肺滋肾,敛补兼备。
　　　　　　应用:①肺虚久咳;②肺肾两虚喘咳;③阴虚盗汗;④寒饮咳喘证。

生津敛汗——应用:①阳虚自汗;②热伤气阴之汗多口渴;③阴虚内热之消渴证。

涩精止泻——{特点:补肾涩肠止泻。
　　　　　　应用:①脾肾虚寒久泻不止;②肾虚之遗精、滑精;③相火妄动之遗精。

宁心安神——用于阴血亏损、心肾不交之虚烦心悸、失眠多梦。

【配伍应用】

五味子配补骨脂、肉豆蔻、吴茱萸:温肾暖脾,涩肠止泻,用于脾肾虚寒久泻不止。

五味子配人参、麦冬:益气养阴,生津敛汗,用于气阴两伤,汗多口渴。

五味子配细辛、干姜:温肺化饮止咳,用于寒饮咳嗽。

【用法用量】 水煎服,2~6g。醋炙五味子能增强酸涩收敛作用,酒炙五味子长于补肾固精。

【使用注意】 注意禁忌病证。凡表邪未解,内有实热,咳嗽初起,麻疹初期,均不宜用。

近年以五味子制成多种制剂,治疗慢性肝炎、急性肝炎的谷丙转氨酶(ALT)升高有良效,总有效率达84%~97.9%,平均降酶天数约20天。不同剂型和不同剂量与降酶作用有关,以醋炙五味子粉和蜜丸疗效最好。

乌梅

【来源】 本品为蔷薇科植物梅 Prunus mume (Sieb.) Sieb. et Zucc. 的近成熟果实。

【处方用名】 乌梅　梅实　酸梅　乌梅肉　乌梅炭

【性味归经】 酸、涩,平。归肝、脾、肺、大肠经。

【功效应用】

敛肺涩肠——{特点:善止咳止泻止血。
　　　　　　应用:①肺虚久咳、干咳;②体虚之久泻、久痢;③崩漏不止、便血。

生津——用于虚热消渴。

安蛔止痛——{特点:兼止痛和胃。
　　　　　　应用:蛔厥腹痛、呕吐。

外用消肿敛疮,治疗胬肉外突。

【配伍应用】

乌梅配花椒、黄连:温脏安蛔止痛,应用于蛔厥腹痛。

乌梅配天花粉:益气清热滋阴,生津止渴,应用于虚热消渴。

【鉴别应用】 乌梅与五味子两药均有敛肺止咳、涩肠止泻、生津止渴作用。常用于肺虚久嗽,久泻、久痢不止之证。阴伤口渴、消渴等证。其所不同的是:五味子又能滋肾、固涩、敛汗、益气及宁心安神;凡肺肾两虚喘咳,肾虚之遗精、滑精,自汗、盗汗,阴血亏损之虚烦心悸、失眠多梦等症,皆可用之。而乌梅又具安蛔止痛、止血之功。多用于蛔厥腹痛,呕吐,崩漏不止,便血之证。

【用法用量】 水煎服,6~12g。乌梅炭擅长于涩肠止泻止血。

【使用注意】 注意禁忌病证。外有表邪或内有实热积滞者均不宜服。

> 安蛔:安定蛔虫之义。蛔得酸则静,乌梅极酸,服后可制止蛔虫扰动,使腹痛缓解,厥逆得平。常用于蛔厥腹痛。例如乌梅丸(乌梅、细辛、干姜、黄连、当归、附子、花椒、桂枝、人参、黄柏)适用于蛔厥证。

五倍子

【来源】 本品为漆树科植物盐肤木 Rhus chinensis Mill.、青麸杨 Rhus potaninii Maxim. 或红麸杨 Rhus punjabensis Stew. var. Sinica (Diels) Rehd. et Wils.. 叶上的虫瘿,主要由五倍子蚜 Melaphis chinensis (Bell) Baker 寄生而成。

【处方用名】 五倍子 女蛤

【性味归经】 酸、涩,寒。归肺、大肠、肾经。

【功效应用】

敛肺降火——特点:善清肺止血。
　　　　　　应用:①肺虚久咳;②肺热咳嗽;③热灼肺络之咯血。

涩肠固精——应用:①体虚之久泻久痢;②肾虚之遗精滑精。

敛汗止血——应用:①气虚自汗;②阴虚盗汗;③崩漏,便血痔血。

收湿敛疮——特点:兼解毒消肿。
　　　　　　应用:①湿疮流水、溃疡不敛;②脱肛、子宫下垂;③疮疖肿毒。

【鉴别应用】 五倍子与五味子两药味酸收敛,均具有敛肺止咳、敛汗、涩肠固精的作用。均可用于肺虚久咳、自汗盗汗、遗精滑精、久泻不止等病证。但五倍子于敛肺之中有清肺降火及收敛止血作用,故常用于肺热咳嗽及咯血,崩漏,便血者,又可收湿敛疮,用于湿疮,溃疡不敛、疮疖肿毒。而五味子则能补肾宁心、益气生津,而多用于肺肾两虚喘咳及久泻、阴血亏虚之心悸、失眠。热伤气阴之汗多口渴、消渴证等。

【用法用量】 水煎服,3~6g。外用适量。

【使用注意】

1) 注意禁忌病证。湿热泻痢者忌用。

2) 注意不良反应。五倍子大量服用可刺激或腐蚀胃肠道,特别在空腹时可导致疼痛、呕吐、泄泻或便秘;极大量时可引起肝细胞坏死。

罂 粟 壳

【来源】　本品为罂粟科植物罂粟 Papaver somniferum L. 成熟蒴果的外壳。

【处方用名】　罂粟壳　蜜罂粟壳　醋罂粟壳　米壳

【性味归经】　酸、涩，平。有毒。归肺、大肠、肾经。

【功效应用】

敛肺——｛特点：止咳力强。
　　　　　应用：肺虚干咳。

涩肠——｛特点：止泻兼止痛。
　　　　　应用：①脾虚久泻；②脾虚中寒久痢、腹痛。

止痛——｛特点：止痛力佳。
　　　　　应用：胃痛，腹痛，筋骨疼痛。

【用法用量】　水煎服，3~6g。蜜罂粟壳能增强敛肺止咳作用，醋罂粟壳长于止泻止痛。

【使用注意】

1）注意禁忌病证。咳嗽或泻痢初起邪实者忌用。儿童禁用。

2）注意不良反应。本品过量或持续服用易成瘾。

　　　罂粟壳属麻醉药品，必须凭盖有乡镇卫生院以上医疗单位公章的医师处方配方使用，不得生用，不得单味零售，每张处方罂粟壳不得超过3日常用量（每日3~6g），既总共18g，不得单包，必须混入群药，连续使用不得超过7日常用量。对晚期癌症病人使用麻醉药品实行"镇痛专用麻醉药品供应卡"制度。可到指定医疗单位开方配药。

诃 子

【来源】　本品为使君子科植物诃子 Terminalia chebula Retz. 的成熟果实。

【处方用名】　诃子　诃子肉　煨诃子　诃黎勒

【性味归经】　苦、酸、涩，平。归肺、大肠经。

【功效应用】

涩肠敛肺——用于虚寒久泻、久痢。

降火利咽——｛特点：兼能开音。
　　　　　　应用：①肺虚久咳、失音；②痰热郁肺，久咳失音。

【用法用量】　水煎服，3~10g。生诃子长于敛肺降火、利咽开音，煨诃子善于涩肠止泻。

【使用注意】　注意禁忌病证。凡外有表邪、内有湿热积滞者忌用。

第3节　涩肠止泻药

赤 石 脂

【来源】　本品为硅酸盐类矿物多水高岭石族多水高岭石，主要成分为含水硅酸铝

$[Al_4(Si_4O_{10})(OH)_8 4H_2O]$。

【处方用名】 赤石脂 煅赤石脂

【性味归经】 甘、涩,温。归大肠、胃经。

【功效应用】

涩肠止血——{特点:善温里固脱。
应用:①虚寒之久泻、久痢、脱肛;②虚寒下痢,便脓血不止;③崩漏、便血、外伤出血;④肾虚带下;⑤减缓药力。}

生肌敛疮——{特点:兼能收湿。
应用:①疮疡久溃不敛;②湿疮流水。}

【配伍应用】

赤石脂配干姜、粳米:温中涩肠止血,用于虚寒下痢,便脓血不止。

赤石脂配龙骨、乳香、血竭:收湿敛疮生肌,用于疮疡久溃不敛。

赤石脂配乌头:散寒止痛,用于阴寒性心痛彻背。

【用法用量】 水煎服,9~12g。宜先煎。外用适量。研细末撒患处或调敷。煅赤石脂能增强止血敛疮生肌作用。

【使用注意】

1)注意禁忌病证。湿热积滞泻痢者忌服。孕妇慎用。

2)注意配伍。畏肉桂。

【来源】 本品为睡莲科植物莲 *Nelumbo nucifera* Gaertn. 的成熟种子。

【处方用名】 莲子 建莲子 湘莲子 炒莲肉 莲子肉

【性味归经】 甘、涩,平。归脾、肾、心经。

【功效应用】

补脾止泻——应用:脾虚泄泻。

益肾涩精——{特点:能补能涩。
应用:①肾虚之遗精、滑精;②脾虚带下;③脾肾两虚之带下。}

养心安神——{特点:善于交通心肾。
应用:心肾不交之虚烦、心悸、失眠。}

【配伍应用】

莲子配党参、茯苓、白术:益气健脾止泻,用于脾虚泄泻证。

莲子配芡实、龙骨:益肾固精,用于肾虚精关不固之遗精、滑精。

莲子配酸枣仁、茯神、远志:养心血,益肾气,交通心肾,用于心肾不交之虚烦、心悸、失眠。

【用法用量】 水煎服,6~15g。炒莲肉长于健脾和胃止泻。带心莲子长于清心安神、交通心肾。

【使用注意】 注意禁忌病证。中满痞胀、大便燥结者慎用。

【来源】 本品为氢氧化物类矿物褐铁矿,主含碱式氧化铁[FeO(OH)]。

【处方用名】 禹余粮 禹粮石 余粮石 煅禹余粮

【性味归经】 甘、涩,平。归胃经。

【功效应用】

涩肠止泻——{特点:功专收涩。
　　　　　　应用:下焦不固之久泻、久痢。

收敛止血——用于崩漏,带下。

【用法用量】 水煎服,9~15g,先煎。煅禹余粮能增强收涩之性,以收敛止血为主。

【使用注意】 注意禁忌病证。孕妇慎用。

"禹余粮",实为氢氧化物类矿物褐铁矿,药名来源,历史传说是夏禹吃余之粮。相传夏禹受舜帝治水之命,他踏遍了九州万国,经历了千难万险。为了治水,夏禹准备了许多玉米、高粱粉作干粮。平日肚子饿了,便取出些与冰、雪、雨、霜调成稀粥充饥。洪水消退后为了火速向舜帝禀报治水情况,他轻装简从只得将一些没有吃完的粮食抛在池沼和山谷间。后来都附在池沼和山谷间的石头缝中,颗颗黄中带红,红里透黑,人们称它为"禹余粮",磨成粉,可作止血止痢用,成为一种良药。

肉 豆 蔻

【来源】 本品为肉豆蔻科植物肉豆蔻 *Myristica fragrans* Houtt. 的成熟种仁。

【处方用名】 肉豆蔻　肉果　玉果　煨肉豆蔻

【性味归经】 辛,温。归脾、胃、大肠经。

【功效应用】

涩肠止泻——{特点:善暖脾胃兼行气。
　　　　　　应用:①脾胃虚寒腹胀、久泻;②脾肾阳虚,五更泄泻者。

温中行气——用于胃寒气滞之脘腹胀痛、食少呕吐。

【配伍应用】

肉豆蔻配干姜、党参:温中散寒,涩肠止泻,用于脾胃虚寒久泻不止证。

肉豆蔻配补骨脂、五味子、吴茱萸:温肾暖脾,涩肠止泻,用于脾肾阳虚之五更泄泻者。

【鉴别应用】 肉豆蔻与白豆蔻两药都能温中行气,治疗胃寒气滞之脘腹胀痛、食少呕吐或泄泻证。其中肉豆蔻温中与固涩兼具,善涩肠止泻,治脾胃虚寒久泻不止,脾肾阳虚之五更泄泻。白豆蔻长于芳香化湿而善化湿止呕,宜治湿阻中焦证、胃寒呕吐者。

【用法用量】 水煎服,3~10g。内服必须煨熟去油用,一般不用生品。

【使用注意】

1) 注意禁忌病证。湿热泻痢者忌用。

2) 注意不良反应。肉豆蔻未经炮制去油,或用量过大,可引起中毒。肉豆蔻所含的肉豆蔻醚具有一定的毒性,对正常人有致幻作用。对人的大脑有中度兴奋作用。在中毒时,轻者出现幻觉,或恶心、眩晕;重者则谵语、昏迷、瞳孔散大、呼吸变慢、反射消失,甚至死亡。故一般不可用生品。

芡 实

【来源】 本品为睡莲科植物芡 *Euryale ferox* Salisb. 的成熟种仁。

【处方用名】 芡实　鸡头实　麸炒芡实　芡仁

【性味归经】 甘、涩,平。归脾、肾经。
【功效应用】
益肾固精——用于肾虚之腰膝酸软,遗精滑精者。
补脾止泻——用于脾虚湿盛,久泻不愈者。
祛湿止带——{特点:补涩兼祛,虚实俱用。
应用:①湿热带下;②脾肾两虚之带下者。
【配伍应用】
芡实配金樱子:益肾涩精,用于肾虚之腰膝酸软、遗精滑精者。
芡实配黄柏、车前子:补脾止带,清热利湿,用于湿热带下。
【鉴别应用】 芡实与莲子两者均能益肾固精、补脾止泻、止带,其补中兼涩,主治肾虚遗精、遗尿;脾虚食少、泄泻;脾肾两虚之带下等。其中莲子又善养心安神,治心肾不交之虚烦、心悸、失眠。但芡实益脾肾固涩之中,又能除湿止带,故为虚、实带下证之常用药物。
【用法用量】 水煎服,9~15g。生芡实善于益肾固精,炒芡实长于健脾止泻。

第4节 涩精止遗药

【来源】 本品为山茱萸科植物山茱萸 *Cornus officinalis* Sieb. et Zucc. 的成熟果肉。
【处方用名】 山茱萸　山萸肉　酒萸肉　萸肉　枣皮　酒山茱萸
【性味归经】 酸、涩,微温。归肝、肾经。
【功效应用】
补益肝肾——{特点:既能益精,又可助阳。
应用:①肝肾阴虚,头晕目眩、腰酸耳鸣者;②肾阳不足腰膝冷痛,小便不利者;
　　　③肾阳虚阳痿者。
涩精固脱——{特点:兼固冲任。
应用:①肾虚不固之遗精、滑精、遗尿者;②大汗不止,体虚欲脱者;③冲任不
　　　固之崩漏、月经过多者。
【配伍应用】
山茱萸配熟地、山药:滋阴补肾,用于肝肾阴虚证及肾虚遗精遗尿者。
山茱萸配肉桂、附子:温补肾阳,用于肾阳不足腰膝冷痛,小便不利者。
山茱萸配人参、附子、龙骨:大补元气,固脱止汗,用于大汗不止,体虚欲脱。
【用法用量】 水煎服,6~12g。酒山茱萸可增强温补肝肾的作用,并能降低其酸性。
【使用注意】 注意禁忌病证。素有湿热而致小便淋涩者,不宜应用。

【来源】 本品为蔷薇科植物金樱子 *Rosa laevigata* Michx. 成熟果实。
【处方用名】 金樱子　金樱子肉　炙金樱子
【性味归经】 酸、甘、涩,平。归肾、膀胱、大肠经。

【功效应用】

固精缩尿 ─ 特点:兼可止带。
　　　　　 应用:①肾虚不固之遗精、滑精、遗尿、尿频等证;②带脉不束之带下者。

涩肠止泻 ─ 特点:功专固涩。
　　　　　 应用:①脾虚久泻、久痢者;②脱肛、子宫脱垂、崩漏等证。

【配伍应用】　金樱子配芡实:益肾涩精,用于肾虚精关不固之遗精滑精证。

【用法用量】　水煎服,6~12g。

桑 螵 蛸

【来源】　本品为螳螂科昆虫大刀螂 *Tenodera sinensis* Saussure、小刀螂 *Statilia maculata* (Thunberg)或巨斧螳螂 *Hierodula patellifera*(Serville)的卵鞘。

【处方用名】　桑螵蛸　盐炙桑螵蛸

【性味归经】　甘、咸,平。归肝、肾经。

【功效应用】

益肾固精 ─ 特点:补肾而助阳。
　　　　　 应用:①肾虚之遗精、滑精等证;②肾虚阳痿者。

缩尿止浊 ─ 特点:善缩小便。
　　　　　 应用:①心肾两虚之遗尿、尿频、白浊、心神恍惚等证;②小儿遗尿、妊娠尿频不禁等证。

【配伍应用】

桑螵蛸配龙骨、五味子、制附子:补肾固精,用于肾虚遗精、滑精证。

桑螵蛸配远志、龙骨、石菖蒲:调补心肾,缩尿止浊,用于心肾两虚之遗尿、尿频、白浊、心神恍惚等证。

【用法用量】　水煎服,5~10g。盐炙桑螵蛸可增强补肾固精的作用。

【使用注意】　注意禁忌病证。本品助阳固涩,故阴虚多火、膀胱有热而小便频数者忌用。

覆 盆 子

【来源】　本品为蔷薇科植物华东覆盆子 *Rubus chingii* Hu 的未成熟果实。

【处方用名】　覆盆子　盐覆盆子　酒覆盆子

【性味归经】　甘、酸,温。入肝、肾经。

【功效应用】

益肾固精 ─ 特点:补益肝肾,固精明目。
　　　　　 应用:①肾虚遗精、滑精、不孕等证;②肝肾不足之目暗者。

缩尿 ─ 特点:兼可助阳。
　　　 应用:①肾虚遗尿、尿频等证;②肾虚阳痿者。

【配伍应用】　覆盆子配枸杞子、菟丝子、五味子:补肾固精,用于肾虚遗精、滑精、不孕等证。

【用法用量】　水煎服,6~12g。盐覆盆子善于补肾固涩,酒覆盆子长于温肾助阳。

【使用注意】　注意禁忌病证。肾虚有火,小便短涩者忌用。

第5节　固崩止带药

海螵蛸

【来源】　本品为乌鲗科动物无针乌贼 Sepiella maindroni de Rochebrune 或金乌贼 Sepia esculenta Hoyle 的内壳。

【处方用名】　海螵蛸　乌贼骨　墨鱼骨

【性味归经】　咸、涩,温。归脾、肾经。

【功效应用】

收敛止血——应用:①崩漏下血;②肺胃出血;③外伤出血。

涩精止带——{特点:善能温涩收敛。
　　　　　　应用:①肾虚遗精、滑精等证;②带脉不固之赤白带下者。

制酸——{特点:兼和胃止痛。
　　　　应用:胃痛吐酸者。

敛疮——{特点:又可收湿。
　　　　应用:①湿疮、湿疹等证;②溃疡不敛者。

【配伍应用】

海螵蛸配白及:收敛止血,用于肺胃出血证。

海螵蛸配茜草、棕榈炭:调经固崩,收敛止血,用于崩漏。

海螵蛸配白芷:燥湿固冲止带,用于带脉不固之赤白带下者。

【鉴别应用】　海螵蛸与桑螵蛸两者名似而物异,两药都有固精作用,均可用以治疗肾虚之遗精、滑精等证。但桑螵蛸固涩之中能补肾助阳,治肾虚阳痿,又可缩尿止浊,治遗尿、尿频、白浊等证。而海螵蛸固涩力较强,并能收敛止血、止带、制酸及敛疮,亦常用于带下、崩漏下血、肺胃出血、胃痛泛酸及外科湿疮、溃疡不敛等证。

【用法用量】　水煎服,5~10g。外用适量,研末敷患处。

【使用注意】

1) 注意禁忌病证。阴虚多热者不宜多用。

2) 注意不良反应。本品久服易致便秘,必要时宜适当配润肠药同用。

椿皮

【来源】　本品为苦木科植物臭椿(樗)Ailanthus altissima (Mill.) Swingle 的根皮或树皮。

【处方用名】　椿皮　椿根皮　樗白皮　樗根皮　麸炒椿皮

【性味归经】　苦、涩,寒。归大肠、胃、肝经。

【功效应用】

清热燥湿止带——{特点:兼能杀虫止痒。
　　　　　　　　应用:①湿热下注之赤白带下者;②蛔虫腹痛、疥癣瘙痒等证。

收涩止泻——{特点:既可收敛又能清燥。
　　　　　　应用:①湿热泻痢者;②久泻、久痢等证。

止血——应用:①血热崩漏、月经过多等证;②便血、痔血等证。

止带:制止赤白带下之义。收涩止带者,味多酸涩,适用于脾肾虚之带下;药如海螵蛸、芡实等;方如白芷散(海螵蛸、白芷、赤茯苓、薏苡仁、白术、芡实)利水燥湿,温胞止带,适用于带下日久,清稀如水。清湿热止带者,味多苦寒,适用于湿热带下,药如椿皮等;方如樗树根丸(椿皮、高良姜、黄柏、芍药),适用于赤白带下,淋漓腥臭,小便赤痛。

【用法用量】 水煎服,6~9g。外用适量。
【使用注意】
1) 注意炮制品。麸炒椿皮后可缓和其苦寒之性,并能矫臭。
2) 注意禁忌病证。脾胃虚寒者慎用。

第6节 收湿生肌敛疮药

【来源】 本品为碳酸盐类矿物菱锌矿石,主含碳酸锌($ZnCO_3$)。
【处方用名】 炉甘石　甘石　飞炉甘石　制炉甘石　煅炉甘石
【性味归经】 甘,平。归肝、脾经。
【功效应用】
解毒明目退翳——应用:①目赤、翳障等证;②烂弦风眼者。
收湿止痒敛疮——{特点:兼能生肌。
　　　　　　　　应用:①皮肤湿疮,湿疹瘙痒等证;②溃疡不敛者。

收湿敛疮:能使疮面滋水减少,促进溃疡疮口愈合的药物作用,谓之收湿敛疮。适用于湿疮和溃疡多流水者。药如炉甘石、五倍子。方如复方炉甘石洗剂(樟脑,炉甘石、氧化锌、沉降硫,甘油、乙醇、液化苯酚、吐温),适用于湿疮和痈肿疔疮,涂搽患处,每日数次。例如平肌散(炉甘石,龙骨)共研细末,干掺患处,适用于疮疡不敛。

【用法用量】 外用适量,水飞点眼。研末外撒或调敷。炉甘石应炮制后使用,不作内服,专作外用。
【使用注意】 注意不良反应。炉甘石专作外用,一般不作内服,误服过量易中毒。

【来源】 本品为棕榈科植物麒麟竭 Daemonorops draco Bl. 的果实及树干中渗出的树脂。
【处方用名】 血竭
【性味归经】 甘、咸,平。归心、肝经。
【功效应用】
生肌敛疮——用于疮疡不敛者。

化瘀止血——用于外伤出血者。

活血止痛——{特点:兼可疗伤。
应用:①跌打损伤、瘀血肿痛等证;②一切瘀血心腹刺痛;③产后瘀滞腹痛、痛经、经闭等证。

生肌敛疮:收敛疮口,生长肌肉之义,生肌敛疮药外用于痈疽久溃不敛者。药如血竭、赤石脂等。例如生肌散(象皮、血竭、乳香、没药、龙骨、海螵蛸、赤石脂、冰片)适用于疖、疔、痈、发背、有头疽、流注的收口期,各证溃后脓液畅泄,毒从外解,病邪衰退,疮口渐愈。临床表现为腐肉脓液退尽,肉芽新鲜时使用。用药前常规清创,酌量取药粉,薄撒患处。

【用法用量】　内服:研末,1~2g,或入丸剂。外用适量,研末撒或入膏药用。
【使用注意】　注意禁忌病证。无瘀血者不宜用,孕妇及月经期忌用。

【来源】　本品为纯铅加工制成的铅的氧化物(Pb_3O_4)。
【处方用名】　铅丹　黄丹　广丹
【性味归经】　辛、咸,寒。有毒。归心、脾、肝经。
【功效应用】

拔毒生肌——{特点:为制备外用膏药的原料。
应用:疮疡溃烂者。

杀虫止痒——用于皮肤湿疮者。

内服可截疟,现已少用。

【配伍应用】　铅丹配煅石膏:拔毒收敛生肌,用于疮疡溃烂者。
【用法用量】　外用适量,研末撒布或熬膏贴敷。内服:入丸散服,每次0.3~0.6g。
【使用注意】　注意不良反应。本品有毒,外用为主,皮肤创面大亦不可持续使用,以防蓄积中毒。

【来源】　本品为豆科植物儿茶 Acacia catechu (L.) Willd. 的去皮枝、干的煎膏。
【处方用名】　儿茶　孩儿茶　儿茶膏　方儿茶
【性味归经】　苦、涩,微寒。归心、肺经。
【功效应用】

止血疗疮——{特点:兼可活血止血。
应用:①跌打伤痛者;②外伤出血、内伤出血等证。

收湿生肌敛疮——用于湿疮、疮溃不敛、牙疳、口疮、下疳等证。

清化热痰——用于肺热咳嗽。

【用法用量】　外用适量,研末撒或调敷。内服:入煎剂1~3g,宜布包;多入丸、散服。

小结

收涩药主要用于滑脱不禁者,临床应用将其分为固表止汗、敛肺止咳、涩肠止泻、涩精止遗、固崩止带、收湿生肌敛疮药六类。固表止汗药中的麻黄根功专止汗、糯稻根须、浮小麦标本兼治,三者均治自汗、盗汗证。敛肺止咳药中的五味子宜于肺肾两虚喘咳。乌梅善治蛔厥腹痛。五倍子多用于肺热咳嗽、咯血。罂粟壳长于止胃痛,腹痛,筋骨疼痛。而诃子久咳、失音常用之。涩肠止泻药中的赤石脂与禹余粮功专收涩,都可用于久泻、久痢。莲子与芡实均治肾虚遗滑、脾虚泄泻之证。肉豆蔻多用于脾肾阳虚五更泄泻。涩精止遗药中的山茱萸与覆盆子都可用于肝肾虚眩晕耳鸣及阳痿。桑螵蛸则善治小儿遗尿。而金樱子常治肾虚不固之遗精、滑精。固崩止带药中的海螵蛸多用于肺胃出血。椿皮善治湿热赤白带下。收湿生肌敛疮药中的炉甘石、血竭、铅丹、儿茶对湿疮、疮溃不敛皆宜。然血竭、儿茶可疗外伤出血,炉甘石颇多用于眼科,铅丹为制备外用膏药的原料。

使用收涩药,见表邪、湿热、血热、郁热者,均不宜用,以免"闭门留寇"。

目标检测

一、单项选择题

1. 既敛肺滋肾,又宁心安神的药是 ( )
   A. 山茱萸   B. 酸枣仁   C. 远志   D. 乌梅   E. 五味子
2. 善治蛔厥腹痛的药物是 ( )
   A. 金樱子   B. 五倍子   C. 五味子   D. 乌梅   E. 诃子
3. 长于治疗五更泻的药物是 ( )
   A. 桑螵蛸   B. 覆盆子   C. 海螵蛸   D. 肉豆蔻   E. 莲房
4. 功专止汗的药是 ( )
   A. 麻黄根   B. 山茱萸   C. 浮小麦   D. 乌梅   E. 酸枣仁
5. 收涩药中不作内服,专作外用的药物是 ( )
   A. 儿茶   B. 禹余粮   C. 五倍子   D. 炉甘石   E. 赤石脂

二、填空题

1. 使用收涩药,见_____、湿热、血热、_____者,均不宜用,以免"闭门留寇"。
2. 涩精止遗药中都可用于肝肾虚眩晕耳鸣及阳痿的药是_____与_____。
3. 玉果是_____的别名,黄丹是_____的别名。
4. 诃子敛肺降火利咽宜_____用,涩肠止泻宜_____用。
5. 五味子常配_____、_____以益气养阴,生津敛汗,应用于气阴两伤,汗多口渴证。

三、问答题

1. 收涩药的使用注意有哪几方面?
2. 分述五味子、山茱萸的性能、主治及使用注意。
3. 分述海螵蛸、椿皮的功效应用。
4. 试比较肉豆蔻与白豆蔻,海螵蛸与桑螵蛸的功效、主治的异同。
5. 试比较芡实与莲子、肉豆蔻与白豆蔻的功效、主治的异同。

(宋捷民 张 冰)

第24章 涌 吐 药

1. 了解涌吐药含义、作用、适应范围及使用注意
2. 熟悉常山、瓜蒂的性味、功效、应用、配伍、用法用量及使用注意
3. 了解藜芦的功效、应用、用法用量及使用注意

【含义】 凡以促使呕吐,治疗毒物、宿食、痰涎等停滞在胃脘或胸膈以上所致病证为主的药物,称为涌吐药,又名催吐药。

【分类及适应证】 涌吐药味多酸苦辛,有毒。具有涌吐毒物、宿食、痰涎的作用。适应于:①误食毒物,停留胃中,未被吸收。②宿食停滞不化,尚未入肠,胃脘胀痛。③痰涎壅盛,阻于胸膈或咽喉,呼吸急促。④痰浊上涌,蒙蔽清窍,癫痫发狂等证。

【使用注意】
1) 涌吐药多具毒性,为了确保临床用药的安全,宜采用"小量渐增"的使用方法。
2) 要注意"中病即止",以防中毒或涌吐太过,导致不良反应。
3) 用药后不吐或未达到必要的呕吐程度,可饮热开水,或用翎毛探喉以助涌吐。若呕吐不止,应立即停药,并积极采取措施,及时抢救。
4) 吐后不宜立即进食。待胃肠功能恢复后,进流质或易消化的食物,以养胃气。
5) 凡年老体弱、小儿、妇女胎前产后,以及素有失血、头晕、心悸、劳嗽喘咳等,均当忌用。

【来源】 本品为虎耳草科植物常山 Dichroa febrifuga Lour. 的根。
【处方用名】 常山 炒常山 恒山
【性味归经】 苦、辛,寒。有毒。归肺、心、肝经。
【功效应用】

涌吐痰涎——{特点:性善上行,涌吐痰饮。
　　　　　　{应用:胸中痰饮证、积饮。
截疟——用于多种疟疾。
【配伍应用】 常山配草果、槟榔:燥湿祛痰截疟,用于疟疾。
【用法用量】 水煎服,5~9g。生常山善于涌吐痰涎,炒常山长于截疟。
【使用注意】
1) 注意禁忌病证。体虚及孕妇不宜用。
2) 注意不良反应。本品有毒,且能催吐,故用量不宜过大。

【来源】 本品为葫芦科植物甜瓜 Cucumis melo L. 的果蒂。

【处方用名】 瓜蒂 甜瓜蒂 瓜丁 苦丁香
【性味归经】 苦,寒。有毒。归胃经。
【功效应用】

涌吐痰食—— 特点:涌吐宿食。
　　　　　　 应用:①痰热癫痫发狂、喉痹喘息等证;②宿食停滞者。

祛湿退黄——用于研末吹鼻外用治湿热黄疸者。

> 涌吐宿食:涌吐,指用催吐药物引起呕吐。宿食,是指陈旧隔夜未消之食,停积于胃肠。涌吐宿食,指能促使停积于胃肠的宿食呕吐而出的药物作用。药如瓜蒂(瓜蒂、赤小豆),用豆豉煎汤送服,适用于痰涎宿食,壅滞胸脘,症见胸脘痞满、气上冲咽喉不得息。临床可用于痰盛引起的呼吸困难,以及误食毒物而尚停留于胃内者。

【配伍应用】 瓜蒂配赤小豆:涌吐痰饮宿食,应用于宿食停滞者。
【用法用量】 水煎服,2.5~5g;入丸散服,每次0.3~1g;外用适量;研末吹鼻,待鼻中流出黄水即可停药。
【使用注意】
1) 注意禁忌病证。体虚、吐血、咯血、胃弱、孕妇及上部无实邪者忌用。
2) 注意不良反应。若剧烈呕吐不止,用麝香0.01~0.015g,开水冲服以解之。

【来源】 本品为百合科植物黑藜芦 Veratrum nigrum L. 的根茎。
【处方用名】 藜芦 黑藜芦
【性味归经】 辛、苦,寒。有毒。归肺、胃、肝经。
【功效应用】
涌吐风痰——用于风痰中风、癫痫、喉痹等证。
杀虫——用于疥癣秃疮者。
【配伍应用】 藜芦配瓜蒂、防风:涌吐风痰,用于风痰中风、癫痫、喉痹等证。
【用法用量】 0.3~0.9g,入丸散服,外用研末,油调涂。
【使用注意】
1) 注意禁忌病证。体弱、素有失血及孕妇均忌服。
2) 注意不良反应。本品毒性强烈,内服宜慎。反细辛、芍药及人参、苦参、丹参、南沙参。

> **小结**
> 　　涌吐药主要通过呕吐而治疗由于毒物、痰涎、宿食所致之病。其中的常山宜用于胸中痰饮、疟疾。瓜蒂与藜芦均治癫痫发狂、喉痹之证。瓜蒂还可疗黄疸。藜芦能治疥癣。
> 　　涌吐药多毒,要注意用法、用量,中病即止,老弱妇幼当忌用。

目标检测

一、单项选择题
1. 能截疟、祛痰的药是 （ ）
   A. 瓜蒂 B. 常山 C. 藜芦 D. 白矾 E. 远志
2. 既涌吐，又祛湿退黄的药是 （ ）
   A. 常山 B. 虎杖 C. 瓜蒂 D. 藜芦 E. 茵陈
3. 可解因服瓜蒂中毒剧烈呕吐不止的药是 （ ）
   A. 赤小豆 B. 生姜 C. 远志 D. 麝香 E. 以上皆非
4. 毒性强烈与细辛、芍药相反的药是 （ ）
   A. 瓜蒂 B. 半夏 C. 常山 D. 乌头 E. 藜芦
5. 处方名苦丁香的药是 （ ）
   A. 丁香 B. 木香 C. 常山 D. 瓜蒂 E. 藜芦

二、填空题
1. 涌吐药主要通过呕吐而用于毒物、_____、_____停留在胃脘所致之病。
2. 瓜蒂的用量是水煎服，_____~_____g；入丸散服，每次_____~_____g。
3. 藜芦具有_____、_____功效。
4. 常山涌吐痰涎宜_____用，截疟宜_____用。
5. 常山配_____、_____以燥湿祛痰截疟，应用于疟疾。

三、问答题
1. 试述涌吐药的含义、作用、适应范围。
2. 试述涌吐药的使用注意。
3. 试述藜芦配瓜蒂、防风，瓜蒂配赤小豆，常山配草果、槟榔的功效及适应病证。
4. 分述瓜蒂、藜芦的功效应用。
5. 试述常山的性味、功效、应用、配伍、用法用量及使用注意。

（宋捷民　张　冰）

第25章 燥湿杀虫止痒拔毒去腐药

1. 了解燥湿杀虫止痒拔毒去腐药含义、分类及使用注意
2. 掌握蛇床子、白矾、硼砂、砒石的性味、功效、应用、用法用量及使用注意
3. 熟悉蜂房、木槿皮(附:土槿皮)、木芙蓉叶、雄黄、轻粉、升药的功效、应用、用法用量及使用注意

【含义】 凡以燥湿杀虫止痒、拔毒去腐为主要作用的药物,称为燥湿杀虫止痒拔毒去腐药。

【分类及适应证】 燥湿杀虫止痒药。性味多辛苦平或寒,有燥湿杀虫止痒。适应于:①皮肤疥癣、湿疹、聤耳。②疮痈疔毒。③湿热泻痢、带下、黄疸。④便血。⑤风湿痹痛。

拔毒去腐药。性味多辛寒,有毒,有拔毒去腐之功。主要适应于:①痈疽疮疡溃后脓出不畅,或溃后腐肉不去,疮口不敛。②皮肤湿疹瘙痒。③梅毒。④口疮、喉证、目赤翳障等证。

【使用注意】

1) 燥湿杀虫止痒拔毒去腐药多具毒性,部分药毒性剧烈,应控制剂量和用法,不可过量或过久应用。

2) 应严格遵守炮制和制剂法度,以减低毒性而确保用药安全。

3) 本类药物的外用方法,可根据病情和用途而定,如研末外撒,煎汤洗泡,加油调敷,或制成药捻,或外用膏药敷贴、软膏涂抹,或点眼、吹喉、含漱、滴鼻、滴耳等。

4) 有些药外用时不宜在头面及黏膜上使用,以防发生毒副反应。

5) 本类药物内服使用时,宜作丸散剂应用,使其缓慢溶解吸收,且便于掌握剂量,减低毒性。

第1节 燥湿杀虫止痒药

【来源】 本品为伞形科植物蛇床 Cnidium monnieri (L.) Cuss. 的成熟果实。

【处方用名】 蛇床子

【性味归经】 辛、苦,温。有小毒。归肾经。

【功效应用】

温肾壮阳——用于肾虚阳痿,宫冷不孕等证。

燥湿祛风——特点:兼能散寒。
　　　　　　应用:①寒湿带下者;②湿痹腰痛者。

杀虫——特点:又可止痒。
　　　　应用:①阴部湿痒,湿疹等证;②疥癣瘙痒者。

【配伍应用】

蛇床子配菟丝子、五味子:补肾壮阳,用于肾虚阳痿。

蛇床子配白矾:燥湿杀虫止痒,用于阴部湿痒。

【用法用量】 水煎服,3~10g。外用适量,多煎汤熏洗或研末调敷。

【使用注意】

1)注意禁忌病证。阴虚火旺或下焦有湿热者不宜内服。

2)注意不良反应。蛇床子服后,少数患者有轻微口干、思睡及胃部不适的反应。

【来源】 本品为硫酸盐类矿物明矾石经加工提炼制成,主含含水硫酸铝钾[$KAl(SO_4)_2 \cdot 12H_2O$]。

【处方用名】 白矾 明矾 枯矾

【性味归经】 酸、涩,寒。归肺、脾、肝、大肠经。

【功效应用】

解毒杀虫——应用:①疮疡疥癣者;②聤耳流脓者。

燥湿止痒——应用:湿疹瘙痒者。

止血止泻——{特点:收涩力强。 应用:①便血、吐衄、崩漏等证;②久泻、久痢等证。

祛除风痰——{特点:兼能去湿。 应用:①风痰癫狂痫证;②湿热黄疸者。

【配伍应用】

白矾配五倍子、地榆:收涩凉血止血,用于便血、崩漏等证。

白矾配郁金:清热化痰,用于风痰癫狂痫证。

【用法用量】 外用适量,研末敷或化水洗患处。内服0.6~1.5g,入丸散服。枯矾酸寒之性降低,长于收涩敛疮,生肌止血。

【使用注意】

1)注意禁忌病证。体虚胃弱及无湿热痰火者忌服。

2)注意不良反应。明矾刺激性大,可引起口腔、喉头烧伤,呕吐、腹泻、虚脱,甚至死亡。

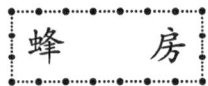

【来源】 本品为胡蜂科昆虫果马蜂 *Ploistes olivaceous* (DeGeer)、日本长脚胡蜂 *P. japonicus* Saussure 或异腹胡蜂 *Parapolybia varia* Fabricius 的巢。

【处方用名】 露蜂房 蜂房

【性味归经】 甘,平。归胃经。

【功效应用】

祛风止痛——应用:①风湿痹痛、鹅掌风、风疹瘙痒等证;②龋齿牙痛者。

攻毒杀虫——应用:①疮疡肿毒,乳痈等证;②瘰疬脓水不干者。

【用法用量】 水煎服,3~5g。外用适量,研末用油调敷或煎水漱口,或熏洗患处。蜂房生品一般作外用,内服多用炮制品。煅后可降低毒性,增强杀虫止痛作用。

【使用注意】
1) 注意禁忌病证。气血虚弱者慎用。
2) 注意不良反应。有服用蜂房油引起实验动物急性肾炎的报告。

【来源】　本品为锦葵科落叶灌木木槿 *Hibiscus syriacus* L. 的根皮或茎皮。
【处方用名】　木槿皮　川槿皮
【性味归经】　甘、苦,微寒。归大肠、肝、脾经。
【功效应用】

清热——｛特点:善利湿热。
　　　　　应用:湿热之带下、痢疾、黄疸等证。

杀虫止痒——用于皮肤疥癣。
【配伍应用】　木槿皮配雄黄:解毒杀虫,燥湿止痒,用于皮肤疥癣者。
【用法用量】　水煎服,3~10g。外用适量,酒浸搽擦或煎水熏洗。
【使用注意】　注意禁忌病证。脾胃虚弱者慎用。无湿热者不宜服。

附药

土槿皮,为松科植物金钱松 *Pseudolarix kaempferi* Gord. 的根皮或近根树皮。味辛,性温。有毒。归肺、脾经。功专杀虫,止痒。治皮肤疥癣。外用适量,酒或醋浸涂擦,或研末调涂患处。

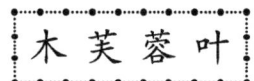

【来源】　本品为锦葵科落叶灌木或小乔木植物木芙蓉 *Hibiscus mutabilis* L. 的叶。
【处方用名】　木芙蓉叶
【性味归经】　辛,平。归肺、肝经。
【功效应用】

凉血解毒——应用:①痈疽肿毒者;②丹毒者。
消肿止痛——应用:①烫伤者;②跌打损伤者。
【配伍应用】　木芙蓉叶配生大黄:清热凉血、解毒消肿,用于痈疽肿毒者。
【用法用量】　外用适量,研末调敷;也可用鲜叶捣烂外敷。
【使用注意】　注意禁忌病证。阴疽者忌用。

第2节　拔毒去腐药

【来源】　本品为天然矿物硼砂矿石,经提炼精制而成的结晶体。
【处方用名】　硼砂　蓬砂　月石　煅硼砂
【性味归经】　甘、咸,凉。归肺、胃经。

【功效应用】

外用清热解毒——{特点：又可消肿防腐。
应用：①咽喉肿痛、口舌生疮；②目赤翳障。

内服清肺化痰——用于痰热咳嗽。

【配伍应用】

硼砂配冰片：清热解毒，用于口舌生疮。

硼砂配炉甘石：清热解毒，明目退翳，用于目赤翳障者。

【用法用量】 外用适量，研极细末撒或调敷患处；或化水含漱。内服，1.5～3g，入丸散用。生硼砂善于清热解毒、清肺化痰，煅硼砂长于消肿防腐。

【使用注意】 注意不良反应。本品以外用为主，内服宜慎。

【来源】 本品为矿物砷华 Arsenolite 的矿石，或由毒砂（硫砷铁矿）、雄黄等含砷矿物的加工品。

【处方用名】 砒石 信石 砒霜 白砒 红砒 人言

【性味归经】 辛，大热。有大毒。归肺、脾、肝经。

【功效应用】

外用蚀疮去腐——{特点：兼可攻毒杀虫。
应用：①溃疡腐肉不脱、瘰疬，牙疳，痔疮等证；②疥癣者。

内服劫痰祛痰——{特点：善祛寒又截疟。
应用：①寒痰哮喘；②疟疾。

内服攻毒抑癌——用于癌症。

【配伍应用】

砒石配硫黄、蜡：蚀疮去腐，用于溃疡腐肉不脱。

砒石配淡豆豉：祛寒劫痰平喘，用于寒痰哮喘。

【用法用量】 外用适量，研末撒敷，宜作复方散剂或入膏药、药捻用。内服一次 0.002～0.004g，入丸散服。

【使用注意】

1）本品剧毒，内服宜慎；外用亦应注意，涂敷面积不宜过大，不宜连续久用。以防局部吸收中毒。不可作酒剂服。忌火煅。

2）注意禁忌病证。孕妇忌服。疮口见血或皮肤破损者忌用，头部疾患不宜使用。

3）注意不良反应。

【来源】 本品为水银、白矾（或胆矾）、食盐等用升华法制成的氯化亚汞（Hg_2Cl_2）结晶性粉末。

【处方用名】 轻粉 汞粉 水银粉 腻粉

【性味归经】 辛，寒。有毒。归大肠、小肠经。

【功效应用】

外用杀虫，攻毒，敛疮——应用：①疥疮、顽癣、臁疮、湿疹；②梅毒、疮疡等证。

内服祛痰消积，逐水通便——用于痰涎积滞，水肿膨胀，二便不利等证。

【配伍应用】
轻粉配硫黄:解毒杀虫敛疮,用于疥疮。
【用法用量】 外用适量,研末掺敷处。内服每次 0.1~0.2g,一日 1~2 次,多入丸剂或装胶囊服,服后漱口。
【使用注意】
1) 注意禁忌病证。肾病、体虚及孕妇忌服。
2) 注意不良反应。本品有大毒,内服宜慎。

【来源】 本品为硫化物类矿物雄黄的矿石。主含二硫化二砷(As_2S_2)。
【处方用名】 雄黄 雄精 腰黄
【性味归经】 辛,温。有毒。归肝、大肠经。
【功效应用】
解毒杀虫——特点:善以毒攻毒。
　　　　　　应用:①痈肿疔疮、疥癣;②蛇虫咬伤;③虫积腹痛。
燥湿祛痰截疟——应用:①癫痫;②哮喘;③疟疾。
【配伍应用】
雄黄配乳香、没药:活血解毒杀虫,用于痈肿疔疮证。
【用法用量】 0.05~0.1g,入丸散用。外用适量,熏涂患处。
【使用注意】
1) 切忌火煅。煅烧后易生成毒性更大的三氧化二砷(As_2O_3),故不入汤剂。
2) 注意禁忌病证。外用不宜大面积涂擦及长期持续使用。孕妇禁用。
3) 注意不良反应。内服宜慎,不可久用。

【来源】 本品由水银、火硝、白矾各等分混合升华制成。红色者称红升,黄色者称黄升。
【处方用名】 升药 红粉 三仙丹 红升丹 黄升丹
【性味归经】 辛,热。有大毒。归肺、脾经。
【功效应用】
拔毒——应用:①痈疽疔疮等证;②梅毒下疳。
除脓去腐生肌——应用:①恶疮腐肉不去;②窦道、瘘管久不收口等证。
【配伍应用】
升药配煅石膏(以不同用量比例配):拔毒提脓,收湿生肌,用于恶疮腐肉不去,窦道、瘘管久不收口等证。
【用法用量】 本品只供外用,不可内服,外用适量。不用纯品,研极细粉与其他药物配成散剂或制成药捻用。外用亦不宜久用。
【使用注意】
1) 注意禁忌病证。外疡腐肉已去或脓水已尽者,不宜用。
2) 注意不良反应。本品有大毒,外用亦不可过量或持续使用。

小结

燥湿杀虫止痒拔毒去腐药主要用于湿疹疥癣、痈疽疮疡、溃疡不敛之证。临床应用将其分为燥湿杀虫止痒药、拔毒去腐药二类。燥湿杀虫止痒药中的六药均治疥湿疹，但蛇床子又治肾虚阳痿。白矾多用于风痰癫痫。苦参可疗阴肿阴痒。露蜂房多用于痹痛风疹。木槿皮宜于带下。木芙蓉叶善治烫伤。拔毒去腐药中的硼砂宜于咽痛目赤。砒石大毒，多用于溃疡腐肉不脱。轻粉梅毒常用之。雄黄善治蛇虫咬伤。红粉可疗窦道、瘘管久不收口。

本类药物以外用为多，毒性大，应控制剂量和用法，严格炮制，外用也不可过量或过久，内服宜作丸散剂应用。

目标检测

一、单项选择题

1. 外用解毒杀虫，内服止血、止泻、祛除风痰的药是（　　）
   A. 铅丹　　B. 白矾　　C. 红粉　　D. 硼砂　　E. 朱砂
2. 应用于恶疮腐肉不去，窦道、瘘管久不收口等证，升药常配的药是（　　）
   A. 生大黄　　B. 雄黄　　C. 炉甘石　　D. 硼砂　　E. 煅石膏
3. 外用清热解毒，内服清肺化痰的药是（　　）
   A. 蛇床子　　B. 露蜂房　　C. 苦参　　D. 硼砂　　E. 轻粉
4. 处方名月石的药物是（　　）
   A. 红粉　　B. 铅丹　　C. 白矾　　D. 硼砂　　E. 朱砂
5. 能温肾壮阳的药是（　　）
   A. 蜂房　　B. 蛇床子　　C. 雄黄　　D. 砒石　　E. 苦参

二、填空题

1. 木芙蓉叶具有_____、_____的作用。
2. 升药由水银、_____、_____各等分混合升华制成。
3. 砒石用量内服_____至_____g。雄黄用量内服_____至_____g。
4. 硼砂清热解毒清肺化痰宜_____用，消肿防腐宜_____用。

三、问答题

1. 试述燥湿杀虫止痒拔毒去腐药的含义、作用、适应范围。
2. 试述燥湿杀虫止痒拔毒去腐药的使用注意。
3. 试述硼砂配冰片，白矾配郁金，露蜂房配细辛，木芙蓉叶配生大黄的功效及适应病证。
4. 分述硼砂、白矾的功效应用。
5. 试述蛇床子的性味、功效、应用、配伍、用法用量及使用注意。

(宋捷民　张　冰)

应用中药学教学基本要求

一、课程性质和任务

应用中药学是集中医药基础知识与中药性能、功效、应用等的基础性的应用课程,是中药、制药及其相关专业的骨干学科。通过本课程教学,揭示中药学发展及应用规律,为后续课程的学习奠定基础。

二、教学目标

1. 知识要求

(1) 掌握中药四气五味、升降浮沉、归经、毒性等基本理论。
(2) 熟悉中药配伍、禁忌及用量用法等。
(3) 了解中药的起源、中药学的发展概况及中药的产地、采集、炮制。
(4) 掌握重点药的分类、性能、功效、应用、使用注意,并熟悉170种常用药的功效、应用、使用注意。

2. 能力培养目标

(1) 运用中药治疗作用,结合中医药理论及药物药性特点,解决药物研制、开发中的实际问题。
(2) 运用中药治疗作用及适用范围特点,分析归纳、比较鉴别同类中药的共性与个性。
(3) 运用中药配伍原则,能够科学、合理地配伍药效,以提高药效,降低毒性,产生新的药效,扩大治疗范围。

3. 德育教育

(1) 培养学生热爱中药、中医事业的精神。
(2) 培养学生实事求是的科学作风。

三、教学内容与要求

教学内容	教学要求		
	掌握	熟悉	了解
总论			
第1章 中药的起源和中药学的发展			
1. 中药、中药学的概念,了解中药的起源和中药学的发展概况		√	
2. 代表不同历史时期的6部骨干本草学代表著作的主要内容、学术价值		√	
第2章 中药的产地与采集			
1. 中药的产地与疗效的关系,明确道地药材的概念,如何研究发展道地药材生产以满足临床的需要		√	

续表

教 学 内 容	教学要求		
	掌握	熟悉	了解
2. 植物药采集季节与疗效的关系,明确适时采集的意义与不同药用部位的一般采收方法			✓
第3章 中药的炮制			
中药炮制的概念；中药的主要炮制方法和临床应用的关系；中药炮制的目的		✓	
第4章 中药的性能			
1. 药性、药性理论的概念；中药治病的基本原理；药性理论的主要内容及临床用药的意义	✓		
2. 升降浮沉的概念及影响药物升降浮沉的因素		✓	
3. 归经的概念及归经理论确定的依据	✓		
4. 中药毒性的概念；引起中药中毒的原因；药物毒性对用药的指导意义		✓	
第5章 中药的应用			
1. 中药配伍的概念、七情配伍的规律及中药配伍应用对指导临床用药的意义	✓		
2. 禁忌的概念,配伍、妊娠、饮食、证候禁忌的内容	✓		
3. 剂量的概念,剂量与药效的关系及确定剂量大小的依据		✓	
4. 汤剂的一般煎法及先煎、后下、包煎、烊化、冲服、煎汤代水等特殊煎服法,了解根据不同剂型、不同给药途径的正确用药方法	✓		
各论			
第6章 解表药			
1. 解表药的概念、作用、适用范围、禁忌及使用注意事项	✓		
2. 辛温解表、辛凉解表、宣毒透疹、宣肺止咳平喘、通窍止痛、宣肺利尿的概念		✓	
3. 辛温解表药和辛凉解表药的性能与特点		✓	
第1节 辛温解表药			
1. 麻黄、桂枝、细辛、紫苏(附:苏梗)、荆芥、防风、白芷的性味、功效、主治、使用	✓		
2. 羌活、辛夷、生姜、香薷、藁本、苍耳子的性味、功效、主治、使用		✓	
3. 葱白、胡荽			✓
第2节 辛凉解表药			
1. 薄荷、蝉蜕、菊花(附:野菊花)、葛根、柴胡的性味、功效、主治、使用	✓		
2. 牛蒡子、桑叶、升麻、蔓荆子的性味、功效、主治、使用		✓	
3. 淡豆豉、木贼			✓
第7章 清热药			
1. 清热药的概念、作用、适应范围、禁忌及使用注意事项	✓		
2. 清热泻火、清热解毒、清热凉血、清热燥湿、清热生津、清虚热等概念		✓	
3. 寒凉伤阳、苦寒败胃、苦燥伤津、甘寒助湿等药物副作用的含义		✓	
第1节 清热泻火药			
1. 石膏、知母、栀子、夏枯草的性味、功效、主治、使用	✓		
2. 芦根、天花粉、竹叶、淡竹叶、决明子的性味、功效、主治、使用		✓	
3. 密蒙花、青葙子、熊胆			✓
第2节 清热燥湿药			

教 学 内 容	掌握	熟悉	了解
1. 黄芩、黄连、黄柏、龙胆、苦参的性味、功效、主治、使用	✓		
2. 秦皮、白鲜皮、十大功劳叶的性味、功效、主治、使用		✓	
第3节 清热凉血药			
1. 生地黄、玄参、牡丹皮的性味、功效、主治、使用	✓		
2. 赤芍的性味、功效、主治、使用		✓	
第4节 清热解毒药			
1. 金银花(附:忍冬藤)、连翘、鱼腥草、败酱草、大青叶(附:板蓝根)、青黛、白头翁、射干的性味、功效、主治、使用	✓		
2. 蒲公英、鸦胆子、紫花地丁、重楼、土茯苓、大血藤、马齿苋、秦皮、白花蛇舌草、射干、山豆根的性味、功效、主治、使用		✓	
3. 拳参、金果榄、白蔹、穿心莲、半边莲、山慈菇			✓
第5节 清虚热药			
1. 青蒿、地骨皮性味、功效、主治、使用	✓		
2. 银柴胡、胡黄连性味、功效、主治、使用		✓	
3. 白薇			✓
第8章 泻下药			
1. 泻下药的概念、作用、适应范围、禁忌及使用注意事项	✓		
2. 泻下热积、泻下寒积、润肠通便、泻下逐饮的概念		✓	
3. 攻下药、峻下逐水药的用法(包括炮制)、剂量及禁忌	✓		
第1节 攻下药			
1. 大黄、芒硝的性味、功效、主治、使用	✓		
2. 番泻叶、芦荟的性味、功效、主治、使用		✓	
第2节 润下药			
火麻仁、郁李仁、松子仁的性味、功效、主治、使用		✓	
第3节 峻下逐水药			
1. 甘遂、巴豆	✓		
2. 京大戟、芫花、牵牛子、商陆、千金子			✓
第9章 祛风湿药			
1. 祛风湿药的概念、作用、适用范围、禁忌及使用注意事项	✓		
2. 祛风湿、通经络、强筋骨等概念		✓	
3. 木防己和汉防己、北五加皮和南五加皮、蕲蛇和金钱白花蛇的品种鉴别			✓
第1节 祛风除湿通络药			
1. 独活、威灵仙、木瓜、白花蛇的性味、功效、主治、使用	✓		
2. 蚕砂、臭梧桐、豨莶草、徐长卿、桑枝、马钱子、乌梢蛇的性味、功效、主治、使用		✓	
3. 海风藤、路路通、雷公藤			✓
第2节 祛风除湿壮骨药			

续表

教 学 内 容	教 学 要 求		
	掌握	熟悉	了解
1. 五加皮、桑寄生、续断的性味、功效、主治、使用	✓		
2. 狗脊的性味、功效、主治、使用		✓	
3. 千年健			✓
第3节　清热祛风除湿药			
1. 秦艽的性味、功效、主治、使用		✓	
2. 防己、络石藤的性味、功效、主治、使用		✓	
第10章　芳香化湿药			
1. 芳香化湿药的概念、作用、适应范围、禁忌及使用注意事项	✓		
2. 芳香化湿、芳香辟秽、芳香醒脾等概念		✓	
苍术、厚朴、藿香、砂仁的性味、功效、主治、使用		✓	
白豆蔻、佩兰的性味、功效、主治、使用		✓	
草豆蔻、草果			✓
第11章　利水渗湿药			
1. 利水渗湿药的概念、作用、适应范围、禁忌及使用注意事项	✓		
2. 淡渗利湿、利尿通淋、利湿退黄等概念		✓	
3. 木通与通草的名实混淆及金钱草的品种			✓
第1节　利水消肿药			
1. 茯苓(附:赤茯苓、茯神、茯苓皮)、薏苡仁、泽泻的性味、功效、主治、使用	✓		
2. 猪苓、冬瓜皮(附:冬瓜仁)的性味、功效、主治、使用		✓	
第2节　利尿通淋药			
1. 车前子(附:车前草)、木通、滑石的性味、功效、主治、使用	✓		
2. 通草、萹蓄、瞿麦、海金沙的性味、功效、主治、使用		✓	
3. 石韦、冬葵子、地肤子			✓
第3节　利湿退黄药			
1. 茵陈蒿、金钱草的性味、功效、主治、使用	✓		
2. 虎杖的性味、功效、主治、使用		✓	
3. 垂盆草			✓
第12章　温里药			
1. 温里药的概念、作用、适应范围、禁忌及使用注意事项	✓		
2. 温中散寒、温经止痛、补火助阳、回阳救逆、引火归元、温肺化饮、暖肝散寒等概念		✓	
附子(附:乌头)、肉桂、干姜、吴茱萸的性味、功效、主治、使用	✓		
高良姜、花椒的性味、功效、主治、使用		✓	
胡椒			✓
第13章　理气药			
1. 理气药的概念、作用、适应范围、禁忌及使用注意事项	✓		
2. 行气、破气、降气的概念		✓	

续表

教 学 内 容	掌握	熟悉	了解
橘皮、枳实(附:枳壳)、薤白、木香、沉香、香附、青皮的性味、功效、主治、使用	✓		
檀香、柿蒂、荔枝核、川楝子、乌药、甘松、佛手、香橼的性味、功效、主治、使用		✓	
娑罗子、绿萼梅			✓
第14章 消食药			
1. 消食药的含义、适应证及使用注意	✓		
2. 莱菔子、山楂、鸡内金的性味、功效、应用、配伍、用法用量及使用注意	✓		
3. 神曲、麦芽的功效、应用、用法用量及使用注意		✓	
4. 谷芽的功效、应用			✓
第15章 驱虫药			
1. 驱虫药的概念、作用、适应范围	✓		
2. 驱虫药的毒性、用量及用法等使用注意事项	✓		
使君子、苦楝皮、槟榔(附:大腹皮)、贯众的性味、功效、主治、使用	✓		
鹤草芽、雷丸、南瓜子的性味、功效、主治、使用		✓	
大蒜			✓
第16章 止血药			
1. 止血药的含义、分类、适应范围及使用注意事项	✓		
2. 凉血止血、收敛止血、化瘀止血、温经止血的概念		✓	
第1节 凉血止血药			
1. 大蓟、白茅根、地榆的性味、功效、主治、使用	✓		
2. 小蓟、侧柏叶、苎麻根、槐花(附:槐角)的性味、功效、主治、使用		✓	
第2节 收敛止血药			
1. 白及、仙鹤草的性味、功效、主治、使用	✓		
2. 棕榈炭、血余炭、藕节的性味、功效、主治、使用		✓	
第3节 化瘀止血药			
1. 三七(附:菊叶三七、景天三七)、蒲黄、茜草的性味、功效、主治、使用	✓		
2. 花蕊石		✓	
第4节 温经止血药			
1. 艾叶的性味、功效、主治、使用	✓		
2. 炮姜、灶心土的性味、功效、主治、使用		✓	
第17章 活血祛瘀药			
1. 活血祛瘀药的含义、作用、适应范围及使用注意事项	✓		
2. 活血祛瘀、破血消癥、祛瘀生新及引血下行等概念		✓	
第1节 活血止痛药			
1. 川芎、延胡索、郁金的性味、功效、主治、使用	✓		
2. 姜黄、五灵脂、降香的性味、功效、主治、使用		✓	
第2节 活血调经药			

续表

教 学 内 容	教 学 要 求		
	掌握	熟悉	了解
1. 丹参、红花(附:西红花)、泽兰、益母草(附:茺蔚子)、牛膝的性味、功效、主治、使用	√		
2. 穿山甲、王不留行、桃仁、鸡血藤的性味、功效、主治、使用		√	
第3节 活血疗伤药			
1. 乳香的性味、功效、主治、使用	√		
2. 没药的性味、功效、主治、使用		√	
3. 自然铜、苏木、土鳖虫			√
第4节 破血消癥药			
1. 三棱、莪术的性味、功效、主治、使用	√		
2. 水蛭、虻虫、斑蝥的性味、功效、主治、使用		√	
第18章 化痰止咳平喘药			
1. 化痰止咳平喘药的含义、作用、适应范围	√		
2. 燥湿化痰、温肺化痰、清热化痰、息风化痰、软坚化痰、润肺化痰等概念		√	
第1节 温化寒痰湿痰药			
1. 半夏、天南星(附:胆南星)的性味、功效、主治、使用	√		
2. 白附子、芥子、旋覆花、白前的性味、功效、主治、使用		√	
3. 皂荚(附:皂角刺)			√
第2节 清化热痰燥痰药			
1. 瓜蒌、川贝母、浙贝母、前胡的性味、功效、主治、使用	√		
2. 竹茹、竹沥、天竺黄、礞石、蛤壳、桔梗、海藻、昆布、瓦楞子的性味、功效、主治、使用		√	
3. 猫爪草			√
第3节 止咳平喘药			
1. 苦杏仁(附:甜杏仁)、紫苏子、葶苈子的性味、功效、主治、使用	√		
2. 百部、紫菀、款冬花、桑白皮、枇杷叶、白果(附:银杏叶)的性味、功效、主治、使用		√	
3. 洋金花			√
第19章 安神药			
1. 安神药的含义、作用、适应范围及重镇安神药的用量用法和使用注意事项	√		
2. 重镇安神、养心安神的概念		√	
第1节 重镇安神药			
1. 朱砂、龙骨(附:龙齿)的性味、功效、主治、使用	√		
2. 磁石、琥珀的性味、功效、主治、使用		√	
第2节 养心安神药			
1. 酸枣仁、合欢皮、远志的性味、功效、主治、使用	√		
2. 柏子仁、首乌藤、灵芝的性味、功效、主治、使用		√	
第20章 平肝息风药			
1. 平肝息风药的含义、作用、适应范围,以及介类药、重镇药、虫类药的特点	√		
2. 平肝潜阳、息风止痉的概念		√	
第1节 平肝潜阳药			

续表

教 学 内 容	掌握	熟悉	了解
1. 石决明、牡蛎、赭石的性味、功效、主治、使用	✓		
2. 蒺藜、珍珠母的性味、功效、主治、使用		✓	
3. 罗布麻叶			✓
第2节 息风止痉药			
1. 羚羊角、牛黄、天麻、钩藤、地龙、全蝎的性味、功效、主治、使用	✓		
2. 僵蚕、蜈蚣的性味、功效、主治、使用		✓	
第21章 开窍药			
1. 开窍药的含义、作用、适应范围、配伍方法、用量用法和使用注意事项	✓		
2. 清心开窍、温宣开窍的概念		✓	
麝香、冰片的性味、功效、主治、使用	✓		
苏合香、石菖蒲、蟾酥的性味、功效、主治、使用		✓	
第22章 补虚药			
1. 补虚药的含义、分类、功效、适应范围、配伍方法及使用注意事项	✓		
2. 补气、补血、补阴、补阳、大补元气、益气升阳、壮阳、纳气平喘等概念		✓	
3. 甘温、甘平、甘寒类补虚药的性能特点及其应用注意事项			✓
第1节 补气药			
1. 人参、党参、黄芪、白术、山药、甘草的性味、功效、主治、使用	✓		
2. 西洋参、太子参、白扁豆、大枣的性味、功效、主治、使用		✓	
3. 刺五加、绞股蓝			✓
第2节 补阳药			
1. 鹿茸(附:鹿角胶、鹿角霜)、淫羊藿、杜仲、蛤蚧的性味、功效、主治、使用	✓		
2. 补骨脂、仙茅、巴戟天、肉苁蓉、锁阳、黄狗肾、紫河车、核桃肉、冬虫夏草、益智仁、菟丝子、沙苑子、骨碎补的性味、功效、主治、使用		✓	
3. 韭菜子			✓
第3节 补血药			
1. 熟地黄、何首乌、当归、白芍、阿胶的性味、功效、主治、使用	✓		
2. 龙眼肉的性味、功效、主治、使用		✓	
第4节 补阴药			
1. 黄精、麦冬、天冬、枸杞子、龟甲、鳖甲的性味、功效、主治、使用	✓		
2. 北沙参、南沙参、玉竹、石斛、百合、墨旱莲、女贞子的性味、功效、主治、使用		✓	
3. 桑椹			✓
第23章 收涩药			
1. 收涩药的含义、作用、适应范围和使用注意事项	✓		
2. 敛肺止咳、固表止汗、涩肠止泻、涩精缩尿、固精止崩、收涩止带等概念		✓	
第1节 固表止汗药			
1. 麻黄根、浮小麦(附:小麦)的性味、功效、主治、使用		✓	
2. 糯稻根须			✓
第2节 敛肺止咳药			
1. 五味子、乌梅的性味、功效、主治、使用	✓		
2. 诃子、罂粟壳、五倍子的性味、功效、主治、使用		✓	
第3节 涩肠止泻药			

续表

教学内容	教学要求		
	掌握	熟悉	了解
1. 赤石脂、莲子的性味、功效、主治、使用	✓		
2. 禹余粮、肉豆蔻、芡实的性味、功效、主治、使用		✓	
第4节 涩精止遗药			
1. 山茱萸、金樱子的性味、功效、主治、使用	✓		
2. 桑螵蛸、覆盆子的性味、功效、主治、使用		✓	✓
第5节 固崩止带药			
1. 海螵蛸的性味、功效、主治、使用	✓		
2. 椿皮的性味、功效、主治、使用		✓	
第6节 收湿生肌敛疮药			
炉甘石、血竭、铅丹、儿茶的性味、功效、主治、使用		✓	
第24章 涌吐药			
1. 涌吐药的含义、作用、适应范围	✓		
2. 重点药的性能、功效、应用及使用注意事项	✓		
常山、藜芦、瓜蒂			✓
第25章 燥湿杀虫止痒拔毒去腐药			
燥湿杀虫止痒拔毒去腐药的含义、作用、适应范围、使用注意事项	✓		
蛇床子、硼砂、砒石、白矾、蜂房、木槿皮(附:土槿皮)的性味、功效、主治、使用		✓	
雄黄、轻粉、木芙蓉叶、红粉的性味、功效、主治、使用			✓

四、说　明

学时分配建议(108学时)

章节内容	建议学时	章节内容	建议学时
总论	10	化痰止咳平喘药	8
解表药	6	安神药	2
清热药	14	平肝息风药	4
泻下药	4	开窍药	2
祛风湿药	4	补虚药	14
芳香化湿药	2	收涩药	4
利水渗湿药	4	涌吐药	2
温里药	5	燥湿杀虫止痒拔毒去腐药	4
理气药	5		
消食药	2	药圃参观饮片实习1周	24小时另计
驱虫药	2	机动	0
止血药	4		
活血祛瘀药	6	合计	108

(吴嘉瑞　薛春苗　李　敏　解　玲　张晓东)